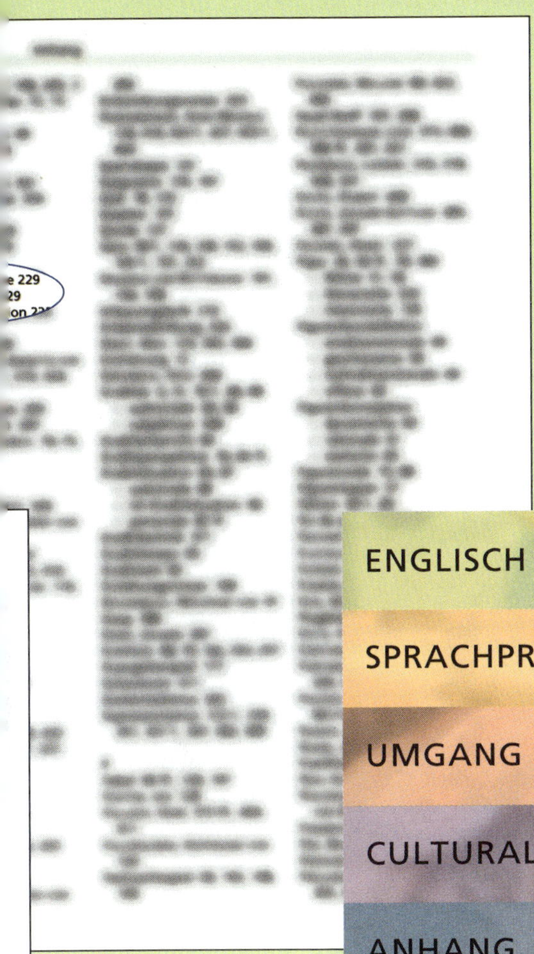

ENGLISCH ALS WELTSPRACHE 1

SPRACHPRAXIS 2

UMGANG MIT TEXTEN UND MEDIEN 3

CULTURAL STUDIES 4

ANHANG A

Beispiele sind mit einem **Balken** gekennzeichnet.

In der Reihe „Basiswissen Schule" sind erschienen:

Basiswissen Schule
Astronomie
272 Seiten
ISBN 3-411-71491-3

Basiswissen Schule
Biologie
376 Seiten
ISBN 3-411-71481-6

Basiswissen Schule
Biologie Abitur
464 Seiten
ISBN 3-411-04550-7

Basiswissen Schule
Chemie
320 Seiten
ISBN 3-411-71471-9

Basiswissen Schule
Chemie Abitur
464 Seiten
ISBN 3-411-04570-1

Basiswissen Schule
Computer
276 Seiten
ISBN 3-411-71512-X

Basiswissen Schule
Deutsch
288 Seiten
ISBN 3-411-71591-X

Basiswissen Schule
Englisch Abitur
360 Seiten
ISBN 3-411-71951-6

Basiswissen Schule
Geographie
416 Seiten
ISBN 3-411-71611-8

Basiswissen Schule
Geschichte
464 Seiten
ISBN 3-411-71581-2

Basiswissen Schule
Informatik Abitur
440 Seiten
ISBN 3-411-71621-5

Basiswissen Schule
Literatur
464 Seiten
ISBN 3-411-71601-0

Basiswissen Schule
Mathematik
390 Seiten
ISBN 3-411-71501-4

Basiswissen Schule
Mathematik Abitur
464 Seiten
ISBN 3-411-71741-6

Basiswissen Schule
Physik
360 Seiten
ISBN 3-411-71461-1

Basiswissen Schule
Physik Abitur
464 Seiten
ISBN 3-411-71751-3

Basiswissen Schule
Politik
464 Seiten
ISBN 3-411-04590-6

Basiswissen Schule
Technik
264 Seiten
ISBN 3-411-71522-7

Basiswissen Schule
Wirtschaft
256 Seiten
ISBN 3-411-71532-4

Internet: www.schuelerlexikon.de

DUDEN

Basiswissen Schule

Englisch Abitur

PAETEC
Verlag für Bildungsmedien Berlin · Frankfurt a. M.

Dudenverlag Mannheim · Leipzig · Wien · Zürich

Herausgeberinnen
Dagmar Knapp
Elisabeth Schmitz-Wensch

Autoren
Ulrich Bauer
Alexander Hutton
Peter Huuck
Dr. Ute Lembeck
Dr. Anja Oppermann-Gruber
Elisabeth Schmitz-Wensch
Heike Schommartz
Ilka Steinert
Dr. Helmut Stiefenhöfer
Dr. Karin Vogt

Die Autoren der Inhalte der beigefügten CD-ROM sind im elektronischen Impressum auf der CD-ROM aufgeführt.

Die Deutsche Bibliothek – CIP-Einheitsaufnahme
Ein Titeldatensatz für diese Publikation ist bei Der Deutschen Bibliothek erhältlich.

Internet: www.schuelerlexikon.de

Redaktion: Dagmar Knapp, Dr. Astrid Urban (PAETEC GmbH)
Gestaltungskonzept: Britta Scharffenberg (PAETEC GmbH)
Umschlaggestaltung: Hans Helfersdorfer, Heidelberg
Layout: Susanne Raake (PAETEC GmbH)
Grafiken: Beatrice Lücken, Jule Pfeiffer-Spiekermann, Susanne Raake (PAETEC GmbH)
Druck und Bindung: Těšínská tiskárna, Český Těšín

ISBN 3-89818-720-9 (PAETEC Verlag für Bildungsmedien)
ISBN 3-411-71951-6 (Dudenverlag)

Inhaltsverzeichnis

ENGLISCH ALS WELTSPRACHE 1

1.1 Die Verbreitung des Englischen

Schätzungen zu der Anzahl von Menschen, die Englisch sprechen, schwanken stark. Nach Chinesisch (Mandarin) ist Englisch – je nach Quelle – die am zweit- bzw. dritthäufigsten gesprochene Sprache auf der Welt. Englisch ist **Muttersprache** in Großbritannien, Irland, den USA, Kanada, Australien und Neuseeland. Es ist offizielle oder vorherrschende Sprache in mehr Ländern als jede andere Sprache. Mit dem Beginn des *British Empire* im 17. Jahrhundert und durch den politischen und militärischen Einfluss der USA im 20. Jahrhundert wurde Englisch auch in Ländern Asiens, Afrikas und der Karibik ein wichtiges Kommunikationsmittel. Nach Angaben des British Council ist Englisch in mehr als 75 Ländern offizielle oder vorherrschende Zweitsprache und wird in deren Regierungs-, Bildungs- und Rechtssystem benutzt. Dies sind vor allem die 54 Staaten des *Commonwealth*, in dem sich die heute unabhängigen „Exkolonien" des ehemaligen *British Empire* inklusive Großbritannien zusammengeschlossen haben. In Indien zum Beispiel wird Englisch im Unterricht an Universitäten, im Geschäftsleben und in den Medien gesprochen. Insgesamt gibt es in Indien über 3000 englischsprachige Zeitungen.

Der British Council ist ein britisches Kulturinstitut, vergleichbar dem deutschen Goethe-Institut.

Wie viele Menschen sprechen Englisch?

English as a native language (ENL)	**English as a second language (ESL)**	**English as a foreign language (EFL)**	**English for specific purposes (ESP)**
Die Anzahl der Muttersprachler wird auf ca. 350 Mio. Menschen geschätzt.	ESL wird von ca. 350 Mio. Sprechern vor allem in den ehemaligen britischen Kolonien gesprochen.	Je nach Schätzung sprechen zwischen 670 Mio. und 1 Mrd. Menschen Englisch als erlernte Fremdsprache.	Die Anzahl derer, die Englisch in Wissenschaft und Beruf sprechen, ist nicht genau bekannt.

Bedingt durch die Nutzung des Internets und die technologische Dominanz der USA, breitet sich Englisch weiter aus: 80 Prozent der Homepages im Internet sind auf Englisch verfasst, auf Platz zwei und drei liegen deutsche und japanische Homepages mit nur 4,5 bzw. 3,1 Prozent. Die Bedeutung des Englischen als Sprache der Technologie und Wissenschaft ist auch daran erkennbar, dass es nach Schätzungen allein 500 000 englische Begriffe auf diesen Gebieten gibt.

Die Gründe für die Verbreitung des Englischen als **Weltsprache** sind aber nicht nur politischer, wirtschaftlicher, technologischer und historischer Natur, sie liegen auch in der Struktur der Sprache. Zwar hat Englisch mit ca. 500 000 Wörtern unter den Sprachen der Welt das vermutlich größte Vokabular; nimmt man wissenschaftliche und technologische Begriffe hinzu, erhöht sich diese Anzahl sogar auf ca. 1 Million Wörter. Aufgrund seiner grammatikalischen Struktur ist Englisch jedoch leichter zu erlernen als andere Sprachen:

Flexion = Beugung

Englisch ist flexionsarm, d. h., es kennt praktisch keine Fälle und kein grammatikalisches Geschlecht. Das bedeutet zum Beispiel, dass sich die

Endungen von Artikel, Adjektiv und Substantiv nicht ändern, gleichgültig, ob man sagt: „Das Buch gehört dem netten Studenten./Ich treffe heute den netten Studenten. Der nette Student kommt heute zum Essen./Auf Englisch heißt es immer: *the nice student,* womit auch eine Studentin bezeichnet werden könnte. Im Deutschen hingegen müsste man „Studentin" mit entsprechend anderen Artikel- und Adjektivendungen benutzen.

1.1.1 Englisch als Muttersprache

Britisches Englisch. Historisch gesehen, existierte von den muttersprachlichen Varianten das **britische Englisch** zuerst. Von britischen Eroberern und Siedlern wurde es in die anderen muttersprachlichen Länder, also nach Irland, Australien, Neuseeland, Kanada, in die USA und die übrigen ehemaligen Kolonien in Asien, Afrika sowie in die Karibik gebracht. Britisches und **amerikanisches Englisch** haben weltweit den größten Einfluss; ***General British*** und ***General American*** werden im Englischunterricht an Schulen und an anderen Bildungsinstitutionen vermittelt und gelten vielfach als der „Goldstandard", an dem sich Fremdsprachenlerner orientieren. Aus diesem Grund sollen diese beiden Varianten hier eingehender vorgestellt werden:

Das britische Englisch ist kein einheitliches Englisch, das sich vom Norden der Insel bis zum Süden gleich anhört. Einheitlich oder standardisiert ist nur das geschriebene Englisch, die gesprochene Sprache gliedert sich dagegen – wie auch das Deutsche – in zahlreiche **Dialekte** auf.

Bis ins 14. Jahrhundert schrieben die Briten, wie sie sprachen. Die geschriebene Sprache repräsentierte also die lokalen Dialekte. Erst im 15. Jahrhundert begann die Standardisierung des geschriebenen Englisch, die sich mit der Erfindung des Buchdrucks gegen Ende des 15. Jahrhunderts fortsetzte.

Dialekte sind

- regional bedingte Sprachformen innerhalb einer Sprachgemeinschaft.
- gesprochene Sprache, d.h., sie existieren in der Regel nicht verschriftlicht.
- nicht an die Normen der Standardsprache (Hochsprache) gebunden.

Dialekte können von den Normen der Standardsprache oder Hochsprache
- phonetisch (d. h. mit Bezug auf die Aussprache),
- grammatikalisch (d. h. mit Bezug auf Wortbildung und Satzbau) und
- lexikalisch (mit Bezug auf den Wortschatz) stark abweichen.

Zum Vergleich kann man sich Sprecher aus Schwaben, aus der Pfalz und aus Bayern denken – so wie es hier Unterschiede in der Aussprache, im Wortschatz und der Grammatik gibt, gibt es sie auch zwischen Sprechern aus den verschiedenen Regionen Großbritanniens. Mit Blick auf das moderne Englisch lassen sich folgende Arten von Dialekten unterscheiden:

Bekannt ist COCKNEY aus dem Film *My fair Lady*. In der auf das Theaterstück *Pygmalion* von GEORGE BERNARD SHAW zurückgehenden Geschichte bringt Professor Higgins dem Cockney-Mädchen Eliza die Hochsprache, die so genannte Received Pronunciation, bei.

Traditionelle oder regionale Dialekte	**Moderne oder urbane Dialekte**
– werden vor allem in ländlichen Gegenden gesprochen, – werden nur von einem kleinen Teil der Bevölkerung gesprochen, da nur etwa 10 Prozent der Briten auf dem Land leben. Sprecher dieser Dialekte sind oft älter und in der Landwirtschaft oder Fischerei beschäftigt, – sind zum Teil so unterschiedlich, dass zwei Sprecher aus verschiedenen Regionen Verständigungsschwierigkeiten haben können, – weichen mit Bezug auf Syntax, Grammatik, Aussprache und Vokabular stark vom allgemeinen Standard ab.	– sind Dialekte, die in den Städten gesprochen werden, – weisen einzelne Merkmale der regionalen Dialekte auf, ohne jedoch sehr deutlich von der Standardsprache abzuweichen. In Bezug auf Grammatik, Aussprache und Syntax sind sie dem allgemeinen Standard angeglichen. In der Aussprache unterscheiden sie sich aber deutlich: Ein Sprecher aus Liverpool oder Manchester z. B. kann ohne weiteres von einem Sprecher aus London unterschieden werden, – weisen wenig regionale Unterschiede im Vokabular auf, – werden mit den *six home counties* um London herum assoziiert, außerdem mit größeren Städten und Teilen von Wales und West-Cornwall.

Weiterhin unterscheidet man:

Ethnische Dialekte: So bezeichnet man das Englisch, das von Zuwanderern gesprochen wird. Viele Zuwanderer stammen aus den Staaten des Commonwealth, wie z. B. Indien oder Jamaica.
Soziolekte: Zeigt sich in der gesprochenen Sprache die klare Zugehörigkeit zu einer sozialen Gruppe, spricht man von einem **Soziolekt** (z. B. das Cockney aus dem Londoner East End oder die so genannte **Received Pronunciation,** RP, die von der gebildeten Mittel- und Oberschicht gesprochen wird).

Innerhalb Englands finden sich deutliche Unterschiede in der Aussprache zwischen dem Norden und den Midlands einerseits sowie dem Süden andererseits. In diese drei Großregionen lassen sich die einzelnen Dialekte, wie z. B. der Yorkshire-Dialekt, das East-Anglian usw., einordnen. Ein wichtiges Beispiel für die Unterschiede, die von Süden nach Norden hin auftreten, ist die Aussprache von „u", „o" und „ou":

Im Norden Englands und in den Midlands	**Im Süden**
wird **„u", „ou", „o"** oft als **„u"** gesprochen: *luck, butter, cousin, love* klingen wie *pull, push, could* oder *look.*	werden *luck, butter, cousin, love* mit **„a"** gesprochen und unterscheiden sich deutlich von *pull, push, could, look.*

Weiter im Norden findet sich das **schottische Scots,** das sich wiederum deutlich von den Dialekten Englands unterscheidet.

Was bedeutet Standardsprache?

Dialekte weichen von der Standardsprache ab. Was aber bedeutet Standardsprache?

Für „Standardsprache" könnte auch der wertende Begriff „Hochsprache" stehen. Damit ist die Sprache der gebildeten Mittel- und Oberschicht gemeint, die sich an den Normen der geschriebenen Sprache orientiert und im Bildungssystem und in den Medien als anzustrebender Standard vermittelt wird.

In Großbritannien ist diese Form der Hochsprache die so genannte ***Received Pronunciation*** (RP). Sie ist im Allgemeinen das, was Fremde unter „typisch" britischer Aussprache verstehen. Die Aussprache britischer Offiziere, die RP sprachen, hörte sich etwa so an: *patschas* für *purchase, bahd* für *bird, eventschalleh* für *eventually;* das „a" war jeweils ein langes „a", eines der typischen Merkmale für RP. *Received* bedeutet auch *akzeptiert,* d. h. in den gesellschaftlich höheren Schichten anerkannt. Traditionell war der akzeptierte Ausspracheстandard der Akzent der gebildeten und wohlhabenden Schichten in London und der unmittelbaren Umgebung, der auch am Hof gesprochen wurde, das so genannte ***Queen's English.***

RP ist nicht gleich RP, sondern unterscheidet sich zwischen Sprechern verschiedener Generationen. Weiterhin unterscheidet man *U-RP* (U = *upper class, upper crust*), *non-U RP* und *adoptive RP* (RP, das erst im Erwachsenenalter erlernt wurde, z. B. aus beruflichen Gründen).

Die Entstehung von RP fiel zusammen mit der Herausbildung einer wohlhabenden und gebildeten Mittelklasse. Deren Aufstieg wiederum hing auch mit der Gründung des *Imperial Civil Service,* also der Verwaltung für das British Empire, zusammen. RP war die Aussprache, die seit dem späten 19. Jahrhundert an den oft sehr teuren und missverständlich *public schools* genannten Privatschulen (z. B. Eton) gepflegt wurde. Auch an den so genannten *preparatory schools,* die die Schüler auf die

Aufnahme an einer *public school* vorbereiten, sprach man RP. Diese Schulen entstanden seit dem *Education Act* von 1870. Erstmals kamen hier die Kinder – fast ausschließlich Söhne – der führenden Ober- und Mittelschicht zusammen, die später in Politik, Gesellschaft und Verwaltung des *British Empire* führende Stellungen übernahmen. Da die Schulen landesweit verstreut waren, wurde auch der RP-Akzent über das Land verteilt und war an keine bestimmte Region gebunden. Heute ist RP die Aussprache der gebildeten Mittel- und Oberschicht. Nur etwa 10 bis 12 Prozent der Bevölkerung sprechen RP-Englisch.

Besonders an den zwei britischen Eliteuniversitäten Oxford und Cambridge, aus denen führende Politiker und Personen des öffentlichen Lebens rekrutiert werden, spricht man RP.

Bis in die siebziger Jahre hinein dominierte RP auch bei der BBC und wird deshalb auch als *BBC-English* bezeichnet. Seit den siebziger Jahren lässt die BBC bei ihren Sprechern auch regionale Varianten zu.
Traditionell wurde RP mit Autorität, Macht, guter Herkunft, Einfluss und Bildung assoziiert. Die Fähigkeit, RP zu sprechen, war Voraussetzung für eine Karriere in vielen Bereichen. Inzwischen hat der starke Einfluss von RP jedoch nachgelassen, und auch andere regionale Varianten sind akzeptiert. Seit den achtziger Jahren wird die Entstehung eines neuen Aussprachestandards diagnostiziert, das so genannte ***Estuary English.***
RP war lange Zeit auch der Aussprachestandard, dem der Englischunterricht an deutschen Schulen folgte. Heute spricht man von *General British English,* wenn man vom Aussprachestandard für den Schulunterricht spricht. *General British English* umfasst RP ebenso wie akzeptierte regionale Varianten. Neben *General British English* steht als gleichberechtigte Variante *General American* (↗ S. 11).

Estuary vereinigt Elemente von Cockney und *RP* in sich und wird einerseits von sozial aufsteigenden jungen Sprechern aus der Arbeiterschicht gesprochen, andererseits von ehemals typischen RP-Sprechern, die eine Ausbildung an einer Privatschule erhalten haben. *Estuary English* stellt somit einen Ausgleich zwischen den Sprechweisen der verschiedenen Gesellschaftsschichten dar.

Nicht akzeptiert sind lokale Varianten immer dann, wenn sie von so genannten *non-standard Elementen* Gebrauch machen, die von der Grammatik und Lexik des geschriebenen Standards stark abweichen. Dazu gehören z. B.:

- der Gebrauch von *don't* in der 3. Person Singular: *he don't know,*
- abweichende Formen für die Vergangenheit und das Partizip Perfekt: *they come to see you yesterday; have you went to the pub yet?; you done well,*

- Gebrauch von *ain't* statt einer Form von *to be* oder *to have: she ain't well; he ain't comin'; we ain't met her,*
- *them* als Demonstrativpronomen: *Where did you get them new plates?*

Amerikanisches Englisch. Im Vergleich zur Dialektvielfalt des britischen Englisch erscheint das amerikanische Englisch sehr viel homogener. Schon im 17. Jahrhundert, als eine zahlenmäßig große Auswanderung britischer Siedler nach Amerika begann, glichen die Sprecher aus den verschiedenen englischsprachigen Regionen ihren Sprachgebrauch aneinander an. Das geschriebene Englisch war auch in den Bibelausgaben bereits standardisiert. Die Auswanderer hatten also ihre kulturellen Wurzeln im geschriebenen Standardenglisch, dem sie auch im gesprochenen Englisch folgen konnten. Dies erklärt zugleich, warum sich das amerikanische Englisch über die Jahrhunderte trotz der großen geographischen Distanz nicht weiter vom britischen Englisch entfernte und zu einer eigenen Sprache entwickelte: Die englischsprachigen Auswanderer waren bereits Bürger eines Nationalstaates, mit dem sie sich zumindest teilweise weiterhin identifizierten; zudem teilten sie eine gemeinsame Literatur und Kultur mit dem britischen Mutterland. Bis zur amerikanischen Unabhängigskeitserklärung am 4. Juli 1776 gehörten die dreizehn ursprünglich britischen Kolonien auch politisch zu Großbritannien.

Der amerikanische Fotograf ALFRED STIEGLITZ (1864–1946) hat auf diesem Bild die Situation auf einem Einwandererschiff festgehalten. Der Titel des Fotos *The Steerage* verweist auf die Situation der mittellosen Emigranten, die die Überfahrt dicht gedrängt im Zwischendeck überstehen mussten, während sich die wohlhabenden Reisenden in den Kabinen des Oberdecks aufhielten.

Dennoch werden auch in den USA vier Dialektregionen unterschieden, die sich weiter in kleinere Einheiten unterteilen lassen. Von Dialekten, die sich so stark voneinander unterscheiden wie die traditionellen Dialekte Englands, kann man allerdings kaum sprechen. Eine Sonderstellung nehmen die nördlichen Staaten an der Ostküste ein, die im steten Kontakt mit Großbritannien standen oder die Sprache der britischen Eliten nachahmten. Hier findet sich eine stärker ausgeprägte Vielfalt der Dialekte als zum Beispiel im Mittleren Westen oder an der Westküste. Die Bewohner des später besiedelten Mittleren Westens und Westens der USA standen sehr viel weniger mit Großbritannien in Kontakt und glichen ihre Aussprache demzufolge stärker aneinander an. Die Aussprache der Northern-Midland-Region, etwa von Ohio aus nach Westen gehend, wird deshalb auch ***General American*** genannt, um anzudeuten, dass es sich hier um eine eher neutrale und weniger von Dialekten geprägte Sprechweise handelt.

Eine weitere Bezeichnung für ***General American*** ist *network standard,* da dieser Aussprachetyp auch von den Sprechern der nationalen Radio- und Fernsehsender verwendet wird.

Die vier Dialektregionen sind:

Northern:
von New England und New York nach Westen gehend

Western:
Dieser Teil ist geographisch nicht eindeutig abzugrenzen, da nicht eindeutig zu sagen ist, wo der linguistische Westen beginnt. Hierher gehören zum Beispiel Kalifornien, Utah, Nebraska, New Mexico und Arizona.

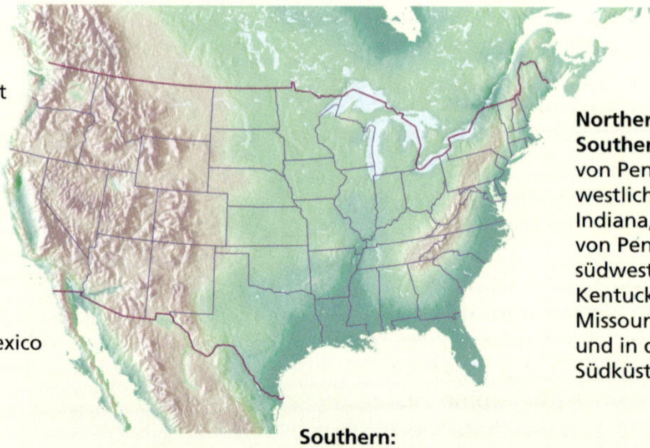

Northern- und Southern Midland:
von Pennsylvania westlich bis Ohio, Indiana, Illinois; von Pennsylvania südwestlich nach Kentucky, Tennessee, Missouri, Arkansas und in das Innere der Südküstenstaaten

Southern:
vor allem in Virginia, North und South Carolina, Georgia, Florida und an der Golfküste entlang bis Texas

New England umfasst die sechs nordöstlichsten Staaten der USA: Maine, Vermont, New Hampshire, Massachusetts, Connecticut, Rhode Island. Hier befanden sich auch die ersten Siedlungen der britischen Puritaner. Die Unterteilung in o. g. Dialektregionen beruht auf lexikalischen und grammatikalischen Unterschieden sowie auf unterschiedlichen Aussprachemustern. Am auffälligsten sind die Unterschiede zwischen *Southern* und *Northern*. Einige typische Beispiele aus der südlichen Region sind:

Wortschatz	**Aussprache**	**Grammatik**
– Übernahmen aus der südlichen Küstenregion, Ausdrücke, die in anderen Regionen als veraltet gelten: *skillet* (Bratpfanne), *hand* (Landarbeiter), *kinfolk* (Verwandte), *Scat!* (Gesundheit!, nachdem jemand geniest hat), – aus den westafrikanischen Sprachen der Sklaven: *cooter* (Schildkröte), *gumbo* (dickflüssige Suppe mit Okra), – aus dem Französischen: *armoire* (Kleiderschrank), – aus dem Spanischen: *vaquero* (Cowboy)	– *duty, newspaper, Tuesday* mit „ju", – keine klare Unterscheidung von *foal – fall, all – oil, poet – pour it, fire – far, eyes – ahs, hour – are,* d. h., *eyes* wird wie *ahs* gesprochen, *fire* ähnlich wie *far*, *I* wie *ah*. *(Ah can't say;* statt *I can't say; mah ahs* statt *my eyes*)	– Non-Standard-Charakteristika wie: *done* im Perfekt (*I done seen it* statt *I've seen it*), – *y'all* (für *you all*): *Y'all comin tonight?,* – *gon* statt *going* im Futur: *I'm gon do something,* – Mehrfachverneinung über Satzteile hinweg: *She's not comin, I don't think.* (Statt: *I don't think she's coming*.)

Der Westen der USA, insbesondere Kalifornien, nimmt eine Sonderrolle als Motor für sprachliche Neuerungen ein. Der Sprachgebrauch in den Filmen Hollywoods, in der Computerindustrie des *Silicon Valley*, weiterhin die Sprachverwendung der Hippies in den Sechzigerjahren, die Terminologie der New-Age-Bewegung, der feministischen Bewegung wie auch der Schwulen- und Lesbenbewegung beeinflussten das gesprochene Englisch in den USA und andere Sprachen weltweit.

Als Silicon Valley bezeichnet man die Gegend zwischen San José und San Francisco, im Umkreis der Stanford University, in der sich viele Unternehmen der IT-Branche niedergelassen haben.

Neben den genannten regionalen Dialekten gibt es in den USA auch **ethnische Dialekte.** African-American English (↗ S. 79) und das Englisch der spanisch sprechenden Bevölkerung (Puerto-Ricaner, Kubaner, Mexikaner) sind die wichtigsten Varianten, denn diese Bevölkerungsgruppen stellen die größten Minderheiten im Land dar.

Kanadisches Englisch. Nach dem amerikanischen Unabhängigkeitskrieg, in dessen Verlauf die USA ihre Unabhängigkeit von Großbritannien erklärten, zogen sich die Anhänger der britischen Krone in das heutige Ontario zurück; Kanada gehört bis heute zum Commonwealth. In Bezug auf Aussprache und Orthographie zeigen sich deshalb im **kanadischen Englisch** der britische wie auch der amerikanische Einfluss:

tap, braces, porridge (BE) statt *faucet, suspenders, oatmeal* (AE),
gas, truck, wrench (AE) statt *petrol, lorry, spanner* (BE).

AE = American English, BE = British English

Die Rechtschreibung des kanadischen Englisch lässt in vielen Fällen alternative Varianten zu:

sowohl *color* (AE) als auch *colour* (BE),
sowohl *neighbor* (AE) als auch *neighbour* (BE).

Im Hinblick auf die Aussprache haben Untersuchungen ergeben, dass die Kanadier, die sich eher mit den USA identifizieren, verstärkt amerikanische Aussprachemuster zeigen, während diejenigen, die Großbritannien zugeneigt sind, eher auf britische Aussprachemuster zurückgreifen. In den kanadischen Medien wurde lange die britische Aussprache zahlreicher Wörter favorisiert. Die Canadian Broadcasting Corporation (CBC) unterhielt von 1940 bis 1989 ein *Office of Broadcast Language,* das sich für die britische Aussprache zahlreicher Wörter bei ihren Sprechern einsetzte. Dennoch zeichnet sich das kanadische Englisch durch zahlreiche typische Aussprachemuster aus, wie z. B. die Aussprache des Diphthongs „ou", der sich im kanadischen Englisch mit „oa" reimt *(out = oat, about = aboat).* Inzwischen hat auch das kanadische Englisch seinen eigenen Aussprachestandard entwickelt – was sich u. a. daran zeigt, dass das kanadische Englisch, das in der Region von Ontario bis British Columbia gesprochen wird, parallel zum *General American* als ***General Canadian*** bezeichnet wird. Zusätzlich dazu finden sich insbesondere in der Region Neufundland zahlreiche Dialekte.

Diphthong = Doppelvokal

Auch in der Lexik zeigt sich die Eigenständigkeit des kanadischen Englisch. Das *Dictionary of Canadianisms on Historical Principles* nennt etwa 10 000 Wörter kanadischen Ursprungs. Dazu gehören zum Beispiel *chesterfield* (Sofa), *kerosene* und Begriffe aus dem Eishockey wie *puck* und

Ein **Lehnwort** ist ein Begriff, der aus einer Sprache in eine andere übernommen (entlehnt) wurde.

blue-line. Wie auch im amerikanischen Englisch (↗ S. 11) finden sich im kanadischen Englisch zahlreiche Lehnwörter aus indianischen Sprachen, die sich zum Teil mit denen im amerikanischen Englisch überschneiden. Zusätzlich wurden Wörter aus dem Inuktitut, der Sprache der **Inuit** (der Eskimos), übernommen. International bekannte Lehnwörter sind zum Beispiel *Eskimo* und *Husky,* die sich aus dem indianischen *(h)usquemau* ableiten, sowie *Anorak,* das auch im Grönländischen als *anoraq* erscheint. Da Französisch neben Englisch die zweite offizielle Sprache Kanadas ist, finden sich auch zahlreiche Lehnwörter aus dem Französischen.

Die größte kanadische Provinz Quebec (mit der gleichnamigen Hauptstadt Quebec) ist zu 82 % französischsprachig. Die ersten Siedler waren Franzosen.

Britisches und amerikanisches Englisch im Vergleich. Von der Gründung der ersten englischen Siedlung in Jamestown, Virginia (1607), bis zur Erklärung der amerikanischen Unabhängigkeit (1776) waren die bis dahin von Briten besiedelten Gebiete Nordamerikas britische Kolonien. Mit der Gründung eines von Großbritannien unabhängigen Nationalstaates verstärkten sich die Bemühungen um ein amerikanisches Englisch, das in Schreibung und Aussprache einheitlich sein und sich vom britischen Englisch unterscheiden sollte. Die Briten hatten seit DR. SAMUEL JOHNSONS *Dictionary,* erschienen 1755, bereits ein Wörterbuch, das versuchte, einen einheitlichen orthographischen Standard zu setzen. In den USA wurde NOAH WEBSTER (1758–1843), Rechtsanwalt und Lehrer, einer der Hauptbetreiber für ein amerikanisches Englisch. WEBSTER verfasste unter anderem *The American Spelling Book,* das in den hundert Jahren nach seinem Erscheinen millionenfach verkauft wurde. Noch heute lebt WEBSTERS Name in *Webster's Dictionary* fort, das erstmals 1828 unter dem Titel *An American Dictionary of the English Language* veröffentlicht wurde. WEBSTER begründete seine Bemühungen um ein einheitliches amerikanisches Englisch folgendermaßen:

In dem berühmten *Dictionary* definierte SAMUEL JOHNSON seine Rolle als Lexikograph wie folgt: *„Lexicographer – A writer of dictionaries, a harmless drudge"* (drudge = Schwerarbeiter).

> "As an independent nation our honor requires us to have a system of our own, in language as well as government. Great Britain, whose children we are, should no longer be our standard; for the taste of her writers is already corrupted, and her language on the decline. But if it were not so, she is too great a distance to be our model, and to instruct us in the principles of our own tongue."

Aus dem Zitat lässt sich nicht nur auf das Nationalgefühl des Autors schließen, WEBSTER spricht hier auch einen wichtigen Grund für die Auseinanderentwicklung von britischem und amerikanischem Englisch an: die große Entfernung zwischen den zwei Staaten, die bis zum Zweiten Weltkrieg nur durch eine lange Schiffsreise zu überbrücken war.

Weitere Gründe für die Auseinanderentwicklung von britischem und amerikanischem Englisch:

1. Die neuen Lebensbedingungen der Siedler	2. Der Kontakt mit den indianischen Ureinwohnern	3. Sprachliche Einflüsse anderer Emigranten	4. Unterschiede im politischen System, in Kultur und Sport

1 Die neuen Lebensbedingungen der Siedler wirkten sich auf den Wortschatz aus, da die Siedler geographische Gegebenheiten sowie Flora und Fauna vorfanden, die sie nicht bezeichnen konnten. Deshalb entlehnten sie Wörter aus anderen Sprachen (z. B. *prairie, levee, bayou* aus dem Französischen) oder kreierten neue beschreibende Wortschöpfungen *(bullfrog, eggplant).*

2 Zahlreiche Wörter zur Beschreibung der neuen Umwelt stammten von den indianischen Ureinwohnern. Für die Fauna z. B. *skunk, opposum, moose, racoon.* Auch viele geographische Namen sind indianischen Ursprungs, wie Potomac (ein Fluss in Maryland) oder Manitowoc (ein Fluss in Wisconsin).

3 Der Kontakt mit Emigranten aus zahlreichen anderen Ländern führte dazu, dass aus deren Sprachen Wörter entliehen wurden: Beispiele sind *coleslaw, cookie, cruller* aus dem Holländischen; *sauerkraut, hamburger, frankfurter, noodle, pretzel* aus dem Deutschen; *macaroni, mozzarella, pastrami* aus dem Italienischen; *matzo, gefilte fish* aus dem Jiddischen. Auch von den Spanisch sprechenden Einwanderern wurden viele Wörter übernommen, wie z. B. *taco, nachos, burritos* etc. Viele dieser Ausdrücke sind mittlerweile auch in die anderen Varianten des Englischen eingegangen.

4 Die Unterschiede im politischen System wirkten sich ebenfalls auf den Wortschatz aus: Wörter, die bereits im britischen Englisch existierten, erhielten im politischen Kontext des Amerikanischen eine neue Bedeutung: *congress(ional), governor, sheriff, presidential, senate, assembly, primary.*

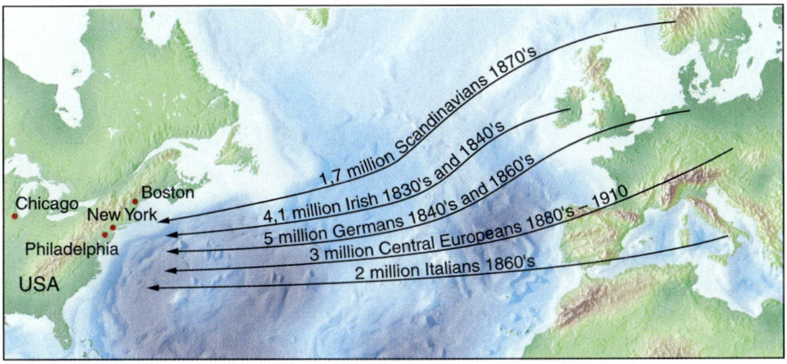

Auch aus anderen Lebensbereichen, wie dem Sport, dem Bildungswesen und der Kultur, finden sich viele Beispiele für typisch amerikanische Ausdrücke und idiomatische Wendungen. Vom Nationalsport Baseball stammen z. B.:

to play hardball – es ernst meinen mit etwas,
to touch base – in Kontakt bleiben,
not to get to the first base with someone – mit jemandem erfolglos sein.

Umgekehrt gibt es auch viele Redewendungen aus dem Bereich des britischen Nationalsports Cricket, die nicht im amerikanischen Englisch verwendet werden:

something is not cricket – etwas ist unfair,
to queer someone's pitch – die Pläne eines anderen durchkreuzen.

Im Bereich der Lexik gibt es zahlreiche weitere Beispiele, in denen sich britisches und amerikanisches Englisch unterscheiden, so gibt es z. B. Wörter, die im britischen Englisch etwas anderes bezeichnen als im amerikanischen:

Anders als die humorvolle Charakteristik der Briten und Amerikaner als *„two nations divided by a single language"* (G. B. SHAW) schließen lässt, gibt es wesentliche Unterschiede zwischen britischem und amerikanischem Englisch.

Amerikanisches Englisch	**Britisches Englisch**
pants = Hose *first floor* = Erdgeschoss	*pants* = Unterhose *first floor* = 1. Stock

Zusätzliche Bezeichnungen, die in der jeweils anderen Variante nicht vorkommen:

raincoat *rubber boots* *vacuum cleaner* *to vacuum* *photocopier, **xerox machine*** *pharmacy, **drugstore*** *taxi, **cab***	*raincoat, **mac(intosh)*** *rubber boots, **wellingtons, wellies*** *vacuum cleaner, **Hoover*** *to vacuum, **to hoover*** *photocopier* *pharmacy, **chemist's*** *taxi*

In Großbritannien wurde man vor allem durch die sich ausbreitenden Hollywoodfilme und die Ankunft der GIs im Zweiten Weltkrieg auf die Unterschiede zwischen britischem und amerikanischem Englisch aufmerksam.

Unterschiedliche Wörter, die für den gleichen Gegenstand benutzt werden:

gas(oline) *truck* *trunk*	*petrol* *lorry* *boot*

Daneben gibt es zahlreiche Begriffe, die nur in jeweils einer der beiden Varianten verwendet werden, weil sie von Einwanderergruppen stammen, die in den USA bzw. Großbritannien nicht so dominant sind:

Begriffe aus dem Indischen wie: *pukka* – „richtig", „korrekt",
und Wörter aus dem Jiddischen: *to schlepp* – „tragen", „sich schleppen", *schlock* – „Mist" („billiges Zeug").

Aber nicht nur im lexikalischen Bereich bestehen Unterschiede zwischen britischem und amerikanischem Englisch. Nicht zuletzt durch NOAH WEBSTERS Bestrebungen gibt es auch deutliche Unterschiede in Bezug auf Orthographie, Grammatik und Interpunktion.
Im amerikanischen Englisch sind einige Elemente der britischen Schreibweise vereinfacht und Unregelmäßigkeiten ausgeglichen worden. Einige wichtige **orthographische Unterschiede** zwischen britischem und amerikanischem Englisch sind:
Das „u" ist in der amerikanischen Schreibweise oft weggefallen, wo es in der britischen noch existiert. So findet sich im amerikanischen Englisch am Wortende häufig kein „ue", wo dies im britischen Englisch verwendet wird:

catalog *dialog* *monolog*	*catalo**gue*** *dialo**gue*** *monolo**gue***

Obwohl sich Orthographie und Grammatik des *American English* weltweit mehr und mehr ausbreiten, sind Schreibweisen wie *harbor* (statt *harbour)* und *program* (statt *programme)* im BE weiterhin nicht korrekt.

Für die gleich klingenden Endungen „our" und „or" im britischen Englisch schreibt man im amerikanischen Englisch meist einheitlich „or":

color *humor* *neighbor* *flavor*	*colo**ur*** *humo**ur*** *neighbo**ur*** *flavo**ur** (aber: honour, professor, anchor)*

Auch im Wort fällt das „u" im amerikanischen Englisch oft weg:

mold *to smolder* *gage*	*mo**u**ld* *to smo**u**lder* *ga**u**ge*

Eine Vereinfachung ist die Schreibung von britisch „-re" als „-er" im Amerikanischen:

*cent**er*** *theat**er*** *(parking) met**er***	*cent**re*** *theat**re*** *met**re***

Die Schreibungen *jail* (statt *gaol)* und *today* (statt *to-day)* wurden aus dem Amerikanischen ins British English übernommen.

Statt der älteren Form „-ise", „-isation" schreibt man in den USA eher „-ize", „-ization". Dabei handelt es sich wohl um eine Anpassung an die Aussprache. Beide Schreibweisen finden sich jedoch auch im britischen Englisch:

Als die ersten amerikanischen Tonfilme in Großbritannien gezeigt wurden, mussten sie mit Untertiteln versehen werden, weil die Briten den amerikanschen Akzent nicht verstanden.

colonialize *colonialization* *to penalize* *to recognize* aber: Wörter wie *advertise, compromise*	*colonialise, colonialize* *colonialisation, colonialization* *to penalise, penalize* *to recognise, recognize* *revise* nur mit „-ise" in beiden Varianten

Neben „-ection" benutzt das britische Englisch auch „-exion":

connection *reflection*	*connexion, connection* *reflexion, reflection*

Einige wichtige **grammatikalische Unterschiede** sind:
Bei einigen Verben, die auf „l" oder „m" enden, benutzt das amerikanische Englisch die regelmäßige „ed"-Endung zur Bildung des Partizips, während im britischen Englisch die unregelmäßige Form verwendet wird:

Im American English kann das Prinzip von *get got* oder *gotten* lauten, im *British English* ist nur *got* korrekt.

burned *kneeled* *spilled* Weitere Beispiele: *dreamed, leaned, learned, spelled, spoiled*	*burnt* *knelt* *spilt* *dreamt, leant, learnt, spelt, spoilt*

Eine Sonderstellung nimmt das Partizip von ***to get*** *(got)* ein. Das amerikanische und das informelle britische Englisch benutzen *got* zusammen mit *have*, um a) Besitz, b) Verpflichtungen und c) Schlussfolgerungen in der Gegenwart auszudrücken:

a) *I've got a CD from that band.* – Ich habe eine CD von der Band.
b) *You've got to listen to it! (colloq.)* – Die musst du dir anhören!
c) *It's got to be good. (colloq.)* – Die muss gut sein.

Tendenziell benutzt das amerikanische Englisch zur Besitzanzeige eher *have* ohne *got* und benötigt dann eine Form von *to do* in Fragen und Verneinungen:

She doesn't have a computer. *Do you have any children?* *I have a car.*	*She hasn't got a computer.* *Have you got any children?* *I've got a car.*

Nur das amerikanische Englisch kennt die Partizipform *„gotten"*:

We've gotten used to the new computer program. *I've gotten tired of this weather.* *They've gotten a new computer.*

gotten kann auch die Bedeutung von *to be able to* (können, die Möglichkeit haben) oder von *to receive* (erhalten) annehmen. Da *gotten* im britischen Englisch unbekannt ist, müssen diese Bedeutungen entsprechend umschrieben werden:

I've gotten round to doing more reading lately. (In letzter Zeit habe ich mehr lesen können.)	*I've been able to do more reading lately.*
I haven't gotten any money. (Ich habe kein Geld bekommen.)	*I haven't received any money.*
I don't have any money. (Ich habe kein Geld.)	*I haven't got any money.*

Bei der Verwendung des *present perfect* lässt sich folgender Unterschied zwischen britischem und amerikanischem Englisch feststellen: Im Zusammenhang mit *yet, just, already* steht im britischen Englisch das *present perfect,* während im amerikanischen auch das *simple past* stehen kann:

Im ***American English*** wird das *present perfect* häufig durch das *simple past* ersetzt.

I already read that book./I've already read that book.	*I've already read that book.*
Did you speak to her yet?/Have you spoken to her yet?	*Have you spoken to her yet?*
I just had breakfast./ I've just had breakfast.	*I've just had breakfast.*

Sammelbegriffe wie *government, team, committee, council, board* werden im amerikanischen Englisch fast immer mit Singular verwendet, im britischen Englisch dagegen meistens mit Plural. Eine Ausnahme stellen Begriffe wie *police* und *people* dar: Sie werden im britischen wie im amerikanischen Englisch mit Plural verwendet.

Statt des *past perfect* wird im amerikanischen Englisch häufig das *simple past* verwendet.

*The committee **has** decided to buy new equipment.*	*The committee **have** decided to buy new equipment.*
*The council **has** unveiled **it's** new budget.*	*The government **have** unveiled **their** new budget.*
aber: *The police **have** new uniforms.*	*The police **have** new uniforms.*

Australisches und neuseeländisches Englisch. Das neuseeländische und das australische Englisch weisen in Bezug auf Lexik, Orthographie und einige Elemente der Aussprache zahlreiche Übereinstimmungen mit dem britischen Englisch auf, übernehmen aber auch amerikanische Elemente. Australier sagen z. B.:

tap (AE), nicht *faucet* (BE)
elevator (AE) statt *lift* (BE)
petrol (BE) statt *gas* (AE)
truck (AE), nicht *Lerry* (BE)

AE = amerikanisches Englisch
BE = britisches Englisch

In Anlehnung an die Besonderheiten in der Aussprache wird das Australian English auch ***Strine*** genannt, das New Zealand English ***New-zilid.***

Australier benutzen vergleichsweise mehr Amerikanismen; Neuseeländer wählen im Zweifel eher die britische Variante. Auch in der Aussprache ähnelt das Neuseeländische dem britischen Englisch etwas mehr als das australische Englisch. Die Ähnlichkeiten von australischem und neuseeländischem Englisch mit dem britischen Englisch liegen in der **Besiedlungsgeschichte** der beiden Staaten begründet. In beiden Ländern waren die ersten Siedler Engländer, Schotten und Iren. Im Falle Australiens waren dies vor allem Strafgefangene, die seit 1790 nach Australien deportiert wurden, um die übervollen britischen Gefängnisse zu entlasten, aber auch Offiziere, die die Strafgefangenen bewachten. Freiwillige Siedler kamen erst ins Land, als sich Australien wirtschaftlich entwickelt hatte: mit dem Wollhandel und dem Abbau von Mineralien, seit den 1850er Jahren auch mit dem Goldbergbau.

Neuseeland wurde 1642 durch den niederländischen Seefahrer ABEL TASMAN entdeckt.

Nach Neuseeland kamen zunächst Walfänger und Missionare, die die Ureinwohner Neuseelands, die **Maoris,** bekehren wollten. Bis ins 20. Jahrhundert hinein kam die größte Gruppe derjenigen, die nach Australien und Neuseeland einwanderten, aus Großbritannien, im Falle Neuseelands auch aus Australien. Beide Staaten waren zunächst britische Kolonien und sind bis heute Teil des Commonwealth.

Schildhalter im australischen Wappen sind ein Känguru und ein Emu; im neuseeländischen Wappen eine Frauenfigur und ein Maori-Häuptling. Die Frauenfigur trägt eine neuseeländische Flagge, in der die britische Flagge enthalten ist.

Insgesamt aber haben sowohl das australische als auch das neuseeländische Englisch einen so eigenständigen Charakter entwickelt, dass dieser mit Blick auf Lexik und Aussprache in eigenständigen Wörterbüchern festgehalten wird: z. B. in *The Macquarie Dictionary,* im *Heinemann New Zealand Dictionary* und in *The Australian National Dictionary.*

Das australische und verstärkt das neuseeländische Englisch zeichnen sich durch den *„high rising tone"*, d. h. die ansteigende Betonung bei einer Aussage, aus. Insbesondere Frauen verwenden den *„high rising tone"* und könnten z. B. auf die Frage *„What are you doing tonight?"* antworten: *„Go to Mario's Restaurant?"*, mit der ansteigenden Betonung meinend: *„Do you know the place?"* und *„Do you approve of my choice?"*.

Australian English is sometimes described as high-pitched, nasal and lazy. However one has to be aware that these are stereotypes rather than real facts.

Das Sprechtempo von Australiern erscheint Fremden vergleichsweise langsam, besonders bei Sprechern aus ländlichen Gegenden. Für beide Varianten typisch ist eine Vorliebe für Abkürzungen, die auf „o" oder „ie" enden. So sagen Australier wie auch Neuseeländer z. B.:

a beaut arvo statt *a beautiful afternoon, wharfie* statt *wharfmen, garbo* statt *garbage collector, cozzie* statt *swimming costume* und *smoko* (entspricht einer Teepause).

Australier werden „Aussies" und Neuseeländer nach dem neuseeländischen straußenartigen Vogel mit den verkümmerten Flügeln „Kiwis" genannt.

Der Kiwi, das National- und Wappentier Neuseelands, steht seit 1953 unter Naturschutz.

Der Wortschatz des neuseeländischen und australischen Englisch war ähnlichen Einflüssen unterworfen wie das amerikanische Englisch. Die Einwanderer Australiens und Neuseelands waren wie die Siedler Nordamerikas vor das Problem gestellt, eine ihnen unbekannte Flora und Fauna sowie neue geographische Gegebenheiten zu benennen. Dazu benutzten sie ähnliche Strategien wie die Nordamerikaner:

Übernahme von Wörtern der Aborigines/Maori für Ortsbezeichnungen und geographische Gegebenheiten	**Übernahme von Wörtern der Aborigines/Maori, vor allem zur Bezeichnung von unbekannter Flora und Fauna**	**Bedeutungsänderung bekannter englischer Begriffe**	**Kreation neuer Wortschöpfungen aus vorhandenen englischen Begriffen**
In Australien wurden ein Drittel aller Ortsnamen aus den Aborigine-Sprachen übernommen, z. B. *Wallaroo, Wollongong, Kwinana.* In Neuseeland gehen insbesondere auf der Nordinsel viele Ortsnamen auf die Maori zurück: z. B. *Waipukurau, Whangarai.*	in Australien: Pflanzennamen: *bindieye, calombo;* Bäume: *boree, mallee*; Vögel: *currawong, kookaburra*; andere Tiere: *wallaby, wombat* in Neuseeland: *kiwi* – straußenähnlicher, flugunfähiger Vogel Außerdem wurden Wörter aus anderen Bereichen übertragen: *mana* – Prestige, Status; *pakeha* – weißer Neuseeländer; *whare – small house*; *wahine – woman*; *yacker – work*.	in Australien z. B. *creek*: ursprünglich Bezeichnung für einen Meeresarm oder eine Flussmündung, jetzt: Bezeichnung für alle Arten von Wasserläufen (auch im amerikanischen Englisch) *bludger*: ursprünglich ein Dieb, heute: jemand der seine Pflichten vernachlässigt und sie anderen überlässt	im australischen Englisch z. B. Wörter mit *back:* *outback* – das Hinterland *outback farm* – eine Farm im australischen Hinterland *back-blocks* – in Australien (und Neuseeland) Bezeichnung für das dünn besiedelte Land im Landesinneren; „Hinterland" im australischen Englisch z. B.: *trumpeter* (Fischart) *ironbark* (Baumart) *throwing stick* (Bumerang)

Im Bereich des Kulinarischen befindet sich das australische Englisch in größerer Nähe zum britischen Englisch, so verwendet man *biscuit* (statt *cookie), jam* (statt *jelly)* und *chips* (statt *french fries).*

Insgesamt integrierten die Neuseeländer wesentlich mehr Wörter der Maori-Sprache als die Australier Wörter der Aborigines. Dies liegt wohl zum einen darin begründet, dass die Maori stärker in die neuseeländische Gesellschaft integriert wurden als die Aborigines in die australische. Zum anderen haben die Maori eine gemeinsame Sprache, während die Aborigines viele verschiedene Sprachen sprechen. Dies machte es vermutlich schwieriger, „den" Aborigine-Begriff für einen Gegenstand oder eine Idee zu übernehmen. Seitdem auch Einwanderer aus anderen europäischen und asiatischen Ländern nach Neuseeland und Australien kommen, haben beide Varianten Wörter aus den Sprachen der Einwanderer integriert; dies sind vor allem kulinarische Begriffe, wie z. B. *pizza* oder *kebab.*
Der größte Unterschied von neuseeländischem und australischem Englisch liegt im Wortschatz, insbesondere dem umgangssprachlichen Wortschatz, der stark vom britischen Englisch abweichen kann. Einzelne typisch australische Wortbeispiele sind:

tucker – Essen (vielleicht nach Bruder Tuck, dem dicken Freund Robin Hoods),
wag – Bündel (mit persönlichem Eigentum),
to fossick – etwas unsystematisch suchen.

Interessant ist, dass viele der Worte, die als typisch australisch gelten, aus den verschiedenen Dialektregionen Großbritanniens stammen, im britischen Englisch aber nicht mehr gebräuchlich sind, wie z. B.: *billy* – von schottisch *bally* (Milcheimer); *to fossick* für „etwas unsystematisch suchen".

„Waltzing Matilda" bezeichnet das Tragen des *swag*, eines Bündels mit persönlichem Eigentum.

Die inoffizielle Hymne Australiens, *Waltzing Matilda,* steckt voller typisch australischer Ausdrücke, die in der Randspalte erläutert sind:

"Once a jolly swagman[1] camped by a billabong[2], under the shade of a coolibah tree[3],
And he sang as he watched and waited till his billy[4] boiled,
'Who'll come a-waltzing Matilda with me?
Waltzing Matilda, Waltzing Matilda,
Who'll come a-waltzing Matilda with me?'"
"Down came a jumbuck[5] to drink at the billabong:
Up jumped the swagman and grabbed him with glee.
And he sang as he shoved that jumbuck in his tucker[6] bag,
'You'll come a-waltzing Matilda with me.
Waltzing Matilda, Waltzing Matilda,
You'll come a-waltzing Matilda with me?"

[1] *swagman* – Landstreicher
[2] *billabong* – Seitenarm eines Flusses
[3] *coolibah tree* – australische Baumart
[4] *billy* – ein Blechtopf mit Draht als Griff, benutzt als Teekessel
[5] *jumbuck* – Schaf
[6] *tucker bag* – Tasche für Essen

Im Vergleich zum britischen Englisch sind australisches wie auch neuseeländisches Englisch sehr homogen, d. h., es existieren keine traditionellen Dialekte, abgesehen von leichten regionalen Unterschieden in der Aussprache oder vereinzelten Unterschieden in der Wortwahl. Es lassen sich aber drei verschiedene Aussprachetypen unterscheiden:

Cultivated
gesprochen von einem relativ kleinen Prozentsatz der Bevölkerung; erinnert an die *Received Pronunciation* (RP) der gebildeten britischen Ober- und Mittelschicht (↗ S. 9). Dieser Aussprachetyp wird auch im *Marcquarie-Dictionary* wiedergegeben, das australisches wie auch neuseeländisches Englisch umfasst. Das *cultivated* wird heute vielfach als aufgesetzt empfunden.
General
Dieser Akzent wird von mindestens 50 Prozent der Bevölkerung gesprochen, er liegt zwischen *broad* und *cultivated.* Er vermeidet die umgangssprachlichen Strukturen in Syntax und Grammatik ebenso wie die Aussprachebesonderheiten, die das *broad* aufweist.
Broad
weist zahlreiche non-standard Merkmale auf. (Beispiele zu non-standard English: ↗ S. 149). Diese Aussprachetypen sind nicht unbedingt einer bestimmten Gesellschaftsschicht zuzuordnen, wie dies in Großbritannien der Fall ist. Eher lässt sich sagen, dass geschlechtsspezifische Unterschiede bestehen: Tendenziell benutzen Männer eher *broad,* Frauen eher *general* und *cultivated.* Einwanderer neigen ebenfalls zu *broad.*

1.1.2 Englisch als Zweit- und Amtssprache

In den 54 Mitgliedsstaaten des **Commonwealth** leben 1,7 Mrd. Menschen, das sind ca. 30 % der Weltbevölkerung.

Englisch im Commonwealth. Englisch wird in zahlreichen Staaten Asiens, Afrikas und der Karibik als offizielle Amtssprache in den Regierungsinstitutionen, im Schul- und Rechtssystem gesprochen. Dies ist vor allen Dingen in den ehemaligen britischen Kolonien der Fall, die sich inklusive Großbritannien im Commonwealth zusammengeschlossen haben. Das Commonwealth benutzt Englisch als gemeinsame Arbeitssprache. Insgesamt sprechen etwa ein Drittel der gesamten Bevölkerung der in Tabelle 1 auf Seite 25 aufgelisteten Länder Englisch als Erst- und/oder Zweitsprache, das sind nach konservativen Schätzungen etwa 2,24 Milliarden Menschen. In den Commonwealth-Staaten verbreitete sich Englisch zunächst durch Handelskontakte, dann durch die politische Souveränität Großbritanniens und die Notwendigkeit zur Verständigung. Seit dem 19. Jahrhundert war die Einführung von englischsprachigen Schulen und Universitäten besonders in Asien offizielle Politik Großbritanniens, sodass sich der Gebrauch des Englischen vom Bildungssystem aus weiter verbreitete. Nach der politischen Unabhängigkeit behielten die meisten Exkolonien den Gebrauch des Englischen als Amtssprache bei. Ein Grund dafür war einerseits das Erbe des englisch geprägten Regierungs-, Rechts- und Bildungssystems, andererseits oft die Notwendigkeit, sich in einer vielsprachigen, multiethnischen Umgebung verständigen zu müssen, ohne einer der lokalen Sprachen den Vorzug zu geben. Englisch diente und dient dann als **intranationale Lingua franca.** Beispiel hierfür

In Indien existieren vierzehn offizielle Landessprachen, in Singapur vier. In beiden Ländern dient Englisch als Verkehrssprache.

ist Indien, wo mehr als zehn verschiedene Sprachen offizielle Sprachen der Einzelstaaten sind. Ein wichtiger Grund für die Beibehaltung des Englischunterrichts an den Schulen, für bilinguale Schulsysteme oder sogar durchgängig englischsprachige Schulsysteme (Singapur) ist auch die technologische und wirtschaftliche Vorherrschaft der USA und die Akzeptanz des Englischen als **internationaler Lingua franca.**
Eine zunehmende Zahl von Sprechern in diesen Ländern lernt Englisch schon in der Kindheit, obwohl Englisch nicht notwendig die Muttersprache der Eltern ist. Englisch wird dann in der Schule, in der Gesellschaft und/oder im Elternhaus als **„Erstsprache"** erlernt. Es kann dann die alleinige Sprache sein oder eine von mehreren Sprachen, die von Kindheit an gelernt und gesprochen werden. Beispiel hierfür ist **Singapur:** Hier sind Englisch, Malay, Tamil und Mandarin (Chinesisch) die vier offiziellen Sprachen. De facto ist aber Englisch die vorherrschende Sprache, da z. B. Sprecher von Malay häufig kein Tamil sprechen und umgekehrt. In Singapurs Schulsystem wird von der Grundschule bis zur Universität Englisch durchgängig als Unterrichtssprache benutzt. In den in der Tabelle auf Seite 25 aufgeführten Ländern ist Englisch in den meisten Fällen eine von mehreren gesprochenen Sprachen. Englisch ist somit in einigen Commonwealth-Staaten nicht mehr nur eine offizielle Zweitsprache, die in Regierungsinstitutionen, im Bildungsbereich und im Rechtssystem vorherrscht, sondern wird auch in der privaten Kommunikation benutzt. Das im privaten Bereich gesprochene Englisch stellt häufig eine sehr stark umgangssprachliche Version dar, in die viele Wörter aus den lokalen Sprachen einfließen. Teilweise bestehen auch Mischversionen aus den lokalen Sprachen, z. B. Hindi und Urdu in Indien, mit Englisch – dann „Hindlisch" genannt. Dies kann man sich so ähnlich vorstellen wie „Deutschlisch" oder „Denglisch", womit im Deutschen gemeint ist, dass sehr viele englischsprachige Begriffe ins Deutsche übernommen werden.

Einige wenige der englischen Begriffe, die im Deutschen auftauchen, sind: Freak, Brunch, Snob, Soft Drink, cool, Layout, Design, Zipper, Way of Life oder Business.

Generell ist das in Afrika, Asien und in der Karibik gesprochene Englisch nicht durchweg ein an den britischen oder amerikanischen Standard angelehntes Englisch. Es besteht vielmehr ein Gemisch aus:

Akrolekt	Diese Art der Hochsprache oder des Standardenglisch bleibt auf das politische System, das Rechts- und Schulsystem und z. T. auf die Medien beschränkt.
Mesolekt	ein „Mittelstandard" zwischen Akro- und Basilekt
Basilekt	eine Variante mit sehr vielen umgangssprachlichen Elementen und Leihwörtern aus den lokalen Sprachen, die in Bezug auf Aussprache, Grammatik und Satzbau stark vom britischen oder amerikanischen Standard, dem so genannten Standardenglisch, abweicht

Als „falsche" oder „schlechte" Sprachen wurden lange Zeit auch das auf Englisch basierende **Kreol** in der Commonwealth-Karibik und das in einigen Staaten Westafrikas gesprochene **Pidginenglisch** betrachtet, obwohl diese Varianten, wie die Tabelle verdeutlicht, von vielen Menschen benutzt werden.

Englisch als Erst- und Amtssprache	**Englisch als Amtssprache**	**Englisch oder Kreol als Erstsprache bzw. Standardenglisch als Amtssprache**
American Samoa **Antigua und Barbuda** **Australien** Bermuda **Brunei** Cayman Islands Cook Islands **Dominica** **Fidschi** Gibraltar Guam Hong Kong **Indien** Irland **Kanada** **Malaysia** **Malta** **Mauritius** Mikronesien **Namibia** **Nauru** **Neuseeland** Palau Philippinen Puerto Rico **Seychellen** **Singapur,** **Südafrika** **Sri Lanka** **United Kingdom** UK Islands (Channel Islands, Isle of Man) United States Samoa (West) **Sambia** Simbabwe (2002 aus dem Commonwealth ausgeschlossen)	**Bangladesch** Bhutan **Botswana** **Kenia** **Kiribati** **Lesotho** **Malawi** Marshallinseln Nepal Pakistan (1999 aus dem Commonwealth ausgeschlossen) Ruanda **Swasiland** **Tansania** **Tonga** **Tuvalu** **Uganda**	**Bahamas** **Barbados** **Belize** British Virgin Islands **Gambia** **Ghana** **Grenada** **Guyana** **Jamaika** **Kamerun** Liberia Montserrat **Nigeria** Northern Marianas **Papua-Neuguinea** **St. Kitts and Nevis** **S. Lucia** **St. Vincent and the Grenadines** **Sierra Leone** **Salomonen** Surinam **Trinidad und Tobago** US Virgin Islands **Vanuatu**

Pidgins und Kreols in Westafrika und der Karibik

Pidgins sind Hilfssprachen, die entstehen, wenn Sprecher verschiedenster Sprachen aufeinander treffen und sich miteinander über die Grenzen ihrer Muttersprachen hinweg verständigen müssen.

Ganz vereinfacht ausgedrückt, entsteht ein **Pidgin** schon, wenn an einem Flughafen ein Reisender und ein Taxifahrer aus verschiedenen Nationen aufeinander treffen: Die beiden Sprecher werden versuchen, sich mit begrenztem Vokabular und stark vereinfachten Strukturen zu verständigen.

Die Pidgins sind zunächst nicht stabilisiert, sondern werden nur in der Kontaktsituation aktiviert. Besteht der Kontakt zwischen den verschiedensprachigen Sprechern über einen längeren Zeitraum, stabilisiert sich das Pidgin. Wird ein Pidgin von den Nachfahren der Pidgin-Sprecher als Muttersprache erlernt, dann erweitern die Nachfahren das Vokabular, die grammatikalischen Strukturen und die Ausdrucksmöglichkeiten der Pidgin-Sprache zu einem **Kreol.** Ein Kreol ist also ein expandiertes Pidgin mit Muttersprachlern. In der Praxis hat es allerdings auch Fälle gegeben, in denen sich ein Pidgin ohne das Dazwischenschalten einer Nachfahrengeneration zu einem Kreol entwickelte (z. B. Kamerun-Pidgin). Vereinfacht lässt sich die Entstehung eines Kreols so darstellen:

Jargon (Sprachgemisch)
↓
Stabilisiertes Pidgin
↓
Nachkommen erlernen das Pidgin als Erstsprache
↓
mit Bezug auf Grammatik und Wortschatz erweitertes Pidgin
↓
Kreol (erweitertes Pidgin, das als Muttersprache dient)

Die **westafrikanischen Pidgins** entstanden in Zusammenhang mit dem Warenaustausch und Sklavenhandel, die **karibischen Kreols** entstanden im Kontakt der versklavten vielsprachigen Afrikaner untereinander und mit den europäischen Kolonialherren.

Westafrika umfasst das Gebiet zwischen der Sahara im Norden, den Kamerunbergen im Osten und dem Atlantik im Süden und Westen.

Handelskontakte zwischen Europa und Westafrika bestanden bereits seit dem 15. Jahrhundert, nachdem portugiesische Seefahrer die westafrikanische Küste entdeckt hatten. Bereits seit dieser Zeit hatten sich in Westafrika Pidgin-Sprachen entwickelt, was bedeutet, dass das westafrikanische Pidgin-Englisch so alt wie das so genannte „moderne" Englisch ist. Das heutige westafrikanische Englisch, das sich am britischen Standard orientiert, kam erst mit der Kolonisation in die verschiedenen westafrikanischen Staaten, da es zur Kommunikation auf administrativer Ebene notwendig war. Bis heute spricht aber die Mehrheit der Westafrikaner Pidgin-Englisch oder verschiedene Mischformen aus Pidgin- und Standardenglisch, die zum Teil auch in der Literatur, wie z. B. der des ermordeten Nigerianers KEN SARO-WIWA (1941–1995), auftauchen. Der Gebrauch von Standardenglisch ist dagegen auf eine ausgebildete Elite beschränkt.

Sklavenhändler aus Großbritannien und anderen europäischen Ländern steuerten bereits ab dem 15. Jahrhundert die Westküste Afrikas an, um Handel zu treiben und Menschen zu versklaven. Durch den Bedarf an billigen Arbeitskräften auf den Plantagen der Karibik und im Süden der USA nahm der Sklavenhandel zu. Menschen aus Gebieten des heutigen Nigeria, Ghana, Gambia, Sierra Leone und Kamerun wurden von Sklavenhändlern in die Karibik und in den Süden der heutigen USA verschleppt, wo sie an englische, spanische oder französische Plantagenbesitzer verkauft wurden. Hier vermischten sich die westafrikanischen Sprachen der Sklaven, das unter Umständen bereits bekannte westafrikanische Pidgin-Englisch, das Pidgin, das an Bord der Sklavenschiffe benutzt wurde, und das Englisch der schottischen, irischen und englischen Aufseher zu neuen Pidgin-Sprachen, die sich dann zu den karibischen Kreols und zu Vorformen des **non-standard African American English** weiterentwickelten. In der Commonwealth-Karibik, in der Englisch zwar die offizielle Sprache ist, ist das gesprochene Englisch im privaten Bereich in den meisten Fällen ein Kreol oder eine Mischform aus Standardenglisch und Kreol.

African American English findet sich auch in den Sprechgesängen des Rap. Der Sprechstil des *rappens* und des *dozens* (Beleidigungen, die sich auf die Mutter des Gegenübers beziehen) geht auf afrikanische Traditionen zurück.

Das atlantische Dreieck des Sklavenhandels:

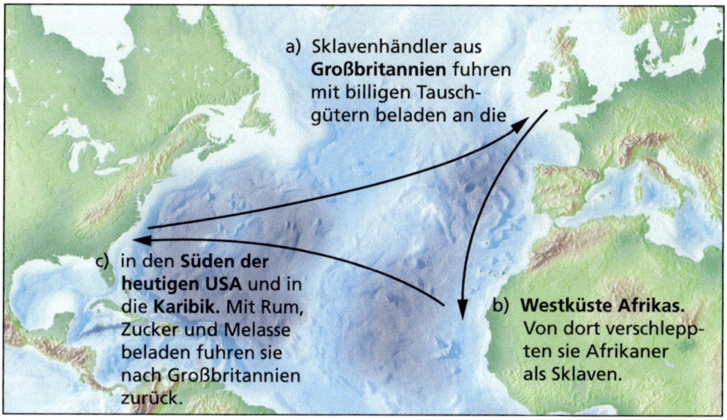

Das Englisch der *African Americans* in den USA zeigte ursprünglich in starkem Ausmaß die Kennzeichen einer kreolisierten Pidginsprache. Infolge des amerikanischen Bürgerkrieges, der die Sklaverei in den USA beendete, migrierten zahlreiche *African Americans* in den Norden und nahmen ihre Sprechweise mit. Im Laufe der Zeit glich sich das Englisch der *African Americans* immer stärker an das amerikanische Englisch an und wurde „dekreolisiert".

Die **karibischen Kreols** und die verschiedenen Formen des westafrikanischen Pidginenglisch galten und gelten teilweise noch immer als „schlechtes Englisch". Heute werden Pidgins und Kreols in Westafrika und in der Karibik, hier insbesondere auf Jamaika, gelegentlich in der Literatur und in den Medien benutzt.
In den Schulen wird vorwiegend Standardenglisch unterrichtet, in Westafrika vor allem in den höheren Klassenstufen; in den Regierungsinstitutionen wird ebenfalls Standard-

Im heutigen **African American English** gibt es zahlreiche Wörter, die aus westafrikanischen Sprachen stammen, z. B. *goober* (Erdnuss), *yam* (Süßkartoffel), *buckra* (weißer Mann), *tote* (tragen).

englisch verwendet. Einige Eigenschaften der **karibischen Kreols** und der verschiedenen Formen des **westafrikanischen Pidgin-Englisch** (wie sie in der geschriebenen Literatur auftauchen) sind hier aufgeführt, um einen Eindruck vom Charakter dieser Sprachen zu vermitteln:

Karibische Kreols, die auf Englisch basieren	**Westafrikanische Pidgin-Varianten, die auf Englisch basieren**
Statt Plural -s werden aus dem Englischen übernommene Partikel verwendet: z. B. in *di daagdem* (Jamaika, Guyana; von *the dog-them – the dogs*); *di dog-an-dem* (Trinidad, *the dog-and-them – the dogs*). Die Syntax kann von Standardenglisch abweichen, um einen Umstand besonders zu betonen (Foregrounding): *Iz mi mudduh tel mi du it.* (Trinidad, *Is my mother tell me to do it – My mother told me to do it – not anybody else.)* Verdoppelung zur Verstärkung: *poto poto – very slimy* oder *muddy* Abfolge von Nomen statt Possessivpronomen: *mi fada kuzn hows* (Trinidad, *My father's cousin house*) 2. Person Singular und Plural wird unterschieden: *yu* und *all-yu* (Trinidad, vgl. *y'all / you all* in den Südstaaten der USA).	Plural wird durch den Partikel *„dem"* (von *them*) angezeigt: *ma pikin dem – my children* *arata dem – rats.* Viele aus dem Englischen stammende Wörter haben zusätzliche Bedeutungen angenommen: han = hand, arm; fut = foot, leg. Die Bedeutung engl. Wörter wurde erweitert: *buk = book, letter, anything written,* *savi buk = know book (educated).* Verdoppelung zur Verstärkung: *kwik kwik – very quickly, fast* Lehnwörter aus den lokalen afrikanischen Sprachen werden verwendet, um im europäischen Kulturbereich unbekannte Umstände zu beschreiben: *mbanya* – weitere Frau in polygamer Familie; *danshiki* – tunikaartiges, weites Hemd.

Englisch in Asien. Englisch ist, wie aus der Tabelle zu entnehmen, vor allem in Südostasien und Südasien weit verbreitet.

Legende:
fett
Mitglied im Commonwealth
kursiv
Englisch ist offizielle Zweitsprache
Normalschrift
Englisch wird als Fremdsprache erlernt und gesprochen.

Südostasien und Pazifik	**Ostasien**	**Südasien**
Brunei, Fidschi, Indonesien, Kambodscha, Laos, ***Malaysia, Singapur,*** Myanmar (= Birma), *Philippinen,* Thailand	China, Hongkong, Korea, Japan, Taiwan	**Bangladesch,** Bhutan, Pakistan, **Malediven,** ***Mauritius, Seychellen,*** **Sri Lanka**

In **Südostasien** lässt sich die Entwicklung von speziellen Varianten des Englischen beobachten, die teilweise als Erstsprache gesprochen werden, sich in Bezug auf Aussprache, Wortschatz und Grammatik aber nicht mehr am Standardenglisch orientieren (↗ S. 149). In den „Exkolonien" des *British Empire* (Brunei, Myanmar, Fidschi, Malaysia, Singapur) sowie auf den ehemals unter amerikanischem Protektorat stehenden Philippinen ist Englisch offizielle Zweitsprache.

Auf den **Philippinen** und in **Singapur** ist Englisch in verschiedensten Mischformen mit den lokalen Sprachen und im Wechsel von Akro- zu Basilekt auch im privaten Bereich sehr stark gebräuchlich; hier ist Englisch für viele bereits Erstsprache und wird von Kindheit an gelernt. Auf den Philippinen beträgt dieser Anteil 10 Prozent der Gesamtbevölkerung, 65 Prozent beherrschen Englisch auf unterschiedlichem, aber mindestens ausreichendem Niveau, hier wird der Gebrauch von Englisch allerdings verstärkt wieder auf den akademischen Bereich, auf internationale Beziehungen, den Tourismus usw. beschränkt. Dennoch sind beide Varianten, das philippinische wie auch das in Singapur gesprochene Standardenglisch, im Begriff, sich zu neuen Varianten des Englischen zu entwickeln.

In **Malaysia** wird Englisch vorwiegend von urbanen, gut ausgebildeten und bilingualen Sprechern verwendet, es ist aber keine Erstsprache. Ursache hierfür ist unter anderem, dass nach Malaysias Unabhängigkeit das „Bahasa Malaysia" genannte Malay offizielle Sprache wurde. Englisch war aber nach wie vor Pflichtfach an den Schulen, sodass gegenwärtig etwa 20 Prozent der Bevölkerung Englisch zumindest verstehen können. 1969 mussten auf Regierungsbeschluss alle Schulen, die zuvor in Englisch unterrichtet hatten, Malay als Unterrichtssprache einführen. Im Jahr 2003 wurde diese Politik wieder zurückgenommen und Englisch wieder als Unterrichtsmedium eingeführt. Grund dafür war u. a. das Bestreben, international wettbewerbsfähig zu bleiben. Allgemein spielen die Schulsysteme eine wichtige Rolle bei der Entwicklung des Englischen in Südostasien: Auf den Philippinen und in **Brunei** bestehen bilinguale Schulsysteme, ein Teil der Fächer wird in Englisch unterrichtet werden. In Singapur ist Englisch seit 1987 in allen Schularten und an den Universitäten sogar alleinige Unterrichtssprache.
In den übrigen südostasiatischen Staaten wird Englisch vor allem als Fremdsprache erlernt. Im multiethnischen und vielsprachigen Indonesien wird Englisch auch unter gut ausgebildeten Sprechern verschiedener ethnischer Herkunft benutzt.

Im **ostasiatischen Raum** nimmt **Hongkong** eine Sonderrolle ein, da es von 1842 bis 1997 britische Kronkolonie war. Englisch ist neben Chinesisch im Geschäftsleben Hongkongs, in der Werbung und im Bildungssystem

allgegenwärtig. Im privaten Bereich spielt es keine besondere Rolle. In den anderen ostasiatischen Staaten ist das Interesse am Erlernen von Englisch als Fremdsprache aus technologischen und wirtschaftlichen Gründen groß: In **China** hat die Akzeptanz von Englisch mit dem Ende des Kalten Krieges und der Möglichkeit eines Auslandsstudiums z. B. in den USA stark zugenommen. Gegenwärtig lernen von 1,3 Mrd. Chinesen ca. 250 Mio. Englisch. Eine starke Nachfrage nach Englisch besteht auch in den übrigen Staaten.

In **Japan** unterbreitete im Jahr 2000 eine Kommission den Vorschlag, Englisch zur offiziellen Zweitsprache zu machen. Auch hier entstand dieser Vorschlag in erster Linie aus dem Bestreben heraus, in Wissenschaft, Technik und in der Geschäftswelt nicht den internationalen Anschluss zu verlieren. Die Mehrheit der Japaner und Koreaner benutzen Englisch aber nicht im Alltag.

Malediven: Offizielle Sprache ist Divehi; Englisch wird verwendet in Regierungsinstitutionen und im Tourismus.
Mauritius: Englisch ist offizielle Sprache und wird im Regierungs-, Rechts- und Schulsystem verwendet.
Nepal: Englisch wird offiziell als „erste Fremdsprache" klassifiziert.
Seychellen: Englisch, Französisch, Seychellois (Französisch-Creole) als offizielle Sprachen.
Sri Lanka: Sinhala u. Tamil sind offizielle Sprachen, Englisch wird hier auch in den Regierungsinstitutionen benutzt und von etwa 10 % der Bevölkerung (= 1,8 Mio.) gesprochen.
Bhutan: Amtssprache ist Dzongkha (sinotibetische Sprache). Über die Verwendung des Englischen ist wenig bekannt.

Von 1765 bis 1947 besaß das British Empire die Souveränität in **Südasien,** 1876 wurde Königin Viktoria sogar zur Kaiserin von Indien gekrönt. Nepal, Bhutan und die Malediven waren keine Kolonien, standen aber in enger Verbindung mit dem Empire. Insgesamt leben in Südasien etwa 1,4 Mrd. Menschen, 1 Mrd. davon allein in Indien. Millionen von Menschen benutzen Englisch täglich im Bildungssystem, im politischen System, im Geschäftsleben und in den Medien. Die Benutzung von Englisch in den drei bevölkerungsreichsten Staaten stellt sich so dar:

In **Indien** ist Englisch die der offiziellen Amtssprache Hindi beigeordnete Zweitsprache und wird auch im privaten Bereich sehr häufig benutzt und als Erstsprache erlernt.

Bangladesch (das ehemalige Ostpakistan; ca. 120 Mio. Einwohner) entstand 1971 infolge eines Bürgerkriegs in Pakistan. Englisch hatte bis 1987 offiziellen Status und wird heute noch in den Regierungsinstitutionen, im höheren Gerichtswesen, im Schulsystem und zum Teil in den Medien benutzt.

Pakistan (ca. 133 Mio. Einwohner) entstand 1947, als „Britisch-Indien" (das heutige Indien und Pakistan) unter Führung Mahatma Gandhis die politische Unabhängigkeit erreichte. Englisch und Urdu sind offizielle Sprachen. Die Verfassung und die Gesetze Pakistans sind auf Englisch verfasst. In den Schulen ist Englisch Pflichtfach und spielt als Kommunikationsmittel einer nationalen Elite eine wichtige Rolle. In der Geschäftswelt und in den Medien ist Englisch allgegenwärtig.

Englisch in Indien. Die Einführung des Englischen als Unterrichtssprache in Indien begann mit dem so genannten „MACAULY Memorandum (MACAULY Minute)" im Jahr 1835. Dieses bezog sich zunächst nur auf eine kleine **Elite,** die eine wissenschaftliche Ausbildung mit Englisch als Unterrichtssprache erhalten und dann ihre Kenntnisse an ihre Landsleute weitergeben sollte. THOMAS MACAULY, Mitglied im Supreme Council von Indien, schrieb:

"We must at present do our best to form a class who may be interpreters between us and the millions who we govern; a class of persons, Indian in blood and colour, but English in taste, in opinions, in morals, and in intellect. To that class we may leave it to refine the vernacular dialects (Landessprachen) of the country, to enrich those dialects with terms of science borrowed from the Western nomenclature, and to render them by degrees fit vehicles for conveying knowledge to the great mass of the population."

(Tom McArthur, Oxford Guide to World English, Oxford 2002, p. 308)

Infolge von „Macaulys Minute" wurden 1857 die drei ersten englischsprachigen Universitäten Indiens in Bombay, Kalkutta und Madras errichtet, denen weitere folgten. Englisch war damit nicht nur als Sprache der Kolonialherren, der Administration und des Rechtssystems, sondern auch als Sprache der Wissenschaft und Bildung in ganz **„Britisch-Indien"** (dem Gebiet des heutigen Indien, Pakistan, Bangladesch und Birma, heute Myanmar) etabliert. Gleichzeitig wurde so der Wechsel von Sanskrit und Arabisch hin zu den indischen Landessprachen als Unterrichtssprachen vollzogen. Viele Angehörige der indischen Elite sahen Englisch als ihr „Fenster zur Welt" und wollten über Englisch an den wissenschaftlichen und technologischen Neuerungen ihrer Zeit – die damals vorwiegend europäisch waren – teilhaben. Heute ist Englisch in Indien als Lingua franca akzeptiert.

Aus fünfzehn Hauptsprachen leiten sich die weiteren Sprachen und über 300 Dialekte Indiens ab. Tageszeitungen werden in 87 verschiedenen Sprachen und in den verschiedensten Schriftarten veröffentlicht. In den Schulen Indiens sind 58 Sprachen Unterrichtssprachen. Bis zum 10. Lebensjahr werden die Schüler in ihren regionalen Sprachen unterrichtet, danach in Hindi, Englisch und einer dritten Sprache. Dies ist entweder die offizielle Sprache ihres Staates, ihre Muttersprache oder eine klassische Sprache wie Sanskrit.

Nach der politischen Unabhängigkeit Indiens 1947 wurde in der Verfassung von 1950 **Hindi** zur offiziellen Amtssprache Indiens erklärt. Englisch sollte für eine Übergangszeit von 15 Jahren weiterhin für offizielle Zwecke genutzt werden können und dann allmählich gänzlich von Hindi ersetzt werden. Unter anderem wegen Ressentiments gegen Hindi insbesondere im Süden Indiens wurde Englisch 1967 aber weiterhin als *associate official language,* also als nebengeordnete offizielle Sprache, festgeschrieben. De facto ist Englisch aber nach wie vor erste offizielle Amtssprache.

Nach Schätzungen aus dem Jahr 2002 benutzen heute etwa 100 bis 200 Millionen Menschen in Indien Englisch täglich, also deutlich mehr als im „Mutterland" des Englischen, Großbritannien. Das Sprachniveau ist unterschiedlich, mindestens 37 Millionen aber sprechen Englisch auf ausreichendem bis gutem Niveau, womit Indien die drittgrößte englischsprachige Nation nach den USA und Großbritannien ist.

Das Englisch der Sprecher ist mit Blick auf Aussprache, Grammatik und Wortschatz von deren Muttersprache, sozioökonomischem Status, Ausbildung, Kastenzugehörigkeit und weiteren Faktoren beeinflusst und reicht vom stark vereinfachten Pidgin-Englisch der Straßenhändler bis zu den hochsprachlichen Varianten, die in den Medien und in Teilen des Bildungssystems Vorrang haben. Zusätzlich ist das Mischen der regionalen Sprachen mit Englisch bzw. das Mischen von Englisch mit der Muttersprache während eines Gesprächs absolut üblich (Hindlisch, ↗ S. 24).

Dennoch wird auch im Fall des indischen Englisch von der Entstehung eines indischen Standardenglisch ausgegangen, denn alle regionalen Varianten haben in Bezug auf Aussprache, Grammatik, Wortschatz, Syntax und Stil bestimmte Charakteristika gemein. Zwei Varianten, das so genannte **„angloindische Englisch“** und das so genannte **„Konvent-Englisch“**, könnten Orientierungspunkte für ein indisches Standardenglisch sein. Beide Varianten sind mit einem nationalen Netzwerk an Schulen verbunden: Das angloindische Englisch geht zurück auf staatliche Schulen, die ursprünglich den so genannten „Anglo-Indians“, d. h. den Familien einfacher britischer Soldaten und deren indischen Frauen aus niedrigeren Kasten dienten. Diese Schulen gingen nach der Unabhängigkeit in die Hände der jeweiligen Gemeinden über und bieten heute eine qualitativ hohe Ausbildung mit Englisch als Unterrichtssprache. Mit dem Begriff „Konventschulen“ sind private katholische Schulen gemeint, die ursprünglich von Missionaren gegründet wurden. Diese hatten schon seit dem 17. Jahrhundert den Aufbau englischsprachiger Schulen in Indien betrieben. Sowohl das Englisch der angloindischen Schulen wie auch der Konventschulen beeinflusst das Englisch, das in den Medien, u. a. den 3 000 englischsprachigen Zeitungen Indiens, und anderen öffentlichen Bereichen benutzt wird.

Indisches Standardenglisch, soweit man bisher davon sprechen kann, weist nicht nur Eigenheiten in Bezug auf Aussprache, Grammatik, Syntax und Wortschatz auf, sondern auch zahlreiche stilistische Besonderheiten.

Ein Beispiel für solche stilistischen Unterschiede ist diese E-Mail eines indischen Studenten an seine Deutschlehrerin, die im Vergleich zu der eines britischen Studenten sehr viel formeller und ein wenig übereifrig wirkt, vor dem kulturellen Hintergrund des Schreibers aber völlig „normal" ist:

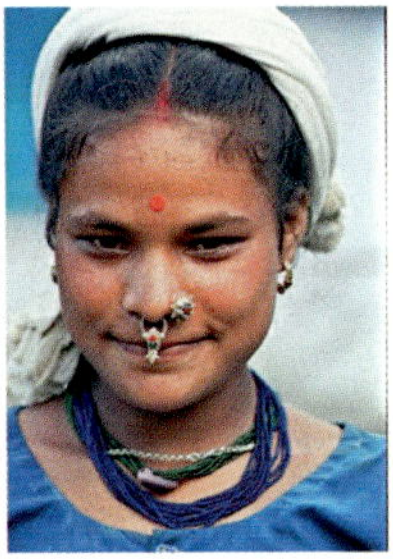

Dear Madam,

Thank you for your mail. How are you? How are your children?
Do convey my wishes to both of them. The course was really good.
I enjoyed. I really missed the last classes of yours.
Madam, should I need to take any exam with regard to German
kindly do tell me. I am ready to take it at your disposal time.
I really wanted to write the mail in German. But I must not commit
mistakes when I express. That's why I just write it in English.

Ever remembering you
[...]

1.1.3 Englisch als Lingua franca

Wie das Beispiel der Länder Asiens und der Einzelfall Indiens zeigt, dient Englisch hier einerseits als intranationale Lingua franca, um Verständigungsschwierigkeiten in einer vielsprachigen Umgebung zu überbrücken, andererseits auch als internationale Lingua franca, um den Anschluss an technologische und wirtschaftliche Entwicklungen auf dem Weltmarkt nicht zu versäumen. Die Situation Asiens wird häufig mit der Europas verglichen, und es stellt sich die Frage, ob sich hier eines Tages eine neue, europaweite Variante des Englischen, das so genannte *Euro-Englisch,* entwickeln könnte.

Viele Anzeichen deuten bereits in diese Richtung: Eine Flut von Anglizismen hat Einzug in die einzelnen Nationalsprachen gehalten, mit dem Ergebnis, dass in Deutschland z. B. die Existenz eines Deutschlisch oder Denglisch, eine Mischform aus Deutsch und zahlreichen englischen Ausdrücken, diagnostiziert wird. Für andere Länder, wie die Niederlande, Finnland, Dänemark und Schweden, wird angenommen, dass sie innerhalb der nächsten zehn bis zwanzig Jahre komplette Bilingualität in ihrer Muttersprache und in Englisch erreicht haben werden. Hintergrund dieser Entwicklung ist eine langjährige Bildungspolitik in diesen Ländern. In den Niederlanden z. B. spielt Englisch als Unterrichtssprache an den Universitäten sowie in wissenschaftlichen Veröffentlichungen eine wichtige Rolle; im niederländischen Fernsehen werden englische oder amerikanische Filme im Originalton gezeigt.

Typisch für die Anglisierung des Deutschen ist z. B. folgende Werbebotschaft: „Bequem und effizient, weil Sie einfach online bleiben, während Sie die E-Mails lesen, über WAP chatten oder mit Freunden die neuesten Games probieren."

Weiterhin ist Englisch erste Fremdsprache an den Schulen Europas sowie Lingua franca für geschäftliche Zwecke innerhalb der Europäischen Union und auf dem Weltmarkt. Englisch wird dabei benutzt von Sprechern, für die Englisch nicht Muttersprache ist und die Englisch auf verschiedenen Niveaus, vom Basilekt bis zum Akrolekt (↗ S. 24), sprechen. International operierende Firmen wie Nokia und Alcatel z. B. haben Englisch bereits zu ihrer Firmensprache gemacht.

Auf der Ebene der Europäischen Union (EU) besteht Vielsprachigkeit, die im Ausmaß zwar nicht mit z. B. der Indiens zu vergleichen ist, die aber eine gemeinsame Lingua franca notwendig macht. Innerhalb der Europäischen Union sind derzeit elf Sprachen offizielle Sprachen: Dänisch, Deutsch, Englisch, Finnisch, Französisch, Griechisch, Italienisch, Niederländisch, Portugiesisch, Spanisch und Schwedisch; Englisch und Französisch sind die offiziellen Arbeitssprachen der EU. Offizielle Dokumente müssen in allen elf Sprachen veröffentlicht werden, und Besprechungen werden mithilfe von Simultanübersetzern durchgeführt. De facto aber ist Englisch die am häufigsten benutzte Sprache auf EU-Ebene, weshalb man in der öffentlichen Diskussion auf die Meinung trifft, dass die Europäische Union den Tatsachen folgen und Englisch zur offiziellen Sprache innerhalb der EU erheben solle – dies schon allein, um die etwa 360 Millionen Dollar zu sparen, die gegenwärtig für Übersetzungsdienste ausgegeben werden. Dass Englisch die Lingua franca Europas ist, ist also bewiesen. Ob und in welcher Form die verschiedenen Varianten des Englischen zu einem **Euro-Englisch** zusammenwachsen werden, wird sich erst in Zukunft erweisen.

1.2 Englisch im Unterricht

Ziel des Faches Englisch ist es, dass Sie eine interkulturelle Handlungsfähigkeit erlangen, d. h., dass Sie in der Lage sind, sich in der heutigen Lebenswelt in komplexen Situationen zurechtzufinden und zu agieren. Diese Fähigkeit sollen Sie durch die Bewältigung von komplexen Lehr- und Lernsituationen erlangen, bei denen Lernziele und Lerninhalte aus unterschiedlichen Bereichen des Faches (z. B. Sprache, interkulturelles Lernen, soziokulturelle Themen und Inhalte, Umgang mit Texten und Medien, Methoden und Formen des selbstständigen Arbeitens) eingebracht und miteinander verknüpft werden. Auf diese Weise soll fremdsprachliches Handeln und Lernen erweitert, erprobt und reflektiert werden.

1.2.1 Lernsituationen im Englischunterricht

Komplexe Lehr- und Lernsituationen umfassen
- die gesprochene Sprache in vielfältigen Formen des Unterrichtsgespräches,
- Moderations- und Präsentationskompetenzen,
- Vernetzung rezeptiver und produktiver sprachlicher sowie analytisch-interpretierender und produktionsorientierter Fähigkeiten und Fertigkeiten,
- Entwicklung kommunikativer Fähigkeiten und Fertigkeiten *(communicating),*
- aktives und analytisches Experimentieren mit und Reflektieren auf Sprache und soziokulturelle Kontexte *(language and cultural awareness),*
- bewusste Verwendung von Lern- und Arbeitstechniken des Sprachlernens *(language learning awareness).*

Dieses komplexe Wirkungsgefüge der verschiedenen fremdsprachlichen Fähigkeiten und Fertigkeiten sowie die entsprechenden Sprachlerntechniken lassen sich im Schaubild wie folgt darstellen:

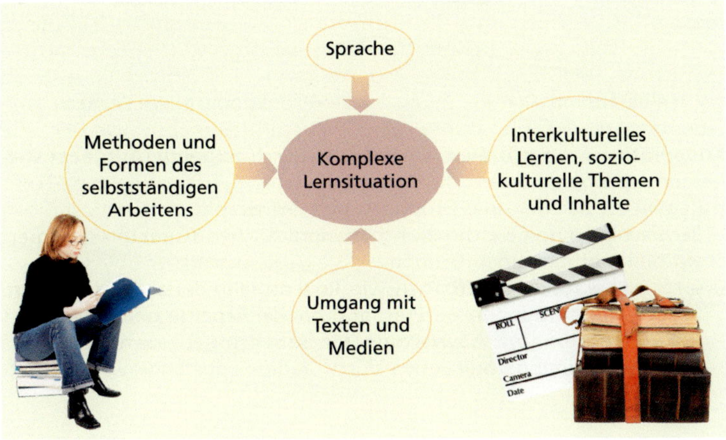

Medienkompetenz beinhaltet neben dem Umgang mit gedruckten Texten jeglicher Art auch die Rezeption von Hörtexten, Cartoons, Filmen und Multimediamaterial.

1.2.2 Kompetenzfelder

Aufbauend auf den in der Sekundarstufe I vermittelten Kenntnissen, wird nun in der Oberstufe eine stärkere Reflexion auf die eigenen **Sprachlernprozesse (language learning competence)** erwartet. Der höhere Stellenwert, den vor allem die mündliche Präsentationsfähigkeit *(presentation skills)* erhält, macht eine situations-, adressaten- und sachgerechte Auswahl sprachlicher Mittel erforderlich. Die Einschätzung der Sprachkompetenz orientiert sich am Allgemeinen **Europäischen Referenzrahmen** für das Lernen und Lehren von Sprachen.

Selbstbeobachtung: (Ich lerne am besten, wenn ...) kann gute Hinweise zur individuellen Verbesserung geben.

Zur **Sprachkompetenz** gehören u. a. Wortschatz, Grammatik, Phonetik.

Hinsichtlich der so genannten **Medienkompetenz** unterstützt Leseerfahrung, basierend auf einem breiten Spektrum in authentischen Texten, die als Modelltexte für die eigene Sprach- und Textgestaltung dienen, die Erweiterung der eigenen Ausdrucksmöglichkeiten in erheblichem Maß. Neben die bewährten analytisch-interpretierenden Verfahren treten kreative und produktionsorientierte Formen des Umgangs mit literarischen Texten sowie Sach- und Gebrauchstexten.

Interkulturelle Kompetenz oder auch interkulturelle Handlungskompetenz erlaubt eine kritische Reflexion der fremden und der eigenen Kultur. Deutlich wird dies etwa in einer Sensibilität für kulturbedingte Missverständnisse, wie sie sich in Gestik, Mimik oder Körpernähe manifestieren. Grundvoraussetzung hierfür ist eine grundsätzliche Vertrautheit mit der Lebenswirklichkeit anglophoner Gesellschaften und die Bereitschaft, die eigene Person im Spannungsfeld der eigenen und der fremden Kultur zu sehen. Wenn die kulturelle Bedingtheit von Haltungen und Einstellungen erkannt wird, kann eine größere Toleranz für andere kulturelle Verhaltensmuster und Wertesysteme entstehen.

Das **Europäische Portfolio der Sprachen** (EPS) – im Auftrag des Europarats entwickelt– ermöglicht eine im internationalen Kontext vergleichbare Dokumentation des Lernstandards. Ein bekannter **kommerzieller Prüfungsstandard** ist z. B. das Cambridge Certificate.

1.2.3 Arbeitsformen

Neben der Verbesserung und Erweiterung des selbstständigen Arbeitens systematisieren und erproben Sie auch Methoden kooperativen Arbeitens.

selbständiges Lernen — kooperatives Lernen

Ein Beispiel hierfür wären Regeln für ein **Brainstorming.**

Kooperative Arbeitsformen werden u. a. durch folgende Aufgabenstellungen erprobt:
- Regeln für Partner- und Gruppenarbeit entwickeln,
- Beobachtung und Beschreibung von sprachlichen Aspekten der Interaktion innerhalb einer Gruppe,
- sprachliche Trainingsaufgaben wie Rollenspiele, darstellendes Lesen, Vorbereitungsübungen zur Präsentation von Arbeitsergebnissen,
- Dokumentation und Auswertung von Arbeitsergebnissen einer Partner- und Gruppenarbeit, etwa durch audio- oder audiovisuelle Mitschnitte.

Im Bereich des **selbstständigen Lernens** lassen sich je nach Bearbeitungsstadium unterscheiden:

organisieren	Arbeitsvorhaben planen	Unterpunkte finden	Zeitplan
Aktivierung von Vorwissen; Vorbereitung	relevantes inhaltliches und sprachliches Vorwissen aufbauen und aktivieren	erweiterte Kenntnisse in Techniken zum Bereitstellen von Vorwissen zu einem Themenkomplex	Kreativitäts- und Mnemotechniken
selbstständige Nutzung von Arbeitsmitteln	recherchieren	nachschlagen	gewichten und strukturieren
Bewertung/ Reflexion	Self-evaluation; den eigenen Lernertyp herausfinden	Lerninhalte auf Relevanz für den eigenen Anwendungshorizont wahrnehmen	prüfen und gewichten
	produktiver Umgang mit Fehlern, Strategien, um Fehler selbst zu erkennen und zu beheben	Kommentare von Mitschülern aufnehmen	Beiträge von Mitschülern würdigen und positive Beispiele aufnehmen
Dokumentation von Ergebnissen	sichern	protokollieren	dokumentieren

Eine dem lebenslangen Lernen förderliche Haltung findet ihren Niederschlag in der Bereitschaft zum aktiven Gestalten – durch die Beteiligung an der Planung, Durchführung und Auswertung des Unterrichts. Jenseits des Klassenzimmers können neben der Nutzung außerschulischer Angebote für den Spracherwerb, wie Kino in Originalfassung, auch Möglichkeiten genutzt werden, direkte Kontakte zu Muttersprachlern aufzubauen. Des Weiteren sind natürlich auch Angebote zum Schüleraustausch, Teilnahme an Mail-Diskussionsforen oder internationale Workcamps eine nicht zu unterschätzende Chance, Ihre Sprachkompetenz nachhaltig zu verbessern.

In vielen größeren Städten gibt es auch *English Discussion Groups.*

1.2.4 Lese- und Schreibstrategien

Lesen ist eine aktive Auseinandersetzung des Lesers mit dem vom Autor im Text direkt oder indirekt, d. h. „zwischen den Zeilen", gegebenen Informationen mit dem **Leseziel,** etwas zu lernen, Fragen zu beantworten oder ein Problem zu lösen.
Beim Lesen vergleicht der Leser in der Regel unbewusst sein Wissen, das er vom Textgegenstand schon vor dem Lesen hatte – sein **Vorwissen** also – mit den Textinformationen. Dabei überprüft er, inwieweit beide übereinstimmen, bzw. wo die Informationen im Text über seinen Wissensstand hinausgehen.
Enthält der Text Wissen, das der Leser vorher noch nicht hatte, überprüft er dieses darauf, ob es zu seinem eigenen Vorwissen passt und dieses nachvollziehbar erweitert oder ihm vielleicht auch widerspricht. Im ersteren Fall nimmt er das neue Wissen in sein Gedächtnis auf und verknüpft es mit seinem Vorwissen, d. h., er hat durch das Lesen etwas dazugelernt. Bei Widersprüchen des Textes zu seinem Vorwissen muss der Leser sich den Text und seinen Inhalt noch gründlicher vornehmen, um zu sehen, ob er ihn richtig verstanden hat, um dann eventuell sein eigenes Vorwissen zu korrigieren. Anderfalls weist der Leser den Text als fehlerhaft, bzw. nicht stimmig, als nicht brauchbar zurück.
Zum erfolgreichen Lesen gehört also ein Vorwissen vom Textgegenstand. So seltsam es klingen mag, ich kann einen Text nur dann verstehen, wenn ich schon eine Menge über das weiß wovon er handelt. Dieses Wissen nennt man **Sachwissen.**

Es umfasst:
- Das Wissen, das der Leser von bestimmten Themengebieten und von der Welt um ihn herum hat. Deshalb nennt man dieses Wissen auch Weltwissen. Je größer das Weltwissen, desto besser das Lesen.
- Sprachkenntnisse, die nötig sind, um einen Text zu verstehen. Dieses **Sprachwissen** ermöglicht bei muttersprachlichen Texten in der Regel ein Verstehen ohne größere Probleme. Bei fremdsprachlichen, in unserem Fall englischen Texten sieht es mit dem Sprachwissen jedoch häufig anders aus.

Großes Sachwissen, d. h. umfangreiches Weltwissen und gutes Sprachwissen alleine reichen jedoch noch nicht aus, um erfolgreich zu lesen. Dazukommen muss noch das Wissen, wie man richtig und effektiv liest. Dieses Wissen nennt man **Handlungswissen.** Dazu gehören:
- Das Wissen um effektive Strategien, wie man z. B. an Texte heran- und mit schwierigen Wörtern und Textstellen umgeht, **Strategiewissen** also;

- Das Wissen, wie und vor allem auch wann man die geeigneten Lesestrategien einsetzt und wie man den Einsatz steuert, **Steuerungswissen** also.

Gute Leser wenden ihr Sachwissen und ihr Handlungswissen weitgehend automatisiert an. Dabei greifen die beiden Wissensformen meist störungsfrei ineinander. Bei Bedarf aber können sich gute Leser ihr Wissen und insbesondere das Strategiewissen aber wieder bewusst machen und so Lese- und Verstehensprobleme bewältigen. Diese Interaktion läuft größtenteils in dem Teil des Gedächtnisses ab, den man als Arbeitsgedächtnis bezeichnet.

Diese vereinfachte Skizze zeigt die beim erfolgreichen Lesen zusammenwirkenden Faktoren:

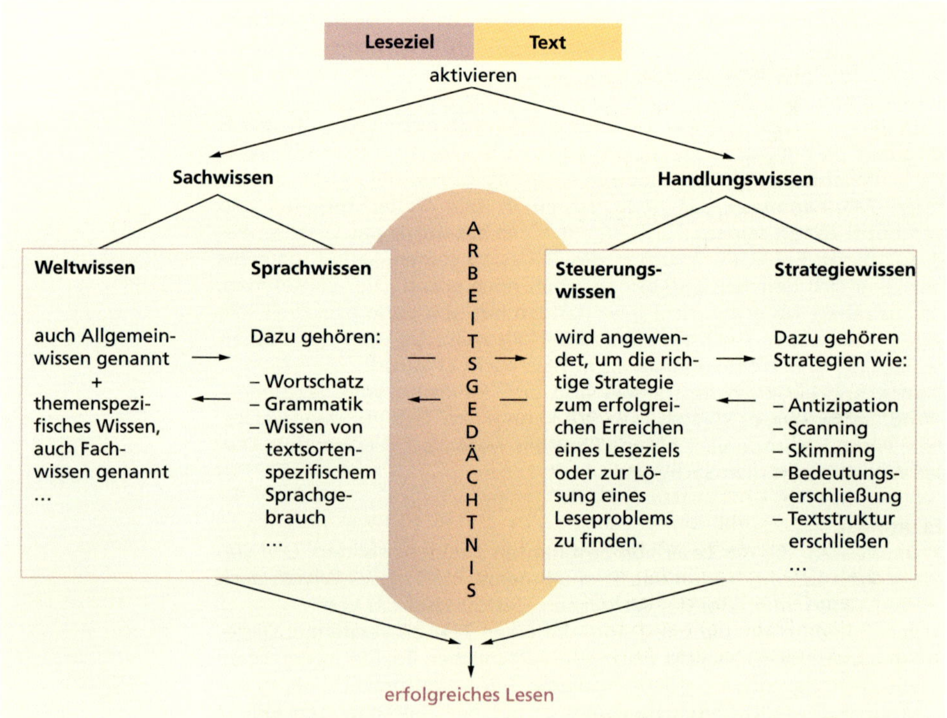

Im Folgenden geht es nun darum, Ihnen wichtiges Strategiewissen und Steuerungswissen für das Lesen englischer Fachtexte bewusst zu machen und Ihnen Tipps zu ihrer Anwendung zu geben.

Antizipation = Vorhersehen, wichtig für alle Bereiche menschlichen Handelns, also auch für das Lesen

Antizipation

Eine wesentliche Voraussetzung dafür, dass Sie auch in für Sie neuen Situationen angemessen handeln können, liegt in Ihrer Fähigkeit, auf Ihr

schon vorhandenes Wissen zurückzugreifen, um einzuschätzen, zu **antizipieren,** wie Sie in dieser Situation reagieren müssen. Antizipation beim Lesen bedeutet die Aktivierung Ihres inhaltlichen und sprachlichen Vorwissens. Beim effektiven Lesen wird diese Aktivierung durch Ihr Leseziel und die ersten sprachlichen und inhaltlichen Informationen ausgelöst, die der Text Ihnen bietet. Solche ersten Informationen können z. B. stammen aus:
- den Angaben zu Autor und Textquelle,
- aus der Überschrift eines Textes,
- aus den dem Text vorangestellten oder beigefügten Bildern etc.

So wie kein Sportler ohne ein gründliches Aufwärmen Höchstleistungen bringen kann, kann kein Leser ohne das „mentale Aufwärmen", die Antizipation, die beim effektiven Lesen geforderten Denkleistungen erbringen.

Das derart aktivierte Vorwissen wird im Leseprozess durch dem Text entnommene Informationen „gegengecheckt" und hilft beim Verstehen sowohl von einzelnen Wörtern wie auch von ganzen Sätzen und Textpassagen.

Tipps zum Vorausschauen/Antizipieren

1. Schritt: Überschrift lesen und verstehen
2. Schritt: Kurz innehalten und nachdenken
   Fragen: Was weiß ich schon über das Thema, den Autor?
   Was ist das für ein Texttyp?
   Wann wurde der Text geschrieben?
3. Schritt: Lesen und – bezogen auf Inhalt **und** Sprache – „ahnen", was kommt

Scanning

Während ein Scanner dazu dient, ein elektronisches, komplettes Abbild eines Textes oder eines Bildes zu bekommen, heißt *Scanning* beim Lesen so viel wie: schnelles Herauspicken gewünschter Informationen. Diese Strategie wenden Sie also an, wenn Sie in einem Text nach präzisen Antworten auf möglichst präzise Fragen suchen. Solche Fragen können die nach einer Jahreszahl, einem Namen sein, z. B: Wann war Ereignis X? Sagt der Text etwas zu Y? Nach einem Schlüsselbegriff scannen Sie, wenn Sie schnell heraufinden möchten, ob ein bestimmter Themenaspekt in dem Text angesprochen wird.
Wie bei allem Fragen gilt auch beim Scannen, je präziser die Frage, desto eher bekommen Sie eine Antwort.

Tipps zum Scannen/„Herauspicken"

1. Schritt: *Vor dem Scannen*
   Was will ich wissen?
   Wie könnte das Gesuchte aussehen? (Zahl, Name, ...)
   Wo könnte es im Text am ehesten stehen?
2. Schritt: *Das Scannen*
   Überfliegen Sie den Text möglichst schnell nach den gesuchten Informationen, suchen Sie nur danach und versuchen Sie nicht, gleichzeitig den Text zu verstehen.

3. Schritt: *Nach dem Scannen*
Habe ich gefunden, was ich suchte?
Was mache ich damit?

Wie beim *Scanning* geht es auch beim *Skimming* um eine möglichst effektive Nutzung kostbarer Lesezeit. Wichtige Faktoren für ein erfolgreiches *Skimming* sind dementsprechend „Vorwissen" und „Antizipation" (s. o.).

Skimming

Schnelligkeit beim Lesen ist keine „Hexerei", wenn man den „Rahm", d. h. das Wesentliche eines Textes, abschöpft, indem man ihn „skimmt". Auch wenn Lesen Spaß macht, gibt es doch gute Gründe, sich nicht unnötig lange mit einem Text zu beschäftigen. Was „nötig" und was „unnötig" ist, hängt sehr stark von der Zielsetzung ab, mit der man einen Text liest. Neben dem detaillierten Lesen und dem *Scanning* ist das *Skimming* die dritte wichtige Leseform, nicht nur in der Sekundarstufe II, sondern auch bei einem erfolgreichen Studium. Die wichtigsten Funktionen sind:

- Sich einen Überblick zu verschaffen über den Inhalt eines Buches, eines Buchkapitels, eines längeren Essays oder eines Kurztextes. Je nach Ergebnis dieses Überblicks entscheidet man sich dann, ob man den Text detailliert oder nur in Teilen liest oder sogar ganz auf ihn verzichtet.
- Sich den Inhalt eines Textes, den man bereits früher gelesen hat, wieder zu vergegenwärtigen, sei es zur Vorbereitung auf eine einfache Klausur oder auf die Abiturprüfung.

Auf eine Kurzformel gebracht: Man skimmt, wenn man anstrebt, in möglichst kurzer Zeit, unter Anwendung des Wissens, das man vom Textthema schon hat, und durch das Lesen möglichst weniger, möglichst sorgfältig gewählter Textelemente möglichst viel über den Inhalt bestimmter Textpassagen bzw. des Gesamttextes zu erfahren.

Tipps zum Skimmen
Allgemeines Prinzip:
Konzentrieren Sie sich auf das Bekannte, überlesen Sie das Unbekannte.

Das Skimming von Büchern:

Leseziel:	Grobüberblick
Leitfragen:	Worum geht es? Was wird thematisiert?
Relevante Textelemente:	Titel/Untertitel, Index, Erscheinungsjahr, Klappentext, Inhaltsverzeichnis, grafische Elemente (Bilder, Tabellen etc.)
Kontrollfrage:	Ist der Überblick stimmig?

Das Skimming von Artikeln in Büchern, Zeitschriften und anderen kürzeren Texten

Leseziel:	Grobüberblick
Leitfragen:	Worum geht es? Gibt es Schwerpunkte?

Relevante Textelemente:
Titel der Textquelle, Erscheinungsjahr, Zusammenfassung, grafische Elemente (Bilder, Tabellen etc.), Kapitelüberschrift/Aufsatztitel, Zwischenüberschriften, erster und letzter Absatz ganz, erster Satz eines jeden Abschnitts
Kontrollfrage: Ergeben die gewonnenen Informationen einen stimmigen Inhaltsüberblick?

Umgang mit unbekannten Wörtern/Bedeutungserschließung

Beobachten Sie sich bitte selbst beim Lesen englischer Texte. Greifen Sie auch, wenn Sie auf ein Ihnen unbekanntes Wort stoßen, fast reflexartig zum Wörterbuch? Wenn das so ist, schauen Sie sich die hier vorgestellten alternativen Strategien an, mit denen Sie unbekannte Wörter in Texten angehen können und die oft erheblich schneller und damit effektiver sind als die Wörterbuchnutzung.

Wichtig – unwichtig. Für den effektiven Einsatz dieser Teilstrategie sollen Sie sich verdeutlichen, dass
- nicht jedes Wort in einem Text für sein Verständnis gleich wichtig ist
- und dass nicht immer alle Details verstanden werden müssen, um den Text als Ganzes zu verstehen.

Worterschließungsstrategien finden Sie in Kapitel 2.2.1 ab Seite 57.

Tipps zur „Wichtig-unwichtig"-Unterscheidung
Vor dem Lesen: Mit welcher Absicht lese ich den Text?
a) Ich möchte einen Überblick gewinnen.
b) Ich möchte den Text im Wesentlichen verstehen.
c) Ich möchte den Text im Detail verstehen.

Beim Lesen:
zu a)
- Vertrauen Sie auf Ihr unabhängig vom Text vorhandenes (Vor-) Wissen.
- Vertrauen Sie darauf, dass der zu lesende Text „Sinn macht".
- Lesen Sie auch bei unbekannten Wörtern so lange weiter, wie Ihr Lesen einen „roten Sinnfaden" ergibt, der sich mit Ihren Anfangserwartungen deckt.
- Adjektive und Adverbien sind häufig weniger wichtig als Nomen und Verben.
- Wenn Sie den „Sinnfaden" verlieren, versuchen Sie wichtige Wörter, die Ihnen unbekannt sind, zu erschließen (s. u.).

zu b)
- Auch hier ist nicht unbedingt jedes Wort wichtig.
- Es genügt, sich sicher zu sein, dass man den Text verstanden hat.

zu c)
Hier kann unter Umständen jedes Wort wichtig sein. Dies gilt häufig weniger für Sach- als für literarische Texte.

Überprüfen Sie immer wieder Ihr Leseziel und wie gründlich Ihr Textverständnis diesbezüglich sein muss!

Good Friends – False Friends

Die sprachgeschichtlichen Gemeinsamkeiten und Parallelen in den Entwicklungsläufen des Englischen, Deutschen und anderer indoeuropäischer Sprachen (insbesondere Griechisch, Latein und Französisch) führten zu einem hohen Anteil an Wörtern in diesen Sprachen, die im Schriftlichen und/oder in der Aussprache einen mehr oder weniger großen Grad an Gemeinsamkeiten aufwiesen.
Wörter mit solchen Gemeinsamkeiten, die so genannten *good friends,* können bei der Bedeutungserschließung unbekannter Wörter – nicht nur des Englischen – genutzt werden. Einige Wörter haben zwar solche Gemeinsamkeiten, haben sich aber in ihrer Bedeutung auseinander entwickelt. Vor diesen nur in der Schreibweise ähnlichen Wörtern, den *false friends,* die zahlenmäßig allerdings bei weitem nicht so häufig sind wie die *good friends,* muss man sich hüten.

Zu den *good friends* gehören internationale Wörter wie *alphabet* oder *person.*

Weitere Informationen zu **false friends** und der Nutzung von Wortbildungsregularitäten sind in Kapitel 2.2.1 ab Seite 57 zu finden.

Tipps zu den *good friends – false friends*

a) Achten Sie auf Ähnlichkeiten in Schrift und Lautung zwischen Wörtern des Textes und (Fremd-)Wörtern, die Sie kennen. Manchmal hilft lautes Lesen.
b) Suchen Sie nicht lange nach solchen Ähnlichkeiten. Diese müssen sich Ihnen aufdrängen.
c) Wenn die Bedeutung des deutschen Wortes im Zusammenhang keinen Sinn macht, handelt es sich wahrscheinlich um einen „falschen Freund".

Textzusammenhang/Kontext

Die Bedeutungserschließung aus dem Kontext ist sicher die wichtigste und auch fruchtbarste der Erschließungsstrategien. Bei ihrer Anwendung können Sie Ihr Wissen um Textgegenstand, Textzusammenhänge und die jeweilige Sachlogik aktiv an den Text herantragen und zusammen mit der dem Text entnommenen Information zum Verständnis zunächst unbekannter Wörter und damit unverständlicher Textteile nutzen. Zusätzlich können Sie so die Erschließungsergebnisse, die Sie mit den anderen Teilstrategien gewonnen haben, auf ihre inhaltliche Stimmigkeit überprüfen.

Tipps zur Kontextnutzung

1. Denken Sie daran, dass sowohl Einzelsätze wie auch das Textganze einen Sinn machen.
2. Vertrauen Sie auf Ihr Allgemeinwissen und Ihr themenspezifisches (Vor-) Wissen.
3. Nutzen Sie die durch den **weiten Kontext** (Textüberschriften/Gesamtaussage) gegebenen Informationen.
4. Lesen Sie über das unbekannte Wort hinaus, vielleicht präzisiert sich dadurch der Kontext.

5. Nutzen Sie die Informationen im unmittelbaren, **engen Kontext** des unbekannten Wortes.
6. Achten Sie auf sprachliche Signale, die Worterklärungen ankündigen, wie z. B.: *for example, that means, that is, in other words.*
7. Greifen Sie erst dann zum Wörterbuch, wenn die genannten Teilstrategien erfolglos oder zu langwierig sind.

Satzverstehen

Wie jeder Leser haben sicher auch Sie schon des öfteren schmerzlich erfahren, dass mit der Erschließung von Wortbedeutungen nur ein erster, wenn auch wesentlicher Schritt zum Textverständnis gemacht ist. Dieser Schritt mag bei kurzen Sätzen für das Verständnis ausreichend sein. Bei längeren Sätzen jedoch, wie sie ja gerade für viele Sachtexte charakteristisch sind, kommt es darüber hinaus darauf an, die Beziehungen zwischen den verwendeten Wörtern zu verstehen. Dies gilt insbesondere dann, wenn ein Autor versucht, möglichst viele Informationen in einen dann zwangsläufig immer länger werdenden Satz mit Haupt- und mehreren Nebensätzen zu packen. Das Endprodukt sind dann des öfteren lange, komplexe Sätze, die dem Leser größere Probleme bereiten.
Die meisten noch so komplexen Sätze lassen sich auf eines von wenigen Grundmustern mit bestimmten Kernelementen wie den folgenden zurückführen:

	Kernelement 1	Kernelement 2	Kernelement 3
a	wer/was	macht/handelt beeinflusst	im Hinblick auf in Bezug auf mit Wirkung auf } jemand/ etwas
b	etwas/jemand	ist/passiert	wie/etwas/wo
c	mit jemandem/etwas	wird etwas gemacht	von jemandem/von/durch etwas

Tipps zum Satzverstehen
Lassen Sie sich von langen, komplexen Sätzen nicht einschüchtern. Wenn sie Ihnen Verständnisprobleme bereiten, reduzieren Sie solche Sätze
a) auf Ihre „Kernelemente", und
b) finden Sie dann so genannte Zusatz- und Rahmeninformationen, mit denen diese Grundbausteine angereichert werden.

Dabei hilft es Ihnen, die „Rollenverteilung" im Satz zu identifizieren, indem Sie sich fragen:
WER macht WAS?
WAS ist WAS oder
WER macht WAS mit WEM?

Textverstehen

Auch das Verstehen der einzelnen Sätze eines Textes reicht häufig noch nicht zu seinem vollständigen Verständnis. Dazu ist es nötig die inhaltlichen Beziehungen zwischen den in den Einzelsätzen gegegebenen Informationen zu verstehen. Diese Beziehungen werden oft durch „kleine", häufig verwendete Wörter ausgedrückt, die jedoch beim Lesen dann Probleme bereiten. Sie in Bedeutung und Funktion zu verstehen, hilft ebenso den Text zu verstehen wie das Erkennen des „Textbauplans", nach dem der Autor seinen Text strukturiert und geschrieben hat.

„Logische Verknüpfer" und „Referenzwörter". Bei den angesprochenen „kleinen", aber für eine erfolgreiche Textgestaltung und damit auch Textverstehen so wichtigen Wörtern und Ausdrücken unterscheidet man:
- die so genannten „logischen Verknüpfer", welche die innere Logik eines Textes ausdrücken, z. B. Wörter wie *however, yet,* etc. und
- die so genannten „Referenzwörter", die entweder auf vorher Gesagtes oder auf Nachfolgendes verweisen, z. B. „Demonstrativpronomina" wie *this* oder „Personalpronomina" wie *he, she, it,* etc.

Beim Verstehen der „logischen Verknüpfer" geht es darum, die Argumentationsstruktur des Autors nachzuvollziehen, z. B. ob er einen Kontrast, eingeleitet durch u. a. *however,* oder eine Schlussfolgerung, eingeleitet durch u. a. *therefore,* ausdrücken möchte. Bei den „Referenzwörtern" kommt es darauf an, immer zu verstehen, welcher Teil der vorher gegebenen Information hier wieder aufgegriffen wird.

Tipps zu den „logischen Verknüpfern"
1. Begreifen Sie Texte als eine strukturierte Präsentation von Informationen durch einen Autor.
2. Versuchen Sie die im Text enthaltene inhaltlich-logische Struktur durch gezielte Beachtung der „logischen Verknüpfer" zu verstehen.
3. Fragen Sie sich, welche Art der logischen Beziehung zwischen den Einzelaussagen geknüpft wird:
   - Kontrast/Gegensatz *(either ... or, but, however, yet, nevertheless, on the other hand, in spite of, although ...),*
   - Beispiel *(for example, e. g., such as, for instance ...),*
   - Aufzählung/Ergänzung, Ablauf (Zeit/Prozess) *(first(ly), second(ly), next, finally, for one thing, ...),*
   - Schlussfolgerung *(therefore, consequently, to conclude, hence, thus, ...),*
   - Ursache-Wirkung-Zusammenhang *(as a result, therefore, due to, ...).*

Tipps zu den „Referenzwörtern"
- Referenzwörter können Ihnen helfen, wenn Ihnen ein Text trotz geklärter Wort- und Satzbedeutungen noch unklar bleibt.

- Referenzwörter beziehen sich auf vorhergehende, seltener auch auf nachfolgende Wörter oder Ausdrücke.
- Um die vom Autor beabsichtigten Rück- und Vorverweise leichter zu verstehen, stellen Sie sich folgende Fragen:
  Auf wen oder was bezieht sich das Referenzwort?
  Für wen oder was steht es stellvertretend im Text?
  Welche bereits im Text genannte Person, welchen Gegenstand oder Sachverhalt kann ich gegen das Referenzwort austauschen?

Textstruktur und „Textbaupläne“

Bei den englischen Sachtexten, mit denen Sie es überwiegend zu tun haben (werden), können Sie in den meisten Fällen davon ausgehen, dass der Autor sich beim Schreiben sorgfältige Gedanken zur Anordnung der Aussagen, Fragen, Schlussfolgerungen etc. gemacht hat.
Solche Überlegungen führen dann häufig zu so genannten „Textbauplänen“, nach denen ein Text geschrieben, „gebaut“ wird. Für ein erfolgreiches Textverständnis kommt es als Leser nun darauf an, die Anordnungsprinzipien der Aussagen etc. zu erkennen und so den dahinter stehenden „Textbauplan“ zu rekonstruieren.
Für die meisten Sachtexte gilt: Sie bestehen aus einem, manchmal mehreren Einleitungsabsätzen, gefolgt von Absätzen in denen das einleitend angesprochene Thema weiter ausgeführt, begründet, zurückgewiesen etc. wird. Ein oder mehrere Absätze fassen dann das Gesagte zusammen und/oder ziehen Schlussfolgerungen.
Für die Absätze, die man auch als Text im Text sehen kann, gelten im Prinzip die gleichen „Bauprinzipien“: Am Anfang steht ein einleitender Satz, der ***Topic Sentence,*** der den inhaltlichen Aspekt des Absatzes benennt. Ihm folgen Sätze mit Beispielen, Begründungen etc. Am Ende findet sich häufig ein Satz, der den Absatz zusammenfasst. Je nach Texttyp – eher beschreibend, eher argumentierend oder problemlösend – unterscheiden sich diese Pläne.
Insbesondere wenn Sie Texte für den Unterricht lesen und später eventuell für Prüfungen wieder benötigen, kann es sehr hilfreich sein, die Textstruktur in einem Diagramm ***(text skeleton)*** festzuhalten (↗ S. 46).

Tipps zu den „Textbauplänen“
- Machen Sie sich, vor allem bei komplexen Texten und Absätzen, die Argumentationsstruktur und damit den „Textbauplan“ des Autors bewusst.
- Identifizieren Sie die *Topic Sentences* und schenken Sie ihnen besondere Aufmerksamkeit.
- Werden Sie nicht fündig, bilden Sie Ihren eigenen *Topic Sentence* zu einem Absatz durch Verallgemeinerung.
- Halten Sie die Inhalte und die Argumentationsstruktur in einem Diagramm fest.
- Entwickeln Sie dazu Ihren individuellen „Diagrammstil“.

Wie so etwas aussehen kann zeigt das folgende Beispiel für einen hier bewusst gewählten einfachen Text, der einen Prozessablauf beschreibt:

Start by making the pancake mixture.
Put the milk, flour, softened butter, egg and a pinch of salt in a liquidizer and mix to get a smooth liquid. Spread a little oil on a "non-stick" frying pan, heat the oil and add one ladle of the mixture. When the pancake is cooked on one side (it should be brown), turn it over and do the other. When both sides of the pancake are done, take it out of the pan and keep it on one side.
Do the same with the remainder of the mixture.
You will have approximately eight pancakes.

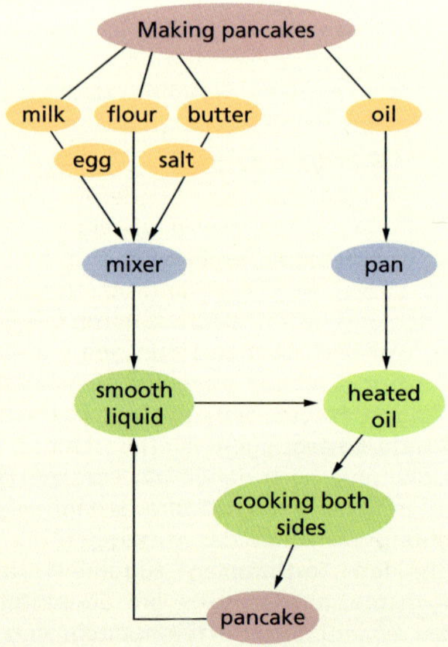

Wir empfehlen: die CD-ROM README – Lesetraining Englisch für die Sekundarstufe II
Vertrieb durch: FWU Institut für Film und Bild in Wissenschaft und Unterricht, Bavariafilmplatz 3, 82031 Grünwald

Der ultimative Tipp zur Verbesserung Ihrer Lesefähigkeit kann also nicht einfach nur sein, mehr lesen, sondern muss dahingehend präzisiert werden: **Lesen Sie, strategisch bewusst, möglichst viel.**

Schreibstrategien

Texterfassung und -verarbeitung. Der Prozess der Informationsverarbeitung, zu dem sowohl das Lesen als auch das Schreiben gehört, ist ein höchst aktiver und komplizierter Vorgang. Zur Erleichterung der systematischen Texterfassung und -verarbeitung eignet sich folgendes Vorgehen:

1. **Überblick gewinnen:** Zunächst machen Sie sich mit dem Aufbau des Textes/Buches vertraut. Überschriften, Kapitel, Abschnitte geben eine gewisse Struktur bereits vor (↗ Kapitel 3.2, S. 163).
2. **Fragen stellen:** Nun müssen Fragen an den Text gestellt werden; entweder durch Aufgabenstellung vorgegebener Fragen oder solcher Fragen, die Sie selbst formulieren, d. h. welche Informationen Sie sich von dem Text erhoffen.
3. **Text lesen:** Unter Berücksichtigung Ihrer Fragestellung lesen Sie nun den Text langsam und systematisch durch. Sie sollten den Text in Sinnabschnitte gliedern, um so leichter die Hauptaussage des Textes herauszuarbeiten. Unterstreichungen oder Markierungen zentraler Textstellen können hilfreich sein. Sie sollten Fremdwörter und Fachbegriffe klären und Definitionen festhalten.

4. **Antworten finden:** Durch Rekapitulieren sollten Sie Antworten auf Ihre Fragen finden. Halten Sie Ihre Antworten in der Form fest, wie es von Ihnen später in einer Prüfungssituation verlangt wird. Wenn Sie sich auf eine schriftliche Prüfung, z. B. eine Klausur, vorbereiten, sollten Sie als Übung die Aufgaben schriftlich lösen, so wie dies in der Klausur verlangt wird. Bereiten Sie jedoch ein Referat vor, ist es nicht sinnvoll, alle Gedanken auszuformulieren, sondern beispielsweise Stichworte auf Karteikarten für den mündlichen Vortrag zu schreiben und ggf. ein Thesenpapier oder eine Gliederung des Vortrages als Orientierungshilfe für die Zuhörer anzufertigen.
5. **Ergebnisse repetieren:** Nun sollten Sie noch einmal Ihre Ergebnisse repetieren und sich über Ihre Ausarbeitungen einen Überblick verschaffen. Überprüfen Sie z. B., ob Sie die gestellten Fragen beantwortet haben, der Aufbau logisch und strukturiert ist und die Aussagen verständlich und nachvollziehbar sind. Ihren Text können Sie anhand folgender Kriterien überprüfen und anschließend überarbeiten:

- Gedankenfolge: Sind Ihre Gedanken logisch angeordnet und verbunden (z. B. Aufbau, Ergänzungen oder Streichungen, Satzverbindungen, Stichhaltigkeit der Argumente und Beispiele)?
- Sprachliche Mittel: Dienen die gewählten sprachlichen Mittel Ihrem Schreibziel (z. B. Wortwahl und Verknüpfungen, Satzbau, Stilmittel)?
- Sprachliche Richtigkeit: Rechtschreibung, Grammatik, Zeichensetzung

Textmarkierungen

Um sich eine bessere Übersicht über einen Text zu verschaffen, ist es sinnvoll, den Text zu markieren. Hierzu eignen sich entweder Textmarker oder – falls der Text nicht durch Markierungen bearbeitet werden darf, da es sich nicht um eine Kopie oder Ihr eigenes Buch handelt – kleine farbige Klebezettel (Post-Its). Diese werden an die Textstellen geklebt, die Ihnen besonders wichtig erscheinen. So lassen sich durch die Markierungen die wichtigen Textstellen schnell wieder finden.

Eine noch größere **Strukturierung** erzielt man, wenn man durch eine eigene Farbstrategie jeder Farbe eine bestimmte Bedeutung zuordnet, z. B. ROT für besonders wichtige Stichpunkte, GELB für nützliche Informationen etc. (Vorschläge aus WOLFGANG ENDRES (Hrsg.) *Die ENDRES-Lernmethodik,* 2003).

Schreibaktivitäten

Ziel der unterschiedlichen Schreibaktivitäten ist es, sich mit dem Text genauer auseinander zu setzen und ihn besser zu verstehen. Schreibaktivitäten können von einer sehr strukturierten bzw. vorgegebenen Form bis zu freien, kreativen Übungen variieren.
Zur Vorbereitung von strukturierten Schreibaktivitäten bietet es sich an, einen Text in seiner Kernaussage zu erfassen, zu der Sie über die **sinntragenden Wörter *(keywords)*** gelangen. Jeder Text enthält so genannte **Strukturwörter *(structural words),*** die vorwiegend grammatische Funktion haben, sowie Pronomen, Adverbien, Adjektive. Ebenfalls weniger zu beachten sind „Floskeln", Höflichkeitsformen und andere rhetorische Stilmittel. Meistens sind für die Kernaussage Nomen und Vollverben maßgeblich. Auf der Basis von Schlüsselwörtern lässt sich effizient eine Inhaltsangabe schreiben.

Detaillierte Hinweise zur Inhaltsangabe *(summary)* finden Sie unter 3.2.4 auf S. 182

Kreatives Schreiben von Dialogen

Die Übung zum kreativen Schreiben von Dialogen ist geeignet, um sich Charakterzüge oder eine entscheidende Situation meist in fiktionalen Texten bewusst zu machen. Die Erstellung von Dialogen fällt Ihnen wahrscheinlich zunächst leichter, weil Sie aufgrund der weniger komplexen Satzstrukturen in Dialogen kaum Schwierigkeiten bei den Formulierungen in der Fremdsprache haben dürften. Bei dieser Übung sollten Sie Textstellen auswählen, in denen kein Gespräch zwischen den Charakteren geführt wird. Erfinden Sie eine Gesprächssituation und berücksichtigen Sie den situativen Kontext und die Wesensmerkmale der Personen des Originaltextes. Auch Gedichte eignen sich für diese Übung. Je nach Text kann die Übung variiert werden. Es können z. B. Dialoge, Monologe, Sketche oder Rollenspiele verfasst werden. Kreatives Schreiben erfolgt u. a. auch dadurch, dass Geschichten fortgeführt, aus einer anderen Erzählperspektive verfasst oder Prosageschichten in Bühnenstücke oder Drehbücher umgeschrieben werden. Indem Sie einen Text überarbeiten, weiterschreiben oder umgestalten und den Text damit verändern, können Sie auch die Gestaltungsmittel des Ausgangstextes in ihrer Wirkung sowie die Wirkung Ihres eigenen Textes erfassen.
Dies soll hier am Beispiel einer Szene des Shakespeare-Stückes *Romeo and Juliet* kurz verdeutlicht werden:

Die Balkonszene aus *Romeo und Julia* in einer Verfilmung von GEORGE CUKOR (1936).

Obwohl Capulet erkennt, dass Romeo, Mitglied einer verfeindeten Familie, beim Ball anwesend ist, wirft er ihn nicht hinaus. Anscheinend hat er Gutes über Romeo gehört und hindert Tybalt daran, Romeo anzugreifen und somit die Feierlichkeiten des Balls zu stören. Aufgrund zahlreicher tragischer Ereignisse hat Romeo nicht die Gelegenheit, Capulet davon zu überzeugen, dass eine Heirat zwischen ihm und Juliet einen guten Ausweg darstellen könnte, den Streit zwischen den beiden Familien zu überwinden.
Ein Arbeitsauftrag zum kreativen Schreiben könnte nun lauten, dieses nie stattgefundene Gespräch bei einem Treffen zwischen Romeo und Capulet auszugestalten. Bevor Sie das Gespräch ausformulieren, sollten Sie Ihre Ideen z. B. mithilfe von Brainstorming oder Mindmapping sammeln. Außerdem sollten Sie sich beispielsweise Gedanken zu folgenden Aspekten machen:

- In welcher Stimmungslage empfängt Capulet Romeo (z. B. höflich oder verärgert)?
- Wie reagiert Romeo auf Capulets Stimmung?
- Ist Romeo mit seinem jugendlichen Charme in der Lage, Capulet zu überzeugen?
- Welche Argumente führt Romeo an, und wie reagiert Capulet darauf?
- Werden die lang anhaltenden Familienstreitigkeiten durch diese Begegnung verschärft, oder können sie abgemildert werden?
- Welches Sprachregister soll verwendet werden (z. B. eine zur damaligen Zeit oder heutzutage geführte Konversation)?

Exzerpieren

Um Informationen langfristig z. B. für eine Prüfung zu speichern, ist es sinnvoll und effektiv, diese Informationen systematisch zu ordnen. Hierfür eignet sich das Exzerpieren. Dies ist eine Form der Textwiedergabe, bei der Sie aus einem Text die für Ihre Fragestellung wichtigsten Informationen herausschreiben und somit ein **Exzerpt** anfertigen. Ein Exzerpt kann aus einer wörtlichen oder sinngemäßen Wiedergabe eines Textes bestehen. Ein wörtliches Exzerpt muss in Anführungszeichen gesetzt und mit einer genauen Quellenangabe versehen werden, da es mit dem Originaltext identisch ist. Bei einem sinngemäßen Exzerpt formulieren Sie die Gedanken und Informationen des Textes in eigene Worte um. Auch hier ist eine Quellenangabe erforderlich.

William Shakespeare: Romeo and Juliet (ca. 1591)
- one of the most beloved plays from Elizabethan Age to the present
- plot is based on an English poetic retelling of an old Italian tale (Arthur Brook: The Tragicall History of Romeus and Juliet)
- Shakespeare altered the story in a way which is shocking to modern audiences: lowered Juliet's age from 16 to just 14

possible reasons:
- Shakespeares wanted to emphasize the over-hastiness and premature nature of this love affair - a marriage at 15 was not considered shocking at his time, through marriage at 18 or 20 was in fact much more common
- boys played female roles in Shakespeare's theatre - they might have been more convincing as young girls than as more mature women
- however we imagine her, Juliet is given some of the most brilliant lines in the plays, and is notable for her courage and wit

Strukturieren mithilfe von Mindmapping

Mithilfe einer **Mindmap** („Gedankenlandkarte") können durch eine entsprechende Visualisierung komplexe Gedanken, Informationen oder Texte visualisiert strukturiert werden. Verwenden Sie möglichst ein A4-Blatt im Querformat. Das Thema wird in die Mitte des Papiers geschrieben und umkreist. Von diesem Kreis gehen nun verschiedene Verzweigungen ab, die das Thema in einzelne Aspekte oder Unterthemen gliedern. Benutzen Sie die gesamte Papierfläche. Formulieren Sie Ihre Gedanken nicht aus, sondern notieren Sie nur Stichworte. Sie können auch kleine Zeichnungen hinzufügen.
Die an einem der Äste platzierten Stichworte sind somit Aufhänger für einen Gedanken oder Gedankenkomplex. Die Verästelungen tragen zur Orientierung in den Gedankengängen bei. Ein Vorteil dieser Methode, die beide Hirnhälften aktiviert, besteht darin, dass Sie trotz vieler Details stets den Gesamtüberblick behalten. Diese Technik eignet besonders für Inhaltsangaben, Wiederholung von komplexen Themen sowie zur Vorbereitung von Referaten, Vorträgen und Prüfungen.

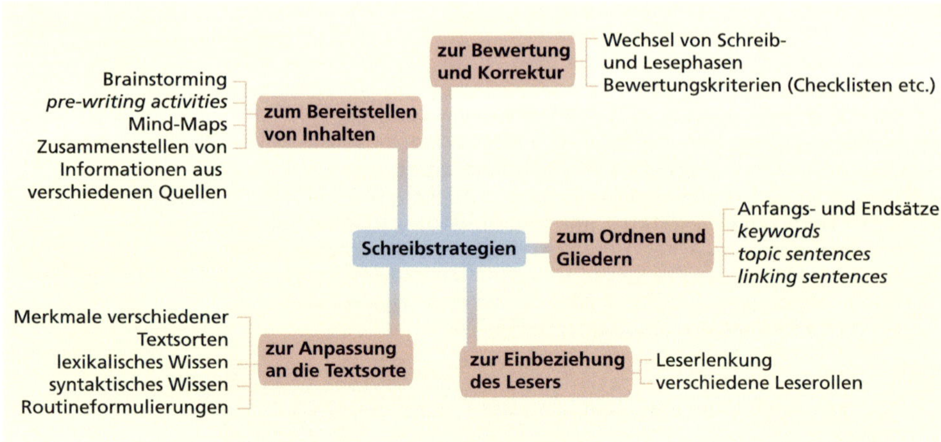

Zu Texten Stellung nehmen

Wenn Sie einen Text bearbeiten, müssen Sie Ihre Gedanken zum Text strukturieren und zum Text Stellung nehmen. Folgende Formulierungen können hierbei hilfreich sein:

Stellung nehmen
I think/feel (that) …
I am convinced that …
I personally believe that …
It seems to me (that) …
As I see it, …
What I mean is, …
My view of the matter/problem is …
My point of view is that …
From my point of view …
In my opinion/view …
My view/feeling/opinion is that …

Gründe angeben
The (main/basic) reason is (that) …
The thing/ point is …
There are many points of view/issues to consider here.
There are several questions to think about when discussing …
Moreover/Furthermore …
The issues I want to mention/discuss here are …
First/First of all, …; Secondly, …; Thirdly, …; Finally, …/Last of all, …
In addition …
Another point to consider is this: A further problem to note is ...
Not only …, but … also …
The reason why … is that …

Einer Meinung zustimmen
I agree.
That is (quite) right/true.
I couldn't agree more.
That is just how I see it.
That is exactly my own view/ opinion.

Eine Meinung ablehnen
I do not agree.
As a matter of fact, ...
I cannot accept …
Actually, …/In fact, I think (that) …

Ergebnisse festhalten
As a result, …
As a consequence, …
Because of this …
The effect of this is that …

Zusammenfassung und abschließende Bemerkung
To sum up …
In short/in general, …
On the whole, …
All in all, …
In conclusion, then, it is clear that …
To conclude, therefore, it seems that …
Having considered all these issues …
Having outlined the main arguments …
Having taken all these factors into account …

Die geistige Produktivität fördernde Einstellungen und Vorgehensweisen: How to Set One's Mind to a Task

„Einfälle" bei entspannter Haltung. Wie beim Sport entsteht auch eine gute geistige Leistung nicht aus dem Stillstand heraus, sondern nach vorheriger „Erwärmung". Bei der geistigen Leistung muss der Körper, Verstand und Gefühl ebenfalls auf „Sendung" geschaltet werden, um sich für den Empfang und die Verarbeitung hilfreicher Ideen zu öffnen. Entweder kann sich dieses Öffnen allmählich vollziehen (innerhalb von Tagen beim Verfassen einer Hausarbeit) oder recht plötzlich (beim Durchlesen des Themas einer Klausur).

In der Praxis könnte das so aussehen:

Klausurmorgen: Schon während Sie auf das auszuteilende Thema warten, tief ein- und ausatmen, um einer Verkrampfung vorzubeugen.

1. Das Thema liegt vor Ihnen: Sie lesen die Aufgabenstellung intensiv durch, ein- bis zweimal, Sie lösen die Anspannung der Konzentration für kurze Zeit, atmen ruhig und lassen die Gedanken schweifen, dann wenden Sie sich wieder bewusst dem Thema zu in einer „aufnehmenden Haltung", d. h., Sie notieren knapp die Gedanken, die Ihnen, noch völlig ungeordnet, in dieser Empfangshaltung kommen.

   attuning to the text

   relaxing

   receiving
2. Wieder entspanntes Durchatmen, nochmaliges Lesen des Textes, um dann mit der Detailerfassung und Bearbeitung der Aufgabe zu beginnen.
3. Oft heißt die Aufgabe nicht nur, den Text zu analysieren, sondern kreativ eigene Gedanken oder Lösungsvorschläge einzubringen. Dabei ist es hilfreich, sich durch Entspannung und tiefe Atmung dem Ideenreichtum, der quasi in der Luft oder im Unterbewusstsein abrufbereit ist, zu öffnen. In einer ängstlich-verkrampften Haltung kann weder der Weitsprung noch der geistige Wurf gelingen. Es ist keine Zeitverschwendung, gelassen auf „Geistesblitze" zu warten. Stellen sie sich ein, sofort die Ideen notieren und erst später ordnen. Man braucht nur auf Empfang zu schalten, und die Ideen „fallen ein", wie das Wort „Einfall" besagt. Auf einer soliden Basis kann Wissen sofort verfügbar gemacht werden, Ideen- und Gedankenverbindungen jedoch, die den kreativen Teil einer Arbeit ausmachen, sind nicht wie Wissensdaten spontan abrufbar, sondern man sollte sich für sie durch die oben erwähnten Phasen vorbereiten und einstimmen.
4. Eine solche Vorgehensweise ist auch Erfolg versprechend bei Arbeiten über einen längeren Zeitraum (Hausarbeiten, Facharbeit). Was Sie im Zeitraffertempo bei der Klausur praktizieren, können Sie immer wieder, über mehrere Tage verteilt, bei einer Hausarbeit anwenden. Sollte Ihnen einmal nichts einfallen, tun Sie nach intensivem Durchlesen der Aufgabenstellung etwas anderes, geistig nicht Anstrengendes wie putzen oder aufräumen. Bleiben Sie dabei weiter „auf Empfang" und notieren Sie gute Einfälle sofort, evtl. auch nachts.

Sinneswahrnehmung bei der Texterschließung

Ganzheitlich lernen bedeutet, auch an der Erfassung eines Textes möglichst viele Sinneswahrnehmungen zu beteiligen. Gerade bei nicht rein abstrakten Texten sollten Sie versuchen, den Inhalt nicht nur mit dem Auge wahrzunehmen, sondern mit allen Sinnen ein inneres Bild entstehen zu lassen. Sie sehen Formen und Farben, hören Geräusche, nehmen Gerüche wahr, erspüren Wärme oder Kälte (auch im übertragenen Sinn). Je intensiver auch die Sinne bei der Begegnung mit einem Text eingesetzt werden, desto lebendiger entsteht dieser vor Ihrem geistigen Auge und umso leichter und nachhaltiger erschließt sich sein Inhalt.

Zeiteinteilung als Lernhilfe

Wie ein Manager muss auch der Lernende seinen Zeitplan im Griff haben und eventuell schriftlich festlegen. Dabei ist nicht der Zeitpunkt der Fertigstellung ausschlaggebend, sondern die Zeitspanne, die dorthin führt mit dem nötigen Spielraum, falls Unerwartetes die geplante Durchführung verzögert.
Daher gilt: Arbeitsbeginn nicht verschieben, sondern so früh wie möglich beginnen. Es ist angenehmer, sich selbst den Druck durch konsequentes zeitorientiertes Arbeiten zu erzeugen als vom Zeitdruck überwältigt zu werden. „The early bird catches the worm."

Schlaf als Lernhilfe: Nachweislich arbeitet das Gehirn im Schlaf weiter. Unterrichtsstoff, der am Tag konzentriert gelernt und vor dem Einschlafen nochmals wiederholt wurde, sitzt am nächsten Morgen besser. Außerdem tauchen oft neue kreative Ideen dazu auf.

Schritt für Schritt

Wenn die Aufgabe riesig erscheint, sollte sie in kleinere, überschaubare Arbeitsschnitt eingeteilt werden – mit jeweils zeitlichem Limit.

Kleine Pausen einlegen

Auch bei großer Anspannung sollten Arbeitspausen – einfache Entspannung, ein kleiner Spaziergang, ein kurzes Gespräch oder einige Minuten Musik – eingelegt werden. Auch ein „Nickerchen" *(power napping),* allerdings nicht länger als 15 bis 20 Minuten, führt zu deutlicher Erholung. Das Gefühl der Ruhe und Kraft überträgt sich dann wieder auf die Arbeit.

Konzentration auf eine Tätigkeit

Es ist wichtig, sich auf **eine** Tätigkeit voll zu konzentrieren und nicht mal eben schnell Nachrichten zu hören, dabei kurz zu telefonieren und zwischenzeitlich an einer Arbeit herumzufeilen – das stiftet nur Verwirrung und führt zu Nervosität.

Durchhalten

Manchen Menschen gibt es Mut zum Durchhalten, wenn sie sich kleine Belohnungen versprechen: ein Eis nach der Arbeit, der Einkauf einer Kleinigkeit, Planen eines Kurzurlaubs, oder einfach bewusste Freude über den weiteren Fortgang der Arbeit zu empfinden.

SPRACHPRAXIS 2

2.1 Sprachentwicklung

2.1.1 Historische Einflüsse auf die Sprachentwicklung

Keltische Steinkreuze von Monasterboice

Die Siedlungs- und Eroberungsgeschichte Englands hat die Sprache des Landes entscheidend geprägt. Ihren Ursprung hat die englische Sprache in der germanischen, speziell der **westgermanischen Sprachfamilie,** die sich im Laufe des 2. Jahrtausends v. Chr. von der indogermanischen Sprachfamilie abgelöst hat. Wichtig für die Entstehung des Englischen ist die Invasion Englands durch die westgermanischen Stämme der Angeln, Sachsen und Jüten ab 450 n. Chr. Die westgermanischen Dialekte, die die eindringenden Stämme mitbrachten, wurden von Anfang an einheitlich *Englisc* (Englisch) genannt. Mit der Verschmelzung dieser Dialekte formierte sich eine neue Sprache, die auch **das Keltische** in sich aufnahm. Überreste des Keltischen trifft man noch heute in einer Reihe von Ortsnamen, Weiterentwicklungen finden sich im *Welsh* und im *Gaelic* Irlands und Schottlands.
Die Dialekte der Angeln, Sachsen und Jüten bildeten den grundlegenden Wortschatz und die Grammatik des Altenglischen.

Es gab aber nicht nur Einflüsse der germanischen Stämme der Angeln, Sachsen und Jüten ab 449 AD, die aus Gegenden der deutschen Nordseeküste nach England gelangten, sondern auch solche anderer Völker, wie z. B.

ab 46 AD	der Römer
ab 790	der Vikinger (Vikings = Danes, Norsemen)
ab 1066	der Normannen (franz. Normandie)

Jeder, der Englisch gelernt hat, kann sich an viele aus dem Deutschen vertraute Vokabeln erinnern, wie z. B.

NE = New English
OE = Old English
AS = Anglo-Saxon

NE bread	OE bread	Brot
NE bid	AS biddan	bitten
NE speak	AS specan	sprechen
NE week	AS wicu	Woche
NE day	AS dag	Tag

Einflüsse der skandinavischen Periode

Der nachhaltige **Einfluss des Skandinavischen** lässt sich heute an Ortsnamen ablesen, wie sie im ehemaligen Gebiet des Danelaw vorkommen.

Angriffswellen und Plünderungen der Wikinger entlang der englischen Ostküste seit dem 8. Jahrhundert fanden ihren Höhepunkt in der Schaffung des umfangreichen dänischen Reiches unter KNUT DEM GROßEN, der von London aus über England, Norwegen und Dänemark regierte. Von 1016 bis 1042 herrschten dänische Könige von England aus. Zahlreiche Lehnwörter – vor allem aus dem Bereich der Alltagssprache – sind in dieser Zeit in den englischen Wortschatz gelangt.

Nomen:	birth, egg, link, skill, skin, skirt, sky, trust, want
Adjektive:	awkward, flat, ill, loose, low, tight, weak
Verben:	to cast, to crawl, to die, to get, to give, to glitter, to take

Die **normannische Eroberung** von 1066 hat die Entwicklung der englischen Sprache entscheidend geprägt. Für ca. 200 Jahre wurde das normannische Französisch die Alltagssprache der Oberschicht. Amtsträger, Geistlichkeit und Personen, die aufgrund ihrer Tätigkeit Kontakt zur Oberschicht hatten, beherrschten beide Sprachen. Folge dieser Periode ist der französisch geprägte Wortschatz in den Bereichen:

Der französische Einfluss auf die englische Sprache war gegen Ende des 14. Jahrhunderts am stärksten.

Politik	sovereign, crown, state, country, power, minister, parliament, council, peace, war, battle, arms, officer,
Justiz	justice, just, crime, property; to sue, plea, cause, accuse,
Religion	service, virgin, preach, pray, to save,
Kunst	beauty, colour, design, paint, arch, tower, column, palace.

Der Einfluss des Griechischen auf das Englische vollzog sich jedoch nicht durch Eroberung, sondern durch die eminente Bedeutung der griechischen Kultur und Sprache. Schon im 13. Jahrhundert wurde Griechisch an englischen Universitäten gelehrt und im 16. Jahrhundert erlebte es durch die Renaissance der klassischen Wissenschaften einen erneuten Aufschwung in England.

Der Einfluss des Lateinischen fand in zwei Phasen statt: einmal in der Zeit, als England eine römische Provinz war (46 AD – 410 AD), zum anderen zur Zeit der Renaissance, als die klassischen Wissenschaften einen Aufschwung erfuhren und damit das Lateinische wieder auflebte.
Auf die Zeit der römischen Besetzung Englands gehen insbesondere Ortsnamen mit den lateinischen Endungen **-chester, -caster** (= lat. **castra** = Lager) zurück, wie in **Colchester, Winchester, Rochester, Lancaster** etc.
Viele lateinische Wörter haben ihren Weg in die englische Sprache gefunden, ohne dabei ihre ursprüngliche Bedeutung aufzugeben, wie:

enormous	= von der Norm abweichend,
extravagant	= vom normalen Pfad abkommen,
extraordinary	= außerhalb der normalen Ordnung,
aggravate	= Gewicht hinzufügen,
ponder	= wiegen; Gedanken abwägen.

Ebenso wurden lateinische Suffixe, wie z. B. *-ment* oder *-ation*, mit englischen Wörtern verbunden, sodass sich Wörter ergaben wie:

acknowledgement, amazement, betterment, bereavement, fulfilment.

Auch in der Folgezeit zeigt das Englische die Tendenz, Bezeichnungen für Neues aus anderen Sprachen zu übernehmen. Der reiche Wortschatz des Englischen, in dem es nicht selten für einen Begriff mehrere Synonyme gibt, ist ein Ergebnis dessen. Als Beispiel für die lexikalische Vielfalt des Englischen können die Entsprechungen für das deutsche Adjektiv „groß" dienen. Im Deutschen kann das Wort „groß" nahezu in allen Schattierungen benutzt werden, wie in „ein großer Mann, ein großes Haus, eine große Kälte" etc. Im Englischen dagegen wird sehr viel stärker differenziert.

lexikalisch = das Vokabular betreffend

Beispielwort „groß"	Beispiel
large (groß im Sinne von weit, breit, voluminös)	large shoes/a large area
tall (groß i. S. von hoch)	a tall person/tree/mountain
great (groß i. S. von lang)	a great distance
great (groß i. S. von berühmt, bedeutungsvoll)	a great person/mind/speech
great (groß i. S. von viele)	great numbers/difficulties/varieties
big (groß i. S. von groß, massiv)	a big person
great/big (groß i. S. von schwerwiegend)	a big mistake/difference/moment

Die weltweite Verbreitung des Englischen, wie wir sie gegenwärtig beobachten, ist neben der historischen Entwicklung (↗ S. 6) vor allem wirtschaftlichen und technologischen Gründen geschuldet. In der jüngsten Vergangenheit ist es das Internet, das die Ausbreitung des Englischen weiter vorangetrieben hat.
Auch auf die deutsche Sprache hat das Englische entscheidenden Einfluss, illustriert durch die Übernahme englischer Lexeme:

downloaden, gechattet, gesurft,

andererseits auch durch so genannte Lehnübersetzungen wie:

Sinn machen (statt Sinn ergeben) → to make sense,
einmal mehr (statt noch einmal) → once more,
nicht wirklich (statt eigentlich nicht) → not really,
in 2004 (statt im Jahre 2004) → in 2004.

Schon fast kurios sind Wortschöpfungen, die sich zwar englisch anhören, aber im tatsächlichen Wortschatz des Englischen gar nicht vorkommen, wie:

In die deutsche Sprache haben viele **Anglizismen** Eingang gefunden.

Deutsche Wortschöpfung	Richtige englische Entsprechung
Handy	mobile phone *(n.)*
Sonnyboy	extrovert, cheerful person *(n.)*
Playback	miming *(n.)*
Crack	expert, ace *(n.)*
Pullunder	sleeveless pullover *(n.)*

Smoking	dinner jacket (BE), tuxedo (AE) *(n.)*
Dressman	male model *(n.)*
Oldtimer	veteran car *(n.)*

Die Syntax des Englischen. Die Sprachwissenschaft ordnet Sprachen vereinfachend zwei Sprachbautypen zu:

a) **Der synthetische oder fusionierende Sprachtyp.** Grammatische Beziehungen werden am Wort selbst zum Ausdruck gebracht; im Lateinischen beispielsweise ist die Funktion der Wörter im Satz durch ihre Flexion so eindeutig festgelegt, dass ihre Stellung im Satz beliebig sein kann. Sprachen des synthetischen Typs sind flexionsreich.

b) **Der analytische oder isolierende Sprachtyp.** Bedeutungen und Bedeutungsbeziehungen werden durch unveränderliche Einzelwörter angezeigt; Flexionen fehlen fast völlig. Umso wichtiger ist die Einhaltung der Satzstellungsregeln, um grammatische Beziehungen zu signalisieren (Beispiele: Chinesisch, Vietnamesisch).

Syntax = Satzlehre; Teilbereich der Sprachwissenschaft, der sich mit dem Bau und der Gliederung von Sätzen beschäftigt

Im Vergleich zum Deutschen ist das Englische eine flexionsarme Sprache in den grammatischen Kategorien Person, Numerus (Singular/Plural) und Genus (männlich/weiblich); es besitzt also mehr Anteile des isolierenden Sprachtyps. Im Gegensatz zum Englischen drückt die Konjugation (Beugung) deutscher Verben Person und Numerus aus.

2.2 Wortschatz

2.2.1 Methoden der Bedeutungserschließung

Um den Sinnzusammenhang eines Textes zu erfassen, sind nicht alle Wörter gleich wichtig. Es gilt zunächst, die **Schlüsselwörter *(keywords)*** eines Textes zu ermitteln, die auf das Thema und den allgemeinen Sinn des Textes hinweisen. Im folgenden Beispiel sind die Schlüsselbegriffe kursiv gedruckt:

Schlüsselwörter *(keywords)* sind sinntragende Wörter eines Textes.

> With over 100 *locations throughout the UK* situated *close to major routes* near commercial centres and tourist areas, there is almost certainly a *Travel Inn* wherever your work or leisure takes you.

Das Thema eines Textes lässt sich sowohl an den Informationen, die der Titel liefert, als auch an dem Themenbereich, aus dem das Vokabular des Textes stammt, erkennen. Schnell fällt auf, dass im vorliegenden Beispiel das thematische Feld *„travelling"* bestimmend ist. Die Schlüsselbegriffe deuten schließlich darauf hin, dass es sich um einen Text über *„Travel Inns"* handelt. Füllphrasen, Zitate und Wiederholungen zählen nicht zu den Schlüsselwörtern.

Beim intensiveren Lesen im zweiten Durchgang kann man darangehen, unbekannte Ausdrücke und Wörter zu markieren, um anschließend ihre Bedeutung zu klären. Nicht immer ist es erforderlich bzw. zeitlich möglich, jedes unbekannte Wort im Wörterbuch nachzuschlagen. Folgende vom Wörterbuch unabhängige Methoden, die Bedeutung eines Wortes festzustellen, bieten sich an:

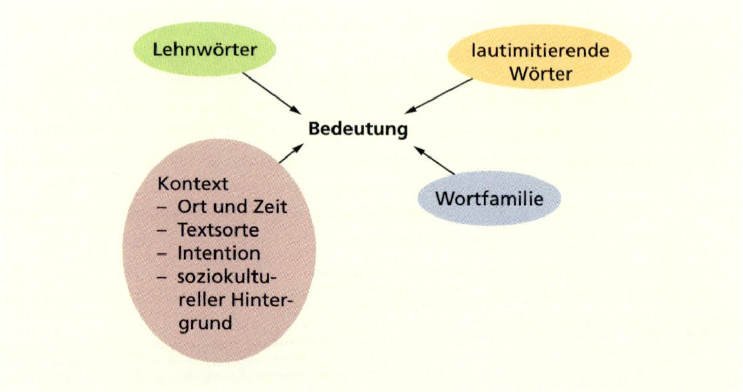

Gebrauchszusammenhang. Häufig lässt der Sinnzusammenhang (Kontext) oder die Situation, in der ein Wort verwendet wird, Rückschlüsse auf seine Bedeutung zu.

Lautmalerei ***(onomatopoeia)*** bezeichnet die Ähnlichkeit zwischen dem Klang eines Wortes und dem Sachverhalt, den das Wort ausdrückt.

Lautmalende Wörter. Eine Reihe von Einzelwörtern im Englischen besitzen lautmalerische Eigenschaften, die Hinweise auf ihre Bedeutung liefern, z. B.

to buzz, to snarl, to sniff, to snap.

Lehnwörter. Oft ähneln unbekannte englische Wörter bereits vertrauten Begriffen aus dem Deutschen, Französischen oder Lateinischen. So kann das englische Wort *catastrophe (n.)* leicht aufgrund seiner Ähnlichkeit zum deutschen „Katastrophe" gedeutet werden. Ein aus einer anderen Sprache entlehntes Wort kann entweder eine angepasste Schreibweise haben oder als direkte Übersetzung aus einer anderen Sprache, z. B. *orthography* aus dem Griechischen, erscheinen.

Wortfamilien (↗ S. 67) bestehen aus Wörtern, die denselben Stamm *(root)* besitzen. Die folgende Aufstellung zeigt, welche Formen der Wortbildung zur Schaffung einer Wortfamilie beitragen:

Wortbildung *(word formation)*	
prefix + root → derivative un- + washed → unwashed *(adj.)*	noun + participle → compound word stone + washed → stonewashed *(adj.)*
root + suffix → derivative wash + -able → washable *(adj.)*	noun + noun → compound word dish + washer → dishwasher *(n.)*

Durch Anhängung von **Präfixen** (***prefixes*** = Vorsilben) oder **Suffixen** (***suffixes*** = Nachsilben) entstehen Ableitungen *(derivatives)* vom Wortstamm, die eine neue Bedeutung tragen. Durch die Zusammensetzung zweier oder mehrerer Wörter *(adjectives, nouns, verbs)* entstehen Komposita *(compound words)* als neue Begriffe. Im Englischen sind Ableitungen mit mehreren Vor- und Nachsilben bekannt, z. B.

disillusionment (n.), uncontrollable (adj.), undesirable (adj.).

Sind der Wortstamm und die Bedeutung der Vor- oder Nachsilbe eines neuen Wortes bekannt, lässt sich dessen Bedeutung leicht erschließen. Die Tabelle bietet eine Übersicht über Präfixe, die aus dem Lateinischen stammen und häufig in der Wortbildung des Englischen verwendet werden.

Präfix	**Bedeutung**	**Beispiel**
ab-	von, weg	absolve *(v.)*, abstain *(v.)*
ad-	zu, hinzu	advent *(n.)*, advise *(n.)*
in-	nicht	ineffective *(adj.)*, infallible *(adj.)*
inter-	zwischen	interactive *(adj.)*, international *(adj.)*
intra-	innerhalb	intramuscular *(adj.)*, intramural *(adj.)*
post-	nach	postwar *(adj.)*, postpone *(v.)*
pre-	vor, vor anderen	precaution *(n.), pre-eminent (adj.)*
sub-	unter	submission *(n.)*, submarine *(n.; adj.)*
trans-	quer durch	transmit *(v.)*, transfer *(v.; n.)*

Zu den oft in der Wortbildung benutzten Suffixen gehören:

Suffix	**Bedeutung**	**Funktion**	**Beispiele**
-able (-ible)	able	A	incapable, collectible
-ence, -ance		N	decadence, accordance
-er, -or	one who acts	N	driver, creator
-hood	dt. -heit	N	boyhood, childhood
-ian		N	magician, physician
-ism	belief	N (abstract)	optimism, occultism
-ist		N	physicist, dramatist
-ive		N, A	motive, inventive

Mögliche Funktionen der Suffixe: Bildung von Nomen (N), Verb (V), Adjektiv (A)

-ize		V	realize, memorize
-ment		N	endorsement
-ness		N	darkness, sweetness
-pel	push	V	expel
-sis	name of action	N	diagnosis, prognosis
-ship	dt. -schaft	N	citizenship, friendship

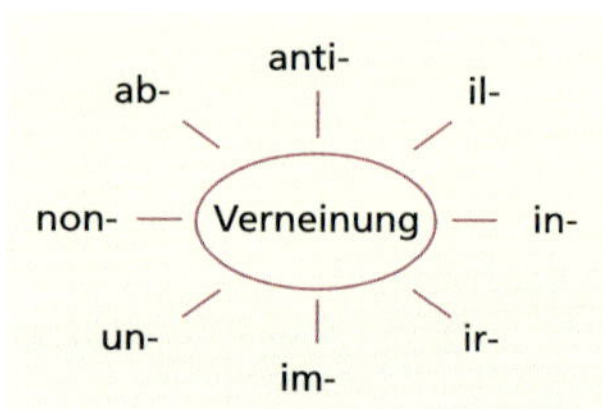

Wie variabel und kreativ sich die englische Sprache entwickelt hat, zeigen die acht Präfixe, die zum Ausdruck einer Verneinung an einen Wortstamm gefügt werden, wie in: *irresponsible, impossible, illiterate, unimportant, antisocial, absence (≠ presence), intolerant.*

Der Umgang mit dem einsprachigen Wörterbuch. Man spricht beim Aufbau eines Wörterbuchs von **„*entries*" (= Einträgen),** die jeweils mit einem **„*headword*" (= Anfangswort, Stichwort)** beginnen und alphabetisch geordnet sind. Zu jedem Anfangswort folgen weitere Informationen verschiedener Art, die sich wie folgt klassifizieren lassen.

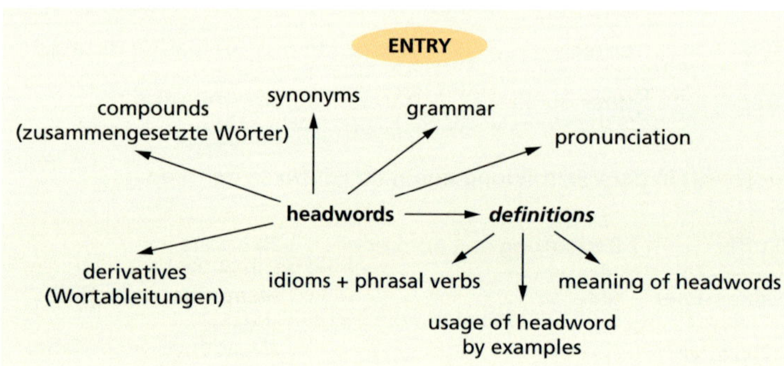

Neben ein-und zweisprachigen Wörterbüchern *(mono- and bilingual dictionaries)* gehören Thesauri, Synonymwörterbücher und etymologische Wörterbücher zu den häufig verwendeten. Inzwischen gibt es auch Wörterbücher auf CD-ROM sowie Online-Wörterbücher.

Jedes Wörterbuch benutzt ein eigenes System von Symbolen und Abkürzungen. Dieses wird meistens im Schlüssel *(key)* auf den ersten Seiten anschaulich erklärt.

Kollokationen *(collocations)*

semantisch = Wortbedeutungen betreffend

Da zwischen den lexikalischen Einheiten eines Satzes oder auch Textes semantische Zusammenhänge bestehen, lohnt sich auch die Betrachtung der Wortumgebung. Sie kennen z. B. die Wendung *„to deliver on a promise"* nicht, wohl aber die Einzelbestandteile. Sie fragen sich, was man alles mit einem Versprechen tun kann und was *„deliver"* in diesem Zusammenhang wohl heißen könnte: etwas „wird geliefert, erreicht einen Bestimmungsort". Wenn ein Versprechen „seinen Bestimmungsort erreicht" hat, könnte dies bedeuten, dass ein Versprechen „eingelöst" wurde. Dieses Beispiel verdeutlicht, dass zur Entschlüsselung bestimmter Wortverbindungen das Wörterbuch zu Rate gezogen werden sollte. Wortverbindungen wie *„to deliver on one`s promise"*(= ein Versprechen einlösen) bezeichnet man als Kollokationen *(collocations)*. Bei Kollokationen geht es um die Benutzung eines Wortes *(usage)*.

In einer **Kollokation** wird ein Nomen stets in Verbindung mit einem bestimmten Verb oder Adjektiv benutzt.

Kollokation = Wortverbindung (von lat. *collocare* = nebeneinander setzen, lat. *collocation* = Stellung, Anordnung)

to deliver ist, um die vorliegende Bedeutung auszudrücken, nicht durch eines seiner Synonyme auswechselbar.
Es ist also möglich zu sagen *to cash in a voucher* und *to deliver on one's promise*, jedoch nicht *to deliver on a voucher* oder *to cash in one's promise*. Als zusätzliches Beispiel lässt sich die Kollokation *„to change one's mind"* (aber nicht *to change one's thoughts)* anführen.

In diesem Zusammenhang erweist es sich bei vielen englischen Vokabeln als nützlich, Wörter nicht isoliert, sondern in dem Zusammenhang zu lernen, in dem sie am häufigsten auftreten.
Gebräuchliche Kollokationen werden in dem Wörterbucheintrag zu einem Wort kursiv angegeben; mehrere mit dem Nomen kombinierbare Verben oder Adjektive werden durch einen Schrägstich (/) getrennt.

Wortverbindungen aus *„car"* + Verb
a car starts/accelerates/slows down/skids to a halt/overtakes/ breaks down

Die folgende Liste zeigt einige Beispiele aus dem Themenbereich „Politik/politische Rede":

a low turnout	eine geringe Wahlbeteiligung
a marshmallow term	ein schwammiger Ausdruck
floating voters	Wechselwähler
growing nuisance	wachsendes Ärgernis
in his own ranks	in seinen eigenen Reihen
statutory woman	Quotenfrau
to avail oneself of an opportunity	sich eine Gelegenheit zunutze machen
to be at issue	auf dem Spiel stehen
to cope with a problem	mit einem Problem fertig werden
to dismiss concerns	Bedenken zurückweisen
to deny charges/allegations	Anschuldigungen leugnen, zurückweisen
to exert influence on	Einfluss ausüben auf

to draft a bill	eine Gesetzesvorlage konzipieren
to exert pressure on	Druck ausüben
to fall prey to	zum Opfer fallen
to give tax incentives	Steueranreize geben
to have a leading edge	einen Vorsprung haben
to implement a new regulation	eine neue Regelung/Gesetz einführen
to invoke the values	Werte beschwören
to keep sanctions in force	Sanktionen beibehalten
to levy charges	Anschuldigungen erheben
to pave the way	den Weg ebnen
to pose a threat	eine Bedrohung darstellen
to put the record straight	eine Sache klarstellen
to radiate confidence	Vertrauen ausstrahlen
to raise an issue	ein Thema anschneiden
to raise an objection	einen Einwand erheben
to reach agreement	sich einigen
to refute an argument	ein Argument widerlegen
to set standards	Maßstäbe setzen
to vote on a motion	über einen Antrag abstimmen
to win by a landslide	hoch gewinnen
to win by a narrow margin	knapp gewinnen
unilateral effort	gemeinsame Anstrengung
wafer-thin majority	hauchdünne Mehrheit

Idiomatische Wendungen *(idioms)*

Als idiomatische Wendung oder umgangssprachliche Redewendung bezeichnet man eine Kombination von zwei oder mehreren Wörtern, die unabhängig von der Einzelbedeutung jedes Wortes einen neuen Sachverhalt ausdrückt. Jede Sprache besitzt ein für sie eigentümliches Repertoire idiomatischer Redewendungen, deren Bedeutung nicht durch eine Wort für Wort Übersetzung erkennbar ist. So entspricht das englische Idiom *to make a mountain out of a molehill* der deutschen Redewendung „aus einer Mücke einen Elefanten machen". Auf Idiome wird in Wörterbüchern durch Abkürzungen wie *„IDM"* oder *„idiom."* hingewiesen.
Hier eine Zusammenstellung von englischen *idioms* zum Thema „Beschreibung einer Person":

to be a big-head	ein Angeber sein
to be all thumbs	zwei linke Hände haben
to be as good as gold	brav sein
to be for the birds	nichts taugen, langweilig sein
to be in limbo	in der Luft hängen
to be quick/slow off the mark	schnell/schwer von Begriff sein
to be struck dumb	völlig sprachlos sein
to bore someone to death	jemanden zu Tode langweilen
to have no staying power	kein Sitzfleisch haben
to have one's heart in the right place	sein Herz am rechten Fleck haben

Eng verwandt mit den häufig bildhaften *idioms* sind die englischen *prepositional* oder *phrasal verbs,* Redewendungen, die durch die Kombination gebräuchlicher Verben wie *bring, give, take* usw. und einer Präposition bzw. einem Adverb (oder beidem) gebildet werden. Die Tabelle zeigt mögliche Zusammensetzungen mit dem Verb *to get:*

English phrasal verbs	Meaning
to get along with	to have a friendly relationship with
to get away with s. th.	to do s.th. wrong and not be punished for it
to get by on s. th.	to manage, do s. th. using nothing but the money, the food, the material you have
to get down to s th.	to begin to do s. th.
to get in on s. th.	to take part in an activity
to get s. th. over with	to complete an action you do not like

Wortneuschöpfungen *(neologisms).* Als Neologismus bezeichnet man eine Wortneuschöpfung oder die Schaffung einer neuen Bedeutung für ein bekanntes Wort. Neologismen erwachsen häufig aus der Notwendigkeit, für ein neues Phänomen eine passende Bezeichnung zu finden (z. B. *escalator, microwave, CD-player).*
Andere Neologismen haben ihren Ursprung in der Suche nach einer besonders originellen und einprägsamen Formulierung (z. B. in der Sprache der Werbung: *More-Kleen)* oder nach einem treffenden, vielschichtigen Ausdruck (in der Dichtung, z. B. *muchlove later* in *The Icingbus* von ROGER MCGOUGH). Ein Teil des aktuellen englischen Wortschatzes geht auf ehemalige Neologismen zurück (z. B. wurde das Wort *assassination* durch SHAKESPEARE eingeführt).

Allgemein lassen sich drei wesentliche Entstehungsmöglichkeiten von Neologismen unterscheiden:

Zusammensetzung von zwei oder mehreren Wörtern *(compounding)*	Ableitungen *(affixation, derivation)*	Änderung der grammatischen Funktion (*functional change*)
down *(prep.)* + size *(v.)* → downsizing *(n.)* Stellenabbau	de- + escalate *(v.)* → to de-escalate *(v.)* entschärfen, schlichten	close *(adj.)* + up *(prep.)* → close-up *(n.)* Nahaufnahme

Neuschöpfungen, die sich im allgemeinen Sprachgebrauch durchgesetzt haben, finden Eingang in Wörterbücher, wie z. B. in das *The Oxford Dictionary of New Words.* Ganz aktuelle Wendungen stehen möglicherweise noch nicht in gedruckten Wörterbüchern, wohl aber in Online-Versionen. Aufgrund der Forderung nach Bezeichnungen, die gesellschaftlich wertfrei und nicht abwertend klingen *(political correctness),* sind zahlreiche Neubildungen der englischen Sprache entstanden.

Hier einige Neologismen:

keyhole surgery	invasive Chirugie
EFT (electronic funds transfer)	elektronischer Zahlungsverkehr
microphobes	Microsoftgegner
money puker	Geldautomat
slaphead	jemand, der nur wenige oder keine Haare auf dem Kopf hat
spin doctor	Imageberater
technophobe	jemand, der Technomusik ablehnt
downsizing	Stellenabbau
videofit	Phantombild, das am Bildschirm erstellt wird

Akronyme. Eine weitere Möglichkeit der Wortneubildung stellen so genannte **Akronyme *(acronyms)*** dar. Sie werden aus den Anfangsbuchstaben der Wörter gebildet für die sie als Ganzes stehen, z. B. *radar* statt ***ra****dio* ***d****etecting* ***a****nd* ***r****anging,* oder *laser,* das aus folgenden Angangswörtern besteht: ***l****ight* ***a****mplification (by)* ***s****timulated* ***e****mission (of)* ***r****adiation.* Darüberhinaus gibt es Abkürzungen, die man als vollständige, für sich allein stehende Wörter anerkennt, wie z. B. CD (für ***c****ompact* ***d****isc*), PC (für ***p****ersonal* ***c****omputer* oder ***p****olitically* ***c****orrect*), *prof* (für ***prof****essor*) oder *fax* (für ***facs****imile*).
Dann gibt es noch Wörter, die durch Markennamen entstehen, wie die Wörter *kleenex, xerox* oder *hoover.* Es sind Produktnamen, die man meist als Nomen oder Verben benutzen kann. Diese Erscheinung benennt man in der Linguistik mit dem englischen Begriff *generification.*

Solche **false friends** sollte man sich einprägen, um Fehler zu vermeiden.

„Falsche Freunde" *(false friends).* Vergleicht man das Englische mit dem Deutschen, so gibt es Wörter, die zwar äußerlich fast identisch sind, aber eine gänzlich andere Bedeutung haben. Wegen ihrer irreführenden Ähnlichkeit werden solche Wortpaare *false friends* genannt.

	false friends		
German	**English**	**German**	**English**
wirklich, eigentlich	actual *(adj.)*	aktuell	topical *(adj.)*
Pommes Frites (BE)	chips *(n.)*	Chips	crisps *(n.)*
folglich, resultierend	consequent *(adj.)*	konsequent	consistent *(adj.)*
Getreide	corn *(n.)*	Korn	seed *(n.)*
sparsam	economical *(adj.)*	ökonomisch	economic *(adj.)*
besetzt, auch: verlobt	engaged *(adj.)*	engagiert sein	be committed to *(v.)*
schließlich, endlich	eventual *(adj.)*	eventuell	possibly *(adv.)*
Stoff	fabric *(n.)*	Fabrik	factory *(n.)*
Fußboden	floor *(n.)*	Flur	hall *(n.)*
Geschenk	gift *(n.)*	Gift	poison *(n.)*
epoche-machend, äußerst wichtig	historic *(adj.)*	historisch	historical *(adj.)*
Insel	island *(n.)*	Island	Iceland *(n.)*
Arbeit	labour *(n.)*	Labor	laboratory *(n.)*
Vorlesung, Vortrag	lecture *(n.)*	Lektürevorgang, Lektüretext	reading *(n.)* = reading material, reading matter *(n.)*
Landkarte	map *(n.)*	Mappe	briefcase, folder *(n.)*
Bedeutung	meaning *(n.)*	Meinung	opinion *(n.)*
nicht dürfen	must not *(v.)*	nicht müssen	not to have to *(v.)*
Anmerkung	note *(n.)*	Note	mark, grade *(n.)*
Benachrichtigung	notice *(n.)*	Notiz	note *(n.)*
gewöhnlich, üblich	ordinary *(adj.)*	ordinär	vulgar *(adj.)*
überwachen	oversee *(v.)*	übersehen	fail to notice *(v.)*
Mitleid erregend	pathetic *(adj.)*	pathetisch	emotive *(adj.)*
Arzt/Ärztin	physician *(n.)*	Physiker	physicist *(n.)*
Quittung	receipt *(n.)*	Rezept	prescription *(n.)*
gewissenhaft	scrupulous *(adj.)*	skrupellos	unscrupulous *(adj.)*

vernünftig	sensible *(adj.)*	sensibel	sensitive *(adj.)*
ausgeben	spend *(v.)*	spenden	donate *(v.)*
Stadion	stadium *(n.)*	Stadium	stage *(n.)*
Hocker	stool *(n.)*	Stuhl	chair *(n.)*
Bach	stream *(n.)*	Strom	current (electr.), *(n.)*
teilnehmend	sympathetic *(adj.)*	sympathisch	likeable *(adj.)*, agreeable *(adj.)*
mitfühlend	sympathetic *(adj.)*	sympathisch	pleasant, nice *(adj.)*
Mitleid	sympathy *(n.)*	Sympathie	liking *(n.)*
Tablette	tablet *(n.)*	Tablett	tray *(n.)*
Landstreicher	tramp *(n.)*	Tramper	hitchhiker *(n.)*
Leichenbestatter	undertaker *(n.)*	Unternehmer	employer *(n.)*
Lagerhaus	warehouse *(n.)*	Warenhaus	department store *(n.)*
sich fragen	wonder *(v.)*	wundern	be surprised *(v.)*

Selbstständige Aneignung von neuem Wortschatz

Die Erweiterung des Wortschatzes wird gefördert durch die häufige Begegnung mit authentischen englischsprachigen Texten, authentischem Hörmaterial wie Radiosendungen und Hörspielen sowie englischsprachigen Filmen. Dabei erweitert und festigt sich zunächst der **passive** oder **rezeptive Wortschatz,** der bei den meisten Sprachbenutzern viel umfangreicher ist als der aktive Wortschatz. Sein Erwerb vollzieht sich, wenn sich ein Grad der Gewöhnung an die Fremdsprache eingestellt hat, fast automatisch. Die vier Möglichkeiten der Bedeutungserschließung über Gebrauchszusammenhang, Wortfamilie, Lehn- und lautimitierende Wörter werden fast unbewusst angewendet.
Der passive Wortschatz ist aber nicht unbedingt „abrufbar“, wenn wir ihn aktiv anwenden möchten. Viele Ausdrücke schlummern in unserem Gedächtnis, wir benötigen jedoch einen „Anschub“, um sie zu aktivieren; sie sollen also in den **aktiven** oder **produktiven Wortschatz** einbezogen werden. Diese Aktivierung geschieht mithilfe unseres Gedächtnisses und unseres Assoziationsvermögens. Die Festigung unseres aktiven Wortschatzes gelingt umso besser, je mehr unterschiedliche Wörter wir miteinander oder mit ihren Anwendungssituationen assoziieren können. Der Erwerb des aktiven Wortschatzes wird durch folgende Prinzipien erleichtert:

- **Die Assoziation:** Die Vorstellung eines Wortes oder eines Begriffes holt ein anderes Wort ins Bewusstsein. Oft spielt dabei die Lernsituation als Auslöser eine Rolle.

- **Das Ordnungsprinzip:** Es werden Beziehungen zwischen Wörtern hergestellt – eine Ähnlichkeitsbeziehung zwischen Synonymen *(synonyms)* und Wortfamilien *(word families);* eine Gegensatzbeziehung zwischen Antonymen *(opposites, antonyms).* Die Anordnung von Wörtern in einem Wortfeld erleichtert sowohl ihr Lernen wie auch das Bewusstmachen ihrer Bedeutungsunterschiede. Wörter können in einem Feld nach zeitlicher Abfolge, nach Steigerung (etwa der Lautstärke, der Größe) angeordnet und grafisch dargestellt werden.

Graduierung	few, a few, some, several, many, a lot of, countless, innumerable etc.
Zeitliche Abfolge	at dawn, in the morning, at noon, in the afternoon, at dusk, in the evening, at night

- **Die Situation:** Die Anwendung eines Wortes wird in einer bestimmten Situation oder in einem Themenbereich verankert. Das ist beim Lernen in **Kollokationen** und **thematischen Wortfeldern** der Fall.

Thematische Wortfelder *(word fields).* Thematische Wortfelder werden aus einem Oberbegriff und den dazu passenden Unterbegriffen gebildet. Für die Darstellung kann man z. B. die Form eines Wortnetzes wählen. Eine Weiterführung des thematischen Wortfeldes stellt die Mindmap dar (Visualisierung eines Gedankennetzes, ↗ S. 50), die eingesetzt wird, um Gedanken rein assoziativ zu sammeln, aber auch um Zusammenhänge systematisch darzustellen.

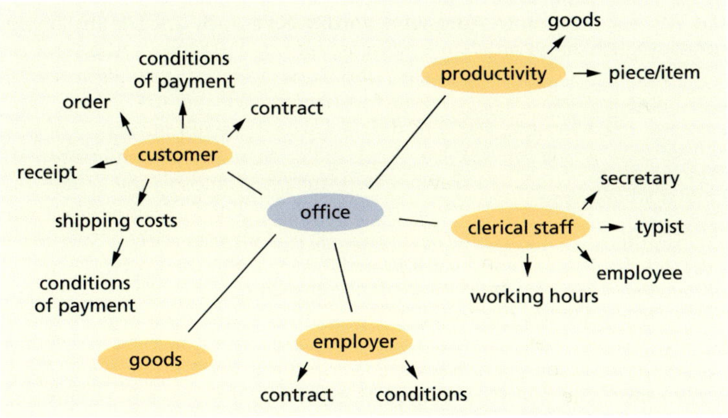

Die **Etymologie** beschäftigt sich mit der Herkunft, Geschichte und Grundbedeutung von Wörtern.

Wortfamilien *(word families).* Eine Wortfamilie ist eine Sammlung von Wörtern, die etymologische Gemeinsamkeiten aufweisen. Wenn Ihnen bei einem neuen Wort zumindest der Wortstamm bekannt vorkommt, können Sie leichter die Bedeutung erschließen. Es kann hilfreich sein, sich bei der systematischen Wortschatzarbeit auch einmal den Wortstamm mit sämtlichen Ableitungsformen zu notieren und die Vor- und Nachsilben farblich zu markieren, wie umseitig dargestellt.

Siehe hierzu **Prä- und Suffixe,** ↗ S. 59

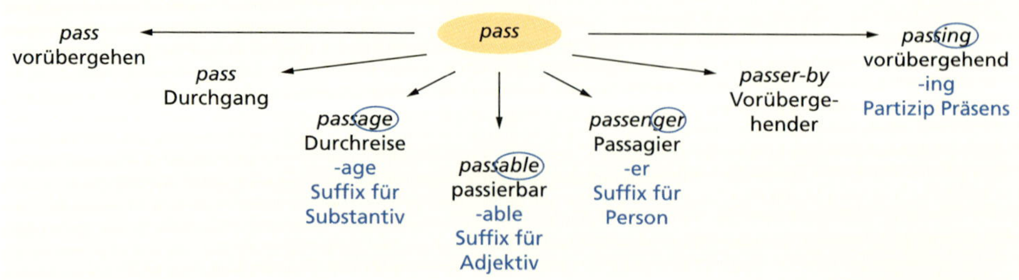

2.2.2 Thematischer Wortschatz

In Lehrwerken findet man neben chronologischen und alphabetischen Wortlisten auch die Gruppierung von Wortschatz nach thematischen Gesichtspunkten. In der gymnasialen Oberstufe sind u. a. die folgenden Themen relevant:

- Erwachsen werden/Zusammmenleben/Generationskonflikt
- Werte, Gefühle, Einstellungen
- Das Rechtssystem
- Wirtschafts-, Arbeits- und Geschäftswelt
- Umwelt
- Leben in einer multikulturellen Gesellschaft
- Globale Entwicklung
- Wissenschaft, Technologie

Die vorgestellten Verfahren können auch mit z. B. einer Auflistung von Gegensatzpaaren kombiniert werden.

Eine thematische Auflistung ist in der Regel sehr nützlich. Dennoch bieten sich für bestimmte Aufgaben und Zwecke auch andere Strukturierungsmöglichkeiten an.

Gruppierung von Wortschatz

- nach orthographischer Besonderheit, z. B. Wörter mit komplizierter Schreibweise
- nach nationalen Varianten, z. B. underground (BE)/subway (AE)
- nach Graduierung, z. B. never, sometimes, often, always
- nach Bedeutungsähnlichkeit, z. B. fast, quick, …
- nach Stil, z. B. toilet = loo
- nach grammatischer Ähnlichkeit, z. B. alle Präpositionen
- nach Bedeutungsunterschied, z. B. Wörter, die je nach Kontext unterschiedliche Bedeutungen haben

2.2.3 Metasprachlicher Wortschatz

Als **Metasprache** bezeichnet man den Wortschatz, den man benutzt, um sich über Sprache und ihre Benutzung zu äußern. Das Englische verfügt über eine Metasprache in folgenden Bereichen:

Ein ausführliche Liste zu grammatischen Termini befindet sich auf ↗ S. 336.

- **Grammatische Metasprache** umfasst alle Begriffe, die zur Beschreibung grammatischer Sachverhalte notwendig sind *(grammatical terms)*, z. B. Bezeichnungen für *tenses, sentence types, sentence structure, parts of speech, pronunciation, spelling rules.*

– **Stilistische Metasprache** beschreibt die

personenabhängige
situationsabhängige → Verwendung von Sprache
textsortenabhängige

- **Personenabhängig:** Die Metasprache ermöglicht die Charakterisierung personenabhängiger Merkmale einer sprachlichen Äußerung. Sie besteht aus Bezeichnungen für persönliche Eigenarten *(idiosyncracies, choice of words)* sowie schicht- und bildungsabhängige Sprachverwendung *(standard/non-standard, colloquial, regional dialect, restricted/elaborate code).*
- **Situationsabhängig:** Die Metasprache wird verwendet, um das Gesprächsverhalten eines bestimmten Sprechers in einer bestimmten Situation zu beschreiben. Dabei wird überprüft, ob der Sprecher in der Lage sein wird, sein Gesprächsziel zu erreichen, indem er zum Beispiel seine Sprache der Situation anpasst und auf den Gesprächspartner abstimmt. Hierzu zählen Begriffe für die Sprecherabsicht *(the speaker's/author's intention),* situationsabhängige Varietäten *(situational varieties: formal, informal, intimate, polite/ impolite etc.).*
- **Textsortenabhängig:** Die Metasprache wird eingesetzt, um Aufbau- und Gestaltungsmerkmale bestimmter Textsorten zu bestimmen. Das Fachvokabular *(technical terms)* zur Unterscheidung verschiedener Textsorten sowie für die Gedicht-, Short Story- oder Drameninterpretation *(literary terms)* fällt in diesen Bereich *(rhetorical means/literary devices).*

– **Metasprache des Unterrichts** besteht aus dem Vokabular, dass die Verständigung im Englischunterricht ermöglicht: *classroom phrases* und *phrases for discussing and debating.*

List of important syntactical terms:

sentence classification	***statement*** → affirmative (positive) / negative = makes a statement without expecting a reply (e. g.: *George Eliot's real name was Mary Ann Evans.*) ***command, request*** = gives a command or makes a request (e. g.: *Be polite to your neighbours.*) ***question*** = asks a question (e. g.: *Wasn't the play funny?)* ***exclamation*** = expresses strong feelings (*O, my! How time flies!)*
parts of a sentence	subject, predicate, verb, complement, object, adverbial phrases of time/place/manner

indirect object	usually expresses to whom or for whom (or what) the action of the verb is done
direct object	receives the action of a verb or shows result of action
gerund	the gerund can function as a subject, object or subject complement in a sentence
subject complement	noun, pronoun or adjective that follows a linking verb
linking verb	serves as a link between two words, e. g. a noun and an adjective (appear, be, become, feel, get, look, seem, sound etc.)
participle	a verb form used as an adjective because it modifies a noun

My brother	surprisingly	gave	me	this book	for Christmas.
↓	↓	↓	↓	↓	↓
subject	adverb of manner	predicate	indirect object	direct object	adverbial phrase of time

Um einen reibungslosen Ablauf des einsprachigen Unterricht zu gewährleisten, können folgende Wendungen nützlich sein:

Talking in class
What is the meaning of the word …?
What do you mean by …?
What is the spelling of the word …?
Is it spelled with a capital letter at the beginning?
What is the pronunciation of this word, please?
Could you say/read it more slowly, please?
I couldn't hear you. Could you say it again, please?
I wasn't able to follow. Could you explain it again, please?
Could we do this (sentence/exercise) again, please?
What page is it, please?
I'd like to ask a question.
Where can I find (information about …)?
What is the English way of saying …?
It might be a good idea, if we …

Schools and qualifications
to revise s. th. (noun: revision, no pl)
to study for an eam
to get good/bad grades
to do/take/complete a course in …
to train as a …/ to get training in
to take/choose … classes
to take an exam
to pass/fail an exam
to get/have the right qualifications for …
to apply to a university/to apply for a place at a university
to get a degree in English

Education
general background
individual tuition
curriculum
subject matter
syllabus
Examination (= exam) written, oral
entrance examination
finals
examinee
examination syllabus
school-leaving examination / Advanced level; A-level)
secondary school-leaver
compulsory subject
optional subjec
to improve one's knowledge of … (no pl.)
to be good/bad at s. th.
to teach s. o. s. th.

Vocabulary for discussing/debating

Ways of saying something
to add
to allude to
to say s. th. in addition
to advise s. o. to do s. th.
to affirm
to argue
to assert
to comment on
to communicate s. th. to s. o.
to conclude from
to draw a conclusion
to consent
to consider
to express one's thoughts
to give an explanation of s. th.
to hint at s. th.
to inform s. o. of s. th.
to interpret
to give s. o. information
to maintain
to mention
to persuade s. o. to do s. th.
to point out to s. o.
to propose
to make a proposition
to protest (against s. th.)
to say s. th. in reply to
to state
to report to
to give a report of
to suggest
to make a suggestion

Comment on what others have said
I regard this idea as …
I see an opinion like that as …
I consider this attitude (to be) …
I view that as …

Agreeing
I agree (entirely).
That's (quite) right/true.
I can't agree with you more!
Absolutely!
I'm with you there. *(inform.)*
That's my view exactly.

Disagreeing
I don't agree at all.
(I'm afraid) I disagree.
That's not the way I see it.
(Unfortunately) I can't agree with you.
You can't be serious! *(coll.)*
(I'm afraid) I can't accept that. *(formal)*
(I'm sorry), I don't share your view. *(formal)*
I don't think that's right.
I don't think so.
I can't agree with you.
I can't share your opinion.
I can't accept your opinion on (s. th.)
I may be wrong but, …

Admitting that you are wrong
Yes, sorry, I think you're (quite) right.
You may/might/could (well) be right (about that).
You do have a point (there).
Of course you're right.
I must admit, I think you're right.
Yes, I didn't take that into account *(formal)*

Reacting to suggestions
What a great suggestion!
Brilliant idea!
Yes, let's do that.
Yes, why not?
I doubt that it will work in practice.
That isn't feasible/possible/practicable.

Inviting opinions
How do you feel/think about this/that?
What is your view on the matter?
Do you agree with that?
Would you like to add anything?

Asking for clarification
Do you really mean to say …?
So, if I understand you correctly, …
What exactly do you mean by that?
I'm sorry, I didn't quite catch that last point.
I didn't follow what you said about …

Attitudes and opinions
to acknowledge
to approve of s. o./s. th.
to be familiar with /used to s. th
to be prejudiced against s. th./s. o.
to change one's mind
to consider s. o./s. th. (as/to be) s. th.; to regard s. o./s. th. as
It was considered (to be)/regarded as …
to contradict
to criticize s. th./s. o. for s. th.
to disapprove of s. o./s. th.
to doubt
to express criticism of s. o./s. th.
the relationship between … and …/with s. o.
to have to close relationship with s. o.
to object
to pretend
to refuse

2.3 Phonetik

Phonetik: Teilgebiet der Sprachwissenschaft, das sich mit der Lautbildung, den Eigenschaften der Laute und ihrer kommunikativen Funktion beschäftigt

Im Englischen scheint es bisweilen wenig Zusammenhang zwischen der Schreibweise eines Wortes *(spelling)* und seiner Aussprache *(pronunciation)* zu geben. Diese Tatsache ist für Fremdsprachenlerner nicht immer motivierend. Zum einem gibt es in der englischen Sprache eine Reihe von Homophonen und ähnlich klingenden Wörtern:

bored ↔ board, key ↔ quay, draft ↔ draught,
foot ↔ food.

Homophon: Wort, das mit einem anderen gleich lautet, aber anders geschrieben wird

Ein weiterer Stolperstein können stumme Buchstaben am Wortanfang wie das *k* in *knee* oder am Wortende wie das *b* in *dumb* oder *bomb* sein. Diese Beispiele verdeutlichen, dass im Englischen die Rechtschreibung von der gesprochenen Sprache abweicht. Das englische Alphabet besitzt, z. B. im Gegensatz zum deutschen oder spanischen, keinen phonetischen Charakter. Ein Buchstabe korrespondiert nicht mit einem entsprechenden Laut. Englisch ist eine der Sprachen, die die Benutzung eines **Lautschriftsystems,** des **IPA (*International Phonetic Alphabet*)** erforderlich machen, um sich über die Aussprache verständigen zu können. Das IPA besteht aus Symbolen (*phonetic symbols*), die die unterschiedlichsten Laute darstellen. Mit seiner Hilfe wird die **phonetische Umschrift (*phonetic transcription*)** hergestellt, die im Wörterbuch jede Worteintragung ergänzt und die besonders für das Erlernen der Fremdsprache unverzichtbar ist.
Dennoch weist die englische Aussprache Regelmäßigkeiten auf, die sich aus bestimmten Buchstabenfolgen ergeben. Eine Regel bezieht sich z. B. auf die Veränderung der Vokallautung (*vowel sound*), die eintritt, wenn eine Silbe um den Buchstaben „e" erweitert wird:

bit [bɪt] → bite [baɪt],
tap [tæp] → tape [teɪp].

Das geänderte Wortbild hat auch eine Änderung in der Aussprache zur Folge: Aus dem einfachen Vokallaut [I] wird der Doppellaut (= Diphthong) [aɪ].

Hier weitere Ausspracheregeln:
- Stumme Vokale und Konsonanten *(silent letters),* u. a.
  - b nach m in einsilbigen Wörtern: *to clim(b), com(b), dum(b)*
  - s vor l, wenn beide Bestandteil derselben Silbe sind: *ai(s)le, i(s)land*
- Aussprache der simple past-Endung *-ed*
  - [d] nach Vokalen und stimmhaften Konsonanten wie in *clim**bed**, li**ed***
  - [t] nach stimmlosen Konsonanten wie in *ho**ped**, fe**tched**, lo**cked***
  - [ɪd] nach [d] und [t] wie in *deci**ded**, wan**ted**, regre**tted***

2.3.1 Aussprache

Eine andere Art der Lauterzeugung sind Klick- und Schnalzlaute in afrikanischen Sprachen.

Englisch ist eine der Sprachen, die Sprachlaute mittels des Luftstroms erzeugt, der beim Ausatmen durch die Lunge ausgestoßen wird. Im Kehlkopf (*larynx*), dem Stimmorgan, wird die Luft zur Erzeugung von Tönen genutzt. Der Kehlkopf bildet einen Hohlraum im oberen Teil der Luftröhre (*trachea*), der durch zwei Knorpel gestützt wird. Zwischen den Teilen des Knorpelgerüsts sind zwei lippenartige Stimmbänder *(vocal cords)* befestigt, die bei Betätigung der Stimmbandmuskeln wie ein Ventil geöffnet oder geschlossen werden können. Zur Tonerzeugung verschließen die angespannten Stimmbänder den Kehlkopf bis auf einen schmalen Spalt, die Stimmritze *(glottis)*. Bewegt sich der Luftstrom durch die Stimmritze, geraten die Ränder der Stimmbänder in Schwingung (*vibration*), und es entsteht ein Ton *(sound)*.

Die Sprechwerkzeuge

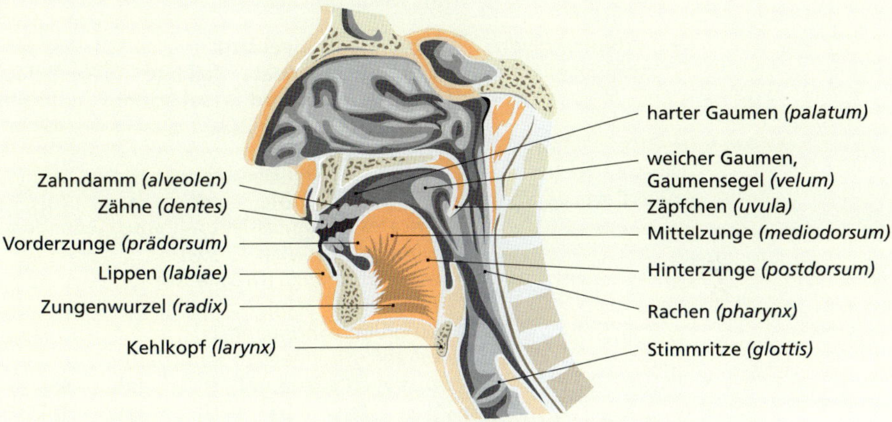

Die Tätigkeit der Stimmbänder bestimmt Lautstärke und Höhe der Töne. Um unterschiedliche Sprechlaute hervorzubringen, ist die Mitwirkung der Sprechwerkzeuge im Mund- und Rachenraum nötig. Die englische Sprache verfügt über 24 konsonantische **Phoneme** (*consonantal phonemes) sowie 12 Vokallaute (vowel sounds) und 9 Diphthonge (diphthongs,* Doppellaute), die aufgrund folgender Eigenschaften unterschieden werden können:

Ein **Phonem** *(phoneme)* ist die kleinste bedeutungsunterscheidende Lauteinheit in der gesprochenen Sprache.

Eigenschaften	Bezeichnung
• Bildung ohne Anhalten des Luftstroms	*vowel sound* (Vokal) [i:] beat [e] bed [ɑ:] car [ɔ:] board [i] chin [æ] bad [ɔ] body [u] bullet [u:] boots [ɜ:] bird [ʌ] but [ə] cupb<u>oa</u>rd
• mit geringer Behinderung des Luftstroms	*semi-vowels* (Halbvokale) [w; j] wie in water, you
• mit Anhalten des Luftstroms	*consonant sound* (Konsonant) [ʃ] sh-Laut wie *in sure* [dʒ] wie in *jam* [dʒæm]

Fortsetzung	[v] wird mit Unterlippen und oberer Zahnreihe gebildet, wie in *very* (wie im deutschen *w)* [θ] stimmloses *th* – Zunge unter oberer Zahnreihe, wie in *thin* [ð] stimmhaftes *th* – Zunge zwischen den Zähnen, wie in *then* [ʒ] Lautbildung zwischen Zahnfleisch und hartem Gaumen, wie in *garage* [tʃ] wie in *butcher* [ˈbʊtʃər]
• Verbindung von zwei Vokallauten	*diphthong* (Doppellaut) [ei] came [ou] boat [ai] kite [au] cloud [ɔi] coin [iə] beard [ɔə] boring [uə] cured [εə] barefoot
Aussprache (*manner of articulation*)	*plosives* (Verschlusslaute) [p] [b] [t] [d] [k] [g] *affricates* (Verschlusslaut mit anschließendem Reibelaut) [tʃ] [dʒ] *nasal consonants* (Nasallaute) [m] [n] [ŋ] *frictionless continuant* [ʀ] *lateral* (Luft entweicht seitlich) [l] *fricatives* (Reibelaute) [f] [v] [θ] [ð] [s] [z] [ʃ] [ʒ] [h]
Artikulationsort (*place of articulation*)	*labial* (mit den Lippen) [p] [b] [m] [w] *labio-dental* (mit Unterlippe und oberen Schneidezähnen) [f] [v] *alveolar* (am Zahndamm) [t] [d] [n] [ʀ] [s] [z] [l] *palato-alveolar* (Zunge gegen Zahndamm und hinteren Gaumen) [ʃʒ] [tʃ] [dʒ] *velar* (hinterer Gaumen) [k] [g] glottal (Stimmritze) [h]
Beanspruchung der Stimmbänder (*presence or absence of voice*)	*voiced* (stimmhaft) [ð] [b] [d] [g] zwischen Vokalen *voiceless* (stimmlos) [θ] author, thief [p] [t] [k]
Länge bzw. Kürze	long vowel [i:] need short vowel [ɪ] chin

Die Grafiken auf der folgenden Seite zeigen das so genannte Vokaltrapez und die *closing diphthongs* für die englische Sprache. Abgebildet ist zum einen der Artikulationsort, d. h. an welcher Stelle die Zunge in Richtung Gaumen gehoben wird. Dies kann vorne, hinten oder in der Mitte geschehen, zum anderen ist der Grad der Mundöffnung dargestellt.

Vowels

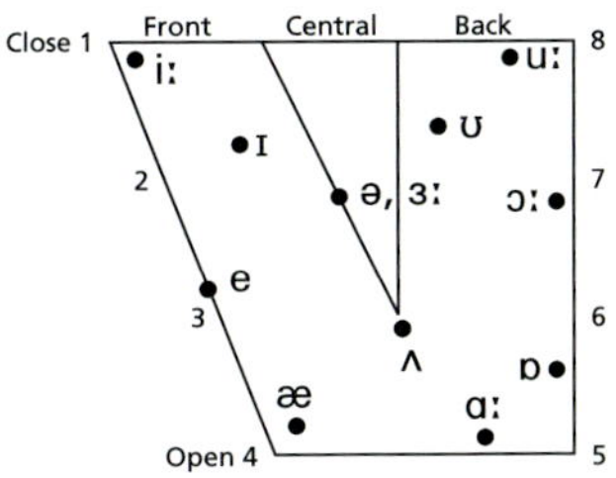

Closing diphthongs

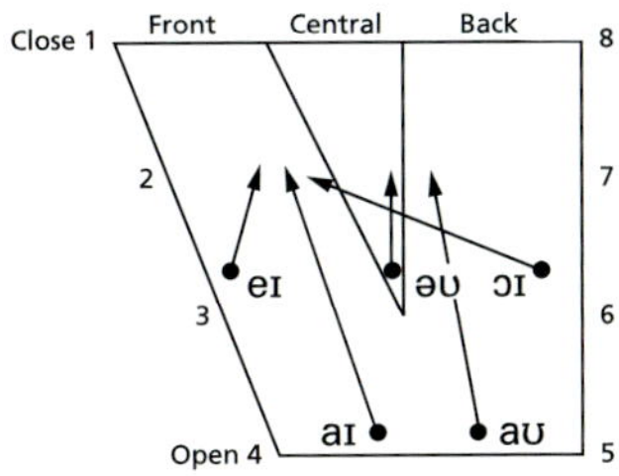

Adaptiert von DANIEL JONES, *Cambridge English Pronouncing Dictionary,* 2004: 16

Merkmale der Received Pronunciation (RP)

Die phonetische Umschrift in den Wörterbüchern gibt in der Regel die Aussprache der *Received Pronunciation* (kurz: RP) wieder, die öffentlich anerkannte Standardvariante der Aussprache, die vor allem von der gebildeten Ober- und Mittelschicht gesprochen wird und im Süden Englands am weitesten verbreitet ist. Darüber hinaus findet man in Wörterbüchern auch Hinweise auf regionale Varianten *(Irish, Northern, Scottish English)* und Unterschiede zwischen der Aussprache des AE *(American English)* und des BE *(British English).*

Typisch für den Standardakzent (RP = *Received Pronunciation)* sind folgende Merkmale:
- Das *oh* wird wie ein Diphthong ausgesprochen und mit einem [w] abgerundet [əuw] wie in low [ləu].
- Das doppelte *oo* wie in *room* ist ein kurzer Vokal [u].
- Jeder Konsonant wird deutlich ausgesprochen, d. h. nicht weggelassen wie z. B. das teilweise anlautende *h* in honour [hɔnə]. Er erfährt auch keine Veränderung z. B. von *t* zu *d* wie im australischen oder amerikanischen Englisch *butter* [bʌdə].
  Einzige Ausnahme bildet das *r,* das in der Wortmitte wegfällt (stummes „r"). Am Ende eines Wortes wird es aber gesprochen, wenn das nächste Wort mit einem Vokal beginnt, wie in *here it is* [hiəʀitiz]. Hierbei spricht man von einem ***linking-r*** (verbindendes „r"). Es gibt in der RP auch die Erscheinung des ***intrusive-r*** (einschleichendes „r"), und zwar dann, wenn ein Wort mit einem langen Vokal endet und das nächste mit einem Vokal beginnt, wie z. B. in *the idea of it* [aiˈdiʀəvit] oder *law and order* [llɔːʀənɔːˈdɔ].

Silbenbetonung *(stress)*

Die Position der **Hauptbetonung** ***(primary stress)*** hat Einfluss auf die Lautung der einzelnen Vokale eines Wortes. So verschiebt sich die Betonung von *economist* [ɪˈkɒnəmɪst] zu *economics* [iːkəˈnɒmɪks] (von der zweiten zur dritten Silbe), was eine Veränderung in der Vokalqualität bei der ersten und zweiten Silbe zur Konsequenz hat. Wörter mit der folgenden Endung haben die Betonung gewöhnlich auf der Silbe, die dieser Endung vorausgeht:

Wenn Sie zur Wortschatzarbeit Karteikarten verwenden, ist es sinnvoll, sich gleich die Aussprache inklusive der Betonung eines schwierigen Wortes zu notieren.

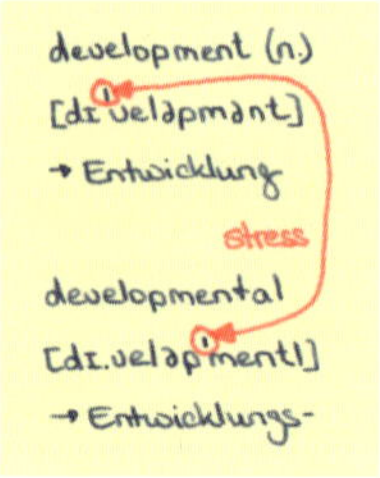

-tion, -sion → education, confusion,
-ic, ical → enthusiastic, geographical,
-ian → Indian, Italian.

Verben mit drei oder mehr Silben, die auf *-ate* enden, haben die Hauptbetonung gewöhnlich auf der drittletzten Silbe. Bei der Bildung des Substantivs enden sie auf -ation und produzieren so eine Verschiebung der Betonung.

dedicate → dedication
negotiate → negotiation
determinate → determination

2.3.2 Grundlagen der englischen Intonation

Jede Sprecheinheit hat in irgendeiner Form einen Rhythmus, der mit einem Ansteigen und Fallen der Stimmhöhe bzw. der Tonlage einhergeht. Dieses Muster der sich verändernden Stimme nennt man im Englischen *tone* oder *melody.* Es unterliegt jedoch nicht der Willkür, sondern ist z. B. in einem Gespräch oder in einer Rede von großer Bedeutung, um dem Zuhörer zu signalisieren, ob man seinen Gedankengang beendet hat, d. h. ob man den Äußerungen des Gesprächspartners zustimmend, ablehnend oder fragend gegenübersteht.

Wir unterscheiden im Wesentlichen

fallende *(falling)* und steigende *(rising)* Intonation.

Eine fallende Ton-/Stimmlage kommt am häufigsten vor. Sie weist darauf hin, dass man einen Gedankengang abgeschlossen hat. Generell enden den folgende Satzarten eher mit einer ***fallenden Ton-/Stimmlage:***

Aussagesätze	**Beispiele**
wh-Fragen (Fragen beginnend mit who, where, when, why etc.)	Where are the paper clips? ↘
Imperativsätze	Go and see the dentist! ↘
Ausrufesätze	Please, take your seat. ↘
tag questions	That's your car, isn't it? ↘

Eine **steigende Ton-/Stimmlage** ist z. B. bei Yes/No-questions zu beobachten, wenn dem Sprecher die Antwort auf eine Frage unklar ist und er sie vom Adressaten erwartet, wie z. B. in

Don't you think these shoes look comfortable? ↗
Do you want some more tea? ↗

In folgender Tabelle sind Intonationsmuster für die **fallende Intonation** dargestellt:

Satztypen	Beispiele
Fragen beginnend mit Fragewort	– ↘ * * * * How old is your brother?
Befehle	– * ↘ Stop crying!
Ausrufe	– * * – * ↘ What a fantastic play!
Aussage	– * – * * – * * ↘ Here we are at our destination.

Legende:
–
druckstarke Silbe
*
druckschwache Silbe
↘
fallender Ton
↗
steigender Ton

Nachfolgend sind Intonationsmuster für die **steigende Intonation** aufgelistet: Nachdem die Satzmelodie in der letzten betonten Silbe ihren Tiefpunkt erreicht hat, steigt sie wieder an. Folgen keine unbetonten Silben mehr, so steigt die Satzmelodie in der letzten betonten Silbe selbst:

Satztypen	Beispiele
Entscheidungsfragen (Ja/Nein-Fragen)	– * – * – * * * ↗ Will you go to London tomorrow?
Bitten	– * – * * – ↗ Will you give me the spoon, please?
Sätze, deren Wirkung unklar sind oder Folgen nach sich ziehen	* – * – – * ↗ I hope it won't rain too long.

Eine dritte Art ist die so genannte **emphatische *(= emphatic)* Intonation.** Sie ist dann zu beobachten, wenn ein Wort im Satz besonders stark betont werden soll. Die in seiner Umgebung stehenden Silben sind unbetont.

* ↘ * – * * * ↗ * *
I'm sorry I didn't arrive earlier.

2.3.3 Aussprachevarianten Britisches Englisch (BE) – Amerikanisches Englisch (AE)

Es gibt innerhalb Englands wesentlich mehr Variationen des Englischen als in allen US-Staaten zusammen. Man sagt, dass ca. zwei Drittel der Amerikaner, die auf ca. 80 % der Gesamtfläche der Vereinigten Staaten

New York ist seit 1664 britische Kolonie, benannt nach dem Duke of York.

leben, mehr oder weniger mit dem gleichen Akzent sprechen. Dennoch gibt es auch in den USA regionale Unterschiede in der Aussprache. Einen New Yorker wird man schnell an seiner für ihn typischen Aussprache der Laute [ai] oder [əː] erkennen. Er wird statt *die* [dai] [dɔi] und statt *thirty-third* [ˈθəːtɪ ˈθəːd] [ˈθɔidɪ ˈθɔɪd] sagen.

Diese Aussprachevarianten sind auch heute noch in Yorkshire, England, anzutreffen, sodass man hier von einem so genannten *colonial lag* sprechen kann. Kolonisten aus York, die vor einigen Jahrhunderten nach Amerika ausgewandert waren, haben diesen Akzent, der sich bis heute erhalten hat, mitgebracht.

Bei der Betonung gibt es ebenfalls einige Unterschiede. Da, wo im BE die Betonung auf der ersten Silbe liegt, ist sie im AE auf der zweiten, wie z. B. in: de'tail – a'ddress – adver'tisement – de'bris.

Grundsätzlich lassen sich folgende Hauptunterschiede zwischen dem BE und dem AE feststellen:

American English	**British English**
„r" wird als Frikativ (= Reibelaut) gesprochen wie in door, car, more, farm	„r" bleibt meist stumm (Ausnahme: linking-r (siehe ↗ S. 75)
„a" ist [æ] wie in dance, fast, half	„a" ist in nebenstehenden Wörtern [ɑː]
„o" wird zu [ɑ] wie in dog, hot	„o" ist in nebenstehenden Wörtern [ɔ]
„t" wird zu [d] wie in butter [ˈbʌdə]	„t" = [t]

Indisches Englisch *(Indian English)*

Als ehemalige englische Kolonie und als Mitglied des *British Empire* und später des *Commonwealth of Nations* hat Indien natürlich auch eine enge Verbindung zur englischen Sprache. Mit seinen mehr als 800 Millionen Einwohnern und 200 z. T. sehr unterschiedlichen Sprachen und Dialekten benötigte man einfach eine verbindende Sprache (↗ S. 24). Diese Funktion hat das Englische übernommen, sodass es heute mehr Inder in Indien gibt, die Englisch sprechen und schreiben als die gesamte englische Bevölkerung.
Das so genannte *educated Indian English* (IE) stellt den Standard dar für den Unterricht, die Medien und für die Kommunikation unter Indiens Eliten. Die Hauptunterschiede zwischen dem IE und dem britischen Englisch sind folgende:

1. Das *th* wird wie *t* oder *d* ausgesprochen *thing* [tiŋ] oder *brother* [ˈbrʌdə].
2. Die alveolaren Konsonanten *t* und *d* werden im IE mit der Zungenspitze am harten Gaumen gesprochen.
3. Ein anlautendes *p, t* oder *k* wird im IE nicht aspiriert wie im britischen Englisch.
4. Diphthonge werden häufig zu Monophthongen [lo] statt [ləu] für *low,* [se] statt [sei] für *say.*

Australisches Englisch *(Australian English)*

Für den Außenstehenden hört sich das australische Englisch ähnlich wie das Londoner Cockney an. Man verbindet Wörter miteinander, Laute oder sogar ganze Silben werden einfach ausgelassen. Auffallend ist die nasale Aussprache. Das „a“ wird wie [ai] gesprochen und das „r“ wie [ɑː]. Das Zusammenziehen und „Verschlucken“ von ganzen Silben zeigen folgende Beispiele:

[egniʃə] für air *conditioner,*
[g̹ˈdai mait] für *Good day, mate,*
[stʀain] für Australian,
[wainə tʃevɑ kəuld ʃɜə] für *Why don't you have a cold shower?*

Andere Unterschiede zwischen dem britischen und australischen Englisch sind folgende:

Australian English	**British English**
-es [əz] wie in boxes	-es [iz]
-ed [əd] wie in hooded	-ed [id]
-ie [iː] wie in studied	-ie [i]
-y [iː] wie in study	-y [i]

Black English – African American Vernacular English – Ebonics

Was man früher als *Black Vernacular* English bezeichnete, wird heute das ***African American Vernacular English (AAVE)*** oder auch *Ebonics* genannt. AAVE hat zwar einige Gemeinsamkeiten mit anderen nichtstandardisierten Varianten des Englischen (z. B. der Sprache in der Karibik), aber auch viele Charakteristika, die einzigartig und typisch für das AAVE sind.
Es ist nicht ganz gesichert, wie sich das AAVE entwickelt hat. Man kann aber sagen, dass es eine Mischung zwischen westafrikanischen Sprachen und z. T. obsoleten mundartlichen Varianten der englischen Sprache ist, wie sie besonders in den Südstaaten der Vereinigten Staaten gesprochen wurden.

vernacular: einheimisch, auch im Sinne von „mundartlich“

obsolet: ungebräuchlich, veraltet

South African English

Englisch ist eine der beiden offiziellen Landessprachen in Südafrika, und zwar neben dem Africaans, das vom Niederländischen abgeleitet ist. Die Hauptunterschiede in der Aussprache zwischen dem britischen und südafrikanischen Englisch beziehen sich auf folgende Erscheinungen:

1. Das *i* wie in *kid* oder *bit* ist abgeflacht wie in *along* [ə] – andererseits kann es aber auch gelängt sein wie in *bid* oder *miss* [iː].
2. Das *r* wie in part wird sehr viel weiter hinten an der Zunge artikuliert (ähnlich wie im amerikanischen Englisch).

Pidgin English and Creole

Pidgin English (↗ S. 25) ist eine Sprachvariante, die unter verschiedenen ethnischen Gruppen mit unterschiedlichen Muttersprachen zur Anwendung kommt. Sie dient diesen Gruppen als ***gemeinsame Sprache,*** mit der sie sich untereinander verständigen können. Es ist eine völlig neue Sprache, ähnlich der gemeinsamen Sprache, der sich im 16./17. Jahrhundert die Handeltreibenden rund ums Mittelmeer bedienten, um miteinander kommunizieren zu können. Wird Pidgin English nun zur alleinigen Sprache eines Volksstammes, so spricht man von ***Creole.*** Im heutigen Nigeria z. B. gibt es das so genannte ***Nigerian Pidgin English (NPE),*** das sich seit dem Sklavenhandel (17./18. Jahrhundert) aus verschiedenen westafrikanischen Sprachen und dem Englischen entwickelt hat.

2.4 Orthographie und Zeichensetzung *(spelling and punctuation)*

Deutschen Schülern, die Englisch als Fremdsprache erlernen, aber auch englischen Schülern als *native speakers* bereitet der Umgang mit der englischen Rechtschreibung Schwierigkeiten. Bei der Erweiterung eines Wortes werden zum Beispiel wider Erwarten Buchstaben verändert oder weggelassen.

to pronounce (Infinitiv)	pronouncing (Partizip Präsens)	pronunciation (Nomen)

Außerdem ist nicht immer eine Beziehung zwischen dem Klang eines Wortes und seiner Schreibung erkennbar. Die Ursachen für dieses Phänomen sind in der Sprachentwicklung zu suchen.
Die ursprünglichste Form jeder Sprache stellt die gesprochene Sprache dar. In der gesprochenen Sprache vollziehen sich auch zunächst die Veränderungen einer Sprache. Die Schriftsprache bildet sich später heraus als ein Versuch, gesprochene Sprache aufzuzeichnen.
Das Englische als Schriftsprache existiert seit mehr als tausend Jahren. Sowohl als Schrift- wie auch als gesprochene Sprache war das Englische seit seiner Entstehung großen Wandlungen unterworfen (↗ S. 54). Die letzte bedeutende Veränderung in der Aussprache vollzog sich mit dem so genannten *great vowel shift* des Mittelenglischen vom 15. Jahrhundert ins 16. Jahrhundert hinein. Die Folge war eine Anhebung der Vokale, eine Entwicklung, die sich für den Vokallaut [e] zu [ɪ] hin noch am Ende des 17. Jahrhunderts fortsetzte. Zur Zeit SHAKESPEARES klang das Wort *clean* noch wie das heutige *lane* und nicht wie das heutige *lean.* Nachdem sich die Rechtschreibung seit ca. 1650 in der Fassung vereinheitlicht hatte, wie sie gegenwärtig verwendet wird, trat also noch der Wandel der langen Vokallaute auf, der für die Abweichung zwischen Schreibweise und Klang der Vokale verantwortlich ist. SAMUEL JOHNSONS *Dictionary of the English Language* von 1755 unterstützte die Entstehung eines nationalen Schriftstandards, der mit wenigen Abweichungen auch heute noch gilt.

Als positiver Aspekt gilt gemeinhin, dass das Englische eine nur schwach ausgeprägte Flexion ausweist:
- Der Plural der meisten Nomen wird auf *-s* gebildet.
- Die Vergangenheitsform der meisten Verben endet auf *-ed.*
- Das Partizip Präsens endet auf *-ing.*
- Nomen, Artikel und Adjektive zeigen weder Kasus noch Numerus an.
- Verben zeigen weder Numerus noch die Person an.

Flexion: Deklination eines Nomens oder Konjugation eines Verbs

Lernerleichternd sind auch folgende Faktoren:
1. In der Regel werden die englischen Konsonanten so geschrieben wie sie ausgesprochen werden.
2. Die englische Sprache hat keine diakritischen Zeichen, wie sie das Französische oder das Deutsche haben.
3. Eine Reihe von Lehnwörtern *(borrowings)* sind unangepasst ins Englische übernommen worden, sodass Nichtmuttersprachler ihre Bedeutung leicht erkennen können.

Diakritische Zeichen zeigen die besondere Aussprache eines Buchstabens an, wie z. B. Umlaute, die Akzente und im Französischen das ç.

2.4.1 Regelwerk der Orthographie

Bildung der Pluralformen

Art der Nomen	Veränderung	Beispiele
Allgemeine Regel	Anhängen von **s** an den Singular	*girl/girls, tree/trees*
Bei Endung des Nomens auf **s, ss, x, sh, ch** (Reibelaute)	Hinzufügen von **es** an den Singular	*bus/buses, loss/losses, box/boxes, bush/bushes, match/matches*
Bei Endung des Nomens auf **y** mit vorangehendem Konsonanten	**y** ⟶ **ies**	*country/countries, lady/ladies*
Bei Endung des Nomens auf **y** mit vorangehendem Vokal	**y** ⟶ **ys**	*boy/boys*
Abgeleitete Wörter aus anderen Sprachen übernehmen auch deren Pluralendungen		*formula/formulae, crisis/crises, basis/bases, phenomenon/phenomena*
Bei Endung des Nomens auf **o** mit vorangehendem Vokal	**o** ⟶ **os**	*radio/radios, echo/echos*
Bei Endung des Nomens auf **o** mit vorangehendem Konsonant	Hinzufügen von **es** an den Singular	*potato/potatoes, tomato/tomatoes, hero/heroes*

Bei Endung des Nomens auf **f** oder **fe**	**f/fe** ——► **ves**	*wife/wives, life/lives* Ausnahmen: *chief/chiefs, roof/roofs, dwarf/dwarfs*
Unregelmäßige Pluralformen		*man/men, woman/women, tooth/teeth, foot/feet, goose/geese, mouse/mice, ox/oxen, child/children*
Einige Nomen haben gleiche Singular- und Pluralform.		*deer, fish, sheep, Japanese, Chinese, Swiss, aircraft*
Bei zusammengesetzten Nomen bekommt das Hauptwort das **s.**		*son-in-law/sons-in-law, passers-by, grown-ups, mothers-to-be,*

Suffix = Nachsilbe: ein Buchstabe oder eine Gruppe von Buchstaben, die – an ein Wort/einen Wortstamm angehängt – ein neues Wort ergeben

Verdopplung des Endkonsonanten vor einem Suffix

– In einsilbigen Wörtern, wenn der Vokal vor dem Konsonanten kurz ist. Aber: Bei vorangehendem langen Vokal keine Verdoppelung (e. g. *eat/eating)*	*bet/betting* *wed/wedding* *drop/dropping*
– In zwei- oder mehrsilbigen Wörtern, wenn Betonung auf letzter Silbe und diese einen kurzen Vokal enthält. Bei Betonung auf erster Silbe keine Verdoppelung (e. g. *enter/entering)*	*begin/beginning* *refer/referring* *occur/occuring* *forget/forgettable*
– Bei Wörtern, die mit **l** enden, wenn der vorangehende Vokal kurz ist. Aber: Wenn Vokal lang, dann keine Verdopplung (e. g. *sail/sailing – feel/feeling)*	*travel/travelling* *wool/woollen* *dispel/dispelling*

Einfaches und Doppel-l

Einsilbige Wörter, die auf **ll** enden und mit einem anderen Wort zusammengesetzt sind, verlieren ein **l.**	*all: already, always, altogether* *full: beautiful, wonderful, plentiful, fulfil* *skill: skilful* *well: welcome*
Beim Hinzufügen von **-ness** wird das **Doppel-l** beibehalten.	*dullness, stillness, illness*

Die Schreibung von *e* vor Suffixen

Bei Wörtern, die mit einem Suffix (z. B. *-able*) verbunden werden, das mit einem Vokal beginnt, entfällt das *e*. Dies gilt nicht bei Suffixen, die mit Konsonant beginnen (e. g. *love/lovely*).

come/coming, like/lik**able**, name/nam**ing,** change/chang**ing**
Ausnahmen: due/duly, true/truly, whole/wholly, argue/argument

Beibehaltung des *e* vor Suffixen:

Nach **c** und **g** vor Suffixen, die mit **a** und **o** beginnen. Aber: Wegfall des **e,** wenn Suffix mit **i** beginnt (e. g. *notice/noticing)*	*notice/notice**able**,* *change/change**able**,* *advantage/advantage**o**us*

Schreibung von *-ie* und *-ei*

i vor **e** außer nach **c**	*chief, believe*
e vor **i** nach **c**	*ceiling, perceive, receipt*
Bei Wörtern, die mit einem (harten) **c** enden, wird ein **k** angefügt, wenn danach ein Suffix mit den Endungen **-ing, -er** und **-ed** folgt.	*traffic/trafficker* *picnic/picnicking* *panic/panicking*

Endungen mit *-ie* und *-y*

Wenn einem **End-y** ein Vokal vorangeht, bleibt das **y** bei Hinzufügung des Suffixes unverändert.	*survey/surveying/surveyor,* *dismay/dismayed* Ausnahmen: *pay/paid, lay/laid*
Wenn **-ing** an ein Wort angehängt wird, das mit **-ie** endet, wird **-ie** zu **-y.**	*die/dying, lie/lying, tie/tying*
Wenn ein Suffix an ein Wort angehängt wird, das in **„Konsonant + y"** endet, wird das **y** zu **i.**	*happy/happily/happier/happiness, lonely/lonelier/loneliness, deny/denies/denied/denial, pity/pitiful/pitiless* Ausnahmen: *shy/shyness, dry/dryness (aber: drier)*
Wörter, bei denen ein Vokal wegfällt oder sich ändert, wenn ein Suffix folgt.	*maintain/maintenance, sustain/sustenance, abstain/abstinence, explain/explanation, pronounce/pronunciation, repeat/repetition*

Endungen mit -ise und -ize

Folgende Wörter enden auf **-ise:**	*advertise, advise, despise, disguise, enterprise, surprise, exercise, supervise*
Folgende Wörter können sowohl auf **-ise** als auch auf **-ize** enden: Keine Alternative bei: apolo**gize,** real**ize,** jeopard**ize,** da diese drei Verben vom **griechischen** Suffix **-izein** (lat. **-izare)** abgeleitet sind.	*baptise/-ize, civilise/-ize, criticise/-ize, emphasise/-ize, memorise/-ize, organise/-ize, modernise/-ize*

Groß-/Kleinschreibung

Im Englischen gilt grundsätzlich die Kleinschreibung. Ausnahmen sind das Personalpronomen oder Eigennamen *(proper nouns),* d. h. Namen von Straßen, Gebäuden, geographische Bezeichnungen, Bezeichnungen für Nationalitäten, Rassen, Religionen, historische Ereignisse oder Titel, wenn sich diese auf eine bestimmte Person beziehen.

the President of the United States ↔ the president of the class
the Mayor of London ↔ every town has its mayor

Im Folgenden soll nur auf die Fälle hingewiesen werden, die häufig fehlerhaft geschrieben werden:

	Großschreibung	**Kleinschreibung**
Himmelsrichtungen (*compass points*)	bei Himmelsrichtungen, wenn diese eine **geographische Region** bezeichnen: *the **Mid-West,** the Far **East***	bei Himmelsrichtungen, wenn diese die **geographische Lage** näher bezeichnen: *Brighton is **south** of London.*
Präfixe vice-, ex-, former, late, -elect	**vice** wird großgeschrieben, wenn es in Verbindung mit einem konkreten Namen gebraucht wird: ***Vice**-President Brown*	Alle anderen Präfixe werden kleingeschrieben: ***Senator-elect** Sanders, the **former** President Carter etc.*
der bestimmte Artikel	wird nur großgeschrieben, wenn er Teil eines Namens ist: ***The** Sunday Times, **The** Guardian*	In allen anderen Fällen wird er kleingeschrieben: ***the** moon, **the** newspaper etc.*

Wörter von Institutionen wie *government, administration, union, federal, commonwealth*	werden großgeschrieben, wenn sie sich auf ein bestimmtes Land bzw. eine politische Gruppierung beziehen: *the **US Government, the Federal Republic of Germany***	werden kleingeschrieben, wenn sie allgemein gebraucht werden: *Every school needs a good **administration.***
Wörter wie *high school, church, university, college, hospital,* etc.	Großschreibung nur, wenn diese Wörter Teil eines konkreten Namens sind: *He graduated from **Wheatland High School.*** *He was accepted by the **University of Stanford.***	*He graduated from **high school.*** *After high school he went to **college.***

Bei folgenden Wortpaaren sollte man nicht nur auf Bedeutungsunterschiede, sondern auch auf Unterschiede in der Rechtschreibung achten. Einige Beispiele aus der Liste sind Homophone:

Homophone: Wort, das gleich lautet wie ein anderes Wort, aber verschieden geschrieben wird, z. B. *be* und *bee* [biː].

Leicht verwechselbare Wörter	
advice (n.) [əd'vaɪs] ↔ **advise (v.) [əd'vaɪz]**	Nomen: *She gave me some good **advice.*** Verb: *She also **advised** me to read the book on geography.*
all ready (adj.) [ɔːl'redi] ↔ **already (adv.) [ɔːl'redi]**	Pronomen + Adjektiv: *When the teacher arrived, they were **all ready** to leave.* Adverb: *He has **already** left.*
affect (v.) [ə'fekt] ↔ **effect (n., v.) [ɪ'fekt]**	*What she said did not **affect** my decision.* The headmaster **effected** many changes at his school.
choose (v.) [tʃuːz] ↔ **lose (v.) [luːz]**	Trotz gleicher Aussprache einmal **doppeltes** und einmal **einfaches o.**
desert (n.) ['dezət] ↔ **dessert (n.) [dɪ'zɜːt]**	Wüste – Betonung auf erster Silbe Nachtisch/Dessert – Betonung auf zweiter Silbe
moral (adj.) ['mɒrəl] ↔ **morale (n.) [mə'rɑːl]**	moralisch – *a **moral** question* die Moral – *The **morale** of the citizens is low.*

quiet (adj.) [kwaɪət] ⟷ **quite (adv.) [kwaɪt]**	ruhig – *Church should be a **quiet** place.* ziemlich, gänzlich – *He is **quite** a clever boy for his age.*
than (conj.) [ðæn] ⟷ **then (adv., conj.) [ðen]**	Konjunktion bei Komparativen *(bigger **than**)* Adverb oder Konjunktion (dann, danach): *I washed my face; **then** I combed my hair.*
their (pron.) [ðeər] ⟷ **there (pron.) [ðeər]** ⟷ **they're (pron. + short form) [ðeər]**	Possessivpronomen von *they* *The students gave **their** opinions.* da, dort *I'll be **there** on time.* Kurzform von *they are* ***They're** at the station now.*
weather (n.) [ˈweðə(r)] ⟷ **whether (conj.) [ˈhweðə(r)]**	Wetter – *The **weather** suddenly changed.* Konjunktion „ob" – *She didn't know **whether** to leave or to stay.*

In einigen Wörterbüchern wird die mögliche Trennung eines Wortes durch einen mittig gesetzten Punkt angezeigt.

Silbentrennung *(division of syllables)*

Anders als im Deutschen werden im Englischen Wörter nicht nur nach Sprechsilben, sondern besonders häufig auch nach Wortbestandteilen (Präfixe, Suffixe, Wortstamm etc.) getrennt.

Die wichtigsten Regeln zur Silbentrennung sind:	
Zusammengesetzte Wörter werden nach ihren Bestandteilen (Wortstamm + Endung) getrennt.	*won-der-ful, some-body, Scot-land, York-shire*
Bei zwei- oder mehrsilbigen Wörtern, mit Silben aus zwei oder mehr Konsonanten, wird nach dem ersten Konsonanten getrennt.	*win-dow, hap-pi-ly, nar-rate, swin-dle*
Buchstabenkombinationen wie **th, ph, ch, sh, ng, dg** werden nicht getrennt.	*mo-ther, no-thing, tro-phy, re-fresh-ing*
Zur zweiten Trennungssilbe treten **Konsonant + l, Konsonant + r** und **-qu.**	*ta-**ble**, cathe-**dral**, li-**quid***

Wortstamm und Präfixe/Suffixe können getrennt werden, wobei der **Stamm eines Wortes** erhalten bleiben muss.
Häufig vorkommende Vorsilben sind:

co-, con-, ex-, re-, pre- etc.
co-opera-tion, ex-clude, re-mind, pre-scrip-tion

Gängige Flexionsendungen sind:

-es, -ed, -ing,
bush-es, lift-ed, go-ing.

Zu den zahlreichen Ableitungssilben gehören:

-er, -ish, -sion, -ant, -ary, -ist, -ism, -age, -ble, -ous, -ition etc.,
plumb-er, young-ish, ex-pan-sion, so-cial-ist, so-cial-ism, zeal-ous, stum-ble, ex-hib-ition.

Auch die Steigerungsendungen *-er* und-*est* sollten zusammen stehen bleiben:
small-er, great-est.

2.4.2 Grundlagen der Zeichensetzung

Die Zeichensetzung ist im Englischen weniger strikt geregelt als im Deutschen. Das Inventar an Interpunktionszeichen ist jedoch in beiden Sprachen sehr ähnlich. Die folgende Übersicht führt in die wichtigsten Interpunktionszeichen und deren englische Bezeichnungen ein:

Die Interpunktionszeichen *(punctuation marks)*

:	colon	Doppelpunkt
;	semi-colon	Semikolon
'	apostrophe	Apostroph
?	question mark	Fragezeichen
!	exclamation mark	Ausrufezeichen
,	comma	Komma
.	full stop – US period	Punkt
-	hyphen	Bindestrich
–	dash	Gedankenstrich
"..."	quotation marks	Anführungszeichen
(...), [...]	round + square brackets	runde + eckige Klammern
...	ellipsis	Auslassungszeichen
/	virgule	Schrägstrich

Gedankenstriche stehen zwischen Wörtern, z. B. *Would you like to come and stay – we have plenty of rooms.* Bindestriche stehen innerhalb eines Wortes, z. B. *a well-prepared meal.*

Bis zu einem gewissen Grad geht die Zeichensetzung mit der strukturellen Trennung von Sätzen, Nebensätzen, Phrasen und anderen Wortgruppen einher. Die Zeichensetzung der Sprache orientiert sich an Lautmustern, die wiederum bestimmten Strukturmustern folgen. Aus den Interpunktionszeichen lässt sich damit entnehmen, wie eine Äußerung in mündlicher Rede artikuliert wird:

Stimmlage erhöht	Stimmlage gesenkt	Stimmlage gleich, Unterbrechung
↓	↓	↓
Trennung von Wörtern innerhalb einer Äußerung (oft Fragezeichen)	Ende einer Äußerung (oft Punkt oder Komma)	(Komma, Gedankenstrich)

Der Gebrauch des Punktes

Der Punkt wird am Satzende gesetzt, wenn es sich um einen Aussagesatz handelt. In modernen Texten findet man auch häufig unvollständige Sätze oder Satzfragmente, die durch einen Punkt getrennt werden.

The sound of artillery at night. The enemy again. Banging away to keep everyone nervous and awake.

Der besseren Lesbarkeit halber wird zwischen Dezimalzahlen ein Punkt gesetzt, bei Preisangaben zwischen der Angabe von Dollar und Cent.

$12.17, $ 30.99, $ 900.00

Ebenso werden Punkte bei der Verwendung von Abkürzungen benutzt. Sie kommen auch nach Zahlen und Buchstaben in einer Gliederung zum Einsatz.
Ein Punkt steht auch bei einem Zitat vor dem zweiten Anführungszeichen (↗ S. 93).

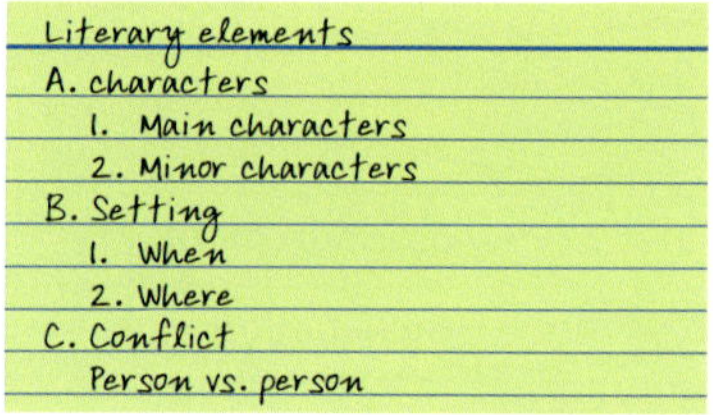

Der Gebrauch des Fragezeichens

Indirekte Fragen hingegen werden mit einem Punkt beendet: *He asked if he could leave early.*

Fragezeichen beenden jede direkte Frage. In der schriftlichen Form signalisiert das Fragezeichen das Anheben der Stimme, das im Mündlichen unvollständige Äußerungen oder Informationsfragen begleitet.

Would you like to go to the cinema?
These are nice trousers, aren't they?

Der Gebrauch des Ausrufezeichens

Ausrufezeichen sollten in schriftlichen Texten gezielt und sparsam eingesetzt werden.

Ein Ausrufezeichen wird bei einer Äußerung gesetzt, die den Charakter einer Aufforderung hat. Es korrespondiert mit einer Endbetonung in vergleichsweise hoher Stimmlage. Das Ausrufezeichen zeigt eine starke Emotion oder Emphase an.

Oh no!
Not that!
Hurry!
We need help!

Der Gebrauch des Kommas

Das Komma ist das im Englischen am häufigsten verwendetet Satzzeichen. Als Faustregeln für die Kommasetzung können gelten:

- Ein Komma steht vor einer Konjunktion, die zwei unabhängige Teilsätze *(clauses)* verbindet.
- Das Komma steht nach einleitenden Wörtern, Phrasen oder Teilsätzen.
- Das Komma wird verwendet, um Elemente abzutrennen, die Informationen hinzufügen oder unterbrechen.

Woran erkennt man unabhängige Teilsätze?

We washed the dog, and then we cleaned up the mess that he made.

Das Beispiel beinhaltet zwei unabhängige Sätze mit eigenem Subjekt und Verb, nämlich *we washed* und *we cleaned.* Im Unterschied dazu hat der Satz *We washed the dog and then cleaned up his mess* nur ein Subjekt *(= we)* mit zwei Verben.

Bei Aufzählungen ist grundsätzlich zwischen koordinierenden und häufenden (kumulativen) Adjektiven zu unterscheiden.

Koordinierende Adjektive	**Kumulative Adjektive**
Sofern zwei Adjektive ein Nomen in gleicher Weise charakterisieren, werden sie durch Komma getrennt.	Zwischen zwei kumulativen Adjektiven steht kein Komma.
Did you read about her short, happy life?	*The former overweight woman told us how she lost fifty-five pounds.*
Hier kann die Reihenfolge der Adjektive getauscht werden, ohne dass es zu einer Bedeutungsänderung kommt.	Hier kann die Reihenfolge der Adjektive nicht verändert werden. (Ein einprägsames Beispiel ist *green Christmas tree.)*

Testfrage: Kann man das Komma durch „und" ersetzen? Kann man die Reihenfolge der Adjektive ohne Bedeutungsunterschied verändern? Wenn ja, liegt ein koordinierendes Adjektiv vor.

Ein Komma in Adressen wird verwendet, um jeden Teil der Adresse abzutrennen, der mehr als zwei Bestandteile hat. Wenn eine verbindende Präposition vorhanden ist, entfällt das Komma.

Write to me care of
Post Office Box 203, Shelton,
Connecticut 06484.

Das Komma steht zum Abtrennen von:

Appositionen (allerdings nicht bei eng zusammengehörenden Phrasen wie *William the Conqueror/the composer Bach*)	Mrs Sharman, our new teacher, has a red car.
Partizipial- und Infinitivphrasen	The weather being fine, we went swimming. The stores having closed, we drove home. To raise enough money in time, Mary had to issue stock in her business.
Adverbien und adverbialen Phrasen, wenn sich diese auf den ganzen Satz beziehen wie *nevertheless, however, finally, moreover, on the other hand, in conclusion, in short etc.*	My friend, however, was not able to play due to illness. In conclusion, I think that people themselves should take up more responsibility.
Adverbialsätzen	Unless you help me, I won't clean our car.
längeren **Präpositionalphrasen** (von mehr als vier Wörtern) am Satzanfang	Under the pile of clothes, he found his wallet.
Aufzählungen von drei oder mehr Wörtern, Phrasen oder Teilsätzen in einer Serie	We were told to bring our gym shoes, swim suits, and tennis rackets. He entered the building, looked around, knocked at one of the doors, and opened it.
nicht-notwendigen Relativsätzen (*non-defining relative clauses*)	My bike, which I only bought a week ago, has been stolen. I received your letter, which was very interesting to read.
zwei Hauptsätzen (*main clauses*)	I shall go by bike, and you will drive your car.
von kontrastierenden Ausdrücken, die mit ***not*** beginnen	*I wanted this one, not that one.*
direkter Rede	"These boys", said the teacher, "brought reputation to our school."
von **geographischen Namen** mit mehr als zwei Bestandteilen	I meant Pittsburg, Kansas, instead of Pittsburgh, Pennsylvania.

Wenn ein Satz allerdings mit einem *adverbial clause* endet, steht kein Komma.

Wenn die Teile mit einer Präposition verbunden sind, entfällt das Komma:
I meant Pittsburg in Kansas instead of Pittsburgh in Pennsylvania.

which-Sätzen, wenn sich diese auf den ganzen vorangehenden Satz beziehen	He runs for two hours every day, which means that he can't study much.
von **Datumsangaben,** die aus mehr als zwei Teilen bestehen. Sofern beide Teile Worte oder beide Teile Zahlen sind, steht ein zweites Komma nach dem letzten Teil, falls dieser nicht das Satzende ist.	We will meet Friday, July 15. October 31, 1517, is one of the most significant dates in history. October 1517 was a major month in history.
von **Zahlenangaben** mit mehr als drei Kommastellen. Dabei wird nach jeder dritten Stelle von rechts nach links ein Komma gesetzt.	9,435,000 square miles
von **Grußformeln** in schriftlicher Korrespondenz	Dear Mary, … Sincerely, …

Wenn die Teile des Datums mit einer Präposition verbunden sind, entfällt das Komma:
On a Sunday, in December 1942, the U.S. found itself in World War II.

Kein Komma steht im Englischen:

wenn **Gegenstände in einer Aufzählung** durch ***and*** oder ***or*** verbunden sind	She bought a new dress and a blouse and a pair of shoes.
bei **notwendigen Relativsätzen** (*defining relative clauses*).	Everyone who watched the film enjoyed it. The passengers who took the plane for Los Angeles were diverted to San Francisco.
bei **Objektsätzen,** eingeleitet durch **that, when, where etc.**	***She told me that*** *she would work as an au pair in the USA.* He couldn't say where to look for the key.
vor **Infinitiven oder erweiterten Infinitivsätzen**	He asked him to open the window.
bei **zusammengesetzten Verben**	They would argue over money and scream about his late nights.

Bei notwendigen Relativsätzen und bei Objektsätzen steht im Deutschen ein Komma. Anders als im Deutschen steht kein Komma vor *that* = dass.

Der Gebrauch des Semikolons *(semi-colon)*

Das Semikolon steht vor **Konjunktionen** wie *therefore, for, so, otherwise as, accordingly, consequently, furthermore, hence, however, indeed.*

Your essay is not good; for you have not connected your thoughts well enough.

Es steht vor einem **Satz, der erklärend bzw. illustrierend** ist.

This play is a comedy; that is, the protagonist falls in love with the girl from a rivalling family at the end.

Das Semikolon trennt Phrasen oder Teilsätze, die ihrerseits durch Interpunktionszeichen gegliedert sind.

The country's resources consist of large ore deposits; amber, waterpower, and fertile soils; a favourable climate; and a strong people.

Das Semikolon wird auch verwendet, um **Namenslisten** mit Titeln oder Zahlen abzutrennen.

Genesis 3:1–19; 4:1–16

Der Bindestrich *(hyphen)* wird benutzt:

- um **Adverb und Partizip** miteinander zu verbinden, wenn diese **vor einem Nomen** stehen

  a well-known person; aber: This person is well known.
  beautifully-coloured flowers; aber: The flowers were beautifully coloured.

- um **zusammengesetzte Nomen** (*compound nouns*) miteinander zu verbinden

  mother-in-law, prisoner-of-war, tennis-player, eyebrow-pencil

- bei **zusammengesetzten Ziffern** zwischen der Zehner- und der Einerstelle

  thirty-one, eighty-three

- bei **Brüchen,** sofern sie adjektivisch benutzt werden.

  A two-third majority overrode the veto.
  Two thirds of the team members didn't support the idea.

- bei der **Silbentrennung** am Ende der Zeile

  inter-national

Der Apostroph *(apostrophe)* + *s* wird benutzt:

um die Besitzanzeige beim **Nomen** zu bezeichnen

Michael's car, Jim's uncle, James's Park, Charles's teacher, a week's holiday, a month's notice, a day's excursion, the men's suits, the children's toys, the women's blouses.

Der Apostroph *(apostrophe)* ohne *s* wird benutzt:

um den **Besitzfall bei Pluralnomen** zu bezeichnen	the ladies' dresses, the Smiths' new car, the boys' chairs
bei Kurzformen von Verben Verneinung Pronomen + *will* Pronomen + Nomen + to be Pronomen + have Pronomen + Kurzform von *would* oder *have*	 z. B. *aren't, don't, isn't, weren't* I'll, you'll, he'll, she'll, they'll z. B. I'm, you're, he's, we're z. B. *I've; he's; you've; we've* z. B. *I'd, he'd, we'd, they'd*
für verkürzte Datumsangaben	the '96 Olympics

Beachte:
who's ↔ whose;
it's ↔ its;
you're ↔ your;
they're ↔ their.

Anführungszeichen *(quotation marks)* werden benutzt:

- um **direkte Rede** vom Rest eines Satzes abzutrennen. Immer steht ein Komma oder ein Punkt vor dem Anfang oder Ende von Anführungszeichen.

  All he could say was, "I didn't do it."
  "I hope", she said, "to be back by 6 pm."
  "Hello, Mary," Jeffrey stammered.

- zur **Bezeichnung von Buchtiteln, bekannten Gebäuden, Zeitungen, Magazinen** etc.

Have you read *Death of a Salesman?*
I have subscribed to *The Sunday Times.*

Bei Anführungszeichen zur Wiedergabe eines Dialogs werden für jeden Sprecherwechsel neue einleitende Anführungszeichen gesetzt. Im Unterschied zum Deutschen stehen bei Zitaten, die mehr als einen Absatz umfassen, Anführungszeichen am Anfang jedes Paragraphen, aber nur einmal am Ende des letzten zitierten Wortes.
Am häufigsten wird die **Ellipse *(ellipsis)*** bei längeren Zitaten verwendet, bevorzugt in der Mitte oder am Ende eines Zitates, um anzudeuten, dass an dieser Stelle Text ausgelassen wurde.
Einfache Anführungszeichen werden im britischen Englisch verwendet, um ein Zitat oder einen Titel innerhalb eines Zitates auszuweisen.

Im amerikanischen Englisch hingegen werden einfache Anführungszeichen für normale Zitate und doppelte Anführungszeichen für Zitate im Zitat verwendet.

She asked, "How many of you have read 'Waiting for Godot'?"

Der Gebrauch des Doppelpunkts *(colon)*

Der Doppelpunkt wird vorwiegend in folgenden Fällen eingesetzt:
– vor Listen wenn der Liste ein vollständiger unabhängiger Teilsatz vorausgeht: *John has all the ingredients: minced clams, milk, potatoes, and onions.*

- vor formalen und längeren Zitaten. Dabei steht der Doppelpunkt immer **vor** den Anführungszeichen.
- vor Zitaten, die nicht mit *he/she said* anfangen.

Der Gebrauch des Schrägstrichs *(virgule)*

Der Schrägstrich wird verwendet:
- für Jahreszahlen bei der Angabe eines längeren Zeitraums,
- um das Wort ***per*** in Maßangaben zu symbolisieren,
- für das Wort ***or*** in dem Ausdruck *and/or,*
- um in einem Fließtext das Zeilenende in Gedichten zu kennzeichnen.

2.5 Grammatik und Syntax

2.5.1 Tenses

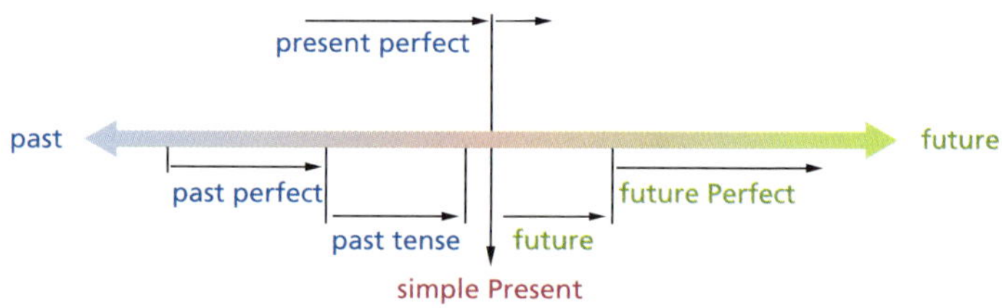

Eine Liste der häufig gebrauchten unregelmäßigen Verben finden Sie auf S. 340

Die Zeitformen des Verbs

Regelmäßiges Verb *(regular verb)* mit den drei Verbformen:
1. Verbform: *to play (infinitive),*
2. Verbform: *played (past),*
3. Verbform: *played (past participle).*

Active voice *(to play)*	**Simple Form**	**Progressive Form**
past tense	he played	he was playing
present tense	he plays	he is playing
present perfect	he has played	he has been playing
past perfect	he had played	he had been playing
future tense	he will play	he will be playing
future perfect	he will have played	he will have been playing
conditional I	he would play	he would be playing
conditional perfect (II)	he would have played	he would have been playing

Zustandsverben vs. Vorgangsverben *(state and activity verbs)*

Zustandsverben = *state verbs*
Vorgangsverben = *activity verbs*

Der **wesentliche Unterschied** beim Gebrauch der Zeiten zwischen dem Deutschen und dem Englischen besteht in der Tatsache, dass im Englischen alle Zeiten zwei Formen besitzen:

Zeitformen

simple form
(die einfache Form)

progressive form
(= die Verlaufsform)

Mit den beiden Formen kann man im Englischen differenzieren, ob ein Vorgang **„immer so"** abläuft bzw. eine Handlung **regelmäßig** *(simple form)* geschieht oder **gerade/vorübergehend** *(progressive form)* stattfindet. Die ***simple form*** erscheint generell bei Verben, die einen Zustand, ein Besitzverhältnis, Gefühle, Meinungen oder Wünsche zum Ausdruck bringen (Zustandsverben), während die ***progressive form*** vor allem bei Verben möglich ist, die eine Tätigkeit oder einen Vorgang beschreiben (Vorgangsverben).

Zustandsverben	Vorgangsverben
to consist of, to own, to possess, to believe, to remember, to think, to understand, to seem, to notice, to hear, to want, to like, to wish, to need, to imagine, to belong, to doubt etc.	*to walk, to work, to write, to read, to study, to play, to build, to clean, to speak, to listen, to move, to drive* etc.
Beispiele: My neighbour ***possesses*** two cars and a sailing boat. I ***think*** we should plan our holidays soon. My grandma ***doesn't hear*** well so that people have to speak louder.	**Beispiele:** We ***had been walking*** for three hours when we were suddenly surprised by heavy rain.

Bei wiederholten Handlungen (die normalerweise in der *simple form* stehen) kann auch die *progressive form* stehen, wenn sie Vorwürfe oder Unwillen zum Ausdruck bringen sollen.

The children are always crying.
Die Kinder schreien (aber auch) immer!

Simple present

Das *simple present* entspricht dem Infinitiv des Verbs. In der dritten Person Singular wird ein -s angefügt.

I write		we write
you call		you call
he/she/it	writes/calls	they write/call

he/she/it – das *s* muss mit

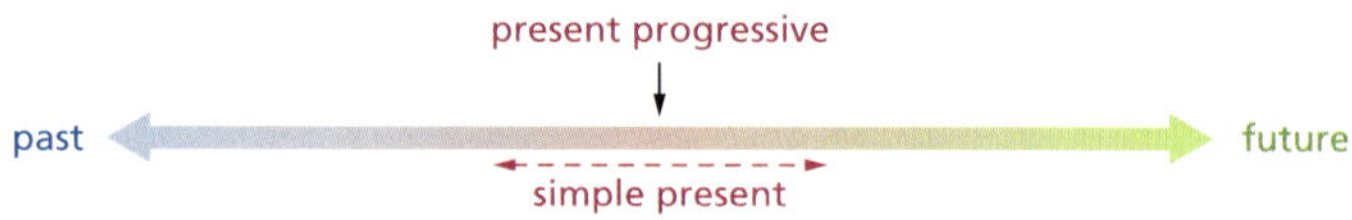

Das *simple present* wird in folgenden Fällen angewendet:

wenn etwas „immer so" ist **(Tatsachen und Gesetzmäßigkeiten)**	***Trains run*** *between London and Liverpool every hour.* (Fahrplanangaben etc.)
wenn Vorgänge oder Handlungen wiederholt werden **(gewohnheitsmäßig)**	*Father usually* ***goes*** *to work at 7 a.m.*
bei **Aufzählungen** und kurz andauernden Handlungen	He ***shuts*** the front door and ***goes*** to work.
bei **Zusammenfassungen** von Texten im erzählenden Präsens, etwa in Film- oder Theaterrezensionen	*This story* ***is*** *about fear, … and courage which* ***leads*** *to what you may* ***feel*** *is an overwhelming climax. Faulkner* ***calls*** *him Colonel Sartoris …*

Das *present progressive* wird in folgenden Fällen angewendet:

vor, während und nach dem *moment of speaking*	*Look, the actors* ***are rehearsing*** *one of the scenes.* ***Are*** *you* ***reading*** *his letter?*
Zur Darstellung von Entwicklungen	***It's growing*** *colder.* *The toddler's range of movement* ***is expanding****.*
Zur Beschreibung von Szenen aus der Sicht eines Betrachters	The sales assistant **is serving** a customer. She **is showing** her some Italian silk scarves. Another customer **is waiting** to be served.
Zum Ausdruck geplanter zukünftiger Handlung. Es steht schon fest, dass etwas geschehen wird.	*What* ***are*** *we* ***having*** *for lunch?* *Tomorrow* ***I'm getting*** *a new haircut.* *I can't leave now.* ***I'm expecting*** *Mark in half an hour.*

Signalwörter für das *simple present* und das *present progressive:*

every day/month/year, always, sometimes, usually, generally, often, as a rule, habitually

Look!, Listen!, at this moment, now, just

Simple present vs. present progressive

simple form (present tense)	progressive form (present tense)
Aussagesätze: *Every day he* ***walks*** *home.* *They usually* ***watch*** *the news at 8 p.m.* *The ferry crosses the river ten times a day.*	**Aussagesätze:** *Look! He* ***is walking*** *home.* *They* ***are*** *now* ***watching*** *a movie.* *When he* ***was crossing*** *the road, he nearly ran into a car.*
Verneinter Aussagesatz (Singular): He ***does not listen*** to the news every day. I ***do not (don't) like*** mushrooms.	**Verneinter Aussagesatz (Singular):** *Right now he* ***is not listening*** *to the news.*
Verneinter Aussagesatz (Plural): Our friends ***don't go*** for walks on weekends.	**Verneinter Aussagesatz (Plural):** *Look, our friends* ***are walking*** *past our house.*
Fragesatz: Does he ***drive*** a car?	**Fragesatz:** ***Aren't you driving*** *too fast now?*

Je nach Wahl der einfachen Form oder der Verlaufsform kommt es zu einem Bedeutungsunterschied, z. B. *to taste* als Zustandsverb (schmecken) oder als Vorgangsverb (abschmecken).

to taste **(= schmecken)**	The soup ***tastes*** good.
to taste **(= abschmecken)**	The chef ***is tasting*** the soup.
to smell **(= riechen)**	The flower ***smells*** nice.
to smell **(= riechen an)**	She ***is smelling*** the flower.

Simple past

Das *simple past* wird bei regelmäßigen Verben durch Anhängen von *-ed* gebildet. Bei unregelmäßigen Verben nimmt man die 2. Verbform.

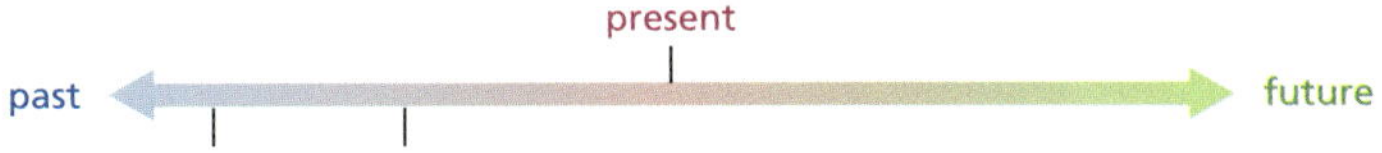

Das *simple past* wird benutzt, wenn Handlungen und Vorgänge in einem abgeschlossenen Zeitraum der Vergangenheit stattfanden.

Signalwörter für das *simple past*	
last	*Last month* the Millers **went** on a trip to Germany.
ago	Three years *ago* prices were lower than today.
yesterday	*Yesterday* the school **celebrated** its 50th anniversary.
once	*Once* upon a time there **was** a young bear.
used to	When we **lived** in Kent, we used to walk to school.

dt. früher = *used to*

Mit ***did/didn't*** erfolgt die Verneinung und die Bildung von Fragesätzen.

I **didn't go** to school yesterday.
When **did** you meet him?

Past progressive

Das *past progressive* wird gebildet mit den Formen *was, were* und der *ing*-Form des Verbs.

was/were	**ing-Form des Vollverbs**	
was	walking	I was walking down the street.
were	laughing	We were laughing really loud.

Das *past progressive* bezieht sich wie das *simple past* auch auf die Vergangenheit, jedoch liegt die Betonung auf dem **Verlauf** einer Handlung oder eines Vorgangs:

Diese Zeitform kommt im Englischen immer dann vor, **wenn *eine Handlung abläuft und diese abrupt unterbrochen*** wird.	Bill ***was listening*** to music when the phone rang. They ***were watching*** TV when there was a loud knock at the door.
… oder wenn zwei Handlungen zu gleicher Zeit verlaufen	While Bill ***was writing*** an essay, his brother ***was playing*** soccer. While half of our class ***was reading*** our play, the other half ***was rehearsing*** the play on stage.

Present perfect

Das *present perfect* wird gebildet aus dem *simple present* von *have,* also *have/has + past participle.*

have/has + 3. Verbform (past participle)
I have written/called
he ha**s** written/called

Our teacher ***has just entered*** the classroom.
We ***haven't written*** any tests so far.
"Have you had difficulties doing you homework?" he asked.

Signalwörter:
since (seit = Zeitpunkt), *for* (seit = Zeitdauer), *until now, up to now, recently, just, this (week, month etc.), all day long, not … yet* (noch nicht), *so far* (bis jetzt), *never, ever, already*

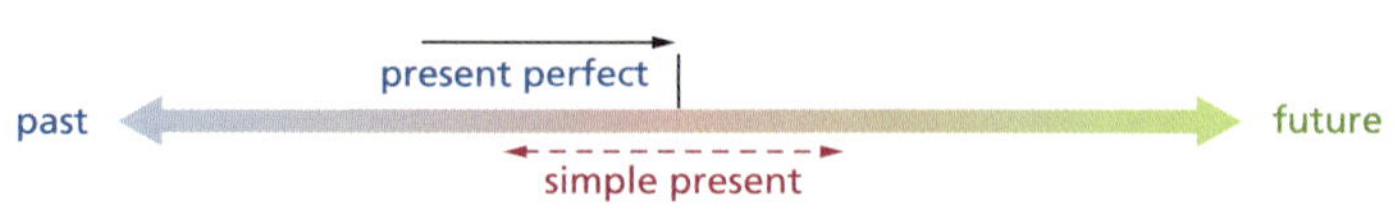

Das *present perfect* steht bei Handlungen oder Tatsachen, die in der Vergangenheit begonnen haben und

erst vor kurzer Zeit abgeschlossen wurden,	He **has helped** cleaning the car **for** two hours. He ***has just finished*** his homework.
bis zur Gegenwart angedauert haben,	**Since** 9 o'clock she **has marked** all her students' papers. I ***have worked*** all day long.
die zwar abgeschlossen wurden, deren **Folgen** bzw. **Auswirkungen** noch **in die Gegenwart reichen.**	*Tom **has broken*** the window. (Handlung kann schon vor einiger Zeit geschehen sein, Folgen sind aber noch sichtbar z. B. durch Scherben.)

since + present perfect = Zeitpunkt

Present perfect progressive

Das present perfect progressive wird gebildet mit *have/has been* und der *ing*-Form des Vollverbs.

they have been working
he has been waiting
Have you been watching TV all day?
I haven't been working for a couple of days.

Fragen und verneinte Aussagesätze werden mit ***have/has*** gebildet.
Die größten Schwierigkeiten beim richtigen Gebrauch der beiden Formen ergeben sich bei der Zeit des *present perfect*. Folgende zwei Sätze sind sehr ähnlich, stehen aber einmal in

der ***simple form,***	zum anderen aber in der ***progressive form:***
He ***has written*** six letters so far.	He ***has been writing*** letters all day long (and is still writing some more).
Bei diesem Satz wird davon ausgegangen, dass der Schreiber die Aufgabe des Briefeschreibens jetzt beendet hat. Durch die Angabe der Anzahl der Briefe im ersten Beispiel kann man annehmen, dass der Schreiber eine sich wiederholende Handlung (= Grund für eine *simple form*) ausgeübt hat.	Hier wird davon ausgegangen, dass der Vorgang des Briefeschreibens noch nicht beendet ist, also weiterhin andauert. The students ***have been doing*** their exams, and have not finished yet. We ***have been waiting*** for him for three hours, and he still is not here.

Present perfect simple vs. present perfect progressive

Beim *present perfect simple* wird der Vorgang oder die Handlung beschrieben, die sich vor dem Zeitpunkt des Sprechens ereignet hat. Beim *present perfect progressive* dauert das Geschehen zum Zeitpunkt des Sprechens noch an.

Häufige Zeitbestimmungen sind *all day/night, the whole morning/day.*

present perfect, simple form	present perfect, progressive form
Martin ***has drunk*** two glasses of beer. I ***have already done*** my homework. I always do it when I come home. Tim ***has smoked*** three cigarettes.	Tina ***has been drinking*** cola all evening. She is even drinking more. What ***have you been doing*** all afternoon? I'***ve been watching*** TV. But Bill ***has been smoking*** cigarettes for hours and hasn't stopped yet.
Das EREIGNIS des Geschehens wird betont, d. h. etwas ist VOR dem Zeitpunkt des Sprechens passiert.	Die DAUER des Geschehens steht im Vordergrund.

Past perfect

Signalwörter für das *past perfect* sind *after* und *before.*

Das *past perfect* wird aus dem *past tense* von *have (had + past participle)* gebildet.

had + 3. Verbform (past participle)
we had called/written

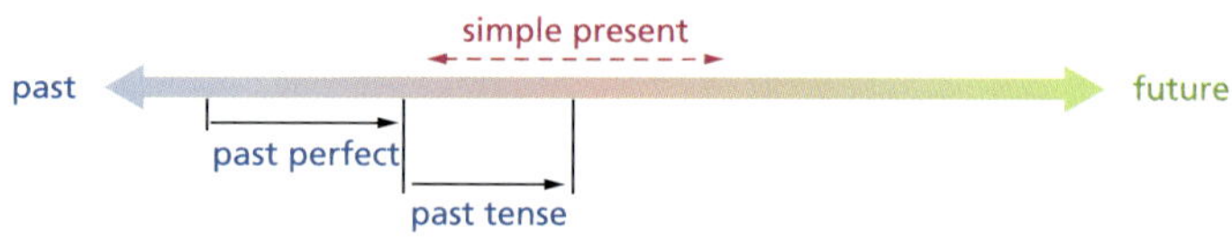

Das ***past perfect*** steht immer im Zusammenhang mit einem Haupt- oder Nebensatz, der im ***past tense*** steht.

Das trifft besonders für **zwei Satzfolgen** zu:

Die im *past perfect* stehende Handlung liegt **zeitlich vor der Handlung,** die im *past tense* steht:	Die im *past perfect* stehende Handlung **dauert zu einem bestimmten Zeitpunkt in der Vergangenheit noch an,** während eine weitere folgt.
Beispiele:	**Beispiele:**
After he ***had finished*** repairing his car, he visited his friend. She lived alone on the farm since her husband had died.	After some delay the play was eventually announced to begin. The audience ***had already started to leave***.
The plane ***had*** *already* ***landed*** when I arrived at the airport.	The audience didn't know that the main actor would be absent, although the management ***had known*** this for some time.

Beachte:
Bei zwei oder mehreren kürzeren Handlungen in der Vergangenheit, die direkt aufeinander folgen, wird aber das *simple past* benutzt.

When my friends ***arrived, I began*** cooking the meal, ***had*** dinner, and then ***went*** to a pub.

Im Vergleich dazu steht ein Satz im *past perfect,* wenn dieser vor einem Zeitpunkt in der Vergangenheit abgeschlossen war.

When my friends *arrived,* **I *had already finished*** cooking the meal.

Past perfect progressive

Es wird gebildet aus *had* + *been* + *present participle* (*ing*-Form).

had + *been* + *ing-form* (= present participle)
They had been writing
He ***had been writing*** letters for three hours, before he went for a walk.
He ***had not been writing*** letters for a very long time, when his friend called him.
Had he been writing letters since 9 o'clock, when his friend called him?
Rob ***had been travelling*** for three months when he ran out of money.

Das ***past perfect* in der *progressive form*** wird dann benutzt, wenn der **Verlauf einer Handlung betont** werden soll, die sich vor einem Zeitpunkt in der Vergangenheit ereignet hat bzw. die da noch andauerte.

Future tense simple and progressive

Im Englischen kann mit vielen verschiedenen Verbformen das Futur ausgedrückt werden:

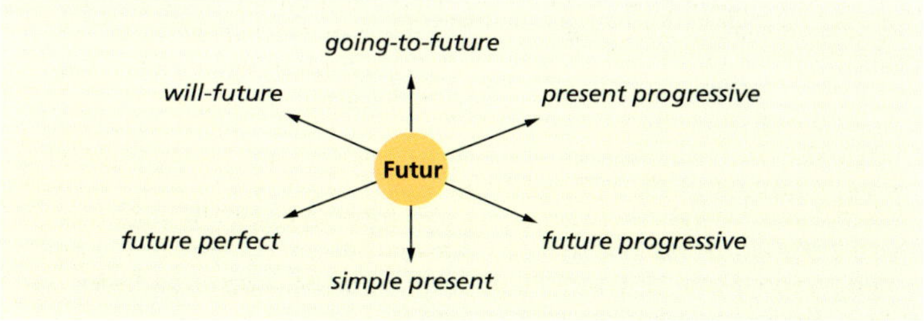

Außerdem weisen bestimmte Wendungen, wie z. B. *be about to, be on the point of, be bound to, be supposed to, be expected to* oder *be to,* auf ein in naher Zukunft stattfindendes Geschehen hin.

The headteacher is to open the meeting at 9.30 a. m.

Zeitform	Verbformen, um das Futur auszudrücken	Beispiele
will-future	Das *will-future* wird aus ***will + Infinitiv*** gebildet. In der Schriftsprache wird in *der* 1. Person Singular und Plural auch gelegentlich ***shall*** gebraucht. In der Umgangssprache werden meist die Kurzformen *'ll* bzw. *won't* bzw. *shan't* verwendet. Das *will-future* wird benutzt für Vorhersagen oder Vermutungen über zukünftige Handlungen oder Ereignisse, die **nicht durch die Absicht einer Person** beeinflusst werden. Zum Ausdruck eines **spontanen Entschlusses** wird es aber sehr wohl benutzt. Es wird auch gebraucht zum Ausdruck von **Vermutungen über die Zukunft,** wobei diese oft eingeleitet werden durch *I think, I'm sure, I suppose, probably* etc.	**Will** Bob **join** us tomorrow? This **won't** happen to me. The train ***will not arrive*** before 5 pm. (ohne meinen Einfluss) She's angry. She ***won't come*** with us. I suppose prices ***will go up*** again next year.
going-to-future	Bildung: ***am/is/are + going to*** Es wird immer verwendet, wenn eine **Absicht** oder Planung vorliegt, aber auch bei Ereignissen, die **mit großer Wahrscheinlichkeit** eintreten werden.	I ***am going to*** see my friend in York next week. (hab ich schon vorbereitet/geplant) The wind has become very strong. ***It's going to rain*** soon.
present progressive	es wird dann gebraucht, wenn eine feste **Vereinbarung** oder Planung zum Ausdruck gebracht werden soll (meist mit Zeitangabe).	We ***are travelling*** to Scotland tomorrow.
future progressive	Bildung: ***will be + ing-form*** (= *present participle*) Es kann benutzt werden, um auszudrücken, dass zu einem bestimmten Zeitpunkt in der Zukunft ein Vorgang stattfindet oder sich eine Handlung abspielt. Es ist auch zu benutzen **bei routinemäßigen Vorgängen** oder **bei unabänderlichen Ereignissen.**	**Will** you **be having** a proper lunch tomorrow? I'm not taking my bike. We ***won't be riding*** bikes, anyway.
simple present	Es wird bei zukünftigen Ereignissen verwendet, wenn diese „auf dem Plan" stehen, z. B. bei Fahrplänen/Flugplänen und Terminvorgaben. Verben, die in diesem Zusammenhang benutzt werden, sind: *arrive, close, start, open* etc. Es wird auch bei der Beschreibung von Gesetzmäßigkeiten und Fakten verwendet.	What time **does** the next plane **leave** for Newcastle? Summer vacations **starts** next month. Water boils when it is heated.

Future perfect simple and progressive

Das *future perfect* wird gebildet aus ***will/shall have*** und dem ***past participle.*** Verneinte Aussagesätze werden mit *will* ***not/won't,*** Fragen mit ***will*** gebildet.

Shall ist hauptsächlich in der Schriftsprache üblich.

will/shall have + past participle
I will/shall have written
He will have written

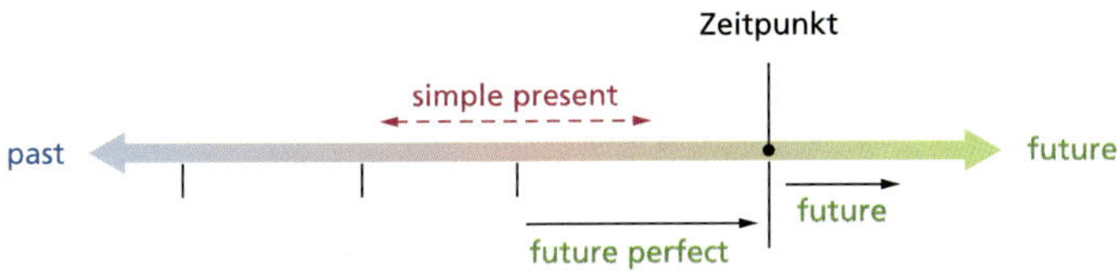

Future perfect simple	Future perfect progressive
Das **future perfect simple** steht bei Vorgängen oder Ereignissen, **die zu einem bestimmten Zeitpunkt in der Zukunft abgeschlossen** sein werden (oft mit Zeitangabe).	Das **future perfect progressive** *(will/shall have been + ing-Form)* wird wie die *simple form* angewandt, nur **dass Vorgänge in ihrem Verlauf** mit der *progressive form* zum Ausdruck kommen.
Beispiel: I ***will have finished*** my *work by 6 o'clock tonight.* The plumbers say they ***will have finished*** our bathroom *by next week.* **Will** you **have finished** packing your suitcase by the time we leave?	**Beispiel:** The cricket teams ***will have been playing*** *for more than 15 hours tomorrow.* I think he ***won't be earning*** more money once he has a new job.

Merke aber: Bei temporalen Nebensätzen, die mit *when, until, as soon as, before, after* etc. eingeleitet werden, steht anstelle des *future perfect* das *present perfect* und im Hauptsatz das einfache *will future.*

2.5.2 The passive voice (Das Passiv)

Das Aktiv drückt aus, was Personen selbst tun, während das Passiv wiedergibt, was mit Personen und Dingen geschieht. Nur Verben mit direktem Objekt (= transitive Verben), können ein Passiv bilden. Im Englischen kommt das Passiv häufiger als im Deutschen vor, z. B. in Zeitungsberichten. Das englische Passiv kann auch zum Ausdruck des unpersönlichen deutschen „man" dienen. Wendungen dieser Art werden *impersonal passive* genannt:

Transitive Verben: *to see someone, to help someone, to ask someone,* also Verben mit Akkusativobjekt

Some mistakes can't be avoided.
(Man kann nicht alle Fehler vermeiden.)

Das Verb im Passiv besteht aus zwei Teilen:
- einer Form von *to be,*
- dem *past participle* (= 3. Verbform).

Bei der Umwandlung eines Aktivsatzes in einen Passivsatz wird:
- das Objekt ⟶ zum Subjekt
- das Subjekt ⟶ zum Objekt mit ***-by-agent***

by-agent:
Dieser Zusatz signalisiert im Passivsatz, ***von wem** oder **durch wen/was*** etwas getan wird.

People **carry** suitcases to the station. (Aktiv)
Subjekt Objekt

Suitcases are carried to the station (by people). (Passiv)
Subjekt

Der by-Zusatz *(by-agent)* wird nur benutzt, wenn es wichtig ist, den Verursacher oder Auslöser einer Handlung zu kennen:

Many roads were obstructed by heavy snowfall.

Passive Voice	**Simple Form**	**Progressive Form**
present tense	he is caught	he is being caught
past tense	he was caught	he was being caught
present perfect	he has been caught	Alle anderen Zeiten werden im Englischen nicht verwendet.
past perfect	he had been caught	
future tense	he will be caught	
future perfect	he will have been caught	
conditional	he would be caught	
conditional perfect	he would have been caught	

Beachte:
Im Passiv kann die *progressive form* nur für das *present* und *past tense* gebildet werden. In beiden Zeiten wird die Verlaufsform mit ***being*** gebildet.

He ***is (was) being taken*** to hospital.

Sollte ein **modales Hilfsverb** (*must, can* etc.) im Satz vorkommen, so bleibt dieses **unverändert,** und nur das Vollverb nimmt die Passivform an.

People **must** | *carry* | suitcases to the station. (Aktiv)

Suitcases **must** | *be carried* | to the station. (Passiv)

Wird von einem *phrasal verb* (Verb mit Präposition) das Passiv gebildet, so folgt auch im Passiv die Präposition im Anschluss an das Verb:

Forty years ago, people used to look down on a single mother.
A single mother used to be looked down on.

Unterschiede zum Deutschen	Beispiele
transitive Verben Eine Anzahl von Verben, die im Deutschen intransitiv sind und kein Passiv bilden können, entsprechen im Englischen transitiven Verben.	*The blue car followed* ***us.*** ***We*** *were followed by the blue car.* *Clinton was succeeded by President Bush.* Andere Verben: *to allow, to help, to join, to rely on, to succeed*
indirektes Objekt als Subjekt des Passivsatzes Die Passivkonstruktion wird durch das unpersönliche „man" ins Deutsche übersetzt.	*We were taught how to handle the switch.* *Andere Verben: to give, to offer, to promise, to show* (dt.: Man brachte uns bei, wie…)
Passiv + Infinitiv mit *to* Verben des Denkens, Wünschens und Veranlassens, denen ein Objekt + Infinitiv oder ein *that*-Nebensatz folgt, können im Englischen das **persönliche Passiv** bilden.	*I thought that* ***she*** *was wrong.* ***She*** *was thought to be wrong.* *They expect* ***him*** *to arrive tomorrow.* ***He*** *is expected to arrive tomorrow.*

Intransitive Verben = Verben ohne Akkusativobjekt

Folgenden Wendungen mit Verben des Sagen und Meinens begegnet man in englischsprachigen Berichten, Nachrichten oder Gutachten häufig in der Passivform:

Phrasen	Beispiele
to be believed to (man glaubt)	The prime minister ***is believed to*** *have had* an argument with several cabinet members.
to be considered to (halten für)	Snooker ***is considered to be*** the greatest of all indoor games.
to be supposed to (soll/sollen)	We ***are supposed to*** be at the station no later than 8.
to be known to (man weiss)	Venus ***is known to*** have vast deserts.
to be said to (man sagt)	Politicians ***are said to*** work more than 16 hours a day.
to be reported to (man berichtet)	The child **has been reported to** be missing.

Unpersönliches Passiv *(impersonal passive)*
Anstelle des persönlichen Passivs + Infinitiv können Verben des Denkens und Fühlens auch das unpersönliche Passiv + that-Nebensatz bilden.

Aktiv: **Some journalists say** that the government will introduce a law on asylum.

It is said that the government will introduce a new law on asylum.
Unpersönliches Passiv + that ...

A new law on asylum **is said to be introduced** by the government.
Persönliches Passiv + Infinitiv

Andere Verben:
It was believed that
It has been reported that
It will be agreed that

Das Passiv bei Zustandsbeschreibungen und -veränderungen

Das Passiv kann im Englischen in einigen Fällen unterschiedliche Bedeutungen haben, und zwar bei Sätzen, deren Verb einen Zustand („ist/war") und eine Zustandsänderung („wird/wurde") zugleich ausdrücken kann.

Beispiel „Zustand"	**Beispiel „Zustandsänderung"**
The door was shut when I arrived. (war geschlossen)	The door *was shut* by the housekeeper. (wurde geschlossen)

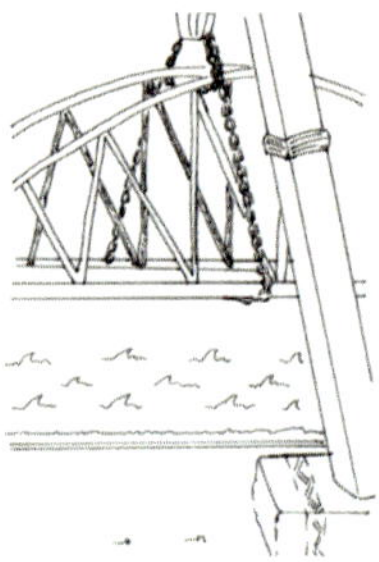

Für eine noch „andauernde Zustandsänderung" kann man die *progressive form* wählen, und zwar nur im *present* und *past tense:*

The bridge is now being built. (wird gerade gebaut)
The road was being repaired. This is why we arrived late. (wurde gerade gebaut)

Das Passiv wird auch oft nach *to have* angewandt, wenn dieses in der Bedeutung von „beauftragen" oder „lassen" gebraucht wird, wie z. B. in:

He had his car repaired. (= Er ließ sein Auto reparieren.) oder
They will have their house built next year. (= Sie werden ihr Haus im nächsten Jahr bauen lassen.)

Im Lateinischen würde man übrigens diese Konstruktion „AcI" (**A**kkusativus **c**um **I**nfinitivo) nennen.

Das Vollverb steht hier also im Partizip Perfekt, und nur das Verb *to have* ändert seine Form, je nach der Zeitform, die man zum Ausdruck bringen möchte. In jedem Fall ist die Reihenfolge innerhalb des Satzes:

to have – Akk.objekt – Partizip

The passengers *are having* **their suitcases *carried*** to the busstation.
(= Die Fahrgäste lassen gerade ihre Koffer zum Busbahnhof tragen.)

Bei Änderung der Satzgliedfolge verändert sich der Sinn des Satzes:

The passengers have carried their suitcases to the bus station.
(= Die Fahrgäste haben ihre Koffer zum Busbahnhof getragen.)

2.5.3 Primary and modal auxiliaries (Hilfsverben und modale Hilfsverben)

Je nach Gebrauch können folgende Verben sowohl Hilfsverben *(auxiliaries)* oder Vollverben *(full verbs)* sein: *to have, to be,to do, dare, need.*

To have, to do, to be gehören zu den am häufigsten verwendeten Verben. In ihrer Funktion als Hilfsverben verwendet man sie zur Bildung bestimmter Zeitformen des Vollverbs.
To have drückt als Vollverb Besitz und Zugehörigkeit aus. Als Übersetzung für „haben", „besitzen" ist *have (got)* Zustandsverb *(state verb).*

Im britischen Englisch kann man sowohl *have* als auch *have got* verwenden. Im amerikanischen Englisch wird üblicherweise *have* verwendet.

Vera has (got) a house in France.

To be drückt als Vollverb einen Zustand oder eine Eigenschaft aus.
To have als Tätigkeitsverb *(activity verb)* kommt in vielen Wendungen vor:

have breakfast, have a drink, have a go etc.

To do dient als Vollverb für Tätigkeiten. Es kann übersetzt werden mit tun, machen, erledigen.

Infinite forms = infinitive, present participle, past participle

***to have* als Hilfsverb**		
Formen	**Gebrauch**	**Beispiele**
present tense: *I – you – we – they* ***have/haven't*** *he – she – it* ***has/ hasn't***	Zur Bildung der Zeitformen, insbesondere der *perfect tenses.*	*He* ***has*** *already* ***asked*** *her.* *She* ***hasn't seen*** *him for ages.* ***Have*** *you ever* ***tried*** *to juggle?*
past tense: *I – you – he/she/it – we – they –* ***had/hadn't***	Zur Bildung der Zeitformen, insbesondere des *past perfect.*	*After I* ***had watched*** *the film, I called a friend.* *After he had* ***had*** *many drinks, he took a bus.*
infinite forms: ***have, having, had***		
	to have to = „müssen"	*She* ***has to*** *leave very early next morning.*
	have sth. done = „etwas machen lassen"	*They* ***had*** *their kitchen painted. (past participle)*

Im *past tense* steht *have* als Vollverb ohne *got.*

***to have* als Vollverb**		
Formen	**Gebrauch**	**Beispiele**
present tense: I – you – we – they **have/haven't** he – she – it **has/ hasn't**	to have/have got = „besitzen"	*He* ***has (got)*** *a very old book.* ***Have*** *you* ***(got)*** *any sisters?*
past tense: I – you – we – they – he – she – it **had/ hadn't**		*I didn't have it.*
infinite forms: **have, having, had**		
	to have in der Kombination mit einem Nomen *(to have a rest; to have breakfast; to have a talk; to have a shower etc.)*	***Did you have breakfast*** *this morning?* ***I didn't have a shower*** *this morning because I overslept.* *After he* ***had had*** *many drinks, he took a bus.*

***to do* als Hilfsverb**		
Formen	**Gebrauch**	**Beispiele**
present tense: I – you – we – they **do/don't** he – she – it **does/ doesn't**	zur Bildung von Fragen, bei nicht zusammengesetzten Zeiten wie dem *present perfect*	***Do*** *you often go and see your friends?*
past tense: I – you – we – they – he – she – it **did/ didn't**		***Did*** *you visit the Houses of Parliament when you were in London?*
infinite forms: **do, doing, done**		
	zur Bildung von Verneinungen	*He* ***doesn't*** *like listening to classical music.*
	in Kurzsätzen (e. g. *question tags)*	*You like playing the guitar,* ***don't you?*** *Yes,* ***I do.***
	zum Hervorheben einer Aussage	*She* ***does*** *enjoy playing the piano.*

to do als Vollverb

Formen	Gebrauch	Beispiele
present tense: I – you – we – they **do/don't** he – she – it **does/ doesn't**	*„to do"* drückt eine Tätigkeit aus und steht deswegen oft in der *progressive form*	*Look, she* ***is doing*** *the dishes.*
past tense: I – you – we – they – he – she – it **did/ didn't**		*He* ***did*** *his very best to pass the exam.* *What* ***do*** *you* ***do*** *in the evenings?*
infinite forms: **do, doing, done**		
	in Verneinungen	*Father* ***doesn't do*** *the housework.* *We* ***didn't do*** *the journey in three hours.*
	in Fragen	***Did*** *you* ***do*** *your home-work yesterday?* *How* ***do*** *you* ***do*** *it?*

to be als Hilfsverb

Formen	Gebrauch	Beispiele
present tense: I **am,** you – we – they **are/are not** he – she – it **is/ is not**	zur Bildung der ***progressive form*** (Zeitform von *„to be"* und die *„progressive form"* eines Vollverbs)	*The children* ***are running*** *across the schoolyard.* *They* ***will be sitting*** *in class soon.*
past tense: I – he – she – it **was/was not,** you – we – they **were**		
infinite forms: **be – being – been**		
	Zur Bildung des ***Passivs*** (Zeitform von *„to be"* und das past participle = 3. Verbform eines Vollverbs)	*The school* ***is being cleaned*** *right now.* *The pupils* ***have been taken*** *to a concert.*

to be **als Vollverb**		
Formen	**Gebrauch**	**Beispiele**
present tense: I **am,** you – we – they **are/are not** he – she – it **is/ is not**	zum Ausdruck einer Beziehung von Personen/Begriffen zueinander in Bezug auf Eigenschaften (Adjektiv); in Kurzsätzen (z. B. *question tags).*	*He* ***is very interested*** *in history.*
past tense: I – he – she – it **was/was not,** you – we – they **were**		***Did*** *you visit the Houses of Parliament when you* ***were*** *in London?*
infinite forms: **be – being – been**		*You* ***are*** *in the kitchen,* ***aren't*** *you?* – Yes, I am.
	als *linking verb* in Bezug auf Ort	*The airport* ***is north of the city.***
	in Bezug auf Zeit	*Opening hours* ***are from 7 to 11.***
	in Bezug auf Nomen	*The teachers* ***are good friends.***

need **als Hilfsverb**		
Formen	**Gebrauch**	**Beispiele**
need (brauchen, dringend müssen), *need have done*	– nur in Verneinungen und Fragen, die 3. Person Singular wird ohne -s gebildet, – der Infinitiv wird ohne *to* angeschlossen, – keine Umschreibung mit *to do* bei Frage und Verneinung	You ***needn't tell*** me anything about your friendship. ***Need*** we really ***get up*** so early next morning?

need **als Vollverb**		
Formen	**Gebrauch**	**Beispiele**
need (brauchen, dringend müssen), *need have done*	– in bejahten Sätzen, aber auch in Fragen und Verneinungen, – kann mit Infinitiv, mit Nomen, mit passivem Infinitiv verbunden werden, – 3. Person im *simple present* wird mit -s gebildet, der Infinitiv wird mit *to* angeschlossen, – Frage und Verneinungen werden mit *to do* umschrieben	These cars ***need*** a lot of petrol. ***Do*** you ***need*** more help? You ***won't need to have*** your hair cut today. The building ***needs to be repaired.***

***dare* als Hilfsverb**		
Formen	**Gebrauch**	**Beispiele**
dare (sich wagen), (selten) *dared have done*	– nur in Verneinungen und Ausrufen mit *how,* die 3. Person Singular wird ohne -s gebildet, – der Infinitiv wird ohne *to* angeschlossen, – kein *to do* bei Frage und Verneinung	She ***daren't go and see*** her teacher. ***How dare you walk*** across our garden?

***dare* als Vollverb**		
Formen	**Gebrauch**	**Beispiele**
dare (sich wagen), (selten) *dared*	– in Verneinungen und Fragen, aber nicht in Ausrufen mit *how,* – 3. Person im *simple present* wird mit -s gebildet, – der Infinitiv wird mit *to* angeschlossen, – Frage und Verneinungen werden mit *to do* umschrieben	The pupils ***wouldn't dare to leave*** the school premises. ***Does he dare*** to go to the headmaster?

Modale Hilfsverben und deren Ersatzverben ***(modal auxiliaries and their substitution forms)***

Modale Hilfsverben werden anderen Verben vorangestellt, um deren Bedeutung differenziert auszudrücken. Modale Hilfsverben geben an, mit welcher Gewissheit, Verpflichtung oder Freiheit die im Verb benannte Handlung ausgeführt werden soll.
Die Zeitform im Satz wird mit dem modalen Hilfsverb oder seinem Ersatzverb gebildet; das Hauptverb folgt immer im Infinitiv.

Modale Hilfsverben nach Sprechabsichten

Sprechabsichten	Modales Hilfsverb	Beispielsätze
Fähigkeit/Unfähigkeit Bitte um Erlaubnis Vorschlag/Angebot	***can***	***Can*** you drive that truck? ***Can*** I use your car tomorrow? I ***can*** get you the tickets for tonight's show.
zukünftige Möglichkeit Höfliche Frage oder Bitte Vorschlag	***could***	There ***could*** be another accident on that road. ***Could*** I use your mobile phone, please? We ***could*** go for another walk next week.
Notwendigkeit, Annahme (als Ersatzverb = *to have to* wird es in Frage und Verneinung mit *to do* umschrieben)	***must***	You ***must change*** trains at Victoria. They ***must be crossing*** the Channel now.

Aussagen über Fähigkeit/ Unfähigkeit (meist ein Einzelfall oder eine bestimmte Situation)	***to be able to***	We ***were able to talk*** to him although he was busy. He ***will be able to speak*** French this time after his language course.
Verbot	***must not/ may not*** (nicht dürfen)	You ***must not ride*** a bike on a motorway.
Vermutung, Möglichkeit; Erlaubnis; *may* mit größerer Wahrscheinlichkeit als *might*	***may***	You ***may*** not get in. He ***may*** come tonight. (vielleicht kommen) ***May*** I come in?
geringe Wahrscheinlichkeit	***might***	I ***might have left*** the key at school but I am not sure at all.
Vorschläge, Angebote erbitten	***shall***	***Shall*** I bring you another piece of cake? What ***shall*** we do next?
Rat, Pflicht, Vorschlag geben oder erbitten; Vermutungen; Warnung, Tadeln; moralische Verpflichtung	***should/ ought to*** (sollte eigentlich)	I think we ***should*** leave very soon. You ***ought to*** visit your grandmother in hospital. The play ***shouldn't*** last longer than two hours. You ***should be working*** harder for your exam. He ***ought to have gone*** to his teacher for help. *should have/ought to have + past participle* (hätte sollen)
Ausdruck einer Bitte, eines Wunsches	***will/ would*** (wollen)	***Will you please keep*** an eye on my suitcases?
Ausdruck einer früheren Gewohnheit	***would*** oder ***used to***	My friend ***would/used to play*** cricket when he was young.

Die modalen Hilfsverben können nur im *present tense* und im Höchstfalle noch im *past tense* benutzt werden. Deshalb müssen für die Bildung der anderen Zeiten ihre **Ersatzverben** verwendet werden.

Formen von *can/be able to*

present tense	Many Scandinavians **can** speak English.
past tense	He **could** not understand a word of French.
	He **was able to** rescue the child from the fire.
present perfect	He **has not been able to** finish work until today.
past perfect	I **had been able to.**
future I	**Will** he **be able to** break the world record?

future II (future perfect)	I **will have been able** to finish the task by next Friday.
conditional I	I **would be able to** speak French some day if only I took more lessons.
conditional II	If he had practised more, he **would have been able to** achieve a better result.

Formen von *have to*

present tense	I **have to** answer the questionnaire right now.
past tense	Tom **had to** take the dog for a walk.
present perfect	We **have had to** do a lot of overtime lately.
past perfect	They **had had to** paint the house before they moved in.
future I	She **will have to** look for a babysitter.
future II (future perfect)	I **will have had to** complete the investigation before making an official statement.
conditional I	He **would have to** look after the dog if he stayed at home.
conditional II	The police **would have had to** start another investigation if they hadn't found any suspects.

Modale Hilfverben ***(modal auxiliaries)***	**Ersatzverben** ***(substitutes)***	**Beispiele**
can – kann *could* – konnte/könnte *could have* – hätte können	*to be able to*	As it was not raining for days, we **were able to** finish building our home. *(simple past)*
may – kann vielleicht, dürfen *might* – kann vielleicht (schwächer als *may)* *might have* – hätte können	*to be allowed to*	After he **had been allowed to drive** that fast car, he won the race. *(past perfect)*
shall – sollte *should* – soll *should have* – hätte sollen	*to be (supposed) to* (Wiedergabe einer Anweisung/vom Schicksal oder Umständen bestimmt)	She **was supposed to meet** her instructor at the gym. *(simple past)* In the 1980s the Millers emigrated to America where they **were to stay** for good. *(simple past)*
ought to – soll *ought to have* – hätte sollen		They **ought to have** helped the old woman carry her suitcases. *(simple past)*
must – muss	*to have to,* *to have got to*	They **have just had to leave** for their trip to England. *(present perfect)*
must not – nicht dürfen	*not to be allowed to*	They **would not be allowed to travel** if they could not display their passports. *(conditional I)*

2.5.4 Infinitive, gerund and participle (Infinitiv, Gerundium, Partizip)

Folgende Verbformen bezeichnet man als infinite Verbformen:

Infinitiv	*to swim*	Mark learned how **to swim.**
Gerundium	*swimming*	Mark loves **swimming.**
Partizip Präsens	*swimming*	**Swimming,** he reached the shore.
Partizip Perfekt	*swum*	This is a distance never **swum** before.

Finite Verbformen sind den Personen und der Zeit im Satz angepasst: *My parrot **loves** bananas. It **has found** one in the kitchen.*

Infinite Verbformen sind unveränderbar. Sie passen sich nicht der Zeit des Verbs und den Personen an.

The infinitive (Der Infinitiv)

Der Infinitiv ist die Grundform des Verbs und kommt meistens mit *to* vor.

Formen des Infinitivs

to build	Aktiv	Passiv
simple form	They decided **to build** a raft.	Mark expects the raft **to be built** in a day.
progressive form	They hoped **to be building** the raft at the weekend.	
perfect form	They ought **to have built** the raft on a Sunday.	A raft ought **to have been built** for the holidays.

Anwendung von Infinitivkonstruktionen

Infinitivkonstruktionen tragen zur Verkürzung von Satzgefügen bei. Dort, wo man im Deutschen eine etwas umständliche Haupt- und Nebensatzkonstruktion benötigt, kommt man im Englischen mit einer kürzeren Infinitivkonstruktion aus.

Beispiel:
dt. Mein Vater wollte, dass ich sein Auto reinigte.
engl. My father **wanted** *me to clean* his car.

Infinitive treten in englischen Satzkonstruktionen mit und ohne *to* auf:

Infinitiv **mit *to***

He allowed me to drive his car.
Er erlaubte mir sein Auto zu fahren.

Infinitiv **ohne *to***

I saw my friend cross the street.
Ich sah, wie mein Freund die Straße überquerte.

Die wörtliche Übersetzung „Ich sah meinen Freund die Straße überqueren" ist in mündlicher Rede weniger gebräuchlich.

Funktionen des Infinitivs mit *to* im Satz	
Verb + direktes Objekt + Infinitiv mit *to* Nach Verben des Denkens, Wünschens, Auffforderns, Veranlassens und Verursachens: *to imagine, consider, believe, persuade, encourage, teach, prefer, warn, advise, ask, expect, force, order, permit, tell* etc.	They don't **allow people to leave** their homes. She **wants him to get** a divorce. Fog **caused many flights to be cancelled.** The police **asked passers-by not to panic.** People **were advised to stay** calm. They **were permitted to enter.**
Infinitiv mit *to* nach Adjektiven • nach Adjektiven der Gefühle • nach *right, wrong, easy, hard, difficult, certain, welcome, due, fit, likely etc.* • nach Superlativen oder Zahlwörtern	They were **shocked to hear** of his death. It was **wrong to leave** him alone. They **are likely to pass** the test. The **best** singer **to enter** the contest/ The **first** woman **to enter** into politics
for* + direktes Objekt + Infinitiv mit *to • nach *it is* + Adjektiv/Nomen • nach *too/enough* + Adjektiv • nach *wait for, hope for, long for*	It's time **for us to leave** now. I think **it's important for children to play** together in groups. This box is **too heavy for you to carry.** They are waiting **for their friend to arrive.**
nach *there is/was* bei *to blame*	**There was** no time to lose. Nobody is **to blame** for what happened.
passivischer Infinitiv nach *to be, to leave, to remain, to need*	My purse **was** nowhere **to be found.** Much repair **remains/needs to be done.**
Infinitiv statt deutschem Fragesatz Nach Fragewörtern und *whether*	I don't have the slightest idea **where to look.** Tell me **when to add** the herbs to the soup. She can't decide **whether to quit** her job.
Infinitiv statt deutschem Finalsatz zum Ausdruck von Ziel, Zweck, Absicht	I took some days off **to have rest.** Comedies are written **in order to amuse.** She gathered all the material **so as to be better informed.**

Folgende Verben stehen häufig in der Konstruktion:
Verb + Objekt + Infinitiv

The police asked them not to panic.
Mr. Miller told his son to get dressed.

Weitere Verben sind:
to cause (verursachen, dazu führen), to order (befehlen), to expect (erwarten), to force (zwingen).

Funktionen des Infinitivs ohne *to* im Satz	
Direktes Objekt + Infinitiv ohne to • nach Verben der sinnlichen Wahrnehmung: *to hear, see, feel, watch, notice* • bei *to make s. o. do s. th.* (veranlassen) *to let s.o. do s. th.* (zulassen), *to have s. o. do s. th.* (beauftragen)	We **watched the lions come** nearer. He **felt his heart beat** faster. She **made him change** his mind. They **let the children climb** over the fence. She **had the removal men carry** the piano. **Aber im Passiv:** He was made **to leave** the house.
Nach dem Adverb *better*: ***had better do s. th.*** = es wäre besser, wenn	**I'd better leave** now to catch the bus. **You'd better be** off now. **They'd better take** the earlier plane.

The gerund (Das Gerundium)

Das Gerundium ist ein Verbalsubstantiv, weil es
- aus einem Verb und dem Suffix *-ing* gebildet wird,
- im Satz wie ein Substantiv/Nomen funktionieren kann.

Man verwendet das *gerund* im *present perfect,* um den Bezug auf eine vorzeitliche Handlung auszudrücken. Weitaus häufiger ist jedoch das *gerund* im *present tense.*

Jogging is good exercise. → Das *gerund* als Subjekt
She likes **reading** books. → Das *gerund* als Objekt
She was praised for ***having read*** so well. → Das *gerund* im *present perfect*

Im Gegensatz zum Nomen besitzt das Gerundium weder eine Pluralform noch einen Genitiv. Genauso wie das Verb
- kann das Gerundium ein Aktiv und Passiv bilden,
- besitzt es verschiedene Formen, um das Zeitverhältnis auszudrücken.

Funktionen des Gerundiums im Satz

Das Gerundium ist eine Form des Verbs, die es im Deutschen nicht gibt. Dem *gerund* entsprechen verschiedene Arten von deutschen Nebensätzen:

Das Gerundium nach Präpositionen	Nebensatz	Deutsche Übersetzung
Julian tried to escape punishment **by telling a lie.**	Modalsatz	Julian versuchte der Bestrafung zu entgehen, **indem er log.**
The journalist was criticized **for taking sides with the opposition.**	Kausalsatz	Der Journalist wurde kritisiert, **weil er für die Opposition Partei ergriffen hatte.**
Instead of visiting Paris, you'd better go to the seaside if you need some rest.	Adversativsatz	**Statt Paris zu besuchen,** solltest du besser ans Meer fahren, wenn du Ruhe brauchst.

Das Gerundium kann im Satz wie ein Nomen benutzt werden als
Subjekt: **Smoking** is hazardous to your health.
Objekt: She enjoys **listening to** nostalgic songs.
Prädikative Ergänzung: My favourite activity is **swimming.**

Am häufigsten steht das Gerundium unmittelbar nach:

Auf diese Präpositionen und Wendungen folgt immer das Gerundium, nie der Infinitiv.

Präpositionen	He was arrested ***for stealing*** money. (Verkürzung eines adverbialen Kausalsatzes)
Verb + Präposition	She ***was looking forward to travelling*** to London.
Nomen + Präposition	They were ***in danger of being captured*** by the police.
Adjektiv + Präposition	The scientist ***was proud of being awarded*** the prize.
bestimmten Ausdrücken	***It is no good arguing*** with our neighbour.
Verben ohne Präposition	They all ***enjoyed walking*** along the coast.

Gerundium nach folgenden Präpositionen	
after	nach, nachdem
before	vor, vorher
by	hier: dadurch, dass
for	wegen, hier: weil
from	von, vom
in	hier: bei, beim
in spite of	trotz
instead of	statt, anstatt
on	bei, beim, hier: als
without	ohne

Gerundium nach Nomen + Präposition	
chance of	Chance … zu
danger of	Gefahr … zu
difficulty (in)	Schwierigkeit … zu
experience in	Erfahrung … mit
for fear of	aus Furcht vor …
interest in	Interesse an
objection to	Einwand … gegen
opportunity of	Gelegenheit zu
pleasure in	Vergnügen an
reason for	Grund zu

Gerundium nach Verb + Präpositionen	
to believe in	glauben an
to complain about	sich beschweren über
to depend on	abhängig sein von
to apologize for	sich entschuldigen für

Gerundium nach Adjektiv + Präposition	
to be afraid of	sich fürchten vor
to be far from	weit entfernt sein von
to be engaged in	beschäftigt sein mit
to be exhausted with	erschöpft sein von

Gerundium nach Verb + Präpositionen	
to insist on	bestehen auf
to keep from	hindern an
to look forward to	sich freuen auf
to object to	Einwände haben gegen
to prevent from	hindern an
to quarrel about	streiten über
to rely on	sich verlassen auf
to succeed in	gelingen, Erfolg haben
to thank for	danken für

Gerundium nach Adjektiv + Präposition	
to be capable of	fähig sein zu
to be free from	frei sein von
to be interested in	interessiert sein an
to be disappointed about/at	enttäuscht sein über
to be proud of	stolz sein wegen
to be responsible for	verantwortlich sein für
to be tired of	genug haben von
to be keen on	begeistert sein von

Gerundium nach Verben ohne Präposition	
to admit	zugeben
to avoid	vermeiden
to enjoy	Freude haben an
to finish	etwas beenden
to mind	etwas dagegen haben
to practise	üben

Gerundium nach bestimmten Ausdrücken	
I can't help	ich kann nicht umhin
it is no use **it is useless** **it is no good**	es hat keinen Zweck
it is worth (while)	es lohnt sich
it is fun	es macht Spaß
I don't mind	es macht mir nichts aus
there is no denying	es lässt sich nicht leugnen

Infinitiv oder Gerundium nach bestimmten Verben

Nach einer Anzahl von Verben kann sowohl das Gerundium als auch der Infinitiv benutzt werden, z. B. nach *begin, start, continue.* Bei einigen Verben ergeben sich Bedeutungsunterschiede:

It's freezing cold! This **means putting** on warmer clothes.
gerund:
bedeuten, zur Folge haben

She **means to walk** all the way back in spite of the rain.
infinitive:
beabsichtigen, etwas zu tun

Hier weitere Verben, nach denen sowohl das Gerundium als auch eine Infinitivkonstruktion stehen kann, je nach Aussageabsicht:

Gerundialkonstruktion	Infinitivkonstruktion
to stop = mit einer Handlung aufhören He **stopped speaking** *to the audience.*	*to stop* = an-/innehalten (um eine andere Handlung zu beginnen) He **stopped to have** *lunch in a restaurant.*
to forget = vergessen *I shall never* **forget listening** *to her song.*	*to forget* = daran denken (zu tun) *Don't* **forget to take** *a bath!*
to remember = sich erinnern an He **remembered driving** across *the Rocky Mountains.*	*to remember* = daran denken, nicht vergessen *Please,* **remember to take** *the dog for a walk.*
to try = ausprobieren (Auswahl von mehreren Optionen) **Try cleaning** *your shirt with washing powder.*	*to try* = bemühen (keine Alternative zur Auswahl) *He* **tried to open** *the window.*
to like = gerne mögen, möchten (allg.) *He* **likes reading** *comics* (Comics allg.)	*to like* = gerne mögen (auf Einzelfall bezogen) *He* **likes to read** *this novel.* (dieses spezielle Buch)

The participle (Das Partizip)

Das Partizip ist ein Verbaladjektiv,
- weil jedes Verb ein Partizip Präsens und ein Partizip Perfekt bilden kann,
- weil es vor einem Nomen wie ein Adjektiv funktionieren kann.

His **droning** voice made me fall asleep. → das Partizip Präsens als Adjektiv
I heard **muffled** voices from within. → das Partizip Perfekt als Adjektiv

Im Gegensatz zum Adjektiv besitzt das Partizip keine Pluralform. Genauso wie das Verb
- kann das Partizip ein Aktiv und Passiv bilden,
- besitzt es verschiedene Formen, um das Zeitverhältnis auszudrücken.

Partizip Präsens *(present participle)*	Partizip Perfekt *(past participle)*
Grundform des Verbs + *-ing* *washing* (waschend) *singing* (singend) → aktivische Bedeutung *keeping* (haltend)	Grundform des Verbs + *-ed.* bzw. 3. Form *washed* (gewaschen) *sung* (gesungen) → passivische Bedeutung *kept* (gehalten)

Zeitformen des Partizips

Aktiv	Passiv	Anwendung	Beispiele
wash-ing	*being washed*	Gleichzeitigkeit	***Washing*** his clothes, *Tim* listens to music.
having washed	*having been washed*	Vorzeitigkeit (weiter zurückliegende Handlung)	***Having washed*** his clothes, *Tim* goes out shopping.

Partizipialkonstruktionen werden im Englischen vielfach zur Verkürzung von Nebensätzen benutzt. Bedingung für die Verkürzung von Relativsätzen ist, dass das Subjekt im ursprünglichen Haupt- und Nebensatz identisch ist.

Verkürzung von Relativsätzen durch ein Partizip
The woman ~~who is~~ shaking her head is my mother.
Subjekt
The woman shaking her head is my mother.

The photos ~~which were~~ taken during the expedition found much praise.
Subjekt
The photos taken during the expedition found much praise.

Relativsatz mit vorzeitiger Handlung
The photos ~~which~~ had been taken at home couldn't been found.
Subjekt
The photos having been taken at home couldn't be found.

Verkürzung von adverbialen Nebensätzen durch ein Partizip
When ~~Tom~~ saw Thereza he handed the book back she had lent him.
Seeing Thereza he handed the book back she had lent him.

Because ~~he~~ was shocked by his accident, he never again tried skiing.
Shocked by his accident, he never again tried skiing.

Eine Reihe von englischen Partizipialkonstruktionen besitzen keine direkte deutsche Entsprechung. Sie lassen sich durch verschieden Arten von Nebensätzen ins Deutsche übersetzen.
Das Partizip Präsens steht nach Verben der sinnlichen Wahrnehmung.

*I saw my friend **bathing** in the sea.* (aktiv)
Ich sah, wie mein Freund im Meer badete.
*I heard my name **being shouted.*** (passiv)
Ich hörte, wie mein Name gerufen wurde.

z. B.: *to see, to hear, to watch, to feel, to notice*

Nach Verben der sinnlichen Wahrnehmung wird das **Partizip** benutzt, wenn der **Verlauf** einer Handlung betont wird. Nach Verben der sinnlichen Wahrnehmung steht der **Infinitiv ohne *to*** um zu betonen, dass die Handlung **beendet** ist:

She **felt** the cat's fur brushing her cheek.
A man **was seen entering** the house.
After the hold-up, we **saw** the robber **jump** into a car, **race** the car around the corner and **disappear.**

Das Partizip Präsens steht auch nach Verben der Ruhe und Bewegung sowie nach *to keep, to leave, to catch, to find, to send* etc.:

z. B.: *to stand, to sit, to lie, to remain, to stay, to go*

He came **running** down the hill.
They left me **standing** in the dark.
They kept me **waiting** for half an hour.

Um das deutsche „Veranlassen" auszudrücken, verwendet man *have* + Objekt + Partizip Perfekt:

We had our car **repaired.**
Wir ließen unseren PKW reparieren.
When did we have all the rooms **painted?**
Wann ließen wir alle Zimmer anstreichen?

Bestimmte Wendungen mit Partizipien beziehen sich auf den ganzen folgenden Satz:

z. B. *generally speaking, broadly speaking, supposing that, taking into consideration, weather/time/health permitting*

Generally speaking, girls can run longer distances than boys.
Taking the circumstances into consideration, they should have won the match.

Die *with* + *noun* + *participle*-Konstruktion:
Diese Konstruktion hat keine analoge Entsprechung im Deutschen, sodass das *with* auch nicht dem deutschen „mit" entspricht. Sie drückt im Englischen einen Grund oder einen Umstand aus, unter dem eine Situation oder ein Ereignis stattfindet. Man verwendet die Konstruktion durchaus auch in der Umgangssprache.
Wenn der Grund bzw. Umstand einen **aktiven** Sinn hat, benutzt man das ***present participle*** **(ing-Form),** bei **passivischem** Sinn wird das ***past participle*** **(3. Verbform)** gebraucht.

Aktiv	**Passiv**
With the number of cars **increasing**, traffic is becoming busier and busier.	With *a* lot of money **spent** on roadworks, the government is running short of money.
With young people **spending** too much money on their mobile phones, phone bills become a problem for them.	With all the tickets **sold,** we couldn't hear the concert.
With airlines **having invested** much money into security on planes, passengers feel safer.	With a new bridge **built** across the river, people save time commuting to their jobs.

Gerundium bzw. Partizip nach *after* und *before*
Da ***after*** und ***before*** sowohl Konjunktionen als auch Präpositionen sein können, kann eine folgende **-ing-Form** als **Gerundium,** aber auch als **Partizip** aufgefaßt werden.

He turned off the TV set **before** *going* to bed.
After *doing* his homework, he listened to music.

Die Konstruktion ***„After having done** his homework, he listened to music"* würde als unbeholfen angesehen werden, da sowohl das ***after*** als auch das ***having done*** eine Vorzeitigkeit ausdrücken. Deswegen heißt es entweder: **After doing his homework ...**
oder
Having done his homework ...

Eine **ähnliche Überschneidung** von Gerundium und Partizip ist auch in folgenden Beispielen zu beobachten:

Would you mind ***me opening*** the window?
Would you mind ***my opening*** the window?

Während man die Frage unten wegen des Possessivpronomens vor dem **substantivierten Verb eindeutig als Gerundium** bezeichen würde, kann man bei der Frage oben argumentieren, dass sich ***opening*** **auf ein Nomen (hier: Pronomen) bezieht, also Partizip** ist. Letztere Form ist die gebräuchlichere im Umgangsenglisch.

Unterscheidung von Gerundium und Partizip
Vor ein Gerundium kann man theoretisch einen bestimmten oder unbestimmten Artikel setzen, ohne dass dadurch die Konstruktion ihren Sinn verliert. Das ist beim Partizip **nicht** möglich.
Gerundium : He likes reading books.
Partizip : The police noticed a man climbing through a window.

- Ein ***Gerundium*** steht häufig hinter ***Präpositionen,*** nie nach Konjunktionen.
- Ein ***Partizip*** jedoch steht oft direkt oder indirekt in Verbindung mit einer ***Konjunktion.***

2.5.5 Adjectives and adverbs (Adjektive und Adverbien)

Ein Adjektiv beschreibt Personen und Dinge genauer. Es steht im Allgemeinen vor einem Nomen und beantwortet Fragen wie:

Was für ein? Welche/-s/-r? Wie viele?

Ein Adjektiv kann sowohl als **Attribut** *(attribute)* als auch als prädikative **Ergänzung** zum Subjekt *(subject complement)* oder als prädikative Ergänzung zum Objekt *(object complement)* gebraucht werden. Durch Anhängen des Suffixes -ly wird ein Adjektiv zum Adverb.

Adjektiv als Attribut	Mr Newman owns a new car. His old car broke down last year.
Adjektiv als *subject complement* Nach Verben, die ein Adjektiv oder einen Nominalausdruck an das Subjekt binden **(*linking* oder *copular verbs*):** *be, seem, appear, become, grow* (werden), *turn* (werden), *get* (werden), look (aussehen) Verben der sinnlichen Wahrnehmung Verben der Ruhe und Bewegung	Jill is depressed. Mr Harding looked worried. They returned/arrived safe and sound back from space. They remained calm. He stayed undisturbed. The chairman stood tall to face criticism. They were lying motionless. People sat silent. The bus left Hamburg empty.
Adjektiv + -ly → Adverb Das Adverb charakterisiert die Tätigkeit, die durch das Verb ausgedrückt wird, näher.	Due to bad weather they quickly returned. He opened the envelope excitedly. They silently walked towards the entrance.

The soup tastes good. ABER: *The cook tasted the hot soup carefully.* (*to taste* + Adjektiv → schmecken; *to taste* + Adverb → probieren)

Adjektive als *object complement.* Als prädikative Ergänzung zum Objekt *(object complement)* wird das Adjektiv nach Verben des Erklärens, Dafürhaltens und nach einigen anderen Verben benutzt:

to make	She ***made*** her point ***clear.***
to consider	He ***considered*** her decision ***wrong.***
to open	The child ***opened*** her mouth ***wide.***
to run	She ***ran fast.***
to jump	They ***jumped high.***
to be	He ***was quick.***

Nur attributiv verwendete Adjektive. Eine kleine Anzahl Adjektive, z. B. *little,* kann nur attributiv, d. h. nur vor dem Nomen, verwendet werden. Will man sie prädikativ gebrauchen, so nimmt man deren Entsprechungen, wie z. B. *small.*

Our little cat has broken one of her legs. — attributiv
Our cat is pretty small for her age. — prädikativ

Andere nur attributiv eingesetzte Adjektive:
- *left/right, the very* (der/die/das Nämliche), *mere* (bloß), *elder, spare*
- *hourly, daily, weekly: a daily newspaper, her weekly visit*
- *inner/outer/upper/lower: the lower shelf, the inner room*
- *the late* (jüngste, -r), *the former/the latter: the former prime minister*

Nur als *subject* oder *object complement* verwendete Adjektive. Die folgenden Adjektive werden nie dem Nomen vorangestellt, sondern folgen immer auf ein *linking verb: afraid, alive, alone, asleep, awake, content, unable.*

He was unable to fall asleep.
Now she felt alive.
Her worries kept her awake.

to feel good = sich psychisch wohl fühlen
to feel well = sich körperlich wohl fühlen

Besonderheiten bei *ill/sick, well* und *afraid.* Die deutschen Adjektive „gesund", „krank" und „ängstlich" haben im Englischen jeweils eine attributive und eine prädikative Entsprechung. *Afraid* kann nur prädikativ benutzt werden, als Attribut wird es durch andere Adjektive ersetzt:

attributiv	prädikativ
a healthy person a sick person a fearful person	She's well. He feels ill. He was afraid/frightened.

Nachgestellte Adjektive. Einige Adjektive folgen erst nach dem Verb:

in festen Ausdrücken	court martial, President elect, Poet Laureate, God Almighty!
Adjektive, besonders solche, die auf *-able oder -ible* enden, können dem Nomen ähnlich wie ein Relativsatz folgen.	That's the only size **available.** It's the only answer **possible.**
Um einen Zusatz erweiterte Adjektive müssen hinter das Nomen gestellt werden.	He was the singer most **successful** in the contest. This book is highly **popular** among children.
Bedeutungswandel eines Adjektivs durch Stellung vor oder nach dem Nomen	The **present** owners (die gegenwärtigen Eigentümer) ≠ the owners **present** (die anwesenden Eigentümer)

Substantivierte Adjektive (ohne Plural-s) besitzen plurale Bedeutung.

Substantivierung von Adjektiven: Eine Substantivierung von Adjektiven ist auf unterschiedliche Weise möglich. Mithilfe des bestimmten oder unbestimmten Artikels kann man eine ganze Personengruppe charakterisieren.

The rich must help ***the poor.***

Adjektive können als Substantive im Plural verwendet werden, wie

Drinkables are available at the kiosk.

Substantivierte Adjektive dienen zur Benennung einer Nation oder eines Volkes. Man benutzt sie auch zur Bezeichnung der Staatsangehörigkeit mit Endungen auf -se oder -sh:

The British had many colonies in the 19th century.
The Japanese like taking photos.

Sie werden auch zur Bezeichnung einer Sprache verwendet:

English has more words than ***German.***

Adverbs (Adverbien)

Ein Adverb ist ein Wort, das gebraucht wird, um ein Verb, ein Adjektiv oder ein anderes Adverb näher zu charakterisieren. In der Regel wird das Adverb durch Anhängen von *-ly* an das Adjektiv gebildet. Im Unterschied zum Englischen sind im Deutschen Adjektive rein äußerlich nicht von Adverbien zu unterscheiden.

Adjektiv	Adverb	Gebrauch
quick	Due to bad weather they ***quickly walked*** home.	
extreme	He is an ***extremely hard*** worker.	häufig Bezug auf ein Adjektiv
economical (sparsam)	They lived very ***economically,*** but could afford a new car.	Endung **-al** wird zu **-ally**
friendly *cowardly* *interested* *surprised* *astonished*	in a friendly way like a coward with great interest in surprise with great astonishment	Bei Adjektivendungen auf **-ly** oder **-ed** wird häufig eine Umschreibung benutzt
public (öffentlich)	public**ly**	Endung **-ly** und nicht wie bei „economic" zu **-ally**
happy *true*	happ**ily** tru**ly**	aus **-y** wird **-ily**, das **„e"** entfällt
economic (wirtschaftlich, d. h. die Wirtschaft betreffend)	The company developed ***economically*** into one of the biggest in the USA.	Endung **-ally**
good	well	Sonderform

Beim Gebrauch der Adverbien kann man grundsätzliche folgende Bezüge unterscheiden.

Bezug auf das **Verb**	Bezug auf ein **Adjektiv**	Bezug auf ein anderes **Adverb**
He *can **scarcely** sleep* when he is on a plane.	Mike is an ***unusually** good* soccer player.	He works ***particularly** precisely.*

Bei Orts- und Zeitadverbien am Satzende steht „Ort vor Zeit"!

Adverbien trennen nie Verb und Objekt.

Arten von Adverbien	**Beispiele**	**Stellung im Satz**
Adverbien der Art und Weise (*adverbs of manner*)	*quickly, hard, fast, well, calmly, suddenly, fortunately, obviously, etc.*	In der Regel am Satzende/ nach dem Verb: *Jack learns **easily.***
Adverbien des Ortes und der Zeit (*adverbs of place and time*)	*now, soon, yet, still, then, today, tomorrow, yesterday, here, there, near, everywhere, etc.*	Satzende oder Satzanfang *She left Paris **yesterday.*** ***Today** she will arrive in Perth.*
Adverbien der Häufigkeit (*adverbs of frequency*)	*often, never, ever, always, sometimes, once, twice, occasionally, every day/week/ month/year, etc.*	– vor dem Hauptverb: *She **never** cries.* – nach der Form von *to be: He is **always** late.* – bei einigen Adverbien am Satzende: *I saw him only **once.***
Gradadverbien (*adverbs of degree*)	*a bit, a little, a lot, much, enough* *only, very, too* (zu sehr), *almost, nearly, hardly, just, etc.*	– am Satzende: *She sees him **a lot.*** – nach dem Adverb oder Adjektiv, auf das es sich bezieht: *He didn't react quickly **enough.*** – vor dem Bezugswort: *They **only** met twice.* – vor dem Hauptverb: *They have **just** arrived.*

Die Stellung der Adverbien

Kommentierende Adverbien sind solche, die sich auf den Inhalt des ganzen Satzes beziehen. Man nennt sie deswegen auch **Satzadverbien.** Sie stehen meist am Anfang eines Satzes, eher selten am Ende. Lediglich *however* steht in der Mitte.

Satzadverbien	Beispiele
Actually, unfortunately, perhaps, of course, obviously, anyway	**Unfortunately,** they were not able to help the injured any more. I'm not going to watch the game. I don't like cricket, **anyway.**
however	America is a rich country. Many people, **however,** live below the poverty line.

Wenn Adverbien betont werden sollen, stehen sie am Satzanfang oder am Satzende.

The teacher will hand them the tests **immediately.**
Unfortunately I don't know his address.

Das Adverb steht nie vor dem direkten Objekt!

Wenn Adverbien geringe Bedeutung für den Satz haben, stehen sie vor dem Hauptverb, bei zusammengesetzten Zeiten zwischen Hilfs- und Vollverb.

The pupils **often** listen to classical music.
But they have **never** listened to rock music in class.

Adverbien mit oder ohne -ly. Einige englische Adverbien besitzen zwei Formen:
- eine ohne *-ly,* die bedeutungsgleich mit dem Adjektiv ist,
- eine mit *-ly,* die eine andere Bedeutung trägt.

Adverbien endungsloser Form	Adverbien mit -ly-Endung
close – nahe, dicht They were waiting ***close*** to the station.	**closely** – genau, scharf The police **closely** watched the man.
pretty – ziemlich She came ***pretty*** late.	**prettily** – hübsch, schön She was **prettily** dressed.
hard – hart, schwer They had to work ***hard.***	**hardly** – kaum They could **hardly** see anything.
high – hoch	**highly** – höchst, sehr
late – spät On Sunday he gets up ***late.***	**lately** – kürzlich, vor kurzem Have you seen our friend **lately?**
right – richtig He did all his maths ***right.***	**rightly** – mit Recht, rechtmäßig He was **rightly** awarded the prize.
(the) most – am meisten He was looking forward ***most*** to going to England.	**mostly** – meistens They **mostly** go to England for their holidays.

Steigerung der Adverbien

Einsilbige Adverbien und das Adverb *early* werden durch Anhängen von -*er* und -*est* gesteigert.

hard	harder	hardest
high	higher	highest
early	earlier	earliest
fast	faster	fastest
soon	sooner	soonest

Zwei- und mehrsilbige Adjektive werden durch Voranstellen von *more* und *most* gesteigert.

quickly	more quickly	most quickly
careful	more carefully	most carefully

Es gibt eine Reihe von unregelmäßigen Steigerungsformen, wie:

well	better	best
badly	worse	worst
late	later	last
little	less	least
much/a lot	more	most
far	*farther*	*farthest* (bei Entfernungen)
	further	*furthest* (weiter – im übertragenen Sinn)

Englische Verben statt deutscher Adverbien

Eine Reihe deutscher Adverbien werden im Englischen durch Verben ausgedrückt:

Er redet dauernd von seinen Erfolgen.
He keeps talking about his successes.

German (adverbial)	English (verbal)	Beispiele
anscheinend	*to seem*	They *seemed to get* along quite well with each other.
dauernd, immer	*to keep on*	They *keep on making* the same mistakes.
früher, immer	*used to*	She *used to read* a lot of books when she was young.
zufällig	*to happen*	They *happened to meet* each other at the doctor's.
gerne	*to like, to be fond*	She *likes to listen* to English pop groups.
lieber	*to prefer*	Children *prefer playing* to doing the dishes.
sicherlich, bestimmt	*to be sure*	I *am sure to meet* him in the disco.

wahrscheinlich	*to be likely*	They *are likely to arrive* on the next plane.
weiterhin	*to continue*	They *continued working* on their project.
angeblich	*to be said to*	He *is said to* have left London.
hoffentlich	*to hope*	I *hope* he will return safely.

2.5.6 The definite and the indefinite article (Der bestimmte und der unbestimmte Artikel)

Der bestimmte Artikel

Der Gebrauch des bestimmten Artikels weicht im Englischen häufig von dem im Deutschen ab.

Der bestimmte Artikel steht bei	**Beispiele**
Eigen-, Stoffnamen und Abstrakta, wenn der Begriff mit *of* angeschlossen wird oder wenn er durch ein Adjektiv oder einen Relativsatz näher bestimmt ist	***The** gold **that** was found in California triggered off a large movement to the West. At **the** time **of** George VI …*
Familiennamen im Plural	*the Millers, the Stuarts (The Millers left for California in 1849.)*
geographischen Namen im Plural (Inseln, Berge)	*the Canary Islands, the Andes*
Namen für Flüsse und Meere	*the Nile, the Atlantic, the Mediterranean*
Namen nicht englischer Berge	*the Alps, the Mount Blanc, the Himalayas*
Himmelsrichtungen	*China lies in the east.* (Ausnahme: *from east to west)*
Eigennamen mit Attribut	*The Tower (of London), The City (of London)*
Tageszeiten, wenn diese in Verbindung mit *in, on, during* stehen	*in the evening, during the morning*
nach *all, both, half, double, twice*	*all the people, both the students and the teaching staff, double the amount, twice the number*

Der bestimmte Artikel steht nicht bei	Beispiele
abstrakten Begriffen wie	*mankind, Catholicism, history, poverty, love, ambition, posterity* (She was very famous. Her name will go down in *posterity.*)
Zeitbestimmungen (Jahreszeiten, Monate etc.)	*winter, February, Wednesday, at noon, Easter, lunch*
geographischen Eigennamen (Erdteile, Länder, Städte, Ländernamen in Verbindung mit Adjektiven etc.)	*America, Crete, Germany, London, Ben Nevis* *Southern England, modern Europe*
Bezeichnungen für Straßen, Plätze, Gebäude, Parks, Brücken, Bahnhöfe	*Regent Street, Piccadilly Circus, Marble Arch, St. James's Park, Golden Gate Bridge, Victoria Station*
allgemeinen Bezeichnungen für Einrichtungen wie	*school, university, church, hospital, prison* (He was taken to *hospital*. aber: *The hospital* in Chelsea has been closed.)
Stoffnamen wie	*water, coal, gold, blood, tobacco, wine*
religiösen Begriffen wie	*hell, heaven, paradise*
most in der Bedeutung von „die meisten“	Most houses in East Germany had to be rebuilt.

Ausnahme: the High Street

Achtung! Wenn sich dies auf ein bestimmtes Gebäude bezieht, steht sehr wohl der bestimmte Artikel.

Der unbestimmte Artikel

Bei allen drei Geschlechtern heißt der unbestimmte Artikel im Englischen *a* [ə] oder *an* [ən]. Im ersten Fall kann die Aussprache auch [ei] sein, wenn man das nachfolgende Nomen betonen möchte.
Grundsätzlich wird ***a*** vor allen Wörtern gebraucht, die **konsonantischen Anlaut** haben. Der Artikel ***an*** wird allen Nomen und Adjektiven vorangestellt, die **vokalischen Anlaut** haben.

Es kommt auf die **Aussprache** und nicht auf die Schreibweise an. Es heißt demnach:

an hour	aber: *a horse*
an idea	*a university*
an easy test	*a user*
an orange uniform	*a uniform*

Folgende Tabelle zeigt die Fälle, in denen im Gegensatz zum Deutschen im Englischen grundsätzlich ein unbestimmter Artikel steht:

Unbestimmter Artikel	Beispiele
Berufsbezeichnungen	He is a teacher.
Religionszugehörigkeit	She is a Catholic.
Zeiteinheiten	three times a day
Gewichts- und Maßeinheiten	$10 a piece
Mengeneinheiten	50 p a pack

Stellung des unbestimmten Artikels:

1. In einigen Fällen wird der unbestimmte Artikel **nachgestellt,** und zwar bei:

such a pleasant day
in **half an** hour
rather a bad accident
what a funny person
quite a big party

2. In anderen Fällen steht der unbestimmte Artikel hinter einem Adjektiv, wenn es mit einer der folgenden Wortkombinationen verbunden ist:

as … as	This is **as** *fast* **a** runner as I have ever seen.
so … a	We hate **so** *long* **a** walk.
too … a	It was **too** *difficult* **a** task.

2.5.7 Prepositions (Präpositionen)

Präpositionen haben die Funktion, das örtliche und zeitliche Verhältnis von Dingen und Personen zueinander zu bezeichnen. Sie ändern ihre Form nicht und stehen im Allgemeinen **vor** Substantiven *(**prae**-position).*

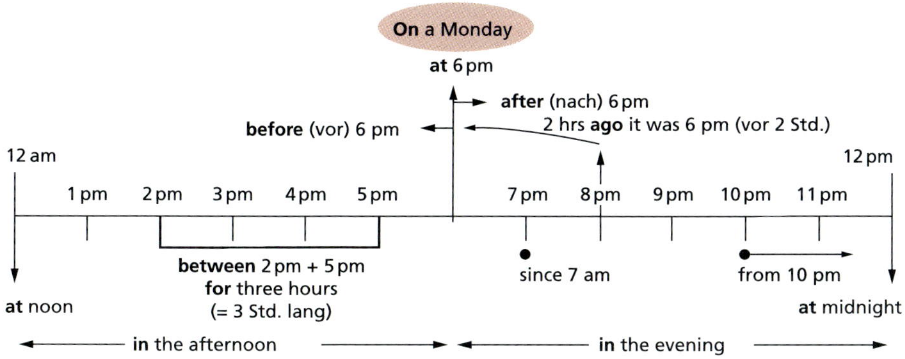

Präpositionen zur Angabe der Zeit

Präposition	Anwendung
after	nach – nach einem bestimmten Zeitpunkt: ***after*** 5 pm, ***after*** Sunday
ago	vor – zur Angabe eines Zeitraumes vor einem bestimmten Zeitpunkt – immer nachgestellt: three years ***ago***, two hours ***ago***
at	um, an etc. – zur Angabe eines präzisen Zeitpunkts (z. B. Uhrzeiten): ***at*** 3 o'clock, ***at*** Easter, ***at*** noon
before	vor – vor einem bestimmten Zeitpunkt: ***before*** Tuesday, ***before*** last year
between	zwischen zwei Zeitpunkten: ***between*** 1999 and 2001, ***between*** Monday and Friday, ***between*** 2 and 3 pm
during	während eines Zeitraumes: ***during*** my stay in England
for	seit, … lang – zur Angabe eines Zeitraumes: ***for*** three hours (= seit 3 Std. oder 3 Std. lang), ***for*** 2 years
in	in, am etc. zur Angabe eines längeren Zeitraumes (im Gegensatz zu *on*): ***in*** the afternoon, ***in*** the year 2525, ***in*** May, ***in*** the summer
on	am, an etc. – zur Angabe eines kürzeren Zeitraumes, wie Wochentag, bestimmtes Datum: ***on*** Monday, ***on*** Dec. 14th
since	seit – von einem Zeitpunkt in der Vergangenheit an: ***since*** 1999, ***since*** 7pm

Präpositionen zur Angabe des Ortes

Präposition	Anwendung
above	über – größere Distanz zum Gegenstand/Ort: a balloon ***above*** the town, a plane ***above*** the mountains
against	gegen: He is leaning ***against*** the fence.
among	unter/zwischen mehreren Gegenständen, Personen etc.: ***among*** many other people
at	an, bei etc. zur Angabe einer präzisen Ortsangabe: ***at*** the cinema, ***at*** the grocer's, ***at*** Nelson's Column

before	vor – oft vor einer Person, Sache: He suddenly stood ***before*** me.
behind	hinter: They were playing ***behind*** the house.
between	zwischen zwei Gegenständen, Personen etc.: ***between*** two stations, ***between*** Buckingham Palace and Westminster Abbey
in	innerhalb eines Behältnisses, Gebäudes etc.: ***in*** the flat, ***in*** the house, ***in*** the bucket
in front of	vor – oft im räumlichen Sinne: He was waiting ***in front of*** the church.
inside	innen, innerhalb: They stayed ***inside*** the house due to heavy rain.
on	auf, an einer Fläche: ***on*** the desk, ***on*** the wall
opposite	gegenüber: She was sitting ***opposite*** her teacher.
outside	draußen, außerhalb: They were all sitting ***outside*** the house.
over	über – kürzere Distanz zu einem Gegenstand/Ort: a bridge ***over*** the river, ***over*** the table
under	unter einem Gegenstand: ***under*** the chair, ***under*** the bridge

Präpositionen zur Angabe der Richtung

Präposition	**Anwendung**
across	quer durch, quer über (auf die andere Seite) We were walking ***across*** a large field.
after	hinterher (hinter einer Person etc. herlaufen) The police were running ***after*** the thief.
against	gegen (Gegenstände, Umstände) The snow fell ***against*** the windscreen.
along	entlang (sich an etwas vorbeibewegen, entlangfahren) The police were walking ***along*** the street.
down	herunter, hinunter The boys rowed ***down*** the river. They came ***down*** from the top of the skyscraper.
into	in … hinein (Bewegung in einen Raum hinein) They all went ***into*** the youth hostel.

onto	auf … hinauf (Bewegung auf etwas hinauf) The cat jumped ***onto*** the chair.
out of	aus … heraus (aus Gebäude, Ort etc. heraus) The burglars ***came out*** of their hiding place.
past	an … vorbei (sich an einem Gebäude, an Leuten vorbeibewegen) They were all running ***past*** our house.
through	durch, hindurch (durch eine Öffnung, Gebäude, Park etc.) Many people walk ***through*** the Brandenburg Gate.
to	zu, nach (sich auf Gebäude, Ort/Land zubewegen) He went ***to*** the station. He emigrated ***to*** America.
towards	auf … zu (in Richtung auf etwas) They were sailing ***towards*** the coast.
up	hinauf He ***ran*** up the stairs.

Stellung der Präpositionen

In der Regel stehen die Präpositionen vor dem entsprechenden Nomen, vor einem Pronomen oder einer *ing*-Form.

Betty and Tom went **to Greece** last summer.
Someone walked right **in front of me.**
Check other offers **before buying** the tickets.

Verben in fester Verbindung mit einer Präposition, wie z. B. *get on, get along, get of,* bezeichnet man als ***phrasal verbs.***

In einigen Fällen werden Präpositionen allerdings nicht vorangestellt, sondern nachgestellt, und zwar meistens dann, wenn sie eng mit einem Verb verbunden sind. Dies trifft insbesondere zu bei:

Fragesätzen	Where have you come ***from?*** What book are you interested ***in?***
Relativsätzen	The man who I talked ***to*** yesterday happened to be your teacher. The accident which I read ***about*** occurred in Gloucester Road.
Sätzen im Passiv	The children in our school are well cared ***for.*** Our neighbours have never been heard ***of*** since they left our town.
Infinitivkonstruktionen	It was a show to laugh ***about.*** There were thousands of cars to look ***at.***

Präpositionen in idiomatischen Ausdrücken

Es gibt Präpositionen, die zusammen mit Adjektiven und Nomen idiomatische Wendungen bilden. Sie sind unerlässlich in der gesprochenen Sprache, aber auch in jedem idiomatisch verfassten Text.

Idiomatische Wendung	Deutsche Entsprechung	Beispiel
by chance	durch Zufall	We met our friends *by chance*.
by means of	mithilfe von	The temperature can be measured by means of a thermometer.
to go for a walk	spazieren gehen	They *went for a walk*.
for certain	sicher	He could not promise *for certain* if he would come with us.
in my opinion/ to my mind	nach meiner Meinung	*To my mind* he is a good teacher.
to be in favour of	dafür sein	Are you *in favour of* visiting London?
in particular	besonders	*In particular* I enjoyed the exciting story in the book.
in this way	auf diese Weise	You'll never succeed *in this way*.
on duty	im Dienst	He will be *on duty* from 8 to 6.
on foot	zu Fuß	He had to go *on foot* because his bike broke down.
on purpose	absichtlich	She told him a lie *on purpose* because she hated him.
with great difficulty	unter schwierigen Umständen	The driver was rescued from his damaged car *with great difficulty*.
with regard to	hinsichtlich	He made enquiries with regard to the problem.
to put up with	ertragen, sich abfinden mit	They *put up with* the awful conditions in the hotel.

2.5.8 Word order (Wortstellung)

Die bekannte Wortstellung im Aussagesatz S-V-O kann wie folgt erweitert werden:

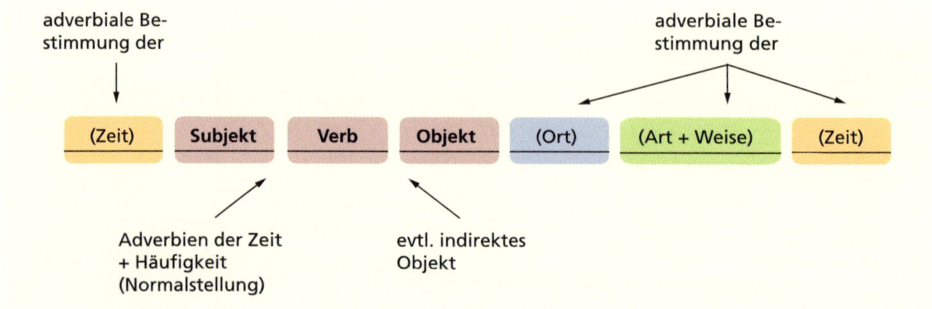

Zeitangabe	**Subjekt**	**Adverb**	**Verb**	**Objekt**	**Adverb**	**Ortsangabe**
Last year	companies	finally	increased	profits	mainly	on the Asian market.

Wortstellung im verneinten Satz

Subjekt	Hilfsverb + *not*	Adverb	Verb	Objekt	Adverb
Mrs Pierce	**can't**	always	do	the shopping	
Brian	**doesn´t**	often	see	his old friends.	
Simon	**hasn't**		returned	Mark's CD	**yet.**
Father's friends	**aren't**		playing	tennis	today.
Tom and Vince	**didn't**		meet	their coach	last night.

- der verneinte Satz wird entweder mit einem **Hilfsverb + not** gebildet, oder das Verb wird mit einer Form von ***do not*** umschrieben,
- bei ***not … yet*** (dt. „noch nicht", mit *present perfect)* wird das ***yet*** nachgestellt.

Wortstellung in der Frage

Fragewort	Hilfsverb	Subjekt	Verb	Objekt	Präposition
	Do	you	like	Indian cooking?	
	Are	you	able to cook	spaghetti?	
	Could	you	carry	my things?	
Where	**does**	Lucy	get	those books	from?
Who	**was**	Jennifer	looking		for?
What	**have**	we	bought	the biscuits	for?
When	**did**	Tom	get	his new bike?	

Frage nach dem Subjekt

Fragewort	Hilfs-verb	Verb	Objekt	Präposi-tion
Who What boy Whose TV stations	– – –	let showed make	the dog the visitors the best shows?	in? round?

- In Fragen wird entweder ein Hilfsverb oder eine Form von *do* vor das Subjekt gestellt.
- Wird nach dem Subjekt des Satzes gefragt, entfällt diese Umschreibung. Die Reihenfolge im Satz lautet dann:
  Fragewort + Verb + Objekt
- Zum Verb gehörende **Präpositionen** werden in der Frage an das Satzende gestellt.

Question tags (Bestätigungsfragen)

Bestätigungsfragen, auch Frageanhängsel genannt, kommen hauptsächlich in mündlicher Kommunikation vor. Sie fordern den Adressaten auf, einer Aussage zuzustimmen oder sie zu bekräftigen. Diese durch ein Komma abgetrennten **Anhängsel** *(question tags)* am Satzende lassen sich im Deutschen am besten durch „… nicht wahr?" bzw. „… oder nicht?" wiedergeben.
Entscheidend für die Form der Bestätigungsfrage ist, ob die Aussage bejaht oder verneint ist:

Aussagesatz bejaht ——→	***question tag* verneint**
*Paul **is** a good speaker,* *Shirley **has** won the reading contest,* *Your train **arrived** late,* *She always **arrives** early,*	***isn't he?*** ***hasn't she*?** ***didn't it?*** ***doesn't she?***
Aussagesatz verneint ——→	***question tag* bejaht**
*You **haven't** been able to finish your work,* *You **didn't** see my friend,* *You **aren't** going to the supermarket,*	***have you?*** ***did*** you? ***are*** you?

Aus den vorangegangenen Beispielsätzen kann man folgende Schlüsse zum Gebrauch der *question tags* ziehen:
- Das erste Hilfsverb im Satz wird im *question tag* wiederholt.
- Steht im Satz ein Vollverb, muss man im *question tag to do* benutzen.
- Ist der Aussagesatz verneint, wird das *question tag* bejaht bzw. umgekehrt (siehe Tabelle).

Aufforderungssätze mit *let's*, Imperative und höfliche Angebote bilden die Frageanhängsel mit *shall we, will you* oder *won't you.*

Aufforderungssatz
Let's go and see Tom in hospital, ***shall we?***

Imperativ
Quickly fetch some water, ***will you?***

Höfliches Angebot
Do sit down, ***won't you?***

Eine **weitere Ausnahme,** speziell in der gesprochenen Sprache, stellt das *question tag* nach Sätzen dar, die mit ***I am ...*** beginnen. Hier heißt das *question tag:*

I'm not disturbing you, **am I?** ↔ I'm disturbing you, **aren`t I?**

Kurzantworten auf Entscheidungsfragen

Eine Kurzantwort wiederholt Subjekt und Hilfsverb aus dem Fragesatz (Ausnahme *to be*).

Fragen mit Hilfsverb bzw. *to be* als Vollverb:

Can you do me a favour?	Yes, I ***can.***/No, I ***can't.***
Do you travel to England for Christmas?	Yes, I ***do.***/No, I ***don't.***
Would you like to fly to the moon?	Yes, I ***would.***/No, I ***wouldn't.***
Have you already had breakfast?	Yes, I ***have.***/No, I ***haven't.***
Are you happy?	Yes, I ***am.***

Besonderheiten bei *must* und *needn't.* Da die Verneinung von *must needn't* ist, muß auch in der verneinten Kurzantwort *needn't* (und nicht etwa *mustn't)* stehen:

Must I carry all the books upstairs? No, you ***needn't.***

In Kurzantworten, bei denen sich der Adressat bei seiner Antwort nicht ganz sicher ist, kann er folgende Antworten benutzen:

Kurzantworten	Beispiele
I think/believe so. = Ich glaube schon.	*Do shops have late-night shopping here?* ***I think/believe so.***
I hope so/not. = Ich hoffe/hoffe nicht.	*Do you think your father minds?* ***I hope not.***
I suppose so. = Ich nehme es an.	*Will the play start at 8 o'clock?* ***I suppose so.***

Zustimmende Kurzantworten

Zustimmung wird ausgedrückt durch *so* + Hilfsverb + Subjekt (nachgestellt)	*"I'm tired." – "So am I."* *"We hate screeching birds."* *"So do we."*
Neither/nor /not … either = dt. „auch nicht" Drückt Zustimmung zu einer negativen Aussage aus. *Nor/neither* + Hilfsverb + Subjekt (nachgestellt) *Not … either:* unveränderte Wortstellung	*"I don't feel up to it tonight."* *"Nor/Neither do I."* *"I don't either."* *"Phyllis can't come on Sunday."* *"Nor/Neither can Kate."* *"Kate can't either."*

Inversion (Inversion)

Den Stellungstausch von Subjekt und Verb/Hilfsverb bezeichnet man als Inversion. Sie wird zusammen mit vorangestellter Präposition, Adverb oder adverbialer Bestimmung benutzt, um einen Umstand besonders zu betonen.

Did dient in diesen Sätzen ebenfalls der Betonung.

Adverbiale Bestimmung	Hilfsverb/ Hauptverb	Subjekt	Hauptverb
In	came	the witness.	
Never	have	I	seen …
Hardly	had	he	opened …
Not until she came closer (Nicht eher als dass)	did	he	recognize …
Only after her departure (Erst nach)	did	he	realize how …

2.5.9 Sentences (Sätze)

types of sentences (Arten von Sätzen)	
bejahter Aussagesatz ***(affirmative sentence, positive statement):***	*The frog jumped into the pond.*
verneinter Aussagesatz ***(negative sentence/statement):***	*The frog wasn't eaten by the heron.*
Frage ***(question, interrogative sentence):***	*Do you like strawberry ice-cream?*
Bestätigungsfrage ***(question tag):***	*You like strawberry ice-cream, don't you?*
Anordnung, Befehl ***(command, imperative)***	*Shut the door!*
Bitte ***(request):***	*Could you help me with the dishes, please?*

one-word sentence **(Ein-Wort-Satz)**	
Zwischenrufe ***(interjections):***	Oh! Hey! Damn!
Ausrufe ***(exclamations):***	*Dear me! Thanks ! Good !*
kurze Befehle ***(short imperatives/commands):***	Run! Stop! Look!
kurze Kommentare ***(short comments):***	Perhaps. Certainly. Impossible.

Der zusammengesetzte Satz
(complex sentence)

Satzreihe
(coordinate sentence)

Hauptsatz + Hauptsatz
(coordinate clauses)

Die Satzreihe/Parataxe
(coordinate sentence)

- einfache Hauptsätze
- verbunden durch Kommas oder *coordinating conjunctions: and, or, but, nor, for* (denn)

I never found out, for I was too shy to ask.

"The line rose slowly and steadily and then the surface of the ocean bulged ahead of the boat and the fish came out."

Zitat aus E. Hemmingways *The Old Man and the Sea* (1952)

Satzgefüge
(compound sentence)

Hauptsatz + Nebensatz
main clause + sub-clause

Das Satzgefüge/Hypotaxe
(*compound sentence*)

- Hauptsatz ***(main clause)*** und
- ein oder mehrere Nebensätze ***(subordinate*** *or dependent clause*, kurz: ***sub-clause)***
- verbunden durch Kommas oder *subordinating conjunctions*: *because, since, if, although etc.*

He hasn't been to the park ***since*** *he fell ill.*
The theatre closed down last week, ***although*** *most performances had been sold out.*

Conditional sentences (Bedingungssätze). Bedingungssätze geben die Bedingung oder Voraussetzung an, unter der eine Handlung geschieht oder ein Zustand eintritt. Sie bestehen aus

- einem Nebensatz *(if-clause)*, der die Bedingung nennt, und
- einem Hauptsatz, der die Folgen beschreibt.

Der Nebensatz wird eingeleitet durch die Konjunktionen *if, if not, only if, on condition that, provided that, supposing that, unless.*

If Dad has a day off, he 'll have enough time to fix his boat.

Bedingung Nebensatz *if-clause*	Folge Hauptsatz *main clause*

Der Bedingungssatz kann statt mit dem Nebensatz auch mit dem Hauptsatz beginnen:

We might have expected you, if you had phoned us earlier.

Folge	Bedingung
Hauptsatz	Nebensatz
main clause	*if-clause*

Im Englischen lassen sich drei Typen von Bedingungssätzen unterscheiden, je nach Art der im Nebensatz genannten Bedingung:

erfüllbar → probable condition → reale Bedingung
bedingt erfüllbar → improbable condition → irreale Bedingung
nicht mehr erfüllbar → impossible condition → irreale Bedingung

Type I = probable condition
Type II = improbable condition
Type III = impossible condition in the past

In jedem dieser drei Typen von Bedingungssätzen wird, bis auf einzelne Ausnahmen, eine bestimmte Zeitenfolge benutzt:

- Probable condition
  (Bezug auf gegenwärtiges und zukünftiges Geschehen)
  Es ist durchaus möglich, dass die genannte Bedingung eintritt oder bereits erfüllt ist.

Nebensatz	Hauptsatz
simple present	**will-future** oder Hilfsverb + Verb
Unless she **slims** down	her new suit **won't fit.**
If the meals **are** too expensive	we **could cut** down on drinks.

Im if-Satz steht nie *will* oder *would*, Ausnahme ist die Formulierung eines Wunsches oder einer Bitte.

Aber auch diese Zeitenfolgen drücken eine erfüllbare Bedingung aus:

If Sue **left** an hour ago	**she'll be** here before noon.
If you **have put** up the tent	**come and help** me.
If you **heat** water	it **starts** to boil.

Aber: *simple present* in Haupt- und Nebensatz bei Gesetzmäßigkeiten und sich wiederholender Handlung

Hier gibt der Nebensatz, wenn auch im *past perfect* und im *simple past,* eine reale Bedingung an, für die eine wahrscheinliche Folge vermutet wird.

If Bill **had** not even **left** for Hamburg when you phoned him he possibly **won't have arrived** there yet.

- Improbable condition
  (Bezug auf gegenwärtiges und zukünftiges Geschehen)
  Die Erfüllung der genannten Bedingung ist nur angenommen, unwahrscheinlich, aber nicht völlig unmöglich.

Nebensatz	Hauptsatz
simple past	conditional I Hilfsverb + Verb
If I **lived** in the USA	I **would like** to live in Maine.
If we **walked** faster	we **might catch** the train.
If he **didn't stop** bothering me	**I'd inform** the police.
If I **were** you	I **wouldn't hesitate** any longer.

Im *if-clause* wird häufig statt der Vergangenheitsform *was* der Konjunktiv von *to be* = *were* benutzt.

- Impossible condition
  (Bezug auf vergangenes Geschehen)
  Die genannte Bedingung wurde nicht erfüllt.

Nebensatz	Hauptsatz
past perfect	conditional II
If you **hadn't bothered** about the key	we **would have been locked** out now.
Provided you **had met** him earlier	**would** you **have married** him?
Supposing there **hadn't been** anyone around	who **would have heard** his shouts?

Relative clauses (Relativsätze)

Relativsätze sind Nebensätze, die das Subjekt oder das Objekt des Hauptsatzes näher erläutern. Sie können sich aber auch auf den Sachverhalt des ganzen Hauptsatzes beziehen. Eingeleitet werden sie in der Regel durch Relativpronomen *(relative pronouns)* wie *who, which* oder *that.*

Bezug auf Subjekt	Bezug auf Objekt	Bezug auf ganzen Satz
The *author* ***who wrote the novel Tom Jones*** lived in the 18th century.	He wrote *a novel,* ***that many people consider a great piece of literature.***	*Not only did he write literature but he was also engaged in politics and journalism,* ***which made him even more respected in his country.***

Unterschied zwischen notwendigen (*defining)* und nicht notwendigen Relativsätzen *(non-defining relative clauses).*

Im Gegensatz zum Deutschen macht man im Englischen einen Unterschied zwischen notwendigen und nicht-notwendigen Relativsätzen. Von dieser Unterscheidung hängen sowohl **Zeichensetzung** als auch **Sprechpausen** zwischen Haupt- und Relativsatz ab.

- Ein **Relativsatz** wird dann als **notwendig** bezeichnet, wenn er für das Verständnis des Hauptsatzes unentbehrlich ist. Er definiert das Nomen, auf das er sich bezieht.

  The novel ***which was written by Henry Fielding*** became world-famous.

Ohne den Relativsatz wäre nicht ersichtlich, von welchem Roman in dem Satz die Rede ist. **Notwendige Relativsätze** werden nicht durch Kommata oder Sprechpausen vom Hauptsatz getrennt.

- Der nicht notwendige Relativsatz hingegen enthält eine Zusatzinformation, die weggelassen werden kann, ohne dass dadurch die Aussage im Hauptsatz leidet.

  Fielding, ***who was also engaged in politics and journalism,*** wrote the great novel *Tom Jones.*

  Auch ohne den Relativsatz ergäbe der Hauptsatz Sinn. Haupt- und Nebensatz werden durch Komma abgetrennt, und man macht vor und hinter dem Relativsatz Sprechpausen.

Die verschiedenen Relativpronomen und deren Gebrauch. Folgende Relativpronomen können einen Relativsatz einleiten:

Relativpronomen	**Bezug auf**	**Beispiele**
who	Personen	People ***who*** *live in Liverpool* are called Liverpudlians.
which	Dinge	SHAKESPEARE played as an actor in the Globe Theatre, ***which*** was rebuilt in London,
that	Personen und Dinge	Many immigrants ***that*** *have come to England from Pakistan* live in Bradford.
whom (Objektform)	Personen	*The lady* ***whom*** *you saw on TV last night* was the former Prime Minister.
whose (Genitiv)	Personen und Dinge	The play ***whose*** *title is Romeo and Juliet* is by SHAKESPEARE. Auch möglich: The play, the title ***of which*** is *Romeo and Juliet,* is by SHAKESPEARE.
to/with which etc. (Präpositionalobjekt)	Dinge	The people ***with whom*** *we'll spend a week in England* are already very excited.
which (dt. was)	Bezug auf den ganzen Satz	We travelled across the country, saw a lot of sights, and met many people, ***which*** *I found very interesting.*

that besonders nach Superlativen: *the first, the last, the only, any-, some-, everything*

which = dt. was: … , was eine große Leistung ist, *… which is quite an achievement.*

Sofern das Verb im Relativsatz mit einer Präposition gebraucht wird (z. B. *talk* ***to*** *someone),* steht diese häufig hinter dem Vollverb. Bei *who* oder *which* als Relativpronomen kann die Präposition vor dem Relativpronomen stehen. Dies bewirkt einen Unterschied im Sprachstil: der erste Beispielsatz ist weniger formal *(less formal)* als der zweite.

The woman	*who*	I	was talking	to	is a friend of mine.
The woman	to whom	I	was talking		is a friend of mine.

who wird in diesem Fall dann zu *whom.*

Contact clauses

Relativsätze ohne Relativpronomen bezeichnet man als *contact clauses.* Sie sind besonders in der Umgangssprache gebräuchlich. *Contact clauses* können unter der Bedingung gebildet werden, dass in einem notwendigen Relativssatz das Relativpronomen zugleich das Objekt des Relativsatzes ist. Wird im *contact clause* ein *phrasal verb* (Verb + Präposition) benutzt, so wird die Präposition nachgestellt.

Notwendiger Relativsatz → *contact clause*

	Relativsatz			
	Objekt	Subjekt	Verb	
The man	to whom	you	talked	is a novelist.
The man		you	talked to is a novelist.	
		contact clause		

	Relativsatz		
	Objekt	Subjekt	Verb
What are the reasons	which	you	have in mind?
What are the reasons		you	have in mind?
		contact clause	

Das Relativpronomen muss in einem nicht notwendigen Relativsatz benutzt werden, wie z. B.:

The Grand Canyon, ***which we visited last year,*** is one of the greatest natural wonders.

Adverbial clauses (Adverbialsätze)

Als Adverbialsätze bezeichnet man Nebensätze *(sub-clauses),* die die näheren Umstände der im Hauptsatz ausgedrückten Handlung angeben:

Adverbialsatz	Konjunktion	Beispiel
des Ortes *(adverbial clause of place)*	where wherever as far as	**Wherever** I looked, I couldn't find my watch. There were many people at the concert, **as far as** I could see.
der Zeit *(adverbial clause of time)*	*when* (wenn, als), *before, while, until, as soon as, after, whenever, since* (seit), *as long as, no sooner … than* (mit Inversion)	I'll see you next week, **when** I come back. **Whenever** there is an accident, the ambulance arrives after some time.
des Grundes, der Ursache *(adverbial clause of reason)*	*for* (denn) *because* (weil) nachgestellt, *as, since* (weil) vorangestellt	She was worried **because** her daughter was late. **Since** you object to our suggestions, we'll drop our plans of travelling to America.

der Folge *(adverbial clause of result)*	*that* *so that,* *so … that*	The gates were locked **so that** nobody could enter the stadium. He played **so** well **that** his opponent didn't have a chance.
des Zwecks *(adverbial clause of purpose)*	*that* *so that,* *in order to/so as to*	I took the express train **so that** I would reach home by 6.30 pm. He told me a lie **so as to** escape punishment. She took dancing lessons **in order to** relax after work.
der Einräumung *(adverbial clause of concession)*	*though, although* (obwohl), *even if, even though* (selbst wenn) *however* (wie auch immer)	**Even though** he didn't understand a word, he watched the film to its end. **However** poor he may be, he is always in a good mood.
des Gegensatzes, des Vergleichs *(adverbial clause of contrast)*	*whereas* (während, wohingegen), *as … as, as if* (als ob), *the* + Komparativ … *the* + Komparativ	We had to work, **whereas** they were on vacation. **The darker** it grew, **the more afraid** the boys became.

An Stelle von **Adverbialsätzen** können auch **Partizipial- und Gerundialkonstruktionen** treten. Beim Gebrauch folgender Konjunktionen sind Bedeutungsunterschiede zu beachten:

as

da, weil ← *as* → wie (immer)

↓

als (zeitlich)

As prices for petrol are going up, people do not drive as much.
As we left the house, it began to rain heavily.
He turned on the car radio ***as*** he always does on long journeys.

since

da, weil (Konjunktion)	seit (Präposition
Since it had started to rain, they had to continue playing inside.	I have not heard from him ***since*** my last letter.

while/during **(während)**

Konjunktion (leitet Nebensatz ein)	Präposition (vor einem Nomen)
While some of the boys were playing cricket, others were practising basketball.	***During the war*** many people didn't know what to eat.

Using emphasis (Hervorhebung von Satzteilen)

Zur Hervorhebung einzelner Satzteile werden im gesprochenen Englisch und in der Schriftsprache so genannte *cleft sentences,* geteilte Satzkonstruktionen, benutzt. Sie bestehen aus
- der Nennung des betonten Satzteils in einer *It is/what is/what does*-Konstruktion,
- der Satzaussage in einem Relativsatz.

Beispiele für die Hervorhebung einzelner Satzteile

Subjekt	Mr Graver **is the person who** is in charge of foreign clients. **What** makes him so fascinating **is** the repertoire of roles he plays.
Prädikat	**What** she **does** is drop hints.
Objekt	**It is** his way of poking fun at other people **which** I extremely dislike.
Adverbialbestimmung	**It is** by using her brother's ideas **that** she has become so successful.

Reported speech (Die indirekte Rede)

Die indirekte Rede ist die Wiedergabe einer mündlichen oder schriftlichen Äußerung. Sie erfolgt allerdings in abgewandelter Form. So wird z. B. aus:

He ***says,*** "I will be home later." → He ***said*** he would be at home later.

(gegenwartsbezogen) direkte Rede	(vergangenheitsbezogen) indirekte Rede

Says und *said* bezeichnet man als Einführungsverben.

Weitere einführende Verben sind z. B.:

to add, to admit, to argue, to complain, to contradict, to doubt if, to emphasize, to exclaim, to mention, to point out, to promise, to want to know, to wonder if.

Folgende Elemente der direkten Rede passen sich der Situation der Redewiedergabe an:

- Bei der Wiedergabe durch eine andere Person verändern sich Personal- und Possessivpronomen

"**I** will travel through Sweden with **my** friend **next month.**"
He says (that) **he** will travel through Sweden with **his** friend **the following month.**

- Zeitangaben werden in indirekter Rede umschrieben.

"I will stop smoking tomorrow."
"She mentioned that she would stop smoking the next day."
"Did the pain start yesterday evening?"
"The doctor wanted to know if the pain had started the previous evening."

Auch Ortsangaben werden in indirekter Rede angepasst, z. B. *here → there.*

Weitere Zeitverschiebungen sind z. B.: now → then, today → that day, yesterday → the day before, two days ago → two days before, this week → that week, next week → a week, later/the following week.

Steht bei der Umwandlung von direkter in indirekte Rede das einführende Verb im *simple past,* findet eine Verschiebung der Verbzeiten statt. Diese Verschiebung orientiert sich an der Vergangenheit *(backshift of the tenses):*

direct speech	**reported speech**
simple present "I'm hungry."	**simple past** She said (that) she was hungry.
present progressive "We are having dinner right now."	**past progressive** She said that they were having dinner immediately.
present perfect "I've never tasted such delicious fish before."	**past perfect** He exclaimed that he had never tasted such delicious fish before.
present perfect progressive "We have been waiting for you for an hour."	**past perfect progressive** They complained that they had been waiting for him for an hour.
simple past "And we forgot to buy the tea."	**past perfect** He added that they had forgotten to buy the tea.
going to-future "Are you going to watch the match?"	**was/were going to** He asked if they were going to watch the match.
will-future "When will you have your surgery?"	**conditional I** She asked when he would have his surgery.

Bei der Wiedergabe von Anweisungen, Bitten und Ratschlägen in indirekter Rede werden Infinitivkonstruktionen verwendet:

"Don't forget your umbrella." →
He told her not to forget her umbrella.

2.6 Stil und Register

Sprachbeherrschung bedeutet nicht nur, Wortlisten aus dem Gedächtnis abrufen zu können, sondern stilistisch und idiomatisch angemessen Wörter aus einem Repertoire auswählen zu können. Sprache findet immer in einem Kontext, etwa in bestimmten Gesprächssituationen, statt. Deshalb sind Grundkenntnisse hinsichtlich unterschiedlicher Sprachvarianten sehr nützlich.

2.6.1 Sprachvarianten: Dialekt, Stil, Register

Akzente *(accents)* unterscheiden sich in der Aussprache.

Regionale und urbane Dialekte, ↗ S. 8

Sprachvarianten

Dialekt *(dialect)*	**Stil *(style)***	**Sprachebene *(register)***
– regional oder sozial bedingte Sprachform innerhalb einer Sprachgemeinschaft – von den Normen der Standardsprache unterscheidbar hinsichtlich • phonetischer, • grammatikalischer, • lexikalischer Besonderheiten – regional bedingte Sprachformen innerhalb einer Sprachgemeinschaft – mündlich	– Sprachform, um den Grad an formaler Sprachverwendung zu bezeichnen – Situations- und umgebungsabhängig – nicht regional begrenzt – schriftlich und mündlich	– Sprachvariante, die mit speziellen Themen, Kontexten oder Funktionen verbunden ist – in bestimmten Berufsgruppen oder zu bestimmten Anlässen z. B. juristische oder medizinische Fachsprache – nicht regional begrenzt – schriftlich und mündlich

Mit Standardsprache ist die Sprache der gebildeten Mitttel- und Oberschicht gemeint, die sich an den Normen der geschriebenen Sprache orientiert. Sie wird im Bildungssystem und in den Medien als anzustrebender Standard vermittelt wird.
Das *Standard English* ist an keine spezifische soziale Schicht gebunden; jemand, der es benutzt, kann durchaus einen regionalen Akzent besitzen. Früher wurde für „Standardsprache" auch der wertende Begriff „Hochsprache" verwendet.

Das *Standard English* (↗ S. 149) kann sowohl in schriftlicher als auch in mündlicher Kommunikation Anwendung finden. ***Literary English*** ist durch einen formalen Stil (Wissenschaft, Dichtung etc.) gekennzeichnet, während das ***Colloquial English*** informell ist und sich durch alltägliche Redeweise ausweist. Dort kommen häufig Abkürzungen vor, z. B. *flu* für *influenza,* oder auch Ausdrücke im Wortverband, etwa die Verwendung von *phrasal verbs* wie *to put on* etc.

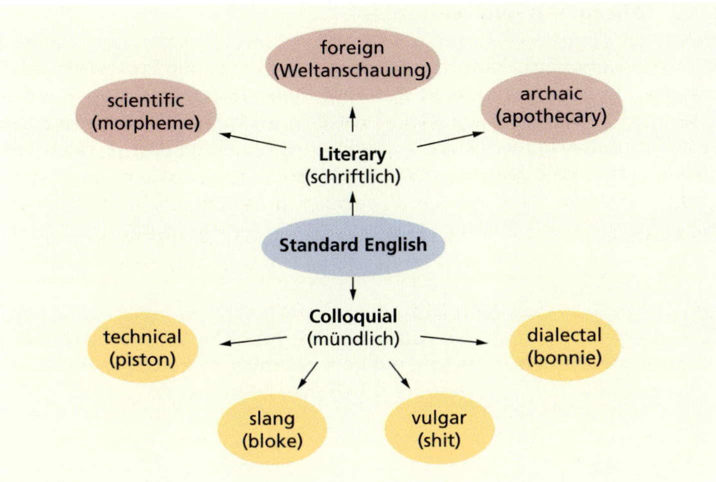

Unterhalb des Standard English ist der **Slang** angesiedelt, der laut Oxford Advanced Learners' wie folgt definiert wird:
"Slang consists of very informal words and expressions that are more common in spoken language and are not suitable for formal situations."

Die Entstehung von immer neuem Slangvokabular ist heutzutage eng verbunden mit der großen Vielfalt der Kulturen, wie sie besonders im Nordosten Londons anzutreffen ist. Dort hört man unter Jugendlichen einen *Harlem basketball jargon, rap lyrics,* Slang der Simpsons, Harry-Potter-Phrasen oder Urdu-Ausdrücke. In den letzten fünfzig Jahren hat das Slangwort gay mindestens drei Bedeutungswandlungen mitgemacht:

- für die Großeltern bedeutete *gay* = *happy,*
- für deren Kinder bedeutete *gay* = *homosexual* (*queer* war beleidigend),
- für deren Kinder wiederum bedeutet *gay* = *outdated, old, useless.*

Für einen Homosexuellen würde ein Jugendlicher von heute *batty boy* parat haben – ein Ausdruck, der aus dem Jamaika-Slang kommt und so viel wie Hintern heißt.

Wenn jemand *You chat bare breeze'* sagt, meint er, dass sein Gegenüber „Unsinn redet". Wenn jemand mit „You're gay, man" betitelt wird, bedeutet das nichts anderes als „You are outdated/old/useless", also nichts Schmeichelhaftes.

Wie schnell sich Slang-Ausdrücke ändern, zeigen folgende Beispiele:

neutral style	früherer Slang	heutiger Slang
bad	cack (von *informal* cackhanded = tollpatschig)	wack
good-looking (girl)	fit	buff
ugly girl	a minger	butters

Noch unterhalb des Slang ist das so genannte ***Cant*** angesiedelt. Es bezeichnet die „Fachsprache" der asozialen und kriminellen Unterwelt (Sprache wird gegenüber der Außenwelt geheim gehalten).

2.6.2 Stilebenen und -varianten

Wie schon erwähnt, kann die Stilebene auch von der Profession oder von der Klassenzugehörigkeit des Einzelnen abhängen *(upper/middle/lower class).* Die Stilebene kann sich aber auch situationsabhängig je nach Gesprächsrahmen ändern. So kann eine Mitteilung je nach Gesprächpartner sehr unterschiedlich ausfallen:

1. Aussage gegenüber einem guten Freund	"Met that guy John today. Wants to go and work in Australia. Has probably never been there."
2. Aussage gegenüber einem Kollegen	"Do you remember John? I met him today and he told me he is planning to go to Australia. I wonder if he's ever been there."
3. Aussage gegenüber seinem Chef	I met Mr Smith today, sir, if you remember. He used to work for our company. He has plans of embarking on a new life in Australia. Quite extarordinary, isn't it?

Diese situationsgebundenen Stilvarianten bezeichnet man auch als ***functional varieties.*** Sie reichen von formell bis zu informell *(formal to familiar)* und umfassen wissenschaftliche Abhandlungen ebenso wie private Korrespondenz.
Wie stark der Situationsrahmen die Wortwahl beeinflussen kann, zeigt das Beispiel verschiedener Kommunikationspartner in Bezug auf die Anredeformen sehr deutlich:

Beispiele aus: Barnickel: Sprachliche Varianten des Englischen – Register und Stile, 1982, S. 154

Anredeform	Situationsrahmen
Your honour/Mr Chairman	offizielle Veranstaltungen
Mr/Mrs/Dr/Prof. Smith	gegenüber Fremden, Vorgesetzten etc.
ladies and gentlemen	Redner an Zuhörer in öffentlichen Versammlungen
Sir	Schüler gegenüber Lehrern, Verkäufer gegenüber Kunden, Kellner gegenüber Gast etc.
mister	gegenüber Rekruten beim Militär, sonst unhöflich
Smith	Vorgesetzter gegenüber Untergebenen, Polizist gegenüber Angeklagten
John	Gleichaltrige/-rangige Kollegen (in den USA viel üblicher als in GB)

fellow	gute Bekannte/Kollegen
dear, duck, love, skip, jock	im engen Familien-/Bekanntenkreis
boy	obsolet: Weiße gegenüber Schwarzen

Je nach Sprechsituation und Rollenerwartung ist die Wahl der Sprachmittel unterschiedlich. Für ein und dieselbe Aussageabsicht gibt es im Englischen häufig ein formelles und ein informelles Wort, für eine Phrase gibt es je nach Situation durchaus zwei unterschiedliche Varianten:

Formelle Wörter/Phrasen	**Informelle Wörter/Phrasen**
encounter	meet
assistance	help
menace	threaten
elucidate	explain
extinguish	put out
gratified	glad
Would you please stop talking?	Quiet! Shut up!!
We would like people to be quiet now.	Don't make a sound.
It could be quieter.	Will you be quiet.
A little more quiet wouldn't be a bad thing.	Cut out that nonsense.
I couldn't agree more.	Right you are.
What I'm trying to express is …	I want to say …
I'm of the opinion	I'm sure …
I'm uncertain	You're kidding; I don't believe you.
I don't entirely disagree, but …	I don't agree; Oh, come on

In einem Essay, einer ernsten Erzählung, einer anspruchsvollen Unterhaltung oder in einer Oberstufenklausur sind Wörter oder Ausdrücke wie *guy, doll, bird (girl), get cold feet, dough* (Geld) in der Regel fehl am Platz.
In der Konversation mit anderen Nichtmuttersprachlern wird gemeinhin eher ein neutraler Stil bevorzugt. Andere Stilebenen auseinander halten zu können ist zunächst eher eine rezeptive Fähigkeit.

Formelle Sprechweise in Bezug auf grammatikalische Besonderheiten

Neben der Wortwahl sind es auch grammatikalische Besonderheiten, die eine formelle Sprechweise charakterisieren. Es sind dies insbesondere:

www.pbs.org/greatspeeches/

1. Das **unpersönliche/anonyme Passiv,** wodurch auch das Thema gleich zu Beginn eines Satzes genannt werden kann.

   "Those matters accomplished by whites are routinely subjected to sophisticated modes of analysis."
   (THOMAS CLARENCE, *Supreme Court Justice,* 1998)

2. Das **unpersönliche *one*** wird dem informellen *you* vorgezogen.

   "One need only attack and thus discredit the person making the argument."
   (THOMAS CLARENCE, ibidem)

3. Die **Nominalisierung**

   "The conclusion reached by the long arms of the critics is that I supported the beating of prisoners in that case."
   (THOMAS CLARENCE, ibidem)

4. Der Gebrauch des normalerweise selten vorkommenden **Konjunktivs** (*subjunctive*) im Englischen

   "With differing, but equally infallible news, I think it is best that they be aired and sorted out in an environment of civility ..."
   (THOMAS CLARENCE, ibidem)

Rhetorische Figuren

Wann immer es um die wirkungsvolle Gestaltung einer Rede (bzw. eines Textes oder einer Äußerung) geht, kommen rhetorische Figuren zum Einsatz. Wie eine Gerichtsverhandlung ausgeht, welche Resonanz eine politische Rede findet, hat entscheidend mit den rhetorischen Mitteln zu tun, die Redner in diesen Situationen einsetzen.

Rhetorische Mittel werden funktional angewendet. Man will durch ihren Gebrauch eine bestimmte Wirkung erzielen. Sie können zur Anschaulichkeit, Ästhetik oder zur Hervorhebung einer Aussage beitragen. Außerdem können sie eine gewisse Erwartungshaltung und Spannung erzeugen. Letztlich aber wirkt ein rhetorisches Mittel immer nur in einem Kontext. Besonders häufig werden rhetorische Figuren in öffentlichen Reden (Politik, Gericht) und in der Werbung eingesetzt (↗ S. 173).

Auch für die Textanalyse ist das Wissen um rhetorische bzw. stilistische Mittel *(stylistic/rhetoric devices)* von Belang. Sie werden wahrgenommen als Abweichungen vom allgemeinen sprachlichen Ausdruck u. a. hinsichtlich des Wortschatzes und der Syntax.

2.6.3 Idiomatische Wendungen für die Alltagskonversation

Telefonkonversation	**Phone conversation**
Sie ist zur Arbeit gegangen. Möchtest du/möchten Sie etwas ausrichten?	She's gone to work … Would you like to leave a message?
Ich bekomme immer einen Besetztton.	I keep getting a busy signal.
Unsere Verbindung wurde unterbrochen.	Our phone was disconnected.
Ich glaube, wir haben eine schlechte Verbindung.	I think we have a bad connection.
Ich rufe dich in einer Stunde wieder an.	I'll get back to you in an hour.
Ich rufe für …/im Auftrag von … an.	I'm calling on behalf of …
Ich rufe an, um … zu besprechen. Haben Sie einen Moment Zeit?	I'm phoning to discuss … Do you have a few minutes?
Ich möchte die Durchwahl 1234.	I'd like extension 1234, please.
Ich schaue nach, ob er da ist.	If you hold a moment I'll see if he's in.
Könnte ich … ganz kurz sprechen?	Could I have a quick word with Mr X?
Kann ich jemanden sprechen, der für … verantwortlich ist?	Could I speak to the person responsible for …/someone who's responsible for/in charge of …?
Wen kontaktiere ich da am besten?	Who should I contact then?
Darf ich fragen, worum es geht?	Would you mind telling me what you are calling about?
Wollen Sie warten?	Would you like to hold?
Wann soll ich zurückrufen?	When would be a good time for me to call you back?
Kann ich zurückrufen, wenn …	Can I get back to you when I'm not so busy?
Könnten Sie das bitte schriftlich bestätigen?	Would/Could you confirm that in writing, Mr X?
Möchten Sie eine Nachricht hinterlassen?	Would you like to leave a message (for him)?
Ich notiere es.	One moment please, I'll make a note of this.
Ich hole etwas zu schreiben.	Let me just get a note pad to write it down.
Wie lange sind Sie erreichbar?	How long can you be reached on this number?

Könnten Sie bitte jede Ziffer einzeln sagen?	Please give each digit separately.
Könnten wir Ihren Namen noch einmal buchstabieren, um sicherzugehen?	May I just spell your name to check whether I got it right?
Könnten Sie bitte langsamer sprechen?	Could you (possibly) speak more slowly?
Ich habe es notiert.	I've noted that.
Kann ich mit jemandem anderen sprechen?	Is there anyone else available I can talk to?
Mich interessiert, ob …	I'm interested in …/could you give me any information on …/would you mind telling me …?
Was würden Sie mir raten?	What do you think I should do? What could you recommend?/Could I ask for your advice on …?
Ich überlege es mir	I'll think about it.
Ich habe keine Zeit …	I'm up to my neck in work/ and I'm up against the deadlines.
Was hielten Sie von …?	What about …?/ How would you feel about …/I wonder of I might sugggest/let me suggest/ …, would that be alright?
Wie geht es jetzt weiter?	Okay, so where do we go from here?
Leider muss ich mich beschweren.	I'm sorry to/I'm afraid I have to complain/ I wish to make s serious complaint about (the service).
Wir könnten uns … treffen	Can we meet up on Friday? Does (tomorrow morning) suit you? If it's okay with you, how about (Monday)?
Soll ich dich/Sie abholen?	Shall I pick you up at …?
Würden Sie zum … (Essen) kommen?	Could you/Would you like to come for dinner on Saturday?
Nur um sicher zu gehen, wir treffen uns um …	Just to make sure I've got time and place right … So we're meeting in … on … at.
Ich komme später.	I'll be late/I might not be there/finished in time …
Können wir uns später treffen?	Are you free (in the afternoon) then, instead? Is there any chance of us meeting later?

3 UMGANG MIT TEXTEN UND MEDIEN

3.1 Der erweiterte Textbegriff

Was ist „Text"?

Text – abgeleitet von lat. textum = Gewebe oder lat. textus = Geflecht

Im herkömmlichen Sinne bezeichnet der Begriff „Text" eine umfangreichere zusammenhängende sprachliche Äußerung in geschriebener oder gedruckter Form, z. B. einen Buchtext oder einen Zeitungsartikel. Der Autor eines Textes benutzt den **Zeichenkode** der Schriftsprache und den geschriebenen oder gedruckten Text als **Medium** zur Übermittlung seiner Gedanken.
Der **erweiterte Textbegriff** geht über die Grenzen der sprachlichen Kommunikation hinaus und bezieht auch absichtsvoll eingesetzte nichtsprachliche Mitteilungen *(non-verbal communication)* ein. Hierzu zählen gestische und mimische Signale *(non-verbal behaviour)*, die eine sprachliche Botschaft begleiten oder ergänzen. Der erweiterte Textbegriff schließt auch Zeichengebilde ein, die vollständig einem nichtsprachlichen Zeichensystem entnommen sind, und sich über verschiedene Medien (Bewegung, Bild, Tonträger) an ein Publikum wenden, wie es bei Fotografien, Werbespots oder Choreographien der Fall ist.

Im erweiterten Sinne versteht man unter **Text** ein zur Kommunikation eingesetztes, in sich abgeschlossenes Arrangement von Zeichen, die einem oder mehreren Zeichensystemen angehören. Die ausgewählten Zeichen bilden miteinander einen Bedeutungszusammenhang und richten sich mit einer bestimmten Absicht an einen Adressaten oder eine Adressatengruppe. Moderne Medien (*medium;* (pl.) *media)* erlauben einen zeitversetzt (E-Mail) oder simultan über räumliche Distanz (Onlinekonferenz) stattfindenden Austausch von Informationen in Textform.

***mass media:** magazines, daily and weekly newspapers, posters, TV, radio*

Informationsträger wie Hörfunk, Fernsehen, CD-ROM und Internet haben neue Textformen hervorgebracht, z. B. Hörspiel, Interview oder E-Mail. Die so genannten Massenmedien machen Informationen in Textform der Öffentlichkeit zugänglich.
Der erweiterte Textbegriff erstreckt sich auch auf Texte, die sich aus Zeichen verschiedener Zeichenkodes zusammensetzen (z. B. Drameninszenierungen) und moderne Kommunikationsmedien benutzen, wie z. B. Cartoons (↗ S. 271), Bildwerbung, Werbespots, und Spielfilme. Sie werden als **mehrfach kodierte Texte** bezeichnet.

Die Definition des sprachlichen Textes berücksichtigt neben der Schriftsprache auch die gesprochene Sprache:

> Als **sprachlichen Text** bezeichnet man eine sich sinnvoll aufeinander beziehende (kohärente) Reihe von Äußerungen. Texteröffnungs- und Schluss-Signale weisen ihn als abgeschlossene Einheit aus. Ein Text stellt eine Form sprachlichen Handelns dar.

Jede sprachliche Äußerung ist eingebettet in einen Sachzusammenhang oder in eine Situation, den außersprachlichen oder **situativen Kontext.** Hierzu zählen alle Faktoren, die die Kommunikation beeinflussen, z. B. Ort und Zeit der Äußerung, Beziehung zwischen Sprecher und Adressat, Motive des Sprechers und des Adressaten. Die Berücksichtigung des situativen Kontextes ist eine wichtige Voraussetzung für das Gelingen der Kommunikation. Das einzelne Wort als Textbestandteil ist integriert in den Sinnzusammenhang des Textes, den **textuellen Kontext.** Dieser bestimmt die **textuelle Bedeutung,** die ein Wort in einem Text besitzt. So verfügt z. B. das Wort *head* über mehrere lexikalische Bedeutungen:

situativer Kontext = Handlungszusammenhang

textueller Kontext = Sinnzusammenhang

head

a part of the body — *one side of a coin*

Der Satz: „*Her head sank with exhaustion*" liefert den Kontext, dem die Bedeutung „*a part of the body*" zugeordnet ist. Der textuelle Kontext stellt somit wichtige Informationen für die Bedeutungserschließung eines Textes bereit.

Bedeutungserschließung und Bearbeitung von Texten

Die **Bedeutungserschließung** eines Textes beinhaltet folgende Arbeitsschritte:

- gründliches Lesen,
- Klären der Wort- und Satzbedeutung,
- Bestimmen des Themas und der Textsorte: Welche Vorinformation liefert der Titel? Markierung der Kernbegriffe und Hauptaussagen,
- Bestimmen der inhaltlichen Zusammenhänge: Textabschnitte werden am Rand mit einem Kurztitel versehen; Beziehungen zwischen einzelnen Inhaltsaspekten werden auf einem Blatt schematisch festgehalten *(text skeleton)*.

Die Bedeutung vieler unbekannter Wörter lässt sich durch den Textzusammenhang oder durch die Verwandtschaft mit anderen bekannten Wörtern (z. B. aus dem Deutschen oder Lateinischen) erschließen.

Die **Textinterpretation** stellt die Beziehung zwischen einzelnen Aussagen und dem Textganzen her. Sie beruht auf den Analysen der verschiedenen Einzelaspekte (z. B. Struktur, Stil, Wirkung, Figurencharakterisierung, Perspektive, sozialer oder geschichtlicher Hintergrund); diese werden zur Bestimmung der Gesamtwirkung zusammengefügt, außerdem wird der

Analysing a text means examining the text closely in order to determine its structure and its constituent elements. **Interpreting** a text means explaining the meaning and effect of the text as a whole.

Text in einen situativen Kontext eingeordnet. Die Textinterpretation sollte aber auch die Stellung des Textes innerhalb eines thematischen Zusammenhangs berücksichtigen (z. B: Auf welche Weise/aus welchen Gründen vermittelt der Text welches Bild der amerikanischen Gesellschaft/mit welcher Absicht?) oder Beziehungen zu seiner Entstehungsgeschichte herstellen.

Die Interpretation eines fremdsprachlichen Textes umfasst folgende Analyseschritte:

1. Bedeutungserschließung,
2. Feststellen von Textsorte und Textaufbau,
3. Untersuchung der Aussage und Intention,
4. Sprachanalyse,
5. Untersuchung der Wirkung des Textes,
6. Entstehungsgeschichtliche Einordnung des Textes,
7. Textbewertung *(evaluation).*

Grundsätzlich sind bei einer Textinterpretation folgende Punkte zu beachten:

- **Kernbegriffe** und wichtige Textstellen werden beim Lesen unterstrichen oder markiert.
- Behauptungen über den Text werden mithilfe von **Zitaten** aus dem Text belegt.
- Die Beantwortung aller Fragen zum Text stützt sich auf die durch den Text gelieferten Informationen oder Hinweise (Merkwort **Textbezug).**

3.1.1 Textfunktionen

Es werden sechs Textfunktionen unterschieden.

Wenn Sie verschiedene Texte (z. B. eine Zeitungsmeldung, einen Kommentar oder die Landschaftsbeschreibung in einem Roman) miteinander vergleichen, fällt sofort auf, dass sich diese in der Anordnung und Darstellung der Inhalte unterscheiden. Ausschlaggebend für die Gestaltung eines Textes ist der Zweck, den er beim Rezipienten (Leser oder Zuhörer) erfüllen soll. Für diese Zweckbestimmung steht der Begriff der **Textfunktion**. Im Allgemeinen werden sechs Textfunktionen unterschieden, diesen lassen sich einzelne Texttypen (wie Bericht, Kommentar, Anleitung, Aufruf) zuordnen:

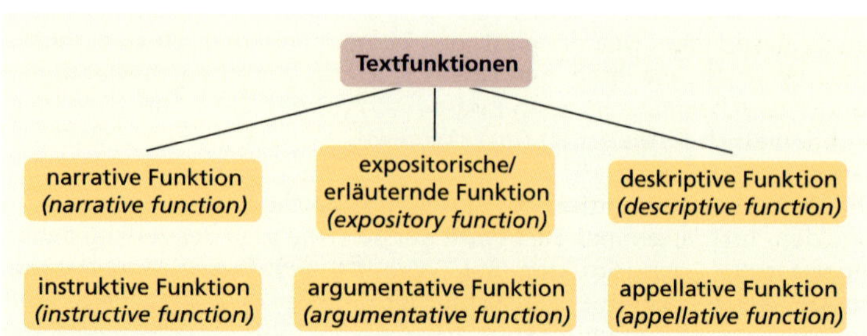

Narrativer Text *(narrative text):* Bericht über Handlungen in einem Zeitverlauf. Verwendung von handlungsaufzeichnenden Sätzen, z. B. *After they had finished loading the truck, they set off.*

Deskriptiver Text *(descriptive text):* Beschreibung von statischen Zuständen und Erscheinungen unter Verwendung von feststellenden Sätzen, z. B. *The houses are located just a few minutes from the main station.*

deskriptiv = beschreibend

Expositorischer (erläuternder) Text *(exposition):*
a) Einordnung von Sachverhalten (synthetisches Vorgehen), z. B. *The division of cells is a method of reproducing cells.*
b) Zerlegung von Sachverhalten (analytisches Vorgehen), z. B. *Red blood cells perform a number of functions.*

Argumentativer Text *(argumentation):* Herstellen logischer oder kausaler Verknüpfungen zwischen Ideen unter Verwendung von Kausalsätzen oder Kommentaren, z. B. *"For only when our arms are sufficient beyond doubt can we be certain ..."* (J. F. KENNEDY)

Instruktiver Text *(instructive text):* Anweisung und Planung zukünftiger Handlungen; Verwendung handlungsauffordernder Sätze, z. B. *Bring the water to the boil over a hot fire. Use a stick to remove the lid.*

Appellativer Text *(appellative text):* Herbeiführen einer Situations- oder Verhaltensänderung; Überreden; Überzeugen.

appellativ = auffordernd

Der Leser verbindet mit den funktionstypischen Textstrukturen die Erwartung an eine bestimmte Art oder Darbietung von Informationen. Bei den funktionstypischen Textstrukturen handelt es sich um Sprachkonventionen, die der Benutzer einer Sprache beim Spracherwerb erlernt.
Texte, die durchgehend eine einzige Funktion ausüben, sind z. B. Nachricht *(news)*, Unfallbericht *(report)* und Bedienungsanleitung *(technical instructions)*. Häufig treten innerhalb eines Textganzen verschiedene Funktionen in Erscheinung, z. B. wechseln sich im Roman deskriptive und narrative Funktion ab (↗ S. 164).
Deshalb sollten Sie sich bei der Analyse darauf konzentrieren, die wesentlichen Textfunktionen zu benennen und in ihrer Wirkung auf Aufbau und sprachliche Gestaltung des Textes zu beschreiben.

3.1.2 Texttypen

Die **Klassifizierung von Texten** kann nach ganz unterschiedlichen Kriterien erfolgen. Gebräuchlich sind die Unterscheidungen:
- nach der **Erscheinungsform** (mündlich oder schriftlich),
- nach der **Funktion,** bzw. der **Autorintention** (narrativ, deskriptiv, argumentativ, expositorisch, instruktiv, appellativ),
- nach dem **Vermittlungsmedium** (Zeitung, Buch, Internet, Radio, Fernsehen, Telefon etc.),
- nach dem **Wirklichkeitsbezug** (literarisch und nichtliterarisch/fiktional und nichtfiktional).

Für das Rezeptionsverhalten des Hörers/Lesers Lesers ist die Unterscheidung nach dem Wirklichkeitsbezug der Texte von besonderer Bedeutung:

Fiktion – von lat. fictio = Bildung, Gestaltung; Erdichtung

Rezipient = Empfänger einer Botschaft: Leser, Zuschauer, Hörer usw.

Nichtfiktionale Texte ***(non-fictional texts)***	**Fiktionale Texte** ***(fictional or literary texts)***
Ihr Bezugsrahmen ist die für den Rezipienten erlebbare Wirklichkeit. Im Text gemachte Angaben zu Ort, Zeit, Personen und Vorgängen sind an der Wirklichkeit überprüfbar. Nichtfiktionale oder Sachtexte werden für bestimmte Kommunikationssituationen oder -zwecke verfasst.	Der Autor konstruiert eine fiktive oder virtuelle Wirklichkeit, in die er Kenntnisse und Erfahrungen aus der Realität überträgt. Das Erleben dieser Scheinwelt beim Lesen ist eingegrenzt durch die im Text gelieferten Informationen. Der Text selbst liefert alle Hinweise, die zu seinem Verständnis nötig sind. Es besteht keine direkte kommunikative Verbindung zwischen Autor und Rezipient.
Beispiele: *news item, news report, feature, editorial, letter-to-the-editor, comment, interview, advertisement, pamphlet, questionnaire, handbook, informative leaflet, political speech, documentary film*	**Beispiele:** *drama (comedy, tragedy, one-act play), poetry (ballad, sonnet, ode, elegy), epic texts (anecdote, beast fable, parable, short story, novelette, novel), film*

Als Mischformen zwischen Sachtexten und fiktionalen Texten sind die Sonderfälle der **nichtfiktionalen Literatur** anzusehen:
- Autobiographien *(autobiography),*
- Briefwechsel *(letters),*
- Tagebücher *(diary, journal),*
- Literaturessays *(essay),*
- Reiseberichte und
- Dokumentarliteratur *(documentary literature).*

3.2 Sachtexte

3.2.1 Merkmale von Sachtexten

Im Alltagsleben, egal ob im privaten Bereich, zu Studienzwecken oder im Beruf werden wir häufig mit Sachtexten konfrontiert. Sachtexte finden überall dort Anwendung, wo Informationen über real existierende Ereignisse, Personen, Objekte oder Probleme verarbeitet, weitergegeben oder abgefragt werden. Wenn wir eine E-Mail, einen Brief oder Zeitschriftenartikel lesen oder eine Rundfunkwerbung hören, sind wir demnach Rezipienten von Sachtexten. Diese können in mannigfaltigen Formen auftreten und sowohl in ihrer Länge als auch ihrer Erscheinungsweise variieren.

Auch die **Medien *(medium, pl., media),*** die die Verbreitung von Texten realisieren, weisen höchst unterschiedliche Merkmale auf. Sie reichen vom einfachen Bogen Papier bis zu computergestützten Geräten, die in Sekundenschnelle umfangreiche Datenmengen an die Empfänger weitergeben können. Der Autor eines Textes kann entscheiden, welches Medium für seine Absicht und die von ihm anvisierte Leserschaft das geeignete ist. Auch der Rezipient hat diese Option, d. h., er wählt das Medium, das seinen Bedürfnissen am besten entspricht. Das Verlangen des Menschen nach umfassender Information hat dazu geführt, dass immer neue Medien und passende Textformen entwickelt wurden. Hier wirkt neben dem Bedürfnis des Einzelnen auch das Interesse ganzer Berufszweige, beispielsweise, des Dienstleistungsbereichs oder der Wissenschaft als treibende Kraft. Fax-Geräte, Handys und das Internet sowie Fax-Briefe, SMS-Mitteilungen und E-Mails sind neuere Resultate dieser Entwicklung, die durch den Einsatz hochtechnisierter Technologien ermöglicht wird. Das Streben nach schneller, grenzenloser Kommunikation wird diesen Trend weiter vorantreiben.

Medium – vermittelndes Element; Einrichtung oder technischer Apparat für die Vermittlung von Informationen

Als **Sachtexte** bezeichnet man die Gruppe von Texten, die sich mit realen Fakten, Ereignissen oder Vorgängen befasst. Sachtexte werden auch nichtfiktionale *(non-fictional)* oder faktuale Texte *(factual text)* genannt.

E-Book – Buch, Lesegerät, das elektronisch gespeicherte Texte wiedergibt

3.2.2 Arten von Sachtexten

Zu mündlichen Texten zählen z. B. direkt miterlebte bzw. audiovisuell aufgezeichnete Aussagen, Reden oder Interviewantworten. Beispiele für schriftliche Texte sind Zeitungsbericht, Zusammenfassung und Kommentar.

Sachtexte können aufgrund ihrer Merkmale nach verschiedenen Kriterien klassifiziert werden. Entsprechend ihrer **Erscheinungsart** unterscheidet man mündliche und schriftliche Texte *(spoken and written texts)*. Letztere können über traditionelle Medien, wie Zeitungen, Zeitschriften oder Bücher, sowie über das Internet verbreitet werden. Als ein weiteres Kriterium zur Klassifikation von Sachtexten kann die **Textsorte *(text form)*** dienen. Besonders hier zeigt sich die Vielfalt dieser Kategorie – sie umfasst Tabellen und Bildunterschriften ebenso wie private Briefe oder Zeitungsartikel.

Für den Leser ist natürlich der Inhalt eines Textes von besonderem Interesse. So unterscheidet man beispielsweise zwischen wissenschaftlichen, politischen, historischen oder Werbetexten.

Beim Vergleich von Sachtexten fällt auf, das sich diese in der Anordnung und in der Darstellung der Informationen deutlich unterscheiden. Ausschlaggebend für den Aufbau und die Gestaltungselemente eines Textes ist die Funktion, die er beim Leser erfüllen soll. Es lassen sich folgende **Textfunktionen** unterscheiden:

Es werden sechs **Textfunktionen** unterschieden. Diesen Funktionen lassen sich einzelne **Texttypen** zuordnen.

- narrative Funktion,
- deskriptive Funktion
- expositorische Funktion,
- argumentative Funktion,
- instruktive Funktion,
- appellative Funktion.

Auf den Rezipienten wirken außer den sprachlichen Mitteln verschiedene Signale, die die Textfunktion bereits vor dem Lesen bzw. beim ersten flüchtigen Kontakt wahrnehmbar machen. Dazu gehören unter anderem der Erscheinungsort (z. B. Lexikon, Fachbuch, Fachmagazin), die Gestaltung der Überschrift sowie das Layout einschließlich illustrierender Fotos, Zeichnungen oder Tabellen.

Den einzelnen Textfunktionen können verschiedene **Texttypen *(text type)*** zugeordnet werden:

Textfunktion	Texttyp – Beispieltexte
narrative Funktion (*narrative text*)	Bericht, Dokumentation, Reportage, Brief, Beschreibung
deskriptive Funktion (*description*)	Bild- oder Landschaftsbeschreibung
expositorische Funktion (*exposition*)	Aufsatz oder Vorlesung zu einem wissenschaftlichen Thema, populärwissenschaftlicher Artikel
argumentative Funktion (*argumentation*)	Ansprache, Erörterung, Interpretation, Kommentar, Kritik, Essay, Rezension
instruktive Funktion (*instruction*)	Gebrauchsanleitung, Gesetz, Satzung, Vorschrift
appellative Funktion (*persuasive texts*)	Werbung, Bittschrift, politische Rede

3.2.3 Analyse von Sachtexten

Die **Textanalyse** ist ein komplexer Vorgang. Er beinhaltet das Erkennen von Merkmalen im Text, ihre Benennung mit Fachbegriffen sowie die Erklärung ihrer Funktionsweise. Dabei ist es wichtig, dass Sie durchgehend am Ausgangstext arbeiten und eigene Aussagen sowie Wertungen an Zitaten belegen.

Das Verstehen und Analysieren eines Sachtextes in der Fremdsprache setzt sowohl solide Sprachkenntnisse als auch einen sicheren Umgang mit literaturwissenschaftlichen Begriffen voraus. Viele Fachtermini sind dabei bereits aus dem Deutschunterricht bekannt. Jedoch ist Vorsicht geboten, denn nicht immer findet sich zu der in der deutschen Literaturanalyse gebräuchlichen Kategorie ein passgenaues englisches Äquivalent, und es ist auch möglich, dass sich hinter ähnlich lautenden Begriffen unterschiedliche Inhalte verbergen.
Jeder Text verfügt über eine innere und eine äußere Struktur. Er stellt eine individuelle Kombination von Inhalt, Sprache und Stil dar und sollte deshalb immer in seiner Gesamtheit betrachtet werden.
Bei der Erschließung von Sachtexten bietet sich folgende Vorgehensweise an:

1. Nehmen Sie zunächst die äußeren Merkmale des Textes wahr: Um welches Medium handelt es sich? Wo und wie ist der Text platziert? Welche Signale gehen vom Namen des Autors, von der Präsentation einschließlich Überschrift, Zwischenüberschriften und Illustrationen aus?
2. Lesen Sie den ersten und den letzten Textabschnitt, um einen Eindruck vom Textgegenstand zu erlangen. Überfliegen Sie nun den gesamten Text und markieren Sie einzelne Schlagwörter *(key words)*. Orientieren Sie sich dabei an folgenden Fragen: Welches Thema behandelt der Text? Wie sind Absicht und Grundhaltung des Autors? Um welche Textsorte handelt es sich?
   Sind Fragen zum Inhalt gestellt, sollten Sie diese beachten und hinterfragte Informationen im Text markieren. Dadurch sind sie beim wiederholten Textstudium leichter auffindbar.
3. Erarbeiten Sie den Aufbau des Textes (Einleitung – Hauptteil – Schluss), seine Gliederung (Darstellung des Problems – Beispiel – Argumente – Gegenargumente – Schlussfolgerung etc.) und seine Kernaussagen. Sie können dazu in jedem Absatz ein Schlüsselwort oder eine Kernaussage *(key phrase)* markieren.
4. Erarbeiten Sie die interne Textstruktur. Analysieren Sie den verwendeten Wortschatz *(choice of words),* die Satzstrukturen *(syntax)* sowie die Sprach- bzw. Stilmittel *(stylistic devices).* Versuchen Sie, die Haltung des Autors *(author's attitude)* zum Thema des Textes *(topic/theme)* bzw. zum Leser zu erfassen.
5. Versuchen Sie einzuschätzen, ob der Autor seine Intention erreicht hat: Hat der Text die Wirkung, die der Autor anstrebt? Wie ist die Gesamtwirkung des Textes?

i

This reading technique is called **skimming.** It helps you to find out quickly what the text is about and whether it is worth reading in detail.

Autorintention und Textfunktion

Der Autor verfasst einen Text, weil er eine bestimmte Absicht *(author's intention)* verfolgt. Er möchte den Leser zum Beispiel informieren, aufklären, unterhalten oder von einer Sache überzeugen. Um diese Intention erfolgreich umzusetzen, d.h. die gewünschte Wirkung auf den Leser zu erreichen, setzt der Autor spezielle Gestaltungselemente ein. Diese Elemente erzielen in ihrer Gesamtheit einen Effekt und können unter dem Begriff **Textfunktion** zusammengefasst werden.
Die unterschiedlichen Textfunktionen kommen in allen Textsorten vor, sowohl in literarischen wie auch in Sachtexten. In der Regel setzen sich Texte aus mehreren Textfunktionen zusammen. Dabei kann eine der Funktionen vorherrschen. Nur bei bestimmten Textsorten beeinflusst eine einzige Textfunktion durchgehend Sprache und Aufbau des Textes.

Eine Erzählung besitzt sowohl Anteile der narrativen wie der deskriptiven Textfunktion; ein Zeitungskommentar vereint Anteile der narrativen mit denen der argumentativen Textfunktion.

Mit Blick auf ihre Funktion lassen sich folgende Sachtexte unterscheiden:

Sachtexte
- narrativer Sachtext *(narrative text)*
- deskriptiver Sachtext *(description)*
- erläuternder/expositorischer Sachtext *(exposition)*
- argumentativer Sachtext *(argumentation)*
- instruktiver Sachtext *(instruction)*
- appellativer Sachtext *(persuasive text)*

1. Der **narrative Sachtext *(narrative text)*** informiert über die zeitliche Abfolge von Ereignissen oder die Entwicklung eines Geschehens. Seine Gliederung ist klar strukturiert. In der Darstellung kann der Text einer chronologischen oder einer kausal-logischen Ordnung folgen. Die Fragen: „Wer? Was? Wann? Wo? Warum? Wie?" werden meist vollständig beantwortet, wobei häufig Zitate verwendet werden.
   Vielfach werden Wirkungen bzw. Wechselwirkungen einzelner Teilvorgänge beschrieben. Die Haltung des Verfassers ist neutral, die vorherrschende Zeitform das Präsens. Eine typische Textsorte ist der Zeitungsbericht.

   Aus einem Artikel des *Daily Telegraph:*
   "Roman Catholic blessing for Prince of Wales
   The Prince of Wales received a Roman Catholic blessing when he attended a memorial service last night to commemorate the life of Cardinal Basil Hume.
   The Prince, who was greeted with applause by the 1100-strong congregation at Westminster Cathedral, had let it be known that he would like to receive a blessing during the mass [...]."
   The Daily Telegraph, Thursday, October 7, 1999, p. 37.

2. Der **deskriptive Sachtext (*description*)** dient der Beschreibung einer Person, eines Ortes oder Gegenstandes. Basierend auf den Eindrücken des Autors, werden die charakteristischen Merkmale des zu beschreibenden Objektes (z.B. äußere Form, Oberfläche, Farbe) aufgeführt, wobei der Autor eine neutrale Haltung einnimmt. Deskriptive Texte sind zumeist in einer sachlichen, präzisen Sprache verfasst.

"The adult mouse can weigh up to 2 oz or 50 grammes. The colour of its fur is usually brown on its body and grey on its underparts. The ears are large in relation to its body, whilst the tail is the same length as the head and body combined."
Advice for Householders, City of Nottingham, 2003.

3. Der **erläuternde/expositorische Sachtext (*exposition*)** dient der umfassenden und detaillierten Information oder Aufklärung des Lesers über einen Sachverhalt. Grundsätzlich werden zwei Arten erläuternder Sachtexte unterschieden: Einerseits kann die Einordnung und Zuordnung von Sachverhalten im Vordergrund stehen. Der Autor bemüht sich hier um die Klassifizierung des Gegenstandes nach der Fragestellung: „Welchem allgemeinen Begriff lässt sich eine spezielle Erscheinung zuordnen?" Der Text folgt einer **synthetischen Gedankenführung**, wobei Formen von *to be* und andere Verben wie *to refer to, to be called to, to be defined as* oder *to belong to* Verwendung finden.

"The Bantu are African people grouped by language and family; they occupy approximately one-third of Africa. *Bantu* refers to the language they speak as well as to the cultural traditions they follow […]. A dialect is the way a language is spoken in a certain region of a smaller area, such as a village. A dialect can be so different from the basic language that people who speak only the basic language cannot understand people who speak the dialect."
CYNTHIA DRESSER, *The Rainmaker's Dog*, Cambridge University Press, 1998, p. 9.

Andererseits kann der Autor einen Sachverhalt in seine Faktoren oder Komponenten zerlegen. Er bedient sich dann einer **analytischen Gedankenführung**, die vom Allgemeinen zum Speziellen fortschreitet. Kennzeichen eines analytischen Textes ist die Verwendung von Verbformen wie *to have, to consist of, to comprise, to contain, to distinguish between, to be divided into, to fall into, to be a part of* oder *to include*. Typische Textsorten sind wissenschaftliche Texte, Lexikonartikel und Begriffserklärungen.

"For our purposes it will be best to distinguish only the main types of metrical theories without getting involved in the finer differences or in mixed types. The oldest type […]"
René WELLEK/AUSTIN WARREN, *Theory of Literature*, Penguin 1980, p. 166.

4. Der **argumentative Sachtext (*argumentation*)** zielt auf die Begründung eines Sachverhalts. Ein Problemzusammenhang wird aufgezeigt und aus verschiedenen Perspektiven beleuchtet. Das Grundschema der Argumentation besteht aus These, Argument und Schlussfolgerung. Durch die möglichst schlüssige Begründung der eigenen Position soll die Zustimmung des Lesers gewonnen werden. Deshalb werden häufig Expertenmeinungen zitiert oder Beispiele zur Verdeutlichung angeführt. Argumentative Sachtexte sind gekennzeichnet

durch einen klaren Aufbau (*line of argument*), eine präzise sprachliche Darstellung sowie durch die Verwendung von Fachwortschatz und komplexen syntaktischen Strukturen. Die Haltung des Verfassers kann neutral sein, aber auch betont subjektiv. Typische Textsorten sind Kommentartexte, Diskussionen und Essays.

> "Man is not well defined as *homo sapiens* ('man with wisdom'). For what do we mean by wisdom? More recently anthropologists have talked about 'man the tool-maker'; but apes too can make primitive tools. What sets man apart from the rest of the animal kingdom is his ability to speak; he is 'man the speaking animal' – *homo loquens*. But it is grammar that makes language so essentially a human characteristic. For though other creatures can make meaningful sounds, the link between sound and meaning is for them of a more primitive kind than it is for man, and the link for man is grammar. Man is not merely *homo loquens*; he is *homo grammaticus*."
> FRANK PALMER, *Grammar*, 1971, p. 8.

Easy Camera Recording with Full Auto Mode

Before you start recording, perform the operations described on pages 10 through 15 to prepare your VIEWCAM for recording.

1 Remove the lens cap (see page 15).

2 Hold down the Lock button and slide the Power switch to CAMERA.

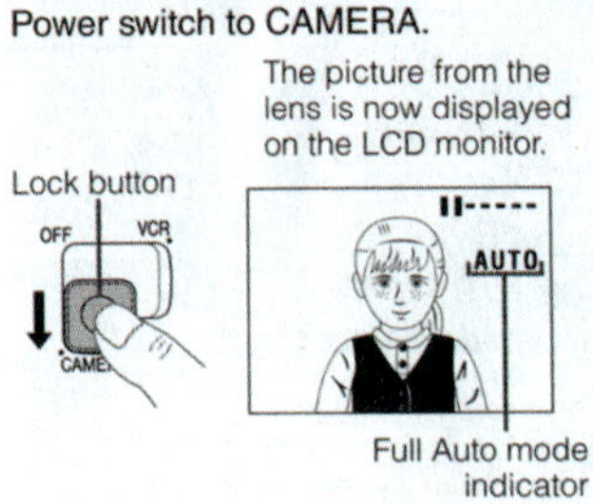

3 Make sure that "AUTO" is displayed on the monitor screen.

Note:
- If, at this time, "AUTO" does not appear, set the VIEWCAM to Full Auto mode by following the procedure described on page 29.

5. Der **instruktive Sachtext (*instruction*)** dient der Anleitung des Lesers, z. B. beim Erlernen einer Handlung, beim Umgang mit Geräten oder bei der Anwendung von Hilfsmitteln. Der Adressat wird zumeist konkret angesprochen. Hinweise, Aufforderungen, Empfehlungen oder Warnungen werden unter Verwendung von Imperativen formuliert. Instruktive Sachtexte sind gekennzeichnet durch eine präzise und effiziente sprachliche Darstellung; die Haltung des Verfassers ist neutral, vorherrschende Zeitform ist das Präsens. Eine typische Textsorte sind Gebrauchsanleitungen.

6. **Appellative Sachtexte (*persuasive texts*)** zielen darauf ab, eine Situations- oder Verhaltensänderung herbeizuführen. Im Hinblick auf ein Handlungsziel wollen sie den Leser überreden oder überzeugen. Dazu wendet sich der Autor nicht nur in rationaler Argumentation an den Leser, sondern spricht ihn auch emotional an. Sprachliche Merkmale appellativer Texte sind der Aufbau eines direkten Kontaktes zum Leser, die Verwendung von handlungsauffordernden Sätzen im Imperativ; der Gebrauch modaler Hilfsverben, die eine Notwendigkeit oder Verpflichtung ausdrücken; die Hervorhebung positiver Eigenschaften des Handlungsziels durch Vergleiche, Adjektive und Hyperbeln; eine bildhafte Sprache, die das Vorstellungsvermögen des Lesers aktiviert, sowie ein gefühlsbetonter Gestus, der die Sinne und die Gefühlswelt des Lesers anspricht und Bedürfnisse in ihm weckt. Typisch sind Wahlkampfreden, Aufrufe zu Hilfsaktionen und Werbetexte.

"The Rainmaker's Dog is a collection of stories, places, and characters waiting to receive you on your journey. Remember, it is *your* journey. The exercises are designed to enhance your learning and to provide you with an appropriate and interesting place to begin. Enjoy yourself and have a great trip!"
CYNTHIA DRESSER, *The Rainmaker's Dog*, Cambridge University Press 1998, p. 3.

Sprachebene *(register)* und Stil *(style)*

Register is the characteristic use of language in a particular text or situation. It is created by semantic and syntactic elements, i. e. choice of words and sentence structure.

Unter **Sprachebene (*register*)** versteht man die von der Textsorte oder der Situation abhängige Sprachverwendung: Wortwahl (*choice of words*), Ausdrucksweise (*arrangement of words*) und Satzstruktur (*syntax*). Soll eine Kommunikation gelingen, ist es wichtig, die Regeln der Sprachebene zu beachten, die in einer bestimmten Situation für eine bestimmte soziale Rolle gesellschaftliche Gültigkeit besitzen. Die Wahl der Sprachebene wird bestimmt durch folgende Faktoren:
- die **Kommunikationspartner** und ihre Beziehung zueinander (soziale Position, Rolle, Distanz),
- den **Kommunikationszweck** (Flirt, private Unterhaltung, Beratungsgespräch, förmliche Einladung, Gerichtsverhandlung usw).

Der Zweck, zu dem die Kommunikation stattfindet, entscheidet über das zu verwendende Vokabular aus den verschiedenen Bereichen menschlicher Tätigkeit:

literary (für literarische Texte), *written, legal, botanical, scientific usage; the vocabulary of art, trade, sport, astronomy.*

Die Nähe oder Distanz in der Beziehung zwischen den Kommunikationspartnern zeigt sich nicht nur gestisch-mimisch, sondern auch in dem Grad an Formalität, dessen sie sich in der Kommunikation bedienen (↗ S. 148). Je nach Situation kann eine Unterhaltung sehr formal ausfallen, sie kann aber auch umgangssprachlich oder salopp gehalten sein.

Der Begriff **Stil *(style)*** bezeichnet den Grad an formaler Sprachverwendung. Der Stil wird bestimmt durch die Elemente Sprachebene *(register)*, Wortwahl *(choice of words)* und Ton *(tone)* sowie durch die verwendeten rhetorischen Mittel (*stylistic devices).*

Folgende Komponenten beeinflussen den Autor bei der Wahl von Stilebene und Stilmitteln:

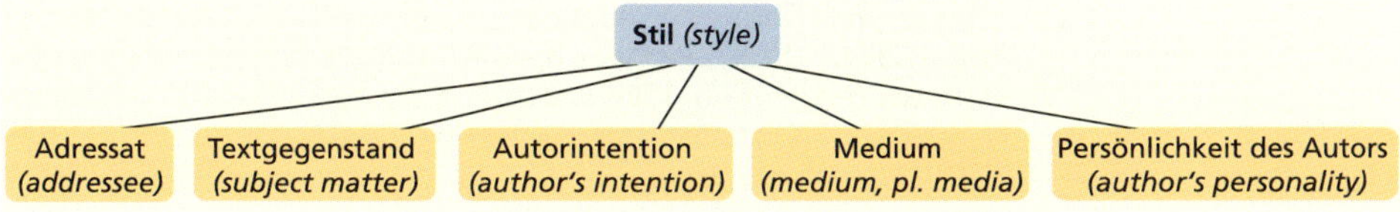

Im Englischen werden folgende Stilebenen unterschieden:

- **formal style:**
  - elevated
  - sophisticated
  - stilted
- **neutral style**
- **informal style:**
  - familiar
  - colloquial
  - slangy
  - vulgar

Formal style serves official or serious purposes and is mostly used in written English, or in highly formal situations. It is characterized by the use of special vocabulary of Latin origin or archaic usage or of words taken from special semantic fields. Complex structures dominate the syntax.

– **elevated:** law text or text of a declaration

J. HECTOR ST. JOHN DE CRÈVECOEUR in his *Letters from an American Farmer and Sketches of 18th Century America*:
"The American is a new man, who acts upon new principles; he must therefore entertain new ideas and form new opinions. From involuntary idleness, servile dependence, penury, and useless labour, he has passed to toils of a very different nature, rewarded by ample subsistence. This is an American."

– **sophisticated:** entry in an encyclopaedia or a catalogue

entry "Congress of the United States" – taken from *The New Encyclopaedia Britannica:*
"Congress of the United States, the legislature of the United States of America, established under the Constitution of 1789 and separated structurally from the executive and judical branches of government. It consists of two houses, the Senate […] and the House of Representatives, to which members are elected on the basis of population.
Among the express powers of Congress as defined in the Constitution are the power to lay and collect taxes, borrow money on the credit of the United States […]."
The New Encyclopedia Britannica, Volume 3, 15th edition 1993, p. 536.

– **stilted:** (official) letter of invitation, political speech in parliament

A contribution from Mr NELSON, MP, in a parliamentary debate:
"I do not concede: I thoroughly agree with my Hon. Friend. My right Hon. Friend the Prime Minister has everything to gain and little to lose from the televising of Parliament. I am constantly impressed by the selfless way in which the Leader of the Opposition supports this motion, knowing that if anyone is to get a prize for being the best supporting actor it will be the Leader of the Opposition and that the Prime Minister has a great deal more to gain."
Modern English Language Reader, p. 29.

Neutral style characterized by the correct use of language (the choice of words, grammar and syntax), i. e. there are no elements of dialect or sociolect. It is fluent to read and understand and used in written texts (e. g. newspaper articles) as well as spoken English (lecture, speech).

From a speech held by the German businessman RON SOMMER:
"Europe is a small continent with a big future. And if Europe is resolute in seizing its opportunities and doesn´t let itself be led astray by its timid Eurocrats, it will secure its success in the globalization process."
Newsweek, February 2, 1998, p. 53.

Informal style is the predominantly correct but in parts improper use of language (words coming from colloquial English, or from certain dialects, sociolects respectively). Other typical features are simple sentence structures, question tags, contractions and phrasal verbs. Informal style is used in everyday conversation.

- **familiar:** letter from an „Agony Aunt" in a youth magazine:

Concerning her holiday plans a girl is given advice on how to make contact with others:
"It´s natural to feel nervous about meeting people, but all you need to do is smile and ask how long she´s staying there and tell her how much you love her cool bikini."
Sugar, August 2003, p. 85.

- **colloquial:** a reader's letter to a youth magazine

From the fun page of a youth magazine: "There was one week in my life when I was actually vain. I was exercising tons, doing a lot of sit-ups. One day, I was with my girlfriend, and I sat up and said, 'Wow, my stomach looks really nice.' As I flexed, I accidentally farted really loudly. I was so ashamed."

- **slangy:** young people often use special terms which are typical of social or peer groups and perhaps, not understandable for people with a different background

In an interview, the musician J-BOOG from B2K described what girls should be like: "She´s gotta be really understanding about my career [...]. Yeah, two months down the line you´re gonna have to be who you really are."
Sugar, August 2002, p. 64.

- **vulgar:** Obscene curses or swear words may be elements of the language used in an interview situation or by an author for effect:

MICHAEL MOORE quotes an American politician in his book *Stupid White Men:* "Fuck the Jews, they don´t vote for us, anyway ..." (p. 45).

Die Wortwahl *(choice of words)*

In der Regel sind Sachtexte aus Zeitungen, Magazinen oder populärwissenschaftlichen Büchern in der gebräuchlichen Standardsprache *(Standard English)* geschrieben. Ihre Wortwahl basiert auf dem Grundwortschatz eines englischen Muttersprachlers *(common core English).* Natürlich werden je nach Thematik besondere, ansonsten weniger häufig auftretende Wörter verwendet. Diese kann man bestimmten Wortfeldern (*word fields/semantic fields)* zuordnen. Mithilfe von speziellem Fachvokabular *(special/technical terms)* kann der Autor präzise Aussagen treffen, ohne auf umständliche Umschreibungen zurückgreifen zu müssen.

semantic field = a lexical set of semantically related items, for example verbs of perception

Die Analyse der Wortwahl stellt für den Nicht-Muttersprachler eine besondere Herausforderung dar. Zum einen ist die englische Sprache besonders reich an Synonymen, sodass die Zugehörigkeit von Vokabeln zu bestimmten Sprachebenen vielfach nur mithilfe des einsprachigen Wörterbuches *(monolingual dictionary)* festgestellt werden kann. Zum anderen genügt es oft nicht, die Grundbedeutung *(denotation)* eines Wortes oder einer Wortgruppe zu kennen, sondern es ist auch nötig, mögliche Nebenbedeutungen (Konnotationen = *connotations)* und spezielle Verwendungsmöglichkeiten zu berücksichtigen, z. B. im Rahmen von Dialekten oder Soziolekten.

Denotation = Grundbedeutung eines Wortes

Wie unterschiedlich die Verwendungen eines Wortes ausfallen können, lässt sich mit Blick auf die englischen Entsprechungen für das Verb „essen" demonstrieren:

„essen"

to dine	*to eat*	*to pack away*	*to put on the nosebag*
(formal)	*(neutral)*	*(colloquial)*	*(slang)*

What's eating you?

Die wörtliche Bedeutung *(literal meaning)* des Verbs *to eat* ist „essen/speisen"; die Wortgruppe *to be eaten up* auf diese Weise zu verstehen wäre jedoch unsinnig. Hier muss die figurative Bedeutung *(figurative meaning)* der Wortgruppe erfasst werden, die lauten kann: *something e. g. a feeling which dominates somebody's thoughts, so that his/her attitude towards life is affected.*

e. g.: You look so worried, ***what's eating you?*** *=*
You look so worried. ***What is annoying you?***

Es gibt aber noch eine weitere figurative Bedeutung von *to eat up,* die in folgender Verwendung zum Ausdruck kommt:
Construction of the roof will ***eat up*** *half of the whole budget. =*
Construction of the roof ***needs*** *half of the whole budget.*

Phrasal verbs wie *to eat up s. th.* sind eine Besonderheit der englischen Sprache. Durch die Zusammensetzung von Verb und Präposition kann ein Tätigkeitswort mit gänzlich neuer Bedeutung entstehen.

To eat up wird in diesem Satz als *phrasal verb* verwendet. Durch den Zusatz der Präposition ist ein Tätigkeitswort mit neuer Bedeutung entstanden (hier: „aufbrauchen").

Satzstruktur *(syntax)*

Die Analyse des Satzbaus soll über die Wirkung der Syntax auf den Stil eines Textes Auskunft geben.

Syntax is the structure of a sentence. It may be simple (subject, predicate, object) or complex, i. e. consist of two or more clauses.

So können Sie bei der Analyse der Satzstruktur vorgehen:

1. Erarbeiten Sie zuerst die dominanten syntaktischen Strukturen. Unterscheiden Sie dabei zwischen einfachem Satzbau *(simple sentence)* und komplexem Satzgefüge *(complex sentence)*. Insbesondere in der Schriftsprache trifft man häufig auf komplexe Satzstrukturen.

   Um abstrakte Ideen oder Zusammenhänge auszudrücken, werden in der Regel komplexe Satzstrukturen verwendet. Durch die sinnvolle Verknüpfung von Haupt- und Nebensätzen können Informationen sehr detailliert, präzise und gleichzeitig effektiv formuliert werden.

Hypotaktische und parataktische Strukturen (↗ S. 140) sind typische Merkmale der formalen und neutralen Stilebene.

2. Untersuchen Sie jetzt die syntaktischen Besonderheiten des Textes, die der Autor als Stilmittel *(stylistic devices)* einsetzt.

Stilmittel *(stylistic devices)*

Stilmittel *(stylistic or rhetorical devices)* sind Abweichungen vom allgemeinen sprachlichen Ausdruck, die vom Autor bewusst eingesetzt werden, um einen Effekt zu erzielen. Sie können in den Bereichen Wortschatz, Syntax sowie im Textaufbau Verwendung finden.

Stylistic devices comprise all special linguistic means deliberately used by the author to express his topic and to realize his intention in a natural way.

Bei der **Wiederholung *(repetition)*** werden Einzelworte, Wortgruppen oder Teilsätze wiederholt, um einen besonders wichtigen thematischen Aspekt hervorzuheben. Gleichzeitig wird der Text dadurch strukturiert.

e. g.: "But the safety of our people **depends on** more than security professionals and infrastructure. It also **depends on** the success of our efforts to promote democracy, sound economic practices and respect for the rule of law."
MADELEINE ALBRIGHT in her speech *We will not be intimidated* in: *Newsweek,* August 24, 1998.

Parallelität *(parallelism)* liegt vor, wenn identische oder ähnliche syntaktische Strukturen in verschiedenen, benachbarten Sätzen oder in verschiedenen Teilen eines Satzes wiederholt werden. Parallelität ist eine Form der Wiederholung.

e. g: "**If** we make headway with these efforts, ... **If** our efforts stall or fail, ..." (c. f. MADELEINE ALBRIGHT)

Die **Anapher** ***(anaphora)*** stellt eine besondere Form der Parallelität dar. Dabei werden gleiche Wörter oder Wortgruppen zu Beginn aufeinander folgender oder benachbarter Sätze wiederholt.

> e. g.: "**We will** not be intimidated. **We will** maintain our diplomatic presence in Africa and wherever we have interests to defend. **We will** meet our commitments and **we will** do all we can to see that those who perpetrated these deadly acts are held responsible." (c. f. MADELEINE ALBRIGHT)

Weitere syntaktische Besonderheiten sind:

- die **Ellipse** ***(ellipsis, ellipses pl.)***, d. h. das bewusste Auslassen eines an sich zu einer Wortgruppe oder einem Satz gehörenden Wortes, das jedoch aus dem Kontext erschlossen werden kann;

  > e. g.: The teenager showed the policeman all the weapons. And there were many.

- die **Inversion** ***(inversion):*** die bewusste Außerkraftsetzung der ansonsten gebräuchlichen Subjekt-Prädikat-Objekt-Wortfolge, d. h. die Frontstellung des (Adverbs plus) Prädikats;

  > e. g.: Never had the policeman seen such a quantity of firearms in the local area.

- die häufige Verwendung von **Fragen** ***(questions)***, **Ausrufen** ***(exclamations)*** oder **Aufforderungen** ***(requests)***.

Sprachebene und Textgegenstand bedingen gemeinsam die syntaktische Komplexität *(syntactic complexity)* eines Textes, d. h., ein anspruchsvolles Thema erfordert eine niveauvolle Wortwahl und wird in der Regel in komplexen syntaktischen Strukturen mitgeteilt.

Ton *(tone)*

The tone expresses the author's attitude towards his subject matter and the readership.

> Der **Ton** ***(tone)*** spiegelt die Haltung des Autors zum Textgegenstand und zu seiner Leserschaft wider.

Der Ton eines Textes kann folgendermaßen beschrieben werden:

Ton

Haltung zum Leser
- freundlich *(friendly)*
- vertraut *(intimate)*
- unpersönlich *(impersonal)*
- distanziert *(distanced)*
- aggressiv *(aggressive)*
- überredend *(persuasive)*

Haltung zum Textgegenstand
- unbeteiligt *(detached)*
- sachlich *(factual)*
- kühl *(matter-of-fact)*
- objektiv *(objective)*
- kritisch *(critical)*
- engagiert *(committed, involved)*

- parteiisch *(taking sides, biased)*
- begeistert *(enthusiastic)*
- humorvoll *(humorous)*
- ironisch *(ironical)*
- satirisch *(satirical)*
- zynisch *(cynical)*

Glossary

accumulation

→ enumeration

the piling up of similar words or phrases which are situated very close to each other in a text.

e. g.: "The process is wasteful, dangerous, messy and sometimes tragic."

alliteration

→ consonance, anaphora

the repetition of initial sounds, normally consonants, at the beginning of, or in the middle of neighbouring words for rhythmic effect or for emphasis.

e. g.: "Girls' power leaves lads lagging behind"

allusion

→ reference, indirect citation

the direct or indirect reference to real historical or fictional characters, places, events, or to other literary works that the author wants the reader to recognise, such as the *Bible* or the *Illiad.*

e. g.: The headline "Silence of the little lambs: talking skills in decline" *(The Guardian,* 4th January 2003) alludes to the title of the well-known film *The Silence of the Lambs.*

ambiguity

→ vagueness

a word, phrase, sentence, or other communication which can be reasonably interpreted in more than one way.

e. g.: GROUCHO MARX's classic joke depends on a grammatical ambiguity: "Last night I shot an elephant in my pajamas. What he was doing in pajamas I'll never know."

anticlimax

→ climax

the sudden fall from an idea of importance or dignity to something unimportant or ridiculous in comparison, especially at the end of a series. Anticlimax is often used for comic effect.

e. g.: "This gives you an idea of his love of God, freedom, justice and sports cars."

antithesis (pl. antitheses)

→ contrast

establishes a contrasting relationship between two ideas. Antitheses can convey some sense of complexity by admitting opposite or nearly opposite truths.

e. g.: "Human life is everywhere a state in which much is to be endured, and little to be enjoyed." (SAMUEL JOHNSON)

climax

→ anticlimax

mounting by degrees through words or sentences of increasing weight and in parallel construction.

e. g.: "Some books are to be tasted, others to be swallowed, and some to be chewed and digested."

ellipsis

the shortening of sentences by dropping a word or words which can be understood from the context

e. g.: "'Been to the theatre lately?' Paul asked."

enumeration

→ accumulation

the listing of words usually illustrating one idea or subject. It can stress a certain aspect e.g. by giving a number of similar or synonymous adjectives to describe something.

e. g.: "I love her eyes, her hair, her nose, her cheeks, her lips and everything else."

euphemism

→ periphrase, irony

hiding the real, negative quality of someone or something unpleasant by paraphrasing it in a more positive though often less direct way

e. g.: "he has passed away" → "he has died"
"the underprivileged" → "the poor"

exclamation

→ interjection

conveys a deep emotion or extreme feeling

e. g.: sounds like "Ooops!", "Yuk!", "Erh!", simple words such as "Gosh!", "Cool!" or phrases like "Not bad!", "What a shame!", "I don't believe it!"

hyperbole

→ understatement

an obvious exaggeration or overstatement, not meant to be taken literally, but figuratively

e. g.: "There are a thousand reasons why more research is needed on solar energy."

inversion

→ stress

switching the usual word order of subject and predicate (verb) in a sentence or phrase

e. g.: "Satisfying must it be to be working like that." (→ "It must be satisfying …")

irony

→ hyperbole, euphemism, understatement

the use of words that mean the opposite of what they mean literally; the understanding depends on the author's tone and common cultural values

e. g.: "Spoken by a man who is seriously ill: "The future is a bright and beautiful time, which I shall enter into with all my energies."

metaphor (adj. metaphorical)

→ symbol, allegory

a figure of speech implying an indirect comparison; an object or idea is expressed by an image; both share similar features

e. g.: "All the world's a stage/And all the men and women merely players …" (WILLIAM SHAKESPEARE)

onomatopoeia

words that sound like their meaning

e. g.: bash, bang, buzz, clatter, hiss, howl, sniff

periphrasis (pl. periphrase)

a descriptive word or phrase is used instead of a proper name

e. g.: "The Swan of Avon" (for SHAKESPEARE)

parallelism
→ repetition

the repetition of identical or similar syntactical structures in different parts of a sentence or in neighbouring sentences

e. g.: "Women represent the triumph of matter over mind, just as men represent the triumph of mind over morals." (OSCAR WILDE)

parenthesis (pl. parentheses)

an additional or explanatory word, word group or clause that interrupts a sentence without affecting it otherwise

e. g.: "Every time I try to think of a good rhetorical example, I rack my brains but – you guessed it – nothing happens."

personification
→ metaphor

human qualities, feelings etc. are given to an animal, object or abstract idea

e. g.: "The ship began to creak and protest as it struggled against the rising sea."

pun

a (mostly humorous) play on words that sound similar or the same but have different meanings

e. g.: "Some folk are wise, and some are otherwise." (TOBIAS SMOLLETT)

repetition
→ parallelism

the repeated use of a word, word group or syntactical structure in a sentence or in neighbouring sentences in order to emphasise an important aspect of the subject matter

e. g.: "And that government of the people, by the people, for the people, shall not perish from earth." (ABRAHAM LINCOLN)

rhetorical question
→

a question which is not followed by an answer as the answer is obvious

e. g.: "Don't we all love peace and hate war?";
"Shouldn't we try to be friendlier towards each other?"

symbol
→ metaphor, comparison

a concrete object, action, character or place that represents or suggests something abstract

e. g.: The cross is the symbol of Christianity. The dove is symbolic of peace.

understatement
→ hyperbole, irony

the deliberate presentation of something as being much less important, valuable etc. than it really is

e. g.: "The 1906 San Francisco earthquake interrupted business somewhat in the downtown area.";
"He was quite upset." → "He went into a terrible rage."

zeugma

a figure of speech in which a word applies to two others in different senses

e. g.: "John and his driving licence expired last week."

Rezeption von Zeitungsartikeln

Englischsprachige Zeitungen, Magazine und andere journalistische Publikationen stellen eine unerschöpfliche Quelle für authentische Texte dar. Aus diesem Grund sind sie ein geeignetes Medium für das Sprachstudium sowie den Erwerb von kulturellen, sozialen und politischen Informationen aus der bzw. über die anglophone Welt. Für die effiziente Erschließung eines Zeitungs- oder Zeitschriftenbeitrages ist es wichtig, die **Klassifizierungsmerkmale journalistischer Texte** (wie Aufbereitung von Themen, Gestaltung des Seitenlayouts, Verwendung sprachlicher Mittel) zu kennen. So können Aussagen darüber getroffen werden, auf welchem Niveau eine Zeitung oder Zeitschrift angesiedelt ist.

Die typisch in Boulevardzeitungen verwendete Sprache wird auch abwertend als *journalese* bezeichnet.

Sprachliche Mittel, die in **populären Tageszeitungen** und in der **Boulevardpresse *(popular press/tabloid papers, sensational papers/gutter press)*** verwendet werden:
- informelle Sprachebene *(informal register);* auch umgangssprachliche Elemente *(colloquial language)* oder Slang *(slang),*
- begrenzter Wortschatz,
- kaum „schwierige" Wörter, stattdessen phrasale Verbformen *(phrasal verbs)* und Umschreibungen bzw. Wortschöpfungen mit Bindestrichen *(hyphenated words),*
- sensationsheischende Floskeln,
- einfach strukturierte Syntax; lange Sätze vor allem mit parataktischen Verbindungen,
- Meinungen oder kommentierende Erläuterungen werden häufig in direkter Rede wiedergegeben,
- Überschriften mit Sensationscharakter *(sensational information);* Verwendung von Alliterationen *(alliteration),* Assonanzen *(assonance),* Spitznamen *(nickname),* Wortspielen *(pun).*

Sprachliche Mittel, die in **seriösen Zeitungen *(quality newspapers)*** Verwendung finden:
- neutrale Sprachebene *(neutral register),*
- gehobener Sprachgebrauch; Standardwortschatz durch Synonyme *(synonyms),* z. B. Wortgut lateinischen Ursprungs, oder Fachausdrücke *(technical terms)* erweitert,
- komplexe Syntax; vielfach hypotaktische Verbindungen, die satzverkürzende Konstruktionen enthalten,
- Meinungen oder Kommentare werden häufig in indirekter Rede *(reported speech)* wiedergegeben,
- Zitieren von Quellen, Verweis auf Statistiken, die die Aussagen belegen,
- Überschriften zumeist nüchtern und informativ *(factual and informative);* Verwendung von Alliterationen *(alliteration),* Anspielungen *(allusion),* Wortspielen *(pun).*

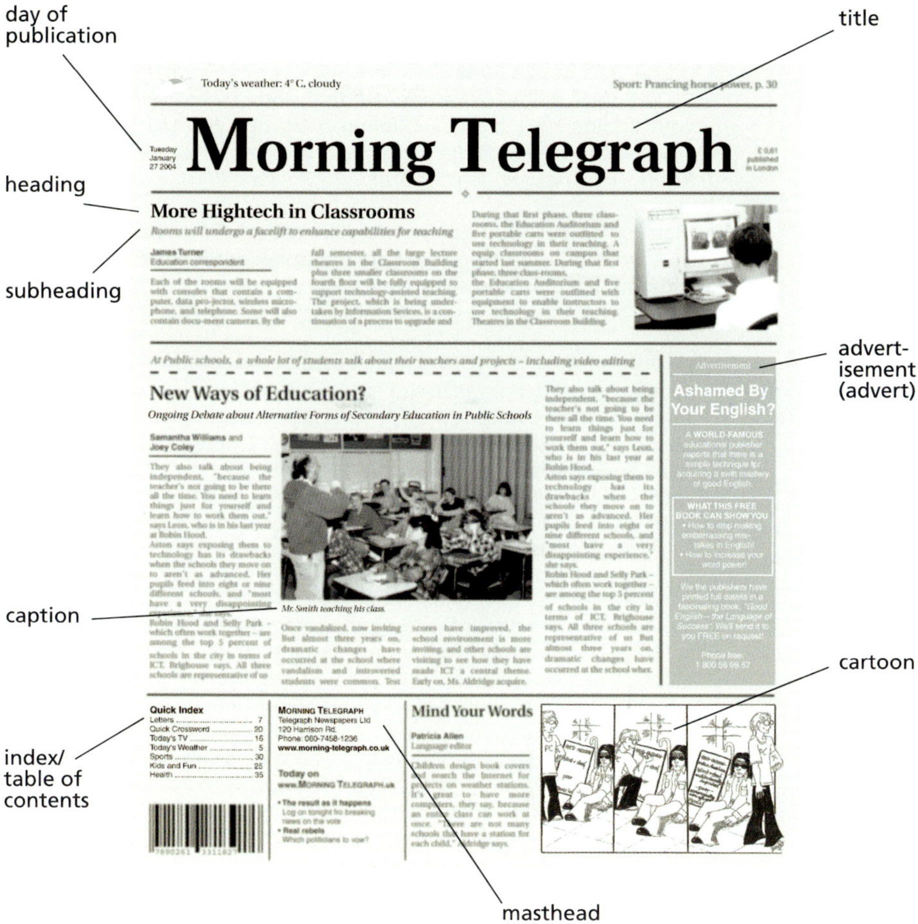

Überschriften *(headings)*. Britische Zeitungen scheinen für ihre Überschriften eine besondere Sprache zu nutzen, die fast ohne Artikel und vollständige grammatikalische Konstruktionen auskommt. Stattdessen findet man, vor allem in den Massenblättern, oft stark verkürzte Sätze *(compressed sentences)* oder Ellipsen *(ellipsis)*, die den Leser für einen Beitrag interessieren sollen.

Folgende verkürzende Konstruktionen werden häufig eingesetzt:
- Auf das Verb *to be* oder Artikel wird verzichtet. *(e. g.: "Number of runaways at crisis point", The Guardian, 9th November 1999 or: "Boy, 13, father of twins"/The Guardian, 4th December 1999)*
- Bereits abgeschlossene, normalerweise im *simple past* beschriebene Handlungen werden im *simple present* formuliert. *(e. g.: "Girl writes English essay in phone text shorthand", The Daily Telegraph, 3rd March 2003)*

Die **Überschrift *(heading)*** soll das Interesse des Lesers wecken, indem sie das Thema des Zeitungsbeitrages präsentiert, ohne den Inhalt vorwegzunehmen.

- Zukünftiges Geschehen wird mithilfe von *to + infinitive* ausgedrückt. *(e. g.: "Town to ban teenagers from streets at night"/The Daily Telegraph, 25th March 2002)*
- Passivkonstruktionen werden verkürzt, indem das *past participle* die vollständige *be + past participle-construction* ersetzt. *(e. g.: "Bethan always thrived under the pressure to succeed. Until she began her A-levels"/The Independent on Sunday, 17th June 2001*

Außerdem finden Stilfiguren wie Alliteration *(alliteration),* Assonanz *(assonance),* Allusion *(allusion)* und Wortspiel *(pun)* in den Überschriften englischsprachiger Zeitungen Verwendung.

Die Begriffe ***broadsheet*** und ***tabloid,*** die sich von der Größe der Zeitungsbögen herleiten, sind zu Synonymen für seriöse bzw. unterhaltsame, populäre Zeitungen geworden. Beispiele für *broadsheets* auf dem britischen Markt sind *The Independent, The Times, The Observer* und *The Guardian.* Bekannte britische *tabloids* sind *Sun, Daily Express, The Mirror* und *Daily Mail.*

	presentation of themes	**language**	**headlines**
quality paper/ broadsheet or highbrow	serious coverage of topical events; complex presentation of themes; each paragraph expresses a sense unit and contains several sentences, commentaries; reviews etc.	neutral, Standard English, complex sentence structures	factual and informative; frequent use of alliteration, allusion and puns
popular paper/ tabloid	short articles with big colour photos presenting topics with little depth; short paragraphs consisting of one or two sentences; sensational news; little or no cultural themes other than entertainment and sports	informal style with colloquial or even slangy language, short and long sentences with plain structures, a lot of quoted speech	sensational information ("journalese" words) offered in a compressed form; use of alliteration, assonance, nicknames, puns

Zeitungen und Zeitschriften enthalten eine Vielfalt an fiktionalen und nichtfiktionalen Texten, wobei die Texttypen Bericht *(report),* Nachricht *(news, news item)* und Kommentar *(commentary)* am häufigsten vertreten sind (↗ S. 160).
Je nachdem, welche Informationen angeboten bzw. wie die Informationen präsentiert werden, unterscheidet man folgende Arten von Sachtexten in Zeitungen und Magazinen *(types of newspaper/magazine articles):*

type of article	**typical features**
advertisement, advert or ad (Werbung)	a text aimed at persuading the reader to act in a certain manner; it often contains an eye-catching headline, is illustrated and presented in an unusual, attractive layout

commentary → column (Kommentar)	an article which comments on a current subject matter and expresses the individual view of its author; regular article that either always appears in the same place and deals with the same theme or is always written by the same author; it expresses the (highly) subjective view of the columnist who is named in the byline; e. g.: "Letter from America"; "World view by X.Y."
editorial or leader/leading article (Leitartikel)	an article written by the (chief) editor of a newspaper or magazine expressing his/her view of a theme of current importance or general interest, e. g. a political or social topic
feature (Reportage, Feature)	an article dealing with a topic of general interest, often with an individual story as a starting point; it goes beyond covering facts and thus is both informative and entertaining
news report (Bericht)	any article which covers current affairs or topical events (so-called hot news) concentrating on answering the five "w´s", i. e. who, what, when, where, why, and how; divided into paragraphs
news item (Nachricht)	a very short article answering the five "w´s" of a current event – often only in one paragraph
news story	a kind of report which deals with current affairs or topical events in a subjective manner; it answers the five "w´s", but may contain background information and the author´s personal opinion and that of people involved as well; the temporal order of the events may be reversed for effect
op-ed (= opposite the editorial page)	article always published in the same place dealing with different subjects each time
(film/book) review (Rezension)	an article evaluating a film, novel or other piece of literature or art

Characteristic elements of popular papers are the **gossip column** and the **human interest story.** The gossip column reveals the affairs of stars and starlets whereas the human-interest story concentrates on the individual fate of a person who is involved in an event of current interest.

A piece of information which is published but proves not to be true later is called a **shaggy dog story.**

News reports, news stories und *news items* werden oft als objektiv bezeichnet, obwohl sie dem Autor vielfältige Möglichkeiten eröffnen, auf den Leser einzuwirken (z. B. durch Auswahl und Anordnung der Informationen, Zitate und Beispiele, Wahl des Stils bzw. der Sprachebene). Einfluss darauf, wie der Text vom Leser wahrgenommen wird, haben auch:

- die Platzierung des Beitrages auf einer bestimmten Seite,
- das Layout
- Illustrationen und
- Cartoons.

Vocabulary

people writing/illustrating newspapers
(chief) editor/editorial team
journalist, reporter, writer
photographer, artist, cartoonist, caricaturist,
drawer, (layout) designer

people owning newspapers/ magazines
proprietor, press baron/press lord (derog.)
tycoon

purchasing a newspaper/ magazine
to subscribe to …
to buy a newspaper at a newsagent´s/newsdealer/ news vendor

the readership
undemanding/demanding
educated/intellectual/elite
literate/semi-literate/ordinary
upper-class, upper-middle class, middle class, working class

categories of newspaper information:
general news/current affairs/ hot news
international/overseas coverage
national/home/domestic news
regional, local topics
finance, economy, education, politics, society, social issues, arts, special affairs, sports, financial/economic surveys
travel report
entertainment:
human interest story
cartoon/comic strips/caricatures; jokes
crossword puzzle/bingo
stars and starlets
serialised novels
gossip
television listings/guide
cooking/health/fitness
"agony aunt´s" column
advertisements
opinion and comments:
(art/culture/music) reviews
editorial/leader
commentary
reader´s opinion:
letter to the editor
readers´ letters

texts in newspapers/magazines
advertisement
advice column/pages; "agony aunt"
cartoon/comic strip/caricature including headline/ caption/balloon
children´s page
commentary/column
crossword (puzzle)
editorial/leader/leading article
feature
gossip column
human interest story
(readers') letters/letters to the editor
op-ed (= opposite the editorial page)
report
shaggy dog story
sports news/report/pages
statistics: charts, tables
(film/book/CD) review
weather report/forecast

types of headings
masthead
headline, banner headline
heading, subheading, cross-head
byline

parts of a newspaper/magazine
sheet, page
supplement, e. g. TV-guide

forms of texts
article; cartoon/comic strip/ caricature; photo(graph)/ caption; letter; statistics: grid/table, bar chart, pie chart, line graph; advertisement; joke; short story; excerpt (from a novel)

attitude towards subject matter (tone) (+)
balanced, factual, in-depth, provocative, thought-provoking, perceptive, witty, controversial, predictable, hilarious, entertaining, reliable, exclusive, comprehensive, authorative, impressive, promising, creative, critical, selective, sophisticated, objective

attitude towards subject matter (tone) (–)
prejudiced/biased, subjective, unbalanced, stereotyped, opinionated, patronizing, wicked, pompous, trivial, unreliable, sensationalist, moralizing, gossipy, superficial, limited, corrupting, harmful, offensive, unsuitable

3.2.4 Die Produktion von Sachtexten

Das Beantworten von Verständnisfragen *(answers to comprehension questions)*

Bei dieser Aufgabenstellung geht es darum, Informationen in einem Text aufzusuchen und sprachlich korrekt wiederzugeben. Wichtig ist, dass Sie dies mit Ihren eigenen Worten tun, also nicht einfach eine Kopie des passenden Textausschnitts anfertigen. Die Übernahme von einzelnen Schlüsselbegriffen *(key words)* ist dagegen erlaubt.
Hier ein Beispieltext:

Die Zeitform Ihrer Antworten wird in der Regel durch die in der Aufgabenstellung oder im Text verwendete Zeitform vorgegeben.

Inner-city teenager wins Eton scholarship

By Sally Pook

A TEENAGER at a secondary school in one of the most deprived areas of London has won a scholarship to Eton.
Diego O'Neill, 16, attends South Camden Community School in the heart of the Bengali community in Camden, central London. The school serves a sprawling council estate where violence is commonplace. Nearly a quarter of pupils are refugees and teachers have to cater for children who speak 52 different languages. Diego won one of only four fully-paid scholarships for state school pupils. He was chosen from a shortlist of seven by the headmaster, Anthony Little.
Rosemary Leeke, his head teacher, said: "We are extremely proud of Diego and his success. Eton takes a certain number of students from the state sector each year, but it is difficult to be one of those."
Diego has so far refused to speak about the scholarship, preferring instead to get on with studying for his GCSEs.
"He is quite reticent about publicity," said Miss Leake. "He is a very modest young man."

THE DAILY TELERAPH
02.04.2003
© Telegraph Group Ltd, London

Bei der Formulierung Ihrer Antworten sollten Sie auf Folgendes besonders achten:

- Um Ihre Antworten variabel zu gestalten, können Sie **Synonyme** für die im Text vorkommenden Schlüsselbegriffe verwenden *(e. g.: the teenager > the boy)* oder die Schlüsselbegriffe umschreiben *(e. g.: in the heart of the Bengali community of Camden > in the centre of the London area where mostly Bengali people live)*.
- Verknüpfen Sie Ihre Aussagen durch **Bindewörter** *(sentence connectives)*.
- Sie können auch die Anordnung von **Adverbialkonstruktionen** im Satz verändern *(e. g.: Diego has so far refused to speak about the scholarship, … > (so far >) Up to now Diego (has refused to speak >) has not talked about the (scholarship >) award yet, …)* oder die **syntaktische Struktur** neu gliedern, z. B. indem Sie komplexe Sätze teilen oder die Satzglieder neu ordnen.
- Denken Sie auch an den Einsatz satzverkürzender Mittel, wie **Partizipialkonstruktionen** *(e. g.: Diego O'Neill, 16, attends South Camden Community School > Diego O'Neill, 16, (attends >) going to South Camden Community School + finite verb form)*, **verkürzte Relativsätze** *(e. g.: children who speak 52 different languages > pupils speaking 52 different languages)* oder **Gerundien** *(e. g.: He was chosen from a shortlist of seven … > The choosing of Diego from a shortlist …)*.

Formulierungshilfe erhalten Sie durch Synonymwörterbücher *(thesaurus,* pl. *thesauri)* oder durch die Worterklärungen im einsprachigen Wörterbuch.

Zitate, die Sie aus einem anderen Text übernehmen, werden durch Anführungszeichen gekennzeichnet.

Die Zusammenfassung *(summary)*

Die *summary* wird in der Regel im Präsens *(present tense)* verfasst. In ihrer Länge sollte sie ein Drittel des Ausgangstextes nicht überschreiten.

Das Ziel der **Zusammenfassung** besteht darin, kurz und präzise über den Inhalt eines Textes zu informieren. Persönliche Stellungnahmen oder Wertungen sind in der *summary* nicht angebracht; ein neutraler Stil und ein sachlicher Ton werden ihr am besten gerecht. Da für die Zusammenfassung häufig eine bestimmte Wortzahl vorgegeben wird, ist die präzise Formulierung und das Vermeiden von Wiederholungen wichtig. Auf Zitate *(quotations)* sollte ebenso verzichtet werden wie auf das Aufzählen von Beispielen *(examples)* oder einen bildhaften Sprachgebrauch.

Folgende Vorgehensweise bietet sich beim Schreiben der **Zusammenfassung eines Sachtextes** *(summary of a non-fictional text)* an:

1. Lesen Sie den Text mindestens einmal gründlich und markieren Sie Schlüsselbegriffe *(key words)* und Kernaussagen *(key phrases)*. Da in der Einleitung oft die fünf „w-Fragen" (Wer?, Was?, Wann?, Wo?, Warum?) beantwortet werden, sollten Sie diese besonders aufmerksam lesen. Die folgende Liste mit Schlüsselbegriffen und Kernaussagen bezieht sich auf den Zeitungsbericht *Inner-city teenager wins Eton scholarship* (↗ S. 181):

list of key phrases	word material for the summary
- teenager in a secondary school	- youth/pupil from a secondary school – won a scholarship to Eton
- won a scholarship to Eton	- from one of the poorest parts of London
- from one of the most deprived areas of London	- 16-year-old Diego O'Neill
- Diego O`Neill, 16	- where the Bengali people are at home in Camden
- Bengali community in Camden	- about 25 per cent of the schoolchildren are immigrants
- nearly a quarter of pupils are refugees	- 52 languages spoken as mother tongues
- speak 52 different languages	- fully-paid scholarship
- fully-paid scholarship	- head teacher expresses school's pride in Diego
- head teacher – proud of Diego	

2. Fassen Sie die Kernaussagen zusammen und geben Sie die wesentlichen Sachverhalte in möglichst präzisen und treffenden Formulierungen wieder.
3. Formulieren Sie vollständige Sätze. Verwenden Sie Konjunktionen *(conjunctions)* und andere Bindewörter *(linking words)*, um Ihre Aussagen zu verknüpfen. Nutzen Sie außerdem satzverkürzende Konstruktionen, wie Partizipialkonstruktionen und Gerundien.

The newspaper article *Inner-city teenager wins Eton scholarship* published in *The Daily Telegraph* from 2nd April, 2003, informs us about the 16-year-old Diego O`Neill, who has won a fully-paid scholarship to Eton. The teenager attends a secondary school in one of the poorest parts of Camden, London, where Bengali people are at home. 52 languages are spoken as mother tongues by the pupils of that school, about 25 per cent of the youths are immigrants. So the head teacher expresses the school´s pride in Diego.

Blick auf Londons Stadtteil Camden

Für die **Zusammenfassung eines fiktionalen Textes** *(summary of a fictional text)* bietet sich folgende Vorgehensweise an:
1. Um ein gutes Verständnis zu sichern, sollten Sie den Text mindestens einmal, besser aber mehrmals, gründlich lesen. Dabei können Sie bereits Angaben zu Ort und Zeit der Handlung sowie zu wesentlichen Elementen des Handlungsstranges markieren.
2. Beschreiben Sie kurz den Ort und die Zeit der Handlung sowie die Hauptcharaktere.
3. Stellen Sie den Handlungsverlauf dar. Konzentrieren Sie sich dabei auf wesentliche Elemente, die die Handlung vorantreiben oder die für das Verständnis der Charaktere von besonderer Bedeutung sind.
4. Nutzen Sie Konjunktionen und andere Bindewörter, um die zeitliche oder kausale Abfolge der Handlungselemente darzustellen.

Der Bericht *(report)*

In einem **Bericht** werden Ereignisse und faktische Informationen in möglichst objektiver Weise mitgeteilt. Dazu werden die sechs journalistischen Fragen *(„w"-questions plus „how"?)* möglichst vollständig beantwortet – ein neutraler, sachlicher Stil ist hierzu am besten geeignet. Persönliche Wertungen sollten Sie vermeiden.
So können Sie beim Verfassen eines Berichts vorgehen:
1. Bemühen Sie sich um eine genaue Recherche des zu berichtenden Vorgangs. Legen Sie eine Faktensammlung an.
2. Ordnen Sie die Fakten, z. B. in der Reihenfolge *who? what? when? where? why? how?* oder aber chronologisch.
3. Formulieren Sie Ihre Aussagen präzise und verständlich.
4. Illustrieren Sie Ihren Bericht mit Diagrammen und Statistiken; sie können auch wörtliche Zitate verwenden, um Ihre Aussagen zu stützen.

Die Zeitform für den Bericht ist die Vergangenheit.

Eine besondere Form des Berichts ist der Zeitungsbericht *(news report).* Er stellt die wesentlichen Fakten zu einem Thema ohne Kommentar dar. Die *news story* hingegen kann auch persönliche Meinungen, Wertungen oder Zitate, z. B. von Betroffenen oder Experten, enthalten.

Die Erörterung/Kommentar *(comment/argumentative essay)*

In der Erörterung zeigen Sie, dass Sie sich mit einem kontroversen Thema auseinander setzen und ihre Meinung in kohärenter Form darlegen können (↗ S. 165). Der Stil sollte neutral gehalten sein, der Ton sachlich bis überzeugend. Die Zeitform ist in der Regel das Präsens.

Folgendermaßen können Sie beim Verfassen einer Erörterung vorgehen:
1. Bevor Sie mit dem Schreiben beginnen, analysieren Sie das Problem, und sammeln Sie relevantes Faktenmaterial.

2. Ordnen Sie die Fakten zuerst nach „Pro" und „Kontra", dann innerhalb der Gruppen nach ihrer Aussagestärke; beginnen Sie mit dem schwächsten Aspekt. Wenn eine Position bezogen werden soll, bilden Sie sich eine Meinung.

3. Erarbeiten Sie eine Gliederung, in der stichpunktartig die Struktur der Erörterung festgehalten wird: Stellen Sie Thesen auf; ordnen Sie jeder These ein bis zwei Argumente zu, die wiederum durch Beispiele bzw. Beweise gestützt werden.

4. Der Aufbau der Erörterung: Stellen Sie das Problem in der Einleitung präzise und verständlich dar. Wenn zwei gegensätzliche Meinungen bekannt sind, können Sie sie hier vorstellen. Außerdem können Sie die Einleitung nutzen, um Zusammenhänge zu beschreiben oder wichtige Hintergrundinformationen zu geben. Geeignete Einleitungssätze können sein:

   I would like o focus your interest on the following problem …
   I would like to discuss …
   The problem I'm dealing with is …
   In the following I shall be concerned with/deal with the problem/subject/issue of …
   I intend to present arguments in favour of …/against …

5. Die Argumentationsführung:
   Pro-Kontra-Erörterung – Hier stellen Sie gegensätzliche Argumente aufeinander folgend vor, d. h. Pro-Argumente und Kontra-Argumente werden abwechselnd beleuchtet. Durch diese Gegenüberstellung machen Sie deutlich, dass eine Seite überzeugendere Argumente hat als die andere. Diese Erkenntnis muss für den Leser nachvollziehbar sein und wird in den Schlussfolgerungen festgehalten.
   Steigende Erörterung – Dieses Verfahren sollten Sie dann anwenden, wenn Sie lediglich eine Seite des Problems darstellen möchten. Dabei werden alle Aspekte, die mit dem Thema in Zusammenhang stehen, in der Reihenfolge ihrer Bedeutung, beginnend mit dem am wenigsten wichtigen, betrachtet. Am Ende halten Sie die logische Schlussfolgerung in einem gesonderten Absatz fest. In der Schlussfolgerung fassen Sie die Ergebnisse Ihrer Erörterung zusammen. Dafür bieten sich folgende Formulierungen an:

   To sum up my main points briefly …
   To summarize my arguments …
   In conclusion, I would like to say that …
   I would like to conclude by saying that …
   As these arguments show …
   All in all, I think it can be said that …
   I would like to finish by saying …

Weiterhin können Sie mögliche Konsequenzen oder Tendenzen des behandelten Problems vorstellen und so den Leser zum Nachdenken oder zur Bildung einer eigenen Meinung anregen.

Die Buch- oder Filmrezension *(book/film review)*

Plakat zu Francis Ford Coppolas *Apocalypse Now* (1979)

Eine Rezension soll den Leser in kurzer Form über das Thema bzw. den Handlungsstrang eines Buches oder Filmes informieren. Wenn Sie einen Rezensionstext schreiben, sollten Sie die künstlerischen Stärken und Schwächen des besprochenen Werkes beleuchten und eine Gesamtwertung vornehmen. Abhängig vom Gegenstand des Textes, können Sie auch eine Empfehlung aussprechen, die den Leser in seiner Annäherung an das betreffende Werk beeinflusst.

Folgendes Vorgehen bietet sich an:

1. Schauen Sie sich das zu besprechende Werk – das Buch oder den Film – genau an. Für eine Filmrezension sollten Sie sich vorab die technischen Gegebenheiten (wie Perspektive, Schnitt, Montage) vergegenwärtigen, auf denen die Wirkung eines Films basiert.
2. Benennen Sie Titel, Autor/Regisseur/Drehbuchautor und Erscheinungsdatum des Werkes und gehen Sie kurz auf den Inhalt ein.
3. Geben Sie eine kurze Zusammenfassung der Handlung – ohne allerdings das Ende schon vorwegzunehmen.
4. Informieren Sie die Leser über wesentliche Details, die für das Verständnis des Buches bzw. Films (z. B. Bezug auf einen realen Vorfall) oder seine Einordnung (z. B. in das Gesamtwerk des Autors bzw. Regisseurs) notwendig sind.
5. Stellen Sie die besonderen Qualitäten des Buches bzw. Filmes aus Ihrer Sicht dar. Auf jeden Fall sollten Sie die eigene Wertung, egal ob sie lobend oder kritisch ausfällt, gut begründen. Außerdem ist es wichtig, die Aspekte, die die künstlerische Gesamtwirkung ausmachen, hinreichend zu beleuchten (↗ S. 262).

Der Brief *(letter)*

Es werden zwei Arten von Briefen unterschieden: private Briefe und Geschäftsbriefe. Welchen Sprachduktus und welche Stilebene Sie für Ihren Brief wählen, hängt vom Inhalt ab, aber auch vom Zweck und von der Vertrautheit mit dem Adressaten.

Eine Ausnahme stellt der Leserbrief *(letter to the editor)* dar: Er beginnt mit der Anrede *Sir* oder *Madam* und wird am Schluss mit Namen und Adresse unterzeichnet.

Folgendes sollten Sie beim Schreiben eines Briefes beachten:

1. Handelt es sich um einen privaten oder um einen offiziellen Brief?
2. Zur Gestaltung des Briefes:
   Platzieren Sie Ihre Adresse am rechten oberen Rand, das Datum in der Zeile darunter. Im britischen Englisch wird das Datum wie folgt angegeben: 5th May 2004, im amerikanischen Englisch: May 5, 2004.
3. Je nachdem, ob Sie einen privaten oder einen offiziellen Brief verfassen, könnte die Anrede so lauten:

Privater Brief	Offizieller Brief
Dear Paul, … Hi Sandra, … Hello Judith, …	Dear Mr/Mrs/Ms/Dr Sanders, … Dear Sir or Madam, … (Name des Adressaten ist nicht bekannt.)

E-Mails folgen den gleichen Regeln wie Briefe, mit dem Unterschied, dass die Adresse in der Fußzeile erscheint.

4. Gliedern Sie den Text in Absätze, das erste Wort des Absatzes wird jeweils großgeschrieben.
5. Entsprechend der Anrede sollten Sie auch den Briefschluss gestalten:

Privater Brief	Offizieller Brief
Hope all is well. How are things with you? Hope to hear from you soon. Drop me a line. Let's keep in touch. Write back soon … I'm looking forward to hearing from you.	Thank you for your efforts in advance. Please inform us about … I should be pleased to receive your … (answer) soon. I look forward to hearing from you soon.
Lots of love … Give my love to … Give my regards to …	Yours sincerely, … (BE) Sincerely yours, … (AE) Yours faithfully, … (Name des Adressaten ist nicht bekannt)

BE = British English
AE = American English

6. Wenn Sie den Brief mit einem Textverarbeitungsprogramm erstellen, richten Sie den Text linksbündig aus (nicht im Blocksatz). Am Schluss unterzeichnen Sie in einer Extrazeile mit Ihrem Namen, den Sie der Lesbarkeit halber noch einmal in Druckform wiedergeben sollten.

Das Bewerbungsschreiben *(letter of application)*

Es gibt zwei Arten von Bewerbungen: die **verlangte Bewerbung (*solicited application*)**, die auf eine Anzeige hin verfasst wird, und die **Initiativbewerbung (*unsolicited application*)**, mit der Sie sich für eine mögliche Tätigkeit vorstellen.

Mit einem Bewerbungsschreiben empfehlen Sie sich für eine Ausbildungs- oder Arbeitsstelle, für ein Praktikum oder Stipendium. Deshalb kommt es darauf an, dass Sie ihre besondere Eignung oder Qualifikation selbstbewusst und in ansprechender Form darstellen. Da es sich um ein offizielles Schreiben handelt, sollten Sie auf einen sachlich-präzisen Stil und einen höflichen Ton achten. Prüfen Sie den Text unbedingt auf mögliche Flüchtigkeitsfehler, und bemühen Sie sich im Ganzen um ein akkurates Erscheinungsbild. Hier einige Formulierungshilfen:

Dear Mrs …/Dear Mr. …

- I'm writing with regard to your advertisement for a secondary school teacher, which appeared in *The Observer,* April 5, 2004.
- Please find enclosed a copy of my CV/resume. It demonstrates …
- I think I'm qualified/suited for this position because …
- I would welcome the opportunity to …
- If you are interested, please contact me at …, or feel free to leave a message.
- I look forward to meeting you …

Yours sincerely (BE) …/Sincerely yours, (AE) …

Enclosure: CV/resume

Der Lebenslauf *(curriculum vitae or CV, resume)*

Der Lebenslauf gibt in chronologischer Reihenfolge Auskunft über Ihre persönlichen Daten. In aller Regel fügen Sie ihn in tabellarischer Form einem Bewerbungsschreiben an – in einzelnen Fällen wird auch ein Lebenslauf in ausgeschriebener Form verlangt. Der tabellarische Lebenslauf enthält folgende Punkte:

Personal details
- name
- address
- telephone
- e-mail
- date of birth
- place of birth
- nationality

Education
- job experience
- languages
- references

Qualifications
- other qualifications
- special interests

- signature –
- date –

Im Englischen gibt es die Redewendung *You never get a second chance to make a first impression.* Halten Sie sich dies beim Schreiben Ihrer Bewerbung und Ihres Lebenslaufes gut vor Augen.

<table>
<tr><th>deutscher Begriff</th><th>Entsprechung im BE</th><th>Entsprechung im AE</th></tr>
<tr><td>Grundschule</td><td>primary school</td><td>elementary school</td></tr>
<tr><td>Gesamtschule</td><td>comprehensive school</td><td rowspan="3">high school
→ junior high school (7.–9. Kl.)
→ senior high school (10.–12. Kl.)</td></tr>
<tr><td>Hauptschule</td><td>secondary-modern school</td></tr>
<tr><td>Realschule</td><td>comprehensive secondary School</td></tr>
<tr><td>Realschulabschluss (nach Klasse10)</td><td>General Certificate of Secondary Education: O Level</td><td>(gibt keinen vergleichbaren Schulabschluss)</td></tr>
<tr><td>Gymnasium</td><td>grammar school</td><td>high school</td></tr>
<tr><td>Abitur</td><td>General Certificate of Secondary Education: A Level</td><td>High School Diploma</td></tr>
<tr><td>Gymnasiale Oberstufe</td><td>sixth form</td><td>college</td></tr>
<tr><td>Berufsausbildung</td><td>vocational training</td><td>vocational training</td></tr>
<tr><td>Berufsschule</td><td>business college</td><td>business college, business school</td></tr>
<tr><td>Fachschule (technische Richtung)</td><td>technical college</td><td>technical college</td></tr>
<tr><td>Fachschule (Büro, Handel, Banken)</td><td>commercial college</td><td>commercial college</td></tr>
</table>

Bei Bewerbungen ins Ausland sollten Sie die Bezeichnungen für Schulformen oder Bildungsabschlüsse zunächst in der korrekten deutschen Form angeben und – wenn möglich – die englischen oder amerikanischen Entsprechungen hinzufügen.

3.3 Fiktionale Texte

Der Leser eines Romans richtet an diesen Text andere Erwartungen als an eine Dokumentation. Von der Dokumentation, dem Sachtext, erwartet der Leser Sachlichkeit und Genauigkeit. Er geht an den Text mit der Gewissheit heran, alle Informationen an der Wirklichkeit überprüfen zu können. Dem Roman hingegen nähert sich der Leser mit dem Bewusstsein, eine erfundene Geschichte zu lesen. Er stellt die im fiktionalen Text aufgebaute Wirklichkeit nicht infrage.
Im fiktionalen Text lässt der Autor mithilfe der Sprache eine Wirklichkeit entstehen, die keinen Bezug zur Realität besitzt.

fiktional – auf einer Vorstellung beruhend; **Fiktion** = etwas, das nur in der Vorstellung existiert

Unter **Fiktionalität** versteht man die Eigenschaft von literarischen Texten, einen eigenen abgeschlossenen Bezugsrahmen zu besitzen, der außerhalb der Wirklichkeit liegt, aber Ähnlichkeiten mit der Wirklichkeit aufweist.

Die fiktionale Wirklichkeit wird aus folgenden Elementen konstruiert:
- Handlung *(plot)*,
- räumliche Dimension *(setting; space)*,
- zeitliche Dimension *(time)*,
- Figuren *(characters)*,
- Perspektive *(point of view)*,
- Sprache als Vermittlungsmedium *(language)*.

Mithilfe dieser Bestandteile konstruiert der Autor stets nur einen **Wirklichkeitsausschnitt.** Der Autor wählt aus der Vielfalt des in der Wirklichkeit Gegebenen denjenigen Lebensaspekt aus, der ihm geeignet scheint, sein Anliegen an den Leser zu vermitteln. So kann sich der Zeitraum der dargestellten Handlung auf einen Tag und das Personal auf eine geringe Zahl fiktiver Figuren beschränken.

Textproduktion und Textrezeption ergänzen sich

Bei jedem Lesevorgang errichtet der fiktionale Text seine Welt aufs Neue in der Vorstellung des Lesers. Erst die gedankliche Mitwirkung des Lesers beim Lesevorgang füllt die fiktionale Welt und ihre Personen mit Leben. Anders als bei der realen Kommunikation (eine Kommunikationsebene) entstehen hierbei drei Kommunikationsebenen:

empirischer Leser = der reale Leser in der erfahrbaren Wirklichkeit

1. **Ebene der Realität:** Empirischer Leser und realer Autor. Zwischen ihnen besteht keine direkte kommunikative Verbindung.

2. **Ebene des Erzählens:** Erzähler und impliziter/intendierter Leser. Der Autor schlüpft in die Rolle des Erzählers und wendet sich an eine bestimmte Lesergruppe. Er kann auch einen unmittelbaren Kontakt zum Leser herstellen, indem er ihn direkt anspricht.
3. **Ebene der Fiktion:** Kommunikation der Figuren in der vom Autor geschaffenen fiktiven Welt *(illusion).*

impliziter Leser = der Leser, den der Erzähler anspricht; nicht immer identisch mit dem realen Leser

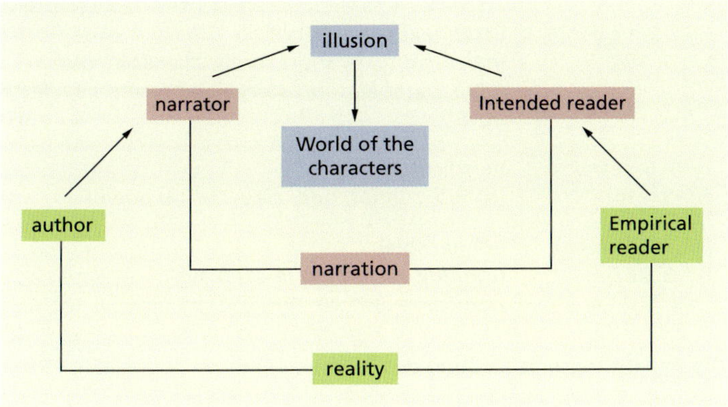

Die vom Autor geschaffene fiktive Welt entsteht aus der Verbindung zwischen einer Nachahmung der erfahrbaren Wirklichkeit (Mimesis) und der freien dichterischen Erfindung. Der Autor muss bis zu einem gewissen Umfang Elemente der wiedererkennbaren Realität in seine Fiktion übernehmen, um seine Scheinwelt für den Leser vorstellbar zu machen. Ortsnamen oder historische Zusammenhänge tauchen als so genannte Realitätspartikel in der Fiktion auf.

Die Fiktionalität verleiht den Texten drei Eigenschaften:

Selbstreferenz: Der fiktionale Text kann zur Überprüfung seiner Aussagen nur auf sich selbst verweisen. Als Wirklichkeitsentwurf muss er sich nicht an den Gegebenheiten der außerliterarischen Welt messen lassen. Die oft große räumliche und zeitliche Distanz zwischen Autor und Leser schließt die Möglichkeit des vergewissernden Nachfragens aus.

Bedeutungsvielfalt: Bei jedem Lesevorgang wird die fiktionale Welt neu geschaffen. Jeder Leser nähert sich dem Text mit anderen Wissensvoraussetzungen und wird daher beim Lesen die erfundene Welt des Textes in seiner Vorstellung anders rekonstruieren. Auch aus der sich wandelnden Perspektive des Rezipienten, der einen Text mehrmals liest, ergeben sich immer neue Sinnbezüge.

Das Angebot der **Wirklichkeitsentwürfe:** Die fiktive Welt kann der realen Welt eine kritische Spiegelung oder aber eine alternative Wirklichkeit gegenüberstellen. Diese Möglichkeit wird z. B. von der utopischen oder antiutopischen Literatur genutzt. Fiktionale Texte eröffnen dem Leser die Möglichkeit, neue Denk- und Verhaltensweisen auszuprobieren, ohne in Konsequenzen verstrickt zu werden.

Ausgehend von der Beschäftigung mit nordischen Mythen, gestaltet der britische Linguist **J. R. R. Tolkien** (1892–1973) in seiner Trilogie *The Lord of the Rings* eine prähistorische Fantasiewelt, die neben Menschen auch von Elben, Zwergen, Orks und Hobbits bewohnt wird.

Im Englischen wird der Ausdruck *fiction* hauptsächlich für Erzähltexte (Roman und Kurzgeschichte) oder häufig als Synonym für *novel* verwendet.

Textformen der Literatur

Fiktionale Texte werden aufgrund ihrer Textform in Gattungen *(genres)* unterteilt:

Gattung *(genre)*	Textformen
Epik *(epic genre)* (↗ S. 194)	Erzähltexte *(narrative texts; short forms: anecdote, beast fable, parable, short story; long forms: novelette, novel)*
Lyrik *(poetry)* (↗ S. 215)	Versdichtung *(ballad, sonnet, ode, elegy, lyrical poem)*
Drama *(drama)* (↗ S. 227)	Bühnenspiel *(tragedy, comedy, one-act play)*

Die Bedeutungserschließung des Textes

Der Leser begegnet jedem Text mit einer Erwartungshaltung, die von seinen Vorkenntnissen geprägt ist. Liest er ein Gedicht, so hat er dabei eine Vorstellung davon, was ein Gedicht ist. Eine ähnliche Erwartungshaltung hinsichtlich des Textinhalts wird durch den Titel eines Textes ausgelöst. Während des Lesens erfährt der Leser immer mehr über den Text und revidiert dadurch sein Verständnis der zuvor gelesenen Passagen. Möglicherweise liest er den gesamten Text mehrmals, um zu einem Verständnis bis dahin unklarer Textstellen zu gelangen. Beim Lesen befindet sich unser Verständnis vom Textganzen im ständigen Dialog mit dem Verständnis einzelner Textelemente im Textinneren, aber auch mit unserem Vorwissen. Diese wechselseitige Korrektur und der ständige Austausch zwischen dem Einzelnen und dem Ganzen als Verstehensprozess tragen die Bezeichnung **hermeneutischer Zirkel.** Das Diagramm veranschaulicht die Funktion des hermeneutischen Zirkels:

Hermeneutik (griech.) = Auslegekunst, Deutung

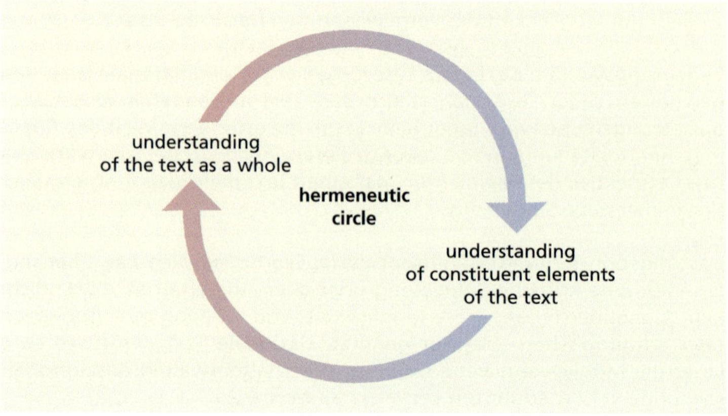

Die vier Interpretationsmethoden **kontextzentrierter, leserzentrierter, autorenzentrierter** und **textzentrierter Ansatz** setzen bei der Interpretation an dem entsprechenden Bestandteil des Kommunikationsvorganges an.

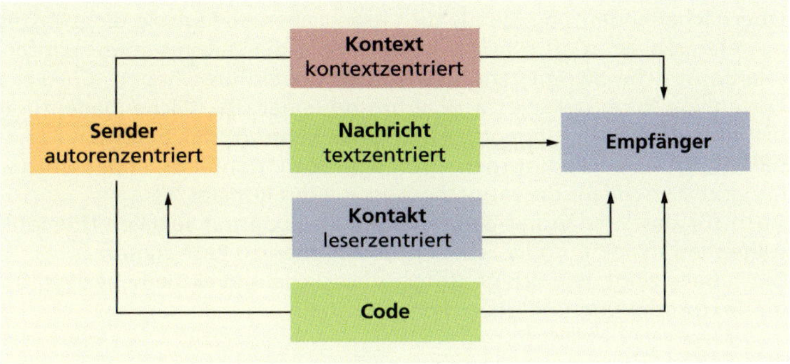

Die vier Hauptansätze der Textinterpretation fallen in die beiden Kategorien *intrinsic* und *extrinsic approach.* Sie alle basieren auf einem hermeneutischen Herangehen.

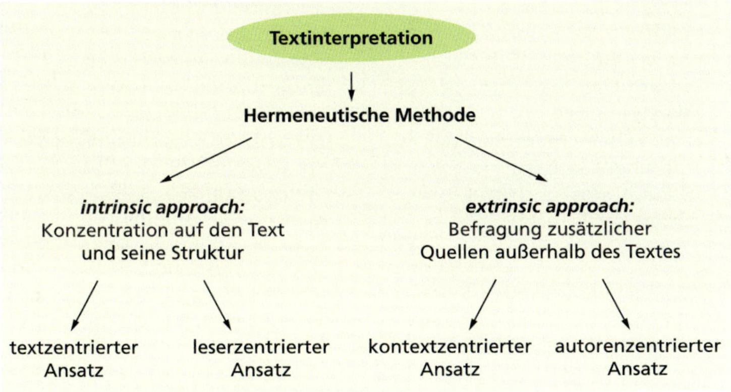

Keiner dieser Ansätze beansprucht für sich allein, die Bedeutung eines Textes eindeutig und allgemeingültig erschließen zu können. Einerseits ist es vom Text und vom Erkenntnisinteresse (Untersuchungsziel) des Lesers abhängig, welche Methode er wählt. Die Ergebnisse der einzelnen Zugangsweisen können sich wechselseitig ergänzen; die textzentrierte Untersuchung lässt sich durch eine Einordnung des Textes in den Entstehungszusammenhang ergänzen, um ein genaueres Verständnis zu erreichen.

Andererseits besitzt jeder literarische Text eine **Rezeptionsgeschichte.** Die Überlieferung, Verbreitung und Wirkung von Literatur unterliegt dem historischen Wandel – schon dadurch, dass sich Lesegewohnheiten ändern oder dass literarische Texte über neue Medien (z. B. das Internet) Verbreitung finden. Auf die Deutung der Texte hat dies unmittelbaren Einfluss, auch sie ist somit dem historischen Wandel unterworfen.

zentriert = mit Schwerpunkt auf …; kontextzentriert = mit Schwerpunkt auf dem Entstehungszusammenhang

Der kontextzentrierte Ansatz

Der kontextzentrierte Ansatz betrachtet Literatur als historisch-gesellschaftliches Phänomen. Textproduktion und -rezeption sind abhängig von historischen, ökonomischen und sozialen Faktoren. Um über die Oberflächenbedeutung hinaus zur tatsächlichen Bedeutung eines Textes zu gelangen, ist es oft erforderlich, sich über die Zeitumstände zu informieren, welche die Entstehung des Textes beeinflusst haben. *Gulliver's Travels* von JONATHAN SWIFT wird aufgrund seiner Oberflächenbedeutung oft als Jugendbuch eingeordnet. Erst die Kenntnis der betonten Rationalität sowie der politischen und religiösen Konflikte seiner Entstehungszeit erschließt die satirische Aussage des Romans.
Auch für das Verständnis zeitgenössischer Texte mit sozialer Thematik sollte man soziokulturelle Zusatzinformationen zu Rate ziehen.
Die Tabelle zeigt, wie sich geistesgeschichtliche und aktuelle Bezüge auf die Textproduktion und -rezeption auswirken:

Historische Bezüge im Text	**Auswirkungen der gesellschaftlichen Prägung auf die Rezeption**
– Bezug auf historische Ereignisse und Zustände – Weltbild der Figuren im Text – Auswirkungen naturwissenschaftlicher Erkenntnisse und Vorstellungen – zeittypische Merkmale der literarischen Gattung – Bedeutungs- und Strukturwandel in der Sprache	– Kenntnisse historischer Zustände und Ereignisse – Weltbild des Lesers – Vorstellungen des Lesers – Erwartungen des Lesers an die literarische Gattung – Erwartungen des Lesers an die Sprache – im Idealfall: Bewusstsein des historischen Wandels

Leserzentrierter Ansatz *(reader response criticism)*

Der leserzentrierte Ansatz beschäftigt sich mit Aspekten der Textaneignung. Er fasst den Text als Produkt auf, das während des Lesevorgangs in der Vorstellung des Lesers schrittweise entsteht. Der Lesevorgang mündet nicht in eine endgültige Deutung, stattdessen entwickelt sich die Deutung immer wieder neu und ist von Leser zu Leser verschieden. Lesen ist demnach nicht passive Bedeutungsentnahme, sondern aktive Bedeutungskonstruktion. Die Steuerung der Leserreaktion geschieht durch „Unbestimmtheits-" oder „Leerstellen" *(gaps)* im Text (ISER), die den individuellen Leser auffordern, an der Sinnschaffung mitzuwirken. Solche Leerstellen können sein:
- ausgesparter Kommentar des Erzählers,
- Schnitt- und Montagetechnik,
- Kontrastbildung,
- häufiger Perspektivenwechsel,
- von der Lesererfahrung abweichende Darstellungs- und Wahrnehmungsweisen,
- Provokation des Lesers.

WOLFGANG ISER (geb. 1926) ist einer der einflussreichsten Literaturtheoretiker der Gegenwart. In *Der Akt des Lesens* (1976) legt er eine umfassende Theorie des Leseprozesses vor.

Fragestellungen des leserzentrierten Ansatzes sind:

1. Fragen nach der sozialen Funktion von Literatur
   - Für welche Lesergruppe wurde der Text produziert?
   - Wie schlägt sich die Leserorientiertheit in der Textbeschaffenheit nieder?
2. Fragen nach der wirkungsästhetischen Funktion von Literatur
   - Welche Wirkung hat ein bestimmter Text auf den Leser?
   - Welche Strukturmerkmale des Textes üben eine lenkende Wirkung auf den Leser aus?
   - Welche Abläufe spielen sich beim Lesevorgang ab?
   - Weist der Text Verdeutlichungen, Rezeptionserleichterungen, Identifikationsangebote auf, oder
   - sind eine große Offenheit, Unbestimmtheit und Perspektivenvielfalt seine Merkmale?

Textzentrierter Ansatz

Der textzentrierte Ansatz erschließt die Bedeutung des literarischen Textes, indem er ihn und seine Struktur zum Hauptgegenstand der Untersuchung macht. Außerhalb des Textes liegende historische, biografische, psychologische oder soziologische Daten können in die Betrachtung einfließen, stehen aber nicht im Vordergrund. Der literarische Text wird als autonomes Kunstwerk und nicht etwa als soziales oder historisches Dokument betrachtet. Die Wirkung des literarischen Kunstwerkes als Ganzes *(total effect)* entsteht durch das Zusammenwirken der einzelnen Kompositionselemente oder Schichten *(strata, planes)*. Die Entstehung sprachlicher Dichte und Komplexität in der Dichtung lässt sich modellhaft darstellen:

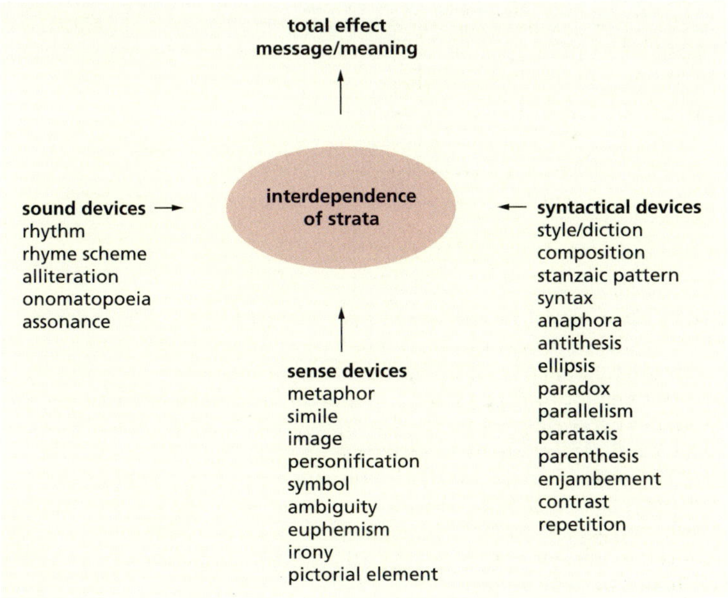

Rhetorische Mittel, Reim und Metrik funktionieren als in das sprachliche Kunstwerk integrierte Strukturelemente und leisten ihren Beitrag zur Verdeutlichung und Intensivierung des Bedeutungsganzen. Sie wirken nicht nur in der Reihenfolge ihres Auftretens (chronologisch), sondern schaffen sinnstiftende Beziehungen (netzwerkartig) und verstärken sich wechselseitig.

Autorenzentrierter Ansatz

Man verwendet die autorenzentrierte Methode bei der Erschließung von Texten, deren Entstehung eng mit bestimmten Ereignissen im Leben des Autors oder mit dessen persönlichen Anliegen verbunden ist. Sie befragt den Entstehungshintergrund des Textes, um sich der Textbedeutung zu nähern. Fragestellungen der autorenzentrierten Methode sind:
- Gab es einen bestimmten Anlass oder Grund dafür, dass der Text geschrieben wurde?
- Unter welchen Bedingungen hat der Autor den Text verfasst (soziale Herkunft des Autors, wirtschaftliche Situation, zeitgeschichtlicher Hintergrund)?
- Gab es prägende Erlebnisse in der Biografie des Autors?
- Wie wirken sich diese Faktoren auf die Textbeschaffenheit aus?

3.3.1 Narrative Texte

narrativ, von lat. narrare = erzählen, kundtun

Narrative Texte oder Erzähltexte stellen die ursprünglichste Form der Literatur dar. Sie wurzeln in der Situation des mündlichen Erzählens vor einer Zuhörerschaft. Aus der mündlichen Überlieferung *(oral tradition)* ist die Schaffung schriftlicher Erzähltexte hervorgegangen. Erzähltexte werden unter der Bezeichnung **Epik *(epic genre)*** zusammengefasst. Der wesentliche Unterschied zu den Gattungen Lyrik und Dramatik besteht im Vorhandensein eines **Erzählers.**

Ein **narrativer Text** ist ein literarisches Kunstwerk, in dem ein Erzähler als Vermittler zwischen Publikum und Erzählhandlung auftritt. Das dargestellte Geschehen kann nach zeitlichen oder kausalen Aspekten geordnet sein.

Gegenstand mündlicher Überlieferung waren Berichte über vergangenes Geschehen, Schöpfungs- und Naturmythen.

Der **Erzähler** nimmt im narrativen Text eine Reihe von ordnenden Aufgaben wahr: Er bestimmt das Erzähltempo, greift in die Ereignisfolge durch Vorwegnahmen und Rückblenden ein und kann auch die Rolle des Kommentators übernehmen. Das erzählte Geschehen wird als Vergangenes behandelt. Direkt für den Leser greifbar ist der Erzähler, wenn er als Ich-Erzähler auftritt und den Leser persönlich anspricht. Häufig aber bleibt der Erzähler im Hintergrund und ist nur indirekt an der Gestaltung seiner Erzählung erkennbar. Narrative Texte werden für den Zweck des Lesens geschaffen. Im Gegensatz zum mündlichen Erzähler, dem seine Zuhörer gegenwärtig sind, schreibt der Autor eines narrativen Textes für eine anonyme Leserschaft.

Formen narrativer Texte

Mögliche Kriterien zur Unterscheidung der **Formen narrativer Texte** sind:
- ihre Länge, z. B. Roman *(novel)* und Kurzgeschichte *(short story)*;
- die Verwendung von Prosa *(prose)* oder Versform *(verse)*;
- die Stoffauswahl, z. B. Science-Fiction, utopische Literatur *(utopian literature)*, Kriminalliteratur *(crime and detective novel)*, Entwicklungsroman *(novel of adolescence)*.

Kurzformen narrativer Texte sind: Ballade *(ballad)*, Fabel *(beast fable)*, Märchen *(fairy tale)*, Parabel *(parable)*, Anekdote *(anecdote)* und Kurzgeschichte *(short story)*. Der Roman *(novel)* ist eine **narrative Langform.** Eine Zwischenform stellt in der englischsprachigen Literatur der Kurzroman *(novelette)* dar. Der geringe Umfang der Short Story erfordert den planvollen und treffenden Einsatz erzähltechnischer Mittel. Von Anfang an muss die Short Story den Leser fesseln und Hinweise zur Bedeutungserschlüsselung enthalten.

Short Story und Roman (novel)	
Short Story	**Roman**
– einsträngige Handlung – Komprimierung – Konzentration	– komplexe Handlungsstruktur – Detail – Vielfalt

> Die **Short Story** ist ein kurzer Erzähltext in Prosa, dessen Gestaltungsmittel zur Erzielung einer einzigen, hervorragenden Wirkung gebündelt werden.

Die Short Story betrachtet einen punktuellen Ausschnitt aus der fiktiven Welt wie durch ein Vergrößerungsglas und holt ihn nahe an den Leser heran. Häufig steht eine Krise, eine Entscheidung oder Wende im Leben des Protagonisten im Zentrum. Der Leser ist aufgefordert, die in der Geschichte angedeuteten Motive, Ursachen oder Auswirkungen der Kernsituation aufzuspüren.

Die **Short Story** konzentriert sich auf einen Ausschnitt aus der fiktiven Welt, der im Detail betrachtet wird.

EDGAR ALLAN POE (1809 – 1849) gilt als Begründer der traditionellen Short Story. Er hebt folgende **Darstellungsprinzipien** der „short prose narrative" hervor:

Edgar Allan Poe veröffentlichte 1841 mit *The Murders in the Rue Morgue* eine der ersten Detektivgeschichten.

- **Selektion** *(selection)*: gezielte Auswahl einer einzigen Handlungseinheit oder Kernsituation, die geeignet ist, einen Aspekt menschlichen Daseins treffend zu veranschaulichen;
- **Konzentration** *(concentration)*: Schärfe und Tiefe der Darstellung;
- **Ökonomie** *(brevity)*: knappe Darstellung mit gezieltem Einsatz sprachlicher Mittel;
- **Komprimierung, Dichte** *(compression)*: Raffung und Verdichtung der Darstellung; erreicht durch: suggestives Erzählen *(compression by suggestion and implication)*: Sachverhalte werden angedeutet, „zwischen den Zeilen" ausgedrückt.

Der **Roman** ***(novel)*** zeigt eine Überschau über ein komplexes und vielfältiges fiktives Geschehen. Von den narrativen Kurzformen wie der Short Story unterscheidet er sich außer durch seine Länge auch durch die mehrsträngige Handlung sowie das reichere Figurenensemble. Im Gegensatz zum Epos, als dessen Nachfolger er gilt, ist der Roman nicht in Versen abgefasst, sondern in Prosa.

Gegenstand des Romans ist nicht die punktuelle Befindlichkeit, sondern die Entwicklung einer Figur oder einer Gruppe von Figuren über einen Zeitraum hinweg. Der Leser lernt den Protagonisten in der Begegnung mit unterschiedlichen Situationen und Menschen kennen und nimmt verschiedene Seiten seiner Persönlichkeit wahr.

Der Roman bietet den Raum, um
- das vielschichtige und sich wandelnde Gefühlsleben einer Figur ausführlich zu entwickeln;
- eine umfangreiche Einführung in Hintergründe und Thematik zu liefern;
- Themen darzustellen, die eine breitere Entfaltung benötigen.

Im Unterschied zur Short Story verfügt der Roman über folgende **Gestaltungsmittel:**

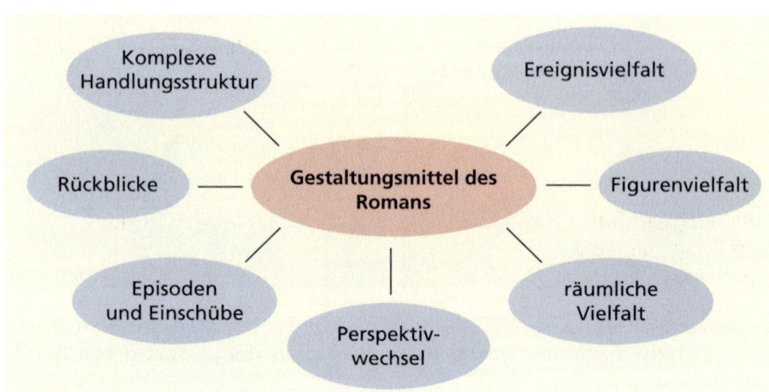

Merkmale narrativer Texte

Erzähltexte lassen sich betrachten im Hinblick auf das, was sie erzählen: die **Geschichte**, und im Hinblick auf das Verfahren, mit dessen Hilfe der Erzähler das Geschehen präsentiert: das **Erzählen *(narrative discourse, narrative process)*.** Wesentlich für die Darstellung der Geschichte sind die Erzähltechniken der **Auswahl** *(selection)* und **Anordnung** *(composition)*.

Für die Interpretation ist es wichtig, auf die Merkmale narrativer Texte einzugehen – dazu gehören Handlungsstruktur, Zeitgestaltung und Darstellungsmittel.

Erzähltechniken der Auswahl und Anordnung

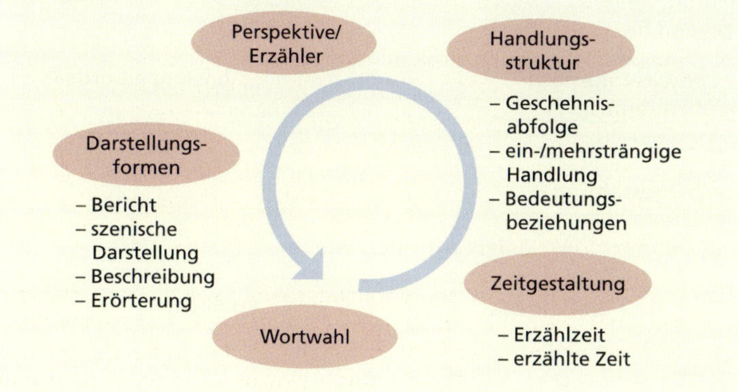

Die Handlungsstruktur. Als **Ereignis** oder **Handlung** bezeichnet man eine Situations- oder Zustandsveränderung in einem Zeitverlauf. Sie stellt die kleinste Einheit des Erzählens dar.
Eine Geschichte lässt sich in einzelne Handlungsabschnitte unterteilen, die eine **Ereignisbedeutung** besitzen. Die Feststellung der Ereignisbedeutung ist eine Methode zur
- Untersuchung der Informationsvergabe im Text,
- Aufdeckung wiederholt auftretender Ereignisse und Ereignismuster,
- Untersuchung der symbolischen Bedeutung eines Ereignisses (z. B. die Reise als Symbol des Übergangs zwischen Jugend und Erwachsenendasein im Entwicklungsroman).

Zur **Handlung** gehört immer eine Ausgangssituation, das Erkennen von Handlungsmöglichkeiten und die Situationsveränderung als Ergebnis der Handlung.

Am Beispiel von Ernest Hemingways Roman *The Old Man and the Sea* lässt sich der Zusammenhang zwischen Ereignisbedeutung und symbolischer Bedeutung veranschaulichen:

Handlung	Ereignisbedeutung	Symbolische Bedeutung
Santiago, the old fisherman, has to go out to sea …	journey	passage to the ordeal
… alone …		alone, left to his own resources

Der amerikanische Schriftsteller ERNEST HEMINGWAY (1899 bis 1961) erhielt 1954 den Nobelpreis für Literatur.

... in order to find his match in courage, dignity and endurance: the biggest marlin he has ever seen.	challenge	
In the ensuing fight Santiago defeats the marlin. He goes beyond his ...	victory	passing a test
... physical strength and endurance.		passing an ordeal

Die Zeitgestaltung

Ein Erzähltext funktioniert auf zwei Zeitebenen *(time scales)*:

Erzählte Zeit ↓ Zeitraum der Handlung

Erzählzeit ↓ Dauer des Erzählvorgangs

VIRGINIA WOOLF (1882–1941) gilt als Erneuerin des englischen Romans. Die Montagetechnik, die WOOLF in ihrem Roman *Mrs. Dalloway* verwendet, hat als Vorlage für den biografischen Film *The Hours (2002)* gedient.

Mit dem Begriff **erzählte Zeit *(acting time)*** bezeichnet man den Zeitraum, über den berichtet wird. Dieser Zeitraum kann auf einen Tag begrenzt sein (z. B. in VIRGINIA WOOLFS Roman *Mrs. Dalloway);* er kann sich aber auch über mehrere Jahre erstrecken wie in EMILY BRONTËS *Wuthering Heights.*
Die **Erzählzeit** oder **Lesezeit *(narrating or reading time)*** ist die Zeit, die der Leser braucht, um den Text zu lesen. Anhand der Seiten- oder Zeilenangaben ist die Erzählzeit leicht zu messen. Sie wird durch die **Erzählökonomie** bestimmt.

Vergleicht man erzählte Zeit und Erzählzeit, so erhält man wichtige Informationen über die Gestaltung eines Textes. Man erfasst seine **Zeitstruktur *(time scheme).*** Im Verlauf des Textes wechselt das Verhältnis von erzählter Zeit und Erzählzeit. Es muss so gestaltet sein, dass der Leser die wesentlichen Informationen in dem zur Verfügung stehenden Raum vermittelt bekommt. In der folgenden Tabelle sind die **Techniken der Zeitgestaltung** dargestellt:

Zeitraffung *compression of time*	Erzählzeit < erzählte Zeit: Zusammenfassungen, Andeutungen, iteratives Erzählen	"He had been out of sight a long time before she went in." BARRY HINES: *Kes. Section IV*

Aussparung *ellipsis*	Der Erzähler überspringt einen Zeitabschnitt der Handlung; extremste Form der Zeitraffung.	"[...] I had better go on; and instead of leaping three years, I will be content to pass the next summer [...]." EMILY BRONTË: *Wuthering Heights. End of chapter VII*
Zeitdeckung *simultaneity*	Erzählzeit = erzählte Zeit	wörtliche Wiedergabe von Gesprächen; Idealfall: Aufführung eines Dramas
Zeitdehnung *expansion of time*	Erzählzeit > erzählte Zeit	Darstellung von Bewusstseinsvorgängen, z. B. *stream-of-consciousness technique;* Zeitlupentechnik im Film
Zeitpause *(pause)*	erzählte Zeit = 0; Der Erzähler verbraucht Zeit, während die erzählte Zeit stehen bleibt.	Der Erzähler gibt lange Kommentare oder ausführliche Beschreibungen.

Die Zeitgestaltung dient als Strukturierungsmittel:
- in der Rhythmusbildung, wobei der Wechsel zwischen Beschleunigung, Verlangsamung und Stillstand des Erzähltempos der Erzählung eine rhythmische Bewegung gibt,
- in der Hervorhebung wichtiger Ereignisse und Abläufe,
- in der Schaffung von **Erzählphasen.**

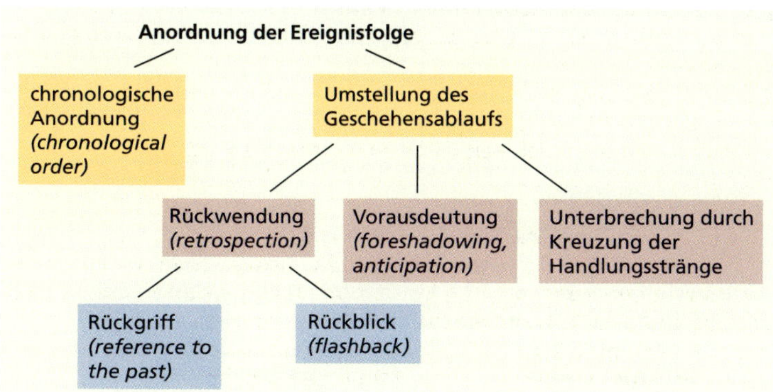

Vom Umfang her kann die **Rückwendung *(retrospection)*** variieren zwischen:
- dem **Rückgriff *(reference to the past),*** der Informationen als kurze gedankliche Erinnerung oder Bestandteil eines Gesprächs nachliefert;
- dem **Rückblick *(flashback),*** der an Nahtstellen der Erzählung zurückliegende Ereignisse in szenischer Form oder reflektierender Überschau präsentiert.

Die amerikanische Schriftstellerin Joyce Carol Oates hat bis heute neben ihrer Laufbahn als Universitätsdozentin über siebzig Bücher verfasst. Ihre frühen Werke werden dem psychologischen Realismus zugeordnet.

On his twentieth birthday, Jack Furlong, a disabled Vietnam veteran, is taken out by his family to a restaurant.
"'What do you think you'll order? Everything looks so tempting', she says.
They were in a hurry and the wounded and the dead were stacked together, brought back together in a truck. But not carried at the end of a nylon cord, from a helicopter, not that. This memory comes to me in a flash, then it fades. I was driving the truck, I think.
Wasn't I? I was on the truck. I did not hover at the end of a line, in a plastic sack. Those were others – I didn't know them, only saw them from a distance. They screamed: 'Don't leave me!'
'Lobster', Father says."
(Joyce Carol Oates, *Out of Place,* 1968)
Two time levels, the narrative present and reminiscences of the past, are blended in interior monologue to make Jack's traumatic experience stand out against the well-meant and trivial small talk of the family.

Als **Vorausdeutungen *(foreshadowing, anticipation)*** wirken von den Figuren geäußerte Befürchtungen und Ängste sowie Einblendungen zukünftigen Geschehens. Durch das Umstellen der Ereignisfolge lässt sich Spannung erzeugen. Häufig verwendet werden:
- der plötzliche Anfang *(abrupt opening),* der mitten in die Geschehnisse führt, während die Vorgeschichte erst nachträglich eingeblendet wird;
- Anspielungen auf zukünftige Ereignisse;
- der szenische Schnitt als Unterbrechung des Erzählvorgangs mitten im Handlungszusammenhang.

Darstellungsarten *(modes of presentation)* und Darstellungsmittel *(means of presentation)* narrativer Texte

Ein Autor kann auf verschiedene Techniken zurückgreifen, um dem Leser Schauplatz, Handlung und Figuren eines Erzähltextes nahe zu bringen. Die wichtigsten Darstellungsarten erzählender Texte sind **raffender Bericht *(panoramic presentation)*** und **szenisches Erzählen *(scenic presentation).***

Beide Verfahren wechseln in einer Erzählung ab. Sie lassen sich anhand ihrer Zeitgestaltung unterscheiden:

Raffender Bericht *(panoramic presentation – telling)*	**Szenische Darstellung** *(scenic presentation – showing)*
↓	↓
Überblick, Darstellen von Zusammenhängen	Hervorhebung einzelner Situationen, das „Miterleben" des Lesers wird gefördert
↓	↓
Zeitgestaltung: Raffung, Aussparung, Zeitsprung	Zeitgestaltung: Zeitdeckung, Zeitdehnung

Der **raffende Bericht *(panoramic presentation)*** fasst ausgewählte Ereignisse zusammen und vermittelt einen Überblick über ein Geschehen, das sich über einen längeren Zeitraum erstreckt. Mit den Mitteln der Raffung und Aussparung schafft der Autor den Eindruck der räumlichen und zeitlichen Distanz zur Handlung.

"The littlun Percival had early crawled into a shelter and stayed there for two days, talking, singing, and crying, till they thought him batty and were faintly amused. Ever since then he had been peaked, red-eyed, and miserable [...]."
(WILLIAM GOLDING, *Lord of the Flies,* 1954, Opening section of chapter 4)

Die **szenische Darstellung *(scenic presentation)*** lässt den Leser durch detaillierte Schilderung in räumliche und zeitliche Nähe zum Geschehen rücken. Zeitdeckung *(simultaneity)* und Zeitdehnung *(expansion of time)* sind ihre Mittel der Zeitgestaltung. Der Figurendialog sowie die Wiedergabe der Wahrnehmungen, Gedanken und Gefühle der Figuren sind Bestandteile der szenischen Darstellung.

Das szenische Erzählen ermöglicht dem Leser die Anteilnahme am Geschehen; die Identifikation mit den handelnden Figuren wird unterstützt.

"By now they were listening to the tirade. 'How can you expect to be rescued if you don't put first things first and act proper?'
He took off his glasses and made as if to put down the conch; but the sudden motion towards it of most of the older boys changed his mind."
(WILLIAM GOLDING, *Lord of the Flies,* 1954)

Zu den Techniken der szenischen **Darstellung** zählt der **innere Monolog** *(interior monologue)*. Hier versprachlicht der Autor Gedanken und Gefühle einer Figur und gibt sie in Ichform wieder. Durch die Unmittelbarkeit der Darstellung ermöglicht der innere Monolog die direkte Begegnung mit der Figur und die Einfühlung in ihre Gedankenwelt.

Der **innere Monolog** steht im Präsens. Da er die Gedanken und Gefühle einer imaginären Person wiedergibt, folgt er zumeist keiner chronologischen Ordnung.

The example of interior monologue taken from HENRY ROTH: *Call It Sleep* is presented from David Schearl's point of view. The little boy is lost on the streets of Manhattan:
"Eagerly, he scanned the streets ahead of him. Which one was it. Which? Which one was – Long street. Long street, lot of wooden houses. On this side. Yes. Go through the other side. Then other corner ... Right away, right away. Be home right away ... This one? ... Didn't look like ... Next one bet ... Giddyap, giddyap, giddyap ... One little house ... two little house ... three little house ... Corner coming, corner coming, corner – Here?"
(HENRY ROTH, *Call it Sleep*, 1934)

Zu den gebräuchlichen **Darstellungsmitteln *(means of presentation)*** in Erzähltexten gehören:
- die Beschreibung *(description);*
- die Erörterung *(discussion, reflection);*
- die direkte und die indirekte Rede *(direct/reported speech)* und
- die Bewusstseinswiedergabe.

Beschreibung *(description)*: Der Gegenstand einer Beschreibung ist statisch: ein Objekt, ein Zustand, eine Situation oder eine Person. Die Beschreibung liefert detaillierte Informationen über seine Beschaffenheit und ordnet ihn zeitlich und räumlich ein. Sie ist auch geeignet, die Atmosphäre oder Stimmung eines Schauplatzes erlebbar zu machen.

The following description at the beginning of TRUMAN CAPOTE's *The Diamond Guitar* illustrates the setting of the short story:
"The nearest town to the prison farm is twenty miles away. Many forests of pine trees stand between the farm and the town, and it is in these forests that the convicts work; they tap for turpentine. The prison itself is in a forest. You will find it there at the end of a red rutted road, barbed wire sprawling like a vine over its walls."

Die **Erörterung *(discussion, reflection)*** nimmt wertend oder reflektierend zum Erzählten Stellung. Sie kann am Anfang oder Schluss einer Erzählung stehen oder diese unterbrechen.

Der britische Autor HENRY FIELDING persifliert in *Tom Jones* (1731) das heroische Drama.

In seinem Roman *Tom Jones* präsentiert HENRY FIELDING die Erzählerrede in Form einer Menüfolge: "[...] we shall represent human nature at first to the keen appetite of our reader, in that more plain and simple manner in which it is found in the country, and shall hereafter hash and ragoo it with all the high French and Italian seasoning of affectation and vice which courts and cities afford."
(HENRY FIELDING, *Tom Jones*, 1749)

Direkte und indirekte Rede *(direct/reported speech):* Die direkte Rede wird in der 1. bzw. 2. Person Indikativ Präsens wiedergegeben. Der Leser vernimmt die Figur selbst, denn es erfolgt keine kommentierende Einmischung des Erzählers. Damit wirkt die direkte Rede unmittelbar, anders als die indirekte Rede, die eine größere Distanz zum erzählten Geschehen herstellt. Die indirekte Rede steht nicht in Anführungszeichen und wird im Konjunktiv wiedergegeben. Beide Formen, direkte und indirekte Rede, werden auch zur Darstellung von Bewusstseinsvorgängen verwendet.

Die Bewusstseinswiedergabe in narrativen Texten

Die Entwicklung der Bewusstseinswiedergabe in der Literatur des frühen 20. Jahrhunderts steht im Zusammenhang mit Fortschritten in der Erkenntnistheorie und Psychologie.

Unter Bewusstseinsvorgängen versteht man die Gedanken, Wahrnehmungen, Eindrücke, Motive, Absichten und Gefühle einer Person. Der Autor kann auf folgende Techniken zurückgreifen, um dem Leser Einblick in die Gedanken- und Gefühlswelt der Figuren zu verschaffen:
- Wiedergabe der Figurenrede in direkter Rede (Dialog, Monolog) oder indirekter Rede (Verwendung des Konjunktivs);
- Zusammenfassung der Figurenrede (Redebericht);
- direkte Gedankenwiedergabe *(presentation of direct thought)*: Gedanken werden in der Form der direkten Rede wiedergegeben, begleitet durch einen berichtenden Satz des Sagens, Denkens, Meinens oder Fühlens (*„she thought", „he felt"*) und unter Verwendung der 1. Person Indikativ;
- direkte Innenschau, d. h. Einblicknahme in seelische und gedankliche Vorgänge einer Figur *(introspection)*.

Beispiel einer direkten Gedankenwiedergabe:
"I'll just leave the basket and go, she decided. I shan't even wait for it to be emptied."
(Katherine Mansfield, *The Garden Party,* 1922)

Die **Innenschau** ist abgestuft nach dem Umfang und der Intensität, mit der der Erzähler dem Leser die Bewusstseinsvorgänge offen legt:

erlebte Rede | innerer Monolog | Bewusstseinsstrom

Erlebte Rede, freie indirekte Gedankenwiedergabe *(free reported thought, substitutionary narration):* Der Erzähler gibt die Gedanken der handelnden Figur wieder. Er verwendet dabei die 3. Person Indikativ. Das einleitende *„he thought"* oder *„she said"* entfällt.

"Oh, to be away from this! She actually said, 'Help me God.'"
(Katherine Mansfield, *The Garden Party,* 1922)
Der Ausruf „Oh, to be away from this!" ist keine wörtliche Rede – der Erzähler gibt gleichsam in Protokollform die Gedankengänge der Figur wieder.

Die neuseeländische Autorin **Katherine Mansfield** (1888 bis 1923) lebte zeitweise in Europa.

Innerer Monolog *(interior monologue):* Der innere Monolog zählt wie die erlebte Rede zu den Techniken der Bewusstseinswiedergabe. Er gibt in einem rein gedanklichen Gespräch die spontan-assoziativen Gedanken und Gefühle der Romanfigur wieder. Der innere Monolog kann auch eingesetzt werden, um Unbewusstes und Tabuisiertes zum Ausdruck zu bringen. Ein Beispiel findet sich auf S. **201.**

Bewusstseinsstrom *(stream-of-consciousness technique)*: Die Wiedergabe des Bewusstseinsstroms stellt eine Sonderform des inneren Monologs dar. Gedanken werden ungeordnet, nur assoziativ verknüpft präsentiert. Der Bewusstseinsstrom kann von Erinnerungen überlagert werden und die Chronologie der Erzählung durchbrechen.

"frseeeeeeeefronnnng train somewhere whistling the strength those engines have in them like big giants and the water rolling all over and out of them all sides like the end of Loves old sweeeetsonnnng [...]."
(James Joyce, *Ulysses,* 1922)

Erzähler und Erzählperspektive *(narrator and point of view)*

Es ist wichtig, zwischen dem Autor und dem Erzähler, als einer vom Autor geschaffenen Figur, zu unterscheiden. Der Erzähler fungiert im Text als vermittelnde Instanz. Er gibt das zu erzählende Geschehen an den Leser weiter.

Der **auktoriale Erzähler** tritt als fassbares Individuum auf, das mit dem Leser unmittelbar in Kontakt tritt und die klassische Erzählsituation vor einem zuhörenden Publikum nachahmt *(dramatized narrator).*

Abhängig davon, welchen Standpunkt *(point of view)* der Erzähler gegenüber dem Erzählgegenstand einnimmt, lassen sich nach FRANZ K. STANZEL drei **Erzählsituationen** und Erzählerrollen unterscheiden:

Erzählsituationen:
Der Standpunkt des Erzählers gegenüber dem Erzählgegenstand

auktoriale Erzählsituation	Ich-Erzählsituation	personale Erzählsituation
↓	↓	↓
Distanz zum Geschehen	Beteiligung am Geschehen	Anbindung an die Sichtweise einer Figur

Typ des Erzählers	Erzählperspektive *(point of view)*	Auswirkungen auf den Lesevorgang
auktorialer Erzähler *(omniscient narrator)*	– außerhalb des Geschehens, alles überschauend – Erzähler ordnet und kommentiert *(intrusion; intrusive narrator)*	– direkte Ansprache des Lesers – Erzähler führt durch das Geschehen
Ich-Erzähler (*first person narrator*)	– Erzähler als Teilnehmer des Geschehens: a) als Randfigur (*observing the action*), b) als Hauptfigur (*participating in the action*) – subjektiv geprägter Bericht (*limited point of view*)	– Eindruck der Teilnahme am Geschehen – Identifikationsmöglichkeiten werden eröffnet. – Der Leser ist in seiner Urteilsfähigkeit gefordert.
personaler Erzähler *(third person narrator)* auch: figurales Erzählen	– Übernahme der Wahrnehmungsperspektive einer Figur *(introspection; internal point of view)* oder mehrerer Figuren *(shifting point of view)* – Erzähler als Stellvertreter der Figur *(substitutionary narration)* – subjektiv geprägter Bericht *(limited point of view)*	– kein Kontakt zum Erzähler als Individuum *(impersonal narrator)* – wirklichkeitsgetreue Darstellung; Eindruck der Nähe zum Geschehen – Identifikationsmöglichkeiten werden eröffnet. – Der Leser ist in seiner Urteilsfähigkeit gefordert.

Die Persönlichkeit des Ich-Erzählers gibt dem Bericht eine individuelle Färbung; z. B. beeinflusst die soziale Stellung des Erzählers seine Sichtweise (Angehöriger einer Minorität, einer herrschenden Schicht, einer sozialen Randgruppe; Kind oder Jugendlicher). Eine Sonderform des Ich-Erzählers stellt der **unglaubwürdige Erzähler *(unreliable narrator)*** dar. Seine Erzählweise, die z. B. aus kindlicher Perspektive erfolgen kann, lässt den Leser im Ungewissen. Er weiß nicht, ob er dem Erzähler glauben soll oder nicht. Beispiele für Kurzgeschichten mit einem *unreliable narrator* sind: RING LARDNER, *Haircut;* B. MALAMUD, *Black Is My Favourite Colour.*

Definition/Narrative Genres

A **narrative text** is a piece of literature written to be read. It has a **narrator** who tells the events around a number of characters he has created. **Short narratives** are ballad, anecdote, fairy tale, beast fable and parable. **Long narratives** are the novelette and the novel.

The following table shows the distinguishing **features of the short story and the novel:**

Short story	**Novel**
Intention: – comment on a single aspect of human nature – focus on one single situation – brevity and conciseness – economy of information – compression by suggestion and implication	**Intention:** – giving a complex, multiple impression of a part of life – development of one or a group of characters passing through differing situations – unfolding the inner life of the characters over a period of time – variety and detail

Means of presentation:
– selection of an event which is most apt to express the intention
– composition of the plot:
  – selection of the point of view
  – order of presentation
– meaningful repetitions
– use of symbols which are the key to the underlying meaning of the story
	Means of presentation:
	– an introduction detailed enough to show the complexity of the characters, even with the help of retrospection
	– confronting the protagonist(s) with a variety of situations and characters
	– main plot and subplots, double plots
	– episodes
	– shifting point of view

Action and plot
The **action,** or the event, forms the smallest unit of a narration and of the plot.
An action may develop into a **sequence of actions.** Actions may follow one another either chronologically, episodically or may be linked by cause and effect, motives and consequences (→ logical order of the **plot**).

Time scheme
A narrative is based on the time scales of acting time and narrating time. The term **acting time** is used for the time told in the story whereas **reading or narrating time** describes the time needed to tell the story. The relation between acting and narrating time **(time scheme)** varies throughout the narration. A story is not always told in chronological order. An author can make use of **flashbacks** and **references to the past** or of **foreshadowing** and **anticipation.**

Modes of presentation, means of presentation
The two basic modes of presentation are the panoramic and the scenic mode. **Panoramic presentation ("telling")** is employed when the author summarizes several events which happened over a longer period. It is often used to provide the reader with background information. Panoramic presentations give the reader the idea of several events moving quickly into view.
Scenic presentation ("showing") is used when the author describes scenes in great detail. It is the mode of presentation which gives the reader the impression of participating in an event, of being at the scene.

An author can use different ways to present a story (means of presentation):
- he can objectively describe scenes or events in a story without being involved **(description);**
- he can reflect on a situation or its consequences **(reflection);**
- he can use **direct** or **reported speech;**
- he can employ the so called **"stream-of-consciousness"-technique,** which includes **interior monologue** and **reported thought.**

The stream-of-conciousness-technique is characterized be the fact that ideas and thoughts come directly from the character's mind without the interference of introductory clauses line "I think" or "the chained".

Narrator and point of view

The position from which the **narrator** tells a story or novel is called the **point of view.** That is why these two terms have to be treated interdependently. The narrator tells a story form the **internal point of view** if he is a person involved in the action. If he watches the action from outside the story he uses the **external point of view.** The diagram shows how various types of point of view and narrators are related to one another:

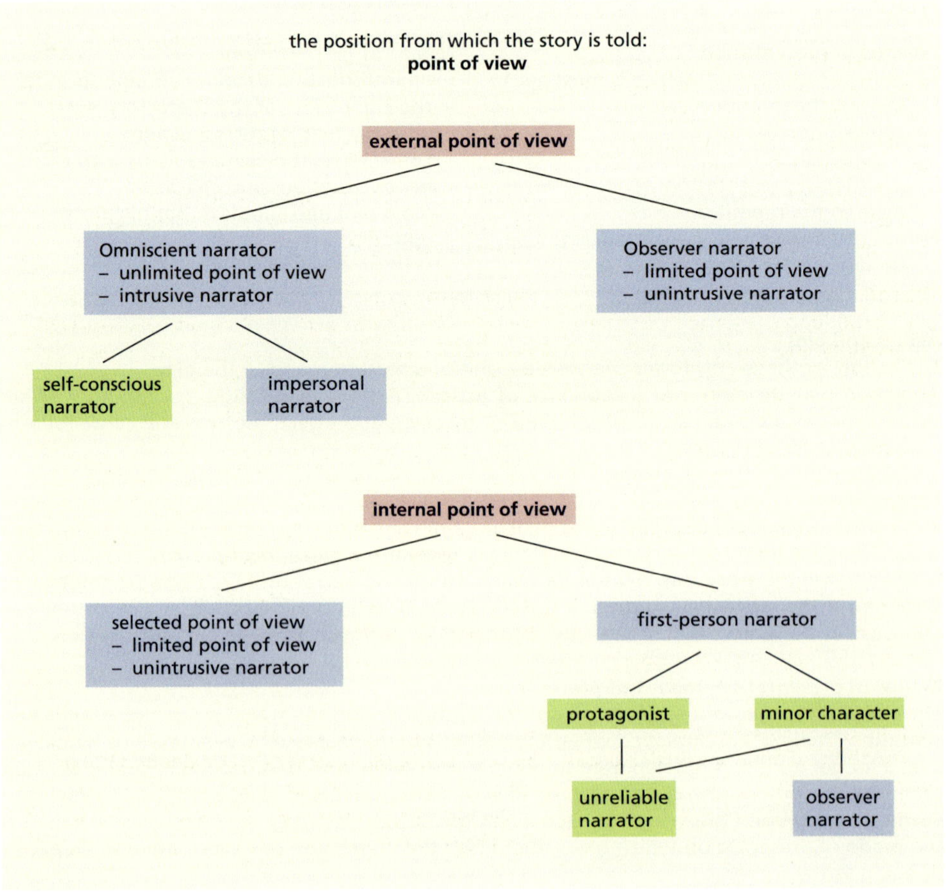

Entwicklung des englischsprachigen Romans

Epochen	Beispiele
Altenglische Epik (450–1066)	Heldenepen (z. B. *Beowulf*) und Geschichtsepen (z. B. *The Anglo-Saxon Chronicle*) in Versform
Mittelenglische Epik (1066–1500) Einführung des Reims und der *romance* durch den Einfluss der französisch-normannischen Kultur	GEOFFREY CHAUCER: *The Canterbury Tales* (1387–1400) Höfische Erzählungen (*romances of chivalry*)
Renaissance (1500–1660) Zeitalter des Humanismus Weiterentwicklung der Versepen	THOMAS MORUS: *Utopia* (1516) EDMUND SPENSER: *The Faerie Queene* (1589– 1596); JOHN MILTON: *Paradise Lost* (1642– 1663)
Restauration und neoklassische Zeit (1660–1798) Zeitalter der Aufklärung: Satire, satirische Versepen Herausbildung des Romans mit der Figur des allwissenden Erzählers (wichtigste Vorbilder: CERVANTES: *Don Quixote* (1605) und die spanischen Schelmenromane) Empfindsamer Roman (*sentimental novel*) Schauerroman *(Gothic Novel)*	JONATHAN SWIFT: *Gulliver's Travels* (1726) ALEXANDER POPE: *The Rape of the Lock* (1712–1714); *Dunciad* (1728,1742/43) DANIEL DEFOE: *Robinson Crusoe* (1719); *Moll Flanders (1722)* HENRY FIELDING: *Joseph Andrews* (1742); *Tom Jones* (1749) SAMUEL RICHARDSON: *Pamela* (1740) LAURENCE STERNE: *Tristam Shandy* (1760–1767) HORACE WALPOLE: *The Castle of Otranto* (1764)
Das 19. und 20. Jahrhundert Herausbildung der amerikanischen Short Story und des Romans	WASHINGTON IRVING (1783–1859), NATHANIEL HAWTHORNE: *The Scarlet Letter* (1850) und EDGAR ALAN POE (1809– 1849) gelten als Begründer einer eigenständigen amerikanischen Literatur. HERMAN MELVILLE: *Typee* (1846), *Moby Dick* (1851)
Der **historische Roman:** Im Zentrum steht die meist mehrsträngige Handlung, die in ein historisches Geschehen eingebettet ist.	SIR WALTER SCOTT: *Ivanhoe* (1818) CHARLES DICKENS: *A Tale of Two Cities* (1859) MARGARET MITCHELL: *Gone with the Wind* (1936) CHARLES DICKENS: *Oliver Twist* (1837–1838), *Hard Times* (1854), *Little Dorrit* (1855–1857)
Der englische **Gesellschaftsroman** beschreibt die Auswirkungen der wirtschaftlichen und sozialen Umwälzungen des 19. Jahrhunderts.	WILLIAM THACKERAY: *Vanity Fair* (1847– 1848) GEORGE ELIOT: *Middlemarch* (1871–1872)
Roman des **Realismus:** möglichst realitätsnahe Schilderung von Personen und Ereignissen	Romane von CHARLES DICKENS SINCLAIR LEWIS: *Main Street* (1920); *Babbit* (1922) JOHN STEINBECK: *Grapes of Wrath* (1939) THOMAS HARDY: *Tess of the D'Urbervilles* (1891); *Jude the Obscure (1895)*

Roman des **Naturalismus:** Das menschliche Leben wird nicht als selbstbestimmt beschrieben, sondern als den gesellschaftlichen Kräften, dem Schicksal oder der Natur ausgeliefert.	Theodore Dreiser: *Sister Carrie* (1900) Stephen Crane: *Maggie: A Girl of the Streets* (1892); *The Red Badge of Courage* (1895)
Versprachlichung von Bewusstseinsvorgängen: Entwicklung der personalen Erzählweise	Joseph Conrad: *The Heart of Darkness* (1902) Henry James: *The Ambassadors* (1903)
Entwicklung des inneren Monologs und der *stream-of-consciousness technique*	James Joyce: *Ulysses* (1922) Virginia Woolf: *Mrs. Dalloway* (1922) Katherine Mansfield: *The Garden Party* (1922)
Thematische Auseinandersetzung mit der modernen Wirklichkeit: – Entfremdung und Einengung der individuellen Entwicklung – satirische Auseinandersetzung mit totalitären Systemen – britische *working-class novelists* – Romane der ***Angry Young Men***	D. H. Lawrence: *Sons And Lovers* (1913); *The Rainbow* (1915) Aldous Huxley: *Brave New World* (1932) George Orwell: *Animal Farm* (1945); *1984* (1949) Alan Sillitoe: *The Loneliness of the long distance Runner (1959),* Stan Barstow, David Storey John Braine, Kingsley Amis, John Wain
– Darstellung der Rollenanforderungen an die moderne Frau	Doris Lessing: *Martha Quest* (1952), *A Man and Two Women* (1958) Margaret Drabble: *The Needle's Eye* (1972)
– Commonwealth-Literatur: Aufarbeitung der Kolonialgeschichte; Belebung der eigenständigen kulturellen Identität	Jean Rhys: *Wide Sargasso Sea* (1966) Margaret Atwood: *Surfacing* (1972) V. S. Naipaul: *Half A Life* (2001) Salman Rushdie: *Midnight's Children* (1981) Nadine Gordimer: *Burgher's Daughter* (1979) J. M. Coetzee: *Waiting for the Barbarians* (1980) Patrick White: *The Tree Of Man* (1955) Janet Frame: *Living in the Maniototo* (1979) Michael Ondaatje: *The English Patient* (1992)
Wichtige zeitgenössische amerikanische Autoren:	Saul Bellow: *The Adventures of Augie March* (1953) John Updike (geb. 1932) Tony Morrison: *Beloved* (1987) J. California Cooper: *In Search of Satisfaction* (1994) Amy Tan: *The Joy Luck Club* (1989) Paul Auster: *Moon Palace* (1989) Philip Roth: *American Pastoral* (1997)
Wichtige zeitgenössische britische Autoren:	Julian Barnes: *A History of the World in 10 $\frac{1}{2}$ Chapters* (1989) Hanif Kureishi: *The Buddha of Suburbia* (1990) Nick Hornby: *About a Boy* (1988) Graham Swift: *Waterland* (1983)

Vokabular für die Untersuchung narrativer Texte

general vocabulary
tale (n.)
short story (n.)
novelette (n.)
novel (n.)
novelist (n.)
romance (n.)
narration (n.)
narrative fiction (n.)
narrator (n.)
narrative structure (n.)
narrative technique (n.)

setting
the place of action is …
a story is set in …
a story takes place in …/ at the time of…
the scene of action changes
the action shifts from … to …
the setting is described in detail
the narrator gives a(n) accurate/detailed/circumstantial description of the setting
the setting is of a symbolic meaning
the setting creates a peaceful/sad/sombre/depressing mood

atmosphere
the atmosphere is suggested by …
to create a(n) warm/friendly/happy/cold/sinister/hostile/tense/frozen/repellent atmosphere
an atmosphere charged with anger/aggression
there is a change of atmosphere when …

opening
an abrupt opening
an open beginning
to start in the middle of the action
to present the exposition (main character, setting, main issue, background)
to introduce the main issue
to provide the background of a story
the background is suggested by …
to strike the key-note of the story
the exposition is embodied in the action/revealed by flashback

division of the narration
the narrator tells his story in three parts/he organizes/arranges/structures it in five scenes
the story falls into/can be divided into five parts/sections
the story has a dramatic structure
the action/development rises to a climax
the action reaches a turning point when …
the relationship between the characters reaches a crisis
the story centres round a moment of revelation/crisis/"shock of recognition"
a story has a(n) open/surprise/happy ending

composition
to have a simple/complex structure
to consist of several layers of action
a novel/story has a main plot/double plot/subplot
it has several strands/lines of action
the lines of action are interlinked/interwoven with one another
a sequence of action is centred around a character
a sequence of events has a certain pattern
events are arranged in a linear/temporal/causal order
the action progresses in a linear … order
the action/the narration gets sidetracked
a parallel/contrasting scene is presented
two scenes are linked by contrast/parallelism
a scene correlates with another one

sequence of events
a story is told chronologically
a story upsets/disregards the chronological order
the story switches from the present to the past
to use sequence signals to indicate a shift in time
to use retrospection/retrospective narration
to employ forward looking narration/to anticipate future events
to foreshadow an event

modes of presentation
to use panoramic/scenic presentation/descriptive passages
to sum up past action
to skip a period of hours/ days/weeks …
to draw attention to the events rendered by scenic presentation
to present s. th. in detail by using scenic presentation

the narrator
to address the reader personally
to build up a direct contact with the reader
the story is told:
- by a first-person narrator
- by an eye-witness
- by s. o. participating in the action
- by the protagonist
- from an internal point of view

the narrator is personally involved in the action
the story is told:
- from an external point of view
- by a third-person narrator
- by an observer narrator
- from a person's point of view
- from a limited/unlimited point of view

the reader gets to know s. th. from a selective point of view
the story has a neutral/ impersonal narrator

introspection
to use/employ/make use of introspection, stream-of-consciousness technique
to present s.o.'s thoughts, feelings, perceptions
- by interior monologue
- by substitutionary narration
- by reported thought

the reader is able to share s. o.'s feelings/to identify with a character

use of symbols and suggestion
a symbol is the key to the meaning of …
a symbol suggests/alludes to /stands for/symbolizes …
symbolical allusions are to be found in …
an allusion to
to imply s. th.
to hint at s.th
to read between the lines
… is the keyword to a story
a word/group of words carry symbolical overtones
to use a leitmotif
a leitmotif represents …
a word/group of words has connotations of hope/fertility/reconciliation etc.
an expression calls forth associations of …
the deeper meaning of s. th. is …

theme
the story deals with the conflict/dilemma of …
the theme of the story is …
the story is about the problem of …
the story is a comment on …
the story illustrates …

evaluation
to be well/poorly chosen/ well selected
to be a suitable means of presenting s. th.
to be balanced/ to be equally …
to be well/badly/poorly organized/structured
to be arranged in a suitable way
to manage to underline s. th.
to draw the reader's attention to s. th.

to be boring/exciting/thrilling/amusing/entertaining/ too complicated to follow
s. th. is of personal interest to s. o.
to find s. th. particularly interesting/astonishing/surprising
to be thrilled/fascinated by
to feel particularly drawn to …
s. th. stands comparison with …
to equal s. th. in …

Glossary

acting time

→ reading time

Time as represented in the story; the time it takes an event to take place.

e. g.: The acting time of *The Old Man and the Sea* covers four days, from the evening of the first day up to the morning of the fourth day.

atmosphere

→ setting

Predominant mood or general feeling created by the presentation of a setting or situation, usually with the help of repetition, contrast or symbols.

e. g.: The way the location of the prison camp is described in the opening section of TRUMANS CAPOTE's short story *The Diamond Guitar* creates an atmosphere of isolation and loneliness.

compression of time

→ expansion of time

Reading time is shorter than acting time. There is a compression of time if the narrator uses panoramic presentation and sums up the action of a longer period of time.

e. g.: "Since then three winters have gone by, and each has been said to be the coldest, the longest."
(TRUMAN CAPOTE, *The Diamond Guitar*, 1950)

digression

→ progression

Leaving the main line of the narration in order to talk about something that does not advance the action. A story may be written in a digressive style.

e. g.: The novel *Tristam Shandy*, written by LAURENCE STERNE, is full of digressions. The narrator does not come to the point.

episode

→ sequence of action

Separate unit of action around one single incident. A story is said to have an episodic structure if it consists of a chronological line of separable events. Sometimes the narrator tells a story within the story: this is an episode which forms a digression.

e. g.: The "hunting episode" in *A Day's Wait* by ERNEST HEMINGWAY.

expansion of time

→ compression of time

Reading time is longer than acting time. An event and particularly the character's impressions, thoughts and feelings during the event are presented in detail. Expansion of time, i.e. slowing down the action, is also a means of creating suspense. It corresponds to the slow motion technique in film making.

e. g.: In *An Occurrence at Owl Creek Bridge* by AMBROSE BIERCE the protagonist experiences the brief moment of death extended into an imaginary escape.

first-person narrator

A narrator who tells a story from an internal point of view. He may be one of the minor characters who has a greater distance to the action he witnesses, but he may also be one of the main participants in the action.

→ omniscient narrator, selective point of view

The presentation from a close distance will gradually involve the reader in the action.

e. g.: Holden Caulfield is the first-person narrator of *The Catcher in the Rye* by J. D. SALINGER.

impersonal narrator

→ intrusive narrator

A narrator who does not show as an individual by commenting on the action. He tries to present events and characters objectively → observer narrator.

interior monologue

→ reported thought, substitutionary narration

A technique of showing what goes on in a person's mind. A character's reflections (asking or encouraging himself, weighing the pros and cons) are presented as spoken thoughts. The interior monologue in narrative texts corresponds to the soliloquy in drama.

e. g.: "He grew faint with terror. What had he done! What had he done! A policeman was coming. Hide! Hide! Upstairs. No! No!" (HENRY ROTH, *Call It Sleep,* 1934)

introspection

→ event

The act of looking into a character's consciousness and presenting his/her thoughts, impressions and feelings without commenting on them.

e. g.: Reported thought, interior monologue and stream-of-consciousness technique are means of introspection.

intrusive narrator

→ neutral narrator

A special form of the omniscient narrator. He interrupts the narration in order to explain something or to comment freely on the characters' behaviour.

e. g.: "Mr Pickwick proceeded to put himself in his clothes [...]. Great men are seldom over scrupulous in the arrangement of their attire [...]."
(CHARLES DICKENS, *The Pickwick Papers*, 1836/1837)

narrator

→ author

The medium which tells the story. The author and the narrator are not identical. The author assumes the role of the narrator and may even shape it in a way to make it differ completely from his personal self. The personality and the social position of the narrator influence his way of presenting a story:
his language, the angle from which he sees a problem. Common types of narrators in literature are the omniscient narrator, the first-person narrator, the observer narrator and the selective narrator.

novel

A novel is a long narrative prose text presenting fictitious settings, situations, characters and actions in an organized form.

e. g.: *Great Expectations* is a novel by CHARLES DICKENS.

observer narrator

A narrator who merely presents what he is able to notice, hear or see. He is not able to gain access to the characters' thoughts or feelings. The

→ omniscient narrator

observer narrator is not personally involved in the action → impersonal narrator.

e. g.: "'Do you feel better?' he asked. 'I feel fine,' she said. 'There's nothing wrong with me. I feel fine.'"
(ERNEST HEMINGWAY, *Hills Like White Elephants,* 1927)

omniscient narrator

→ first-person narrator, selective point of view

A narrator who tells a story from an unlimited point of view. He knows everything he needs to know about the characters and the action; he is the one who has control of the order in which the narration is told: he leads the reader from one scene of action to another, switches from the present to the past and is able to look into the characters' minds.

panoramic presentation

→ scenic presentation, description

A mode of presentation. The narrator uses panoramic presentation in order to sum up the events he does not want to put emphasis on. Compression of time (reading time < acting time) is the time scheme used in panoramic presentation.

e. g.: " At first, during the first few days behind the barred window, he had simply been impatient with his own impatience […]."
(WILLIAM FAULKNER, *The Mansion*, 1955)

point of view

→ narrator

The position from which the narrator tells the story:
- **internal point of view:** the narrator is someone inside the story, the protagonist or a minor character; by reading a narration told from the internal point of view the reader may have the impression of witnessing the action, of being on the scene;
- **external point of view:** the narrator is someone outside the story → omniscient or observer narrator;
- **limited point of view:** the information the narrator provides the reader with is restricted to the narrator's range of knowledge and perception → first-person narrator;
- **unlimited point of view:** this is the point of view of a narrator who looks at the action from a distance and possesses a universal knowledge of the action, its background and future consequences → omniscient narrator.

reported thought (substitutionary narration)

→ external point of view

A technique of showing what goes on in a character's mind. The narrator presents a person's thoughts written as reported speech, however, dropping the introductory "he thought" or "she said".

e. g.: He grew faint with terror. What had he done! What had he done!"
(HENRY ROTH, *Call It Sleep*, 1934)

scenic presentation

→ panoramic presentation

A mode of presentation. The narrator uses scenic presentation if he wants to convey a detailed, vivid picture of an event. It is the mode of presentation which gives the reader the impression of participating in the action. Dialogue, simultaneity (reading time = acting time) and introspection are typical elements of scenic presentation.

satire

→ caricature

A literary device of expressing criticism. Satire uses laughter as a weapon to expose and criticize weaknesses and shortcomings of individuals, conventions or institutions.

e. g.: *Animal Farm* by GEORGE ORWELL satirizes the Russian Revolution and its consequences.

short story

→ novelette

A short story is a short piece of narrative fiction in prose whose components are combined to produce a single dominant effect. Its brevity and conciseness is achieved by compression and suggestive style. It concentrates on a moment of crisis or decision, a moment of revelation, an important turning-point in a person's life.

e. g.: *Cat in the Rain* is a short story by ERNEST HEMINGWAY. It displays the shortcomings of a relationship in one single scene.

selective point of view

→ unlimited point of view, omniscient narrator

A special form of the internal point of view. The narrator stays impersonal while he assumes one of the characters' way of experiencing what is going on. He looks at the action through the character's eyes and also presents the character's inner reactions to what is happening.

e. g.: "I'll just leave the basket and go, she decided. I shan't even wait for it to be emptied." (= reported thought)
(KATHERINE MANSFIELD, *The Garden Party,* 1922)

self-conscious narrator

→ impersonal narrator

A special form of the omniscient narrator. He repeatedly expresses his awareness of his role as the narrator. So he establishes himself as an individual by building up a relationship with the reader. Also he comments on the way he narrates the story or novel.

e. g.:"The reader will be pleased, I believe, to return with me to Sophia."
(HENRY FIELDING, *Tom Jones*, 1749, Beginning of Chapter XII)

stream-of-consciousness

→ external point of view

Narrative technique which presents events in the way they are perceived by a character, interrupted by the thoughts, associations and feelings which accompany the experience of an event. The reader is not given a continuous, well-ordered presentation but a succession of fragmented impressions as they occur to the character's mind.

e. g.: "frseeeeeeeefronnnng train somewhere whistling the strength those engines have in them like big giants and the water rolling all over and out of them all sides like the end of Loves old sweeeetsonnnng [...]."
(JAMES JOYCE, *Ulysses*, 1922)

unreliable narrator (fallible narrator)

→ external point of view

A special form of the first-person narrator. The narrator is introduced as a person whose attitudes to the things he talks about differ from the author's and the reader's views; often he tells the story from the distorted point of view of a disturbed personality. For a while the reader is left in uncertainty whether to believe the narrator.

e. g.: JAMES THURBER, *The Secret Life of Walter Mitty*, 1939.

3.3.2 Poetische Texte

Ein wesentliches Merkmal von Gedichten ist ihre äußere Form; sie sind gegliedert in Verse und Strophen und unterscheiden sich damit deutlich von herkömmlichen Prosatexten. Außerdem fällt dem Leser auf, dass sich ihm der Inhalt eines Gedichtes nicht durch einmaliges Überfliegen erschließt.

Die einzelne metrisch gebaute Gedichtzeile nennt man Vers (*line, verse*).

Die traditionellen äußeren Merkmale lyrischer Texte lassen sich auf den Ursprung der Gattung zurückführen: Die Lyrik als Ausdrucksweise in Gedichtform hat sich aus dem Lied entwickelt, das einem Publikum vorgetragen wurde. Die Gliederung in Verse und Strophen sowie die Klang- und Rhythmusmittel der **Metrik** *(rhyme and metre)* entspringen damit der Verwandtschaft von Gedicht und Gesang.

Lyrik = Bezeichnung für die Dichtung als eine der drei Literaturgattungen (von griech. Λυρα = Leier; Lied)

Die **Vielschichtigkeit** der Eindrücke und Informationen, die ein Gedicht vermittelt, fordert vom Leser eine intensive Auseinandersetzung mit dem Text, bevor er dessen Bedeutung erfasst. Diese Vielschichtigkeit und Komplexität wird verursacht durch das Zusammenwirken verschiedener Gestaltungsebenen:

Gestaltungsebenen eines Gedichtes

Klangbeziehungen *(sound devices)*

Wortwahl *(choice of words)*

visuelle Anordnung *(typographical devices)*

strukturelle Beziehungen *(structural devices)*

Bildhaftigkeit *(imagery)*

"Great literature is simply language charged with meaning to the utmost possible degree." (W. B. Yeats)

Mit dem Gedicht schafft sich der Autor eine Ausdrucksform für die Gegenstände, mit denen sich sein Inneres beschäftigt: bewegende Eindrücke oder Erfahrungen, tiefe und anhaltende Gefühle, gedankliche Prozesse, Bewusstseinshaltungen wie Kritik, Auflehnung oder Protest. Die poetische Äußerung ist von der Haltung des Dichters geprägt. Daher spricht man von der **Subjektivität** der Ausdruckshaltung in Gedichten.

Nicht immer ist der Sprecher eines Gedichtes mit dem Autor identisch. Das **lyrische Ich** *(lyrical I)* und sein Adressat sowie der Sprecher im anonymen Gedicht sind vom Autor geschaffene Instanzen, die der fiktionalen Welt des Gedichtes angehören.

Um Dinge, die sich schwer darstellen lassen, vermitteln zu können, schöpft der Dichter alle Ausdrucksmöglichkeiten der Sprache aus. Die poetische Freiheit *(poetic licence)* erlaubt ihm zur Ausdruckssteigerung und Vervollkommnung der Form:

- die Durchbrechung sprachlicher Regeln und Textkonventionen *(breaking the rules of the language),*
- die Vermischung verschiedener Stilebenen *(blending varieties of the language),*
- Rückgriffe auf veraltete Sprachformen *(obsolete style, archaisms),*
- sprachliche Neubildungen *(neologisms),*
- Rückgriffe auf Textkonventionen vergangener Epochen *(use of traditional text forms).*

Die **gebundene Sprache** unterscheidet sich von der Prosa, der ungebundenen Rede, durch die Verwendung gliedernder und ordnender Gestaltungsmittel (Metrum, Rhythmus, Reim, Strophe).

Ein **Gedicht** ist ein in Strophen gegliederter kurzer fiktionaler Text, oft in gebundener Sprache. Er ist gekennzeichnet durch die Subjektivität der Aussage, die Zusammenwirkung mehrerer Gestaltungsebenen und die Vielschichtigkeit der Bedeutung.

Die folgende Übersicht stellt verschiedene Aspekte dar, nach denen sich die Formen poetischer Texte unterscheiden lassen:

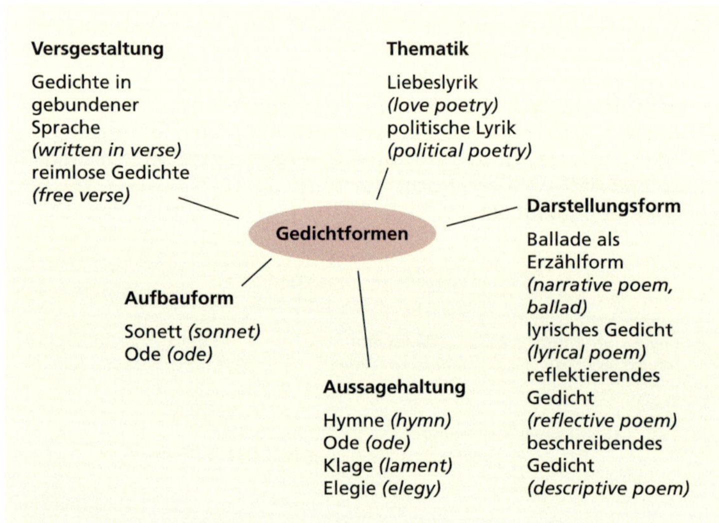

Merkmale poetischer Texte

Die einzelnen **Strophen *(stanzas)*** lassen sich nach ihrer Verszahl unterteilen in:
- Zweizeiler *(couplet),*
- dreizeilige Strophen *(tercet),*
- vierzeilige Strophen *(quatrain),*
- fünfzeilige Strophen *(quintain),*
- sechszeilige *(sestet)* und achtzeilige Strophen *(octave).*

Einige Gedichtformen sind auch durch ihren **Strophenaufbau** *(stanzaic pattern)* gekennzeichnet. Das Elisabethanische **Sonett** *(sonnet)* besteht aus drei vierzeiligen Strophen und einem Zweizeiler *(three quatrains followed by a couplet)* (↗ S. 225).
Klangmittel *(sound devices)*, Satzstruktur *(syntactical patterns)*, rhetorische Figuren (*figures of speech)* und visuelle Anordnung besitzen in einem Gedicht wichtige sinnstiftende Funktionen:
- sie stellen Beziehungen zwischen Wörtern her,
- heben bestimmte Wörter hervor und
- können zur Stimmung eines Gedichtes beitragen.

Die Untersuchung des Inhalts und der äußeren Form führt zum Verständnis eines Gedichtes.

Als **Klangmittel** wirken in Gedichten
- die verschiedenen Formen des Reimes *(rhyme)* als Muster der Klangwiederholung, insbesondere
- die Alliteration *(alliteration)* und die Assonanz *(assonance),*
- die Lautmalerei *(onomatopoeia),*
- das Metrum *(metre),*
- der Rhythmus *(rhythm).*

rhyme = repetitive sound pattern: two or more words being identical in their "sound"

Als **Reim** bezeichnet man ein Klangmuster, bei dem zwei oder mehrere Wörter in ihrem Klang übereinstimmen.

Häufige Abfolgen von **Endreimen** *(rhyme scheme)* sind:
- Kreuzreim *(cross rhyme or alternating rhyme)*: abab,
- Paarreim *(rhyme pairs)*: aabb,
- umarmender Reim *(embracing rhyme)*: abba,
- Schweifreim *(tail rhyme)*: aabccb.

In der modernen Lyrik finden freier Vers *(free verse)* und freie Rhythmik *(free rhythm)* Verwendung.

freie Verse = reimlose Verse (*nonrhyming lines*)

Ein **Versfuß** *(measure, foot)* besteht aus einer betonten Silbe *(stressed syllable –)* und einer oder mehreren unbetonten Silben *(unstressed syllable ∪)*. Unter dem Metrum *(metre)* versteht man die Anzahl der Versfüße pro Zeile: Das Metrum kann zweifüßig *(dimeter)*, dreifüßig *(trimeter)*, vierfüßig *(tetrameter)*, fünffüßig *(pentameter)* oder sechsfüßig sein *(hexameter).*

Steigender Versfuß (rising metre)	**Fallender Versfuß (falling metre)**
Der Jambus *(iamb or iambic metre)* besteht aus der Abfolge einer unbetonten und einer betonten Silbe: ∪ –.	Der Trochäus *(trochaic metre)* besteht aus einer betonten und einer unbetonten Silbe: – ∪.
Der Anapäst *(anapaestic metre)* besteht aus zwei unbetonten und einer betonten Silbe: ∪ ∪ –.	Der Daktylus *(dactylic metre)* besteht aus einer betonten und zwei unbetonten Silben: – ∪ ∪.

Shakespeare schrieb seine Dramen in **Blankversen** *(blank verse),* reimlosen fünffüßigen Jamben *(iambic pentameter):*

"O, that | the slave | had for – | ty thou – | sand lives!"

∪ – | ∪ – | ∪ – | ∪ – | ∪ –

(Shakespeare: *Othello.* III, iii)

Der **Rhythmus** eines Gedichtes entsteht durch die sinnbedingte Anzahl und Stärke der Betonungen in einer Zeile beim lauten Lesen. Die Rhythmusbewegung kann mit dem Metrum übereinstimmen, unabhängig von ihm verlaufen oder sogar gegenläufig sein. Die rhythmische Gestaltung des Gedichtes, z. B. ein fließender *(flowing)* oder ein stockender *(halting)* Rhythmus, unterstützt die Ausdruckskraft.

onomatopoeia
[ˌɒn.əʊˌmæt.əˈpiːl.ə]

Der Begriff **Lautmalerei *(onomatopoeia)*** bezeichnet die Ähnlichkeit zwischen dem Klang eines Wortes und dem Sachverhalt, den das Wort ausdrückt.

Eine Reihe von Einzelwörtern im Englischen besitzen lautmalerische Eigenschaften, z. B. *buzz, clatter, cuckoo, hiss, whisper.* Darüber hinaus lassen sich durch die gehäufte Verwendung bestimmter Laute, akustische Eindrücke nachahmen. Das Vorwiegen dunkler oder heller Vokale verleiht dem Text eine entsprechende Färbung; Konsonanten erzeugen den Eindruck der Härte (k, p, t) oder der Glätte und Weichheit (l, m, n, w), z. B.: „I hear **l**ake **w**ater **l**apping **w**ith **l**ow sounds" (W. B. YEATS: *The Lake Isle Of Innisfree. 1890*).

anaphora = repetition of a word at the beginning of two or more lines, e. g. "**So long** as men can breathe or eyes can see,
So long lives this and this gives life to thee"
(WILLIAM SHAKESPEARE: *Sonnet 18*)

Die **Worstellung** bietet folgende Mittel zur Herstellung und Hervorhebung von Bedeutungsbeziehungen:
- Stellung eines Wortes am Zeilenanfang oder Zeilenende,
- Wiederholung eines Wortes jeweils am Zeilenanfang *(anaphora),*
- Zeilensprung *(enjambement),*
- Auslassen von Wörtern *(ellipsis),*
- Parallelismus *(parallelism)* und Chiasmus *(chiasmus),*
- Inversion.

Hervorhebungen und rhetorische Figuren (↗ S. 173) verweisen auf die Sinnebene eines Gedichtes. Die rhetorischen Figuren lassen sich nach den Aspekten: Bildhaftigkeit *(imagery),* Klang *(sound)* und Wortstellung *(word order)* klassifizieren:

Bildhafte Figuren
Allegorie *(allegory),* Metapher *(metaphor),* Metonymie *(metonymy),* Personifikation *(personification),* Symbol *(symbol),* Vergleich *(similie)*
Klangfiguren
Alliteration *(alliteration),* Assonanz *(assonance),* Konsonanz *(consonance)*
Wortstellungsfiguren
Anapher *(anaphora),* Aufzählung *(enumeration),* Chiasmus *(chiasmus),* Ellipse *(ellipsis),* Inversion *(inversion),* Parallelismus *(parallelism),* Wiederholung *(repetition)*

Definition

A **poem** is a short fictional text normally written in **verse.** The outward form of a poem is shaped by:
- its stanzaic pattern: it is divided into stanzas which consist of a certain number of lines;
- its rhyme scheme,
- its metre and its rhythm.

Characteristic features

A poem is characterized by compression and suggestive style. The content of the poem forms its surface meaning. Poems are characterized by use of figurative language, sound devices and particular structural patterns.

figurative language
- metaphors
- symbols, images
- similes
- personificaton

sound devices
- rhyme
- alliteration
- assonance
- onomatopoeia

structural patterns
- parallelism
- repetition
- contrast
- sentence structure

- give coherence to poem,
- put emphasis on the key expressions of each stanza,
- illustrate a certain idea,
- convey the speaker's mood
- are combined to create a total effect, and thus
- are the key to the deeper meaning of the text and the poet's intention.

Types of poems

The poet speaks to the reader through the voice of an intermediary **speaker.** Often the poet and the speaker of the poem are not identical. If it is a short poem which serves to express the speaker's innermost thoughts, feelings and impressions it is called a lyrical poem, or a **lyric.** It presents a topic from a subjective angle.
If a poem tells a story in verse it is called a narrative poem, or a **ballad.**
Other types of poems depending on the kind of discourse are the **descriptive poem** (it describes persons, scenes or objects) and the **reflective poem.**

Poetic language

The poet is set on finding ways of expressing things which are difficult to communicate. At the same time he has to prevent his poem from sounding trite, worn-out or banal. So in order to produce a poetic text of perfect form and powerful expression he draws from all the resources of language. **Poetic licence** allows him to break the rules of language, to blend varieties of language, to use obsolete expressions or neologisms, to combine a traditional form (e.g. of the sonnet) and a modern subject.
The use of **figurative language** or **imagery** is a typical feature of poetry. In order to reveal a hidden quality or new aspect of an object, idea or person often metaphors, similes, symbols or images are employed. They appeal to the reader's visual or auditory imagination and sensation. The reader has the impression of seeing the object presented by his "mind's eye". Imagery conveys its meaning by way of a word's or an object's **connotation,** the associative meaning it has besides its basic meaning.

Entwicklung der britischen Dichtung

Die Geschichte der britischen Lyrik reicht von der Mitte des 7. Jahrhunderts bis in die unmittelbare Gegenwart. Über diesen Zeitraum haben britische Dichter einige der größten poetischen Werke der europäischen Kultur geschaffen. Mit der Entstehung des *British Empire* hat die englische Sprache auch international wachsende Bedeutung erlangt – englischsprachige Lyrik entstand und entsteht in allen Teilen der Welt, nicht nur in Großbritannien. Deshalb ist es schwer, Begriffe wie „britische" oder „englische Dichtung" genau einzugrenzen. Dichtung, die in Großbritannien oder England geschrieben wurde, kann hier ebenso gemeint sein, wie englischsprachige Dichtung allgemein. Jedoch stellt auch die sprachliche Zuordnung kein verlässliches Kriterium dar, denn die älteste aus England stammende Dichtung wurde in Angelsächsisch verfasst – einem Vorläufer des heutigen Englisch. Des Weiteren gab es englische Dichter, die in Griechisch schrieben oder in klassischem Latein. Und auch in der heutigen multikulturellen englischen Gesellschaft entsteht Dichtung in ganz unterschiedlichen Sprachen, von denen das Englische nur eine ist. Die folgende Tabelle führt Sie in die wichtigsten Stationen der britischen Dichtung ein, indem sie die einzelnen Epochen kurz charakterisiert und die wichtigsten Werke und Autoren vorstellt:

Epochen	Beispiele
Altenglische Dichtung (450–1066)	Heldenepen in Versform (z. B. *Beowulf*) Religiöse Dichtung, z. B. *The Dream of the Rood*
Mittelenglische Dichtung (1066–1500)	Religiöse Lyrik; höfische Dichtung
Elisabethanische Zeit (1558–1603) Anlehnung an Vorbilder der griechischen und römischen Antike; Verbreitung des *blankverse*	Imitationen der Dichtung PETRARCAS W. SHAKESPEARE: *Sonnets* (1609) EDMUND SPENSER (1552–1599)
Späte Renaissance (1603–1660) Metaphysical Poets: Liebesdichtung mit einer Häufung gewagter Vergleiche und sprachlicher Bilder *(images and conceits)*	JOHN MILTON (1608–1674): Sonette, Oden, *Paradise Lost* (1667, Versepos) ROBERT HERRICK (1591–1674): Lyrik *Metaphysical Poets*: JOHN DONNE (1572–1631) GEORGE HERBERT (1593–1633)
Restauration und neoklassische Zeit (1660–1798) Klassizistische Dichtung in Anlehnung an antike Vorbilder; Verfeinerung des *heroic couplet* bei Pope. Zeitalter der Aufklärung. Natürlichkeit und das Spontane werden der starren höfischen Dichtung und ihrer Formelhaftigkeit entgegengesetzt. Empfindsame Lyrik	JOHN DRYDEN (1631–1700) ALEXANDER POPE (1688–1744): Satirische Versepen THOMAS GRAY: *Elegy Written in a Country Churchyard* (1750) ROBERT BURNS (1759–1796): *A Red, Red Rose*

Die Romantik (1798–1832) Zeitalter des Individualismus; Verinnerlichung politischer Hoffnungen, die die Französische Revolution enttäuscht hatte. Rückzug von der gesellschaftlichen Wirklichkeit. Erfahrung des Erhabenen und Begegnung mit der Natur in einer Situation der Einsamkeit; Erkundung des eigenen Ich. Vorliebe für Vergangenes und Exotisches	WILLIAM BLAKE (1757–1827): *Songs of Innocence* (1787), *Songs of Experience* (1794) WILLIAM WORDSWORTH u. SAMUEL TAYLOR COLERIDGE: *Lyrical Ballads* (1798) GEORGE GORDON, LORD BYRON (1788–1824) PERCY BYSSHE SHELLEY (1792–1822): *Ode to the West Wind* JOHN KEATS (1795–1821): *La Belle Dame Sans Merci, To Autumn, To a Nightingale*
Die Viktorianische Zeit (1832–1901) Abwendung von der sich wandelnden Wirklichkeit (industrielle Expansion), Rückbesinnung auf die Vergangenheit. Bevorzugte Formen: Elegie (Ausdruck des Verlustes), Idyll (Realitätsflucht) Präraphaeliten: Schaffung einer Gegenwelt der Schönheit und Sinnfülle, spätromantischer Kult des Schönen	ALFRED LORD TENNYSON (1809–1892) ELIZABETH BARRETT-BROWNING (1806–1861): *Sonnets from the Portuguese* ROBERT BROWNING (1812–1889): *Dramatic Monologues* MATTHEW ARNOLD (1822–1888): *Dover Beach* GERARD MANLEY HOPKINS (1844–89) CHRISTINA GEORGINA ROSETTI (1830–94) and DANTE GABRIEL ROSETTI (1828–82): *Präraphaeliten*
Beginn des 20. Jahrhunderts Wirklichkeitsferne Lyrik, Historismus, abgegriffene romantisch-poetische Ausdrucksweise, Ästhetizismus	
Die Moderne (seit 1914) Erneuerungsbewegung der *Georgian Poetry:* Einfachheit der Diktion Schule des Imagismus: Erneuerung der Dichtung durch Vereinfachung; Konstruktion und Montage (Parallelen, Analogien) ersetzten die zusammenhangstiftende Erzählung und Syntax. Im Mittelpunkt steht das Bild *(image),* die direkte Darstellung eines unmittelbar auftauchenden Eindrucks. Weitere Autoren moderner Lyrik: Rückkehr zur Syntax und zum Sprecher Auseinandersetzung mit Erscheinungen der Gegenwart in konventionellen Gedichtformen Von der Popmusik beeinflusste Lyrik Zur irischen Geschichte, Erzählgedichte	RUPERT BROOKE WILFRED OWEN, *Anthem For Doomed Youth* EZRA POUND (1885–1972), *Cantos* (1948/54/1964/75) THOMAS STEARNS ELIOT (1888–1966): *The Waste Land* (1922) HILDA DOOLITTLE, T. E. HULME: *The Embankment* WILLIAM BUTLER YEATS (1865–1939) DYLAN THOMAS (1914–1953) WYSTAN HUGH AUDEN (1907–1973) SYLVIA PLATH (1932–1963) TED HUGHES (1930–1998) THOM GUNN (geb. 1929) PHILIP LARKIN (1922–1985) CHARLES TOMLINSON (geb. 1927) „Liverpool Poets": ADRIAN HENRI (geb. 1932), ROGER MCGOUGH (geb. 1937), BRIAN PATTEN (geb.1946) SEAMUS HEANEY (geb.1939): *Death of a Naturalist* (1966), *Field Work* (1979), *Sweeney Astray* (1985)

Entwicklung der amerikanischen Dichtung

Wie andere Nationalliteraturen auch wurde die amerikanische Dichtung durch das Land geprägt, aus dem sie hervorgegangen ist. Betrachtet man sie als englischsprachige Dichtung, so ist sie in ihren Anfängen von der britischen Literatur kaum zu trennen. Immerhin war „Amerika" über mehr als eineinhalb Jahrhunderte nur eine Ansammlung von Kolonien, die in enger Beziehung zum britischen „Mutterland" standen. Eine amerikanische Dichtung in englischer Sprache, die sich deutlich von der britischen abhebt, hätte dann lediglich eine Geschichte von rund 350 Jahren. Entscheidet man sich allerdings, die amerikanische Literatur nicht auf Werke in englischer Sprache festzulegen, so reichen ihre Anfänge um einiges weiter zurück. Die reiche mündliche Überlieferung der indigenen amerikanischen Kulturen gehörte dann ebenso zu ihrem Erbe wie die Literatur der frühen Spanisch sprechenden Eroberer. Unabhängig, für welche Deutung des Begriffs „amerikanische Dichtung" man sich entscheidet, immer wird man es mit einer sehr heterogenen Tradition zu tun haben, die sich allmählich vom britischen zum amerikanischen Englisch hin bewegt und dabei tradierte Formen mit innovativen Elementen verbindet.

Epochen	Beispiele
Romantik Verkünder demokratischer Ideen; Einführung des freien Verses Vorläuferin des Imagismus	EDGAR ALLAN POE (1809–1849): The Raven H. W. LONGFELLOW (1807–1882) WALT WHITMAN (1819–1892): *Leaves of Grass, I hear America singing* EMILY DICKINSON (1830–1886): *Indian Summer, Because I could not stop for Death*
Moderne der Jahrhundertwende	STEPHEN CRANE (1871–1900) CARL SANDBURG (1878–1967): *Chicago*
Dichtung des 20. Jahrhunderts Imagismus	WILLIAM CARLOS WILLIAMS (1883–1963): *THE RED WHEELBARROW* FORD MADOX FORD (1873–1939) MARIANNE MOORE (1887–1972) CONRAD AIKEN (1889–1973)
Experimentelle Lyrik	GERTRUDE STEIN (1874–1946)
environmentalist-Dichtung	ROBERT LEE FROST (1874–1963)
Einsatz typografischer Mittel, ungewöhnliche Wortkombinationen	EDWARD ESTLIN CUMMINGS (1894–1962): *Somewhere I Have Never Travelled [...]*
Bezüge zum Blues	LANGSTON HUGHES (1902–1967)
patriotische und kritische Auseinandersetzung mit dem Zeitgeschehen	ARCHIBALD MACLEISH (1892–1982): *Land of the Free* (1938); ROBERT LOWELL (1917–1977)
Beat-Generation	ALLEN GINSBERG (1926–1997): *Howl*

Glossary

alliteration
→ consonance

Repetition of initial consonant sounds.

e. g.: "the **w**ild **w**inds of **w**inter"

ambiguity
→ denotation

The fact that in poetry words or expressions often carry more than one meaning.

e. g.: "the youthful harlot's curse ... blights with plagues the marriage-hearse." (WILLIAM BLAKE, *London*, 1794)

marriage-hearse = 1. bed decorated for a married couple
2. vehicle used to take a dead person (= marriage) away to the burial ground

anaphora
→ alliteration

Repetition of a word or a group of words at the beginning of lines or clauses.

e. g.: "**In every** cry of every man,
In every infant's cry of fear,
In every voice, **in every** ban [...]"
(WILLIAM BLAKE, *London*, 1794)

ballad
→ caesura

A narrative text written in verse. Originally ballads were passed down by word of mouth and dealt with romantic or historical events (popular ballads). The lyrical ballads often imitate the style of the popular ballad.

e. g.: SAMUEL TAYLOR COLERIDGE: *Rime of the Ancient Mariner.* (1798)

caesura
→ enjambement

A break within a line caused by the natural rhythm of speech, often due to the end of a clause.

e. g.: "Let me not to the marriage of true minds
Admit impediments. Love is not love — caesura
Which alters when it alteration finds"
(WILLIAM SHAKESPEARE, *Sonnet 116)*

connotation
→ denotation

The additional shade of meaning an expression suggests besides its basic meaning, e. g. the word "tree" has the connotations of "stability", "firmness", "development" and "growth".

consonance
→ alliteration, rhyme

Repetition of a consonant or a group of consonants in end position.

e. g.: "Cleave the co**l**d shu**dd**ering sha**d**e as twilight clears"
(SWINBURNE, *A Ballad of François Villon*, 1877)

denotation
→ connotation

The basic meaning of a word universally known to the speakers of a language, e. g. the word "tree" has the denotation (= signifies) "a tall plant with a wooden trunk from which branches with leaves grow"

elegy
→ ode

A mournful poem lamenting the death or the passing of things valued by the poet.

e. g.: THOMAS GRAY: *Elegy Written in a Country Churchyard.* (1742–50)

enjambement
→ end-stopped line

Continuation of a sentence or clause into the next line. If the end of a clause coincides with the end of a line, it is called an end-stopped line. → caesura

figurative language
→ literal sense of a word

Using the shades of meaning (connotations) an expression has apart from its basic meaning (denotation).

e. g.: Metaphors, symbols, similes and images are examples of figurative language.

foot
→ rhythm

Basic unit (metrical unit) of the metre; a foot is the combination of two or three stressed and unstressed syllables.

free verse
→ prose

Way of composing a poem. A poem written in free verse has neither metre nor rhyme.

hymn
→ ode

Originally a poem to be sung in praise of a deity, a nation etc.

e. g.: JOHN DONNE, *Hymn To God, My God In My Sickness,* (1631)

metre
→ rhythm

The rhythmic sound pattern produced by a regular succession of stressed and unstressed syllables (feet) in a line. The form of the metre depends on the type and number of feet used in a line.

iambic metre ∪ –	trimeter (three feet)
trochaic metre – ∪	tetrameter (four feet)
anapaestic metre ∪ ∪ –	pentameter (five feet)
dactylic metre – ∪ ∪	hexameter (six feet)

e. g.: Blank verse is an iambic metre consisting of five feet; therefore it is called an iambic pentameter.

ode
→ hymn

A poem full of enthusiastic emotion written in praise of an object or a person. A form of the ode often used by English poets is the Pindaric or regular ode which follows a strict stanzaic pattern.

e. g.: JOHN KEATS, *To Autumn*, 1819;
W. B. YEATS, *Easter 1916,* 1916

rhyme
→ free verse

The repetition of identical vowel sounds at the end of two or more lines in a poem. The sound pattern created by rhyming lines throughout a poem is called the **rhyme scheme**.

e. g.: cross rhyme, embracing rhyme, pair rhyme, tail rhyme

shape poem

→ typological devices

The typographical form of a shape poem visually represents the object the poem is about.

e. g.: GEORGE HERBERT's *Easter Wings* (17th cent.) is a shape poem. Its lines form the shape of a pair of wings.

sonnet

→ ode

A lyrical form going back to the Italian poet Petrarca (1304–1374). The English or Shakespearean sonnet slightly differs from its model in form: It falls into three quatrains and a rhyming couplet at the end. It has an alternating rhyme (abab cdcd efef gg).

stanza

→ verse

A unit of two or more lines in a poem. The type of stanza depends on the number of its lines; common types of stanzas in English poetry are:

Couplet (two lines)
Tercet (three lines)
Quatrain (four lines)
Sestet (six lines)
Octave (eight lines).

typographical devices

→ layout

Devices used to structure a poem visually and to establish relationships between words.

e. g.: The poet E. E. CUMMINGS is famous for the way he used typography as a means of expression:

l (a

le
af
fa

ll

s)
one
l
iness (1958)

- **division** of words into typographical units
- **arrangement** of the typographical units in a **vertical order**, representing the falling movement
- **insertion** of the phrase "(a leaf falls)" into the word "loneliness"→ "loneliness" seems to embrace the phrase in brackets
- use of **brackets or parentheses** both as a means of separation and a symbol of a protective cocoon
- ambiguity of the **graphic symbol** "l": it stands for the letter "l"
- absence of **capitalization**

verse

→ stanza

A line of a poem structured by a regular pattern of stressed and unstressed syllables (metre).

Vokabular für die Lyrikuntersuchung

meaning
a poem is spoken by the lyrical I/by a speaker
the speaker assumes the role of …
the title suggests/indicates …
the subject/idea is introduced/expressed/developed in …
a poem deals with/is concerned with/presents/describes …
the poet aims at …/focuses the reader's attention on
… is a key to/hint at/clue to the message of a poem
a poem has several planes/strata of meaning

division
a poem falls into/is divided into/is composed of/comprises … stanzas
it has a stanzaic pattern
it consists of … three-line stanzas/quatrains/couplets
a stanza consists of … lines
a poem achieves coherence by/establishes unity by …

effect
the poet strikes the reader by …
stirs up feelings/emotions/associations of …/
makes the reader associate …/enables the reader to imagine s. th./ evokes a feeling
a poem appeals to the reader's feelings/ emotions/senses
a poem has a(n) sad/hushed/exuberant/ cheerful mood;
a humorous/solemn/exalted tone

devices
to use/make use of/employ a device
a device occurs in line …/is followed by/preceded by …/is to be found in line …
the rhyme/ the use of
a device serves to stress/puts emphasis on/underlines enhances/the effect of/creates a(n) … effect/impression/produces a(n) … effect

sound devices
alliteration/assonance/onomatopoeia suggests a relationship between words/focuses attention on the words/contrasts the words/contributes to the meaning of words
to be written in free verse
to have an irregular/a regular rhyme scheme of abab (alternating rhyme)
to have a(n) cross rhyme/tail rhyme/embracing rhyme
to rhyme in pairs
a poem has a smooth/ streaming/ flowing/ /regular/balanced/irregular/halting (stockend)/uneven monotonous rhythm
the lines run smoothly/(un)evenly
the rhythm is in accordance with/corresponds to the mood of a poem
there is a caesura in line …
there is a rhythmical stress on the word …
the poet uses a rising/falling metre/a(n) iambic/trochaic/dactylic/anapaestic metre

syntactical patterns
to use/employ/make use of repetition/anaphora/syntactical parallelism/ellipsis/inversion
two … form a parallelism
a sentence is parallel to another
to use enjambement in lines …
to have a run-on line in …
a sentence runs into the following line

choice of words
to employ a word figuratively
to use figurative language/a simile/a metaphor/imagery/image clusters/an image
a word carries an underlying/implicit meaning
a word alludes to …/is ambiguous/carries various shades of meaning/calls forth associations of/ carries overtones of
a word implicitly expresses/means …
to present/form/produce/establish a contrast
s. th. contrasts with …
to blend the language of various registers/levels of speech
to use neologisms/archaisms

style
the style of a poem is vigorous/formal/obscure/stilted/ artificial/pompous/plain/matter-of-fact/clear/vigorous/powerful/passionate/elevated/obsolete

3.3.3 Dramatische Texte

Ein **Drama *(drama)*** ist ein sprachliches Kunstwerk, das den Zuschauern in der Aufführung auf einer Bühne präsentiert wird. Die Personen in einem Drama oder Erzähltext heißen **Figuren.** Schauspieler übernehmen die Rollen der Figuren und führen die fiktive Handlung des Dramas aus. Die Zuschauer erleben diese Handlung zeitgleich wie ein reales Geschehen auf der Bühne mit.

Drama, von griech. δράμα = Handlung, Geschehen

Der dramatische Text, der die Grundlage der Aufführung darstellt, besteht aus den Bühnenanweisungen *(stage directions)* und der Figurenrede *(dramatic dialogue)*. Verschiedene **Dramenformen** lassen sich nach folgenden Kriterien unterscheiden:
- Anzahl der Akte, z. B. Einakter, Dreiakter, Fünfakter *(one-act play, three-act play, five-act play)*;
- Aufbau, z. B. analytisches Drama *(analytical drama)*, experimentelles Drama *(experimental drama)*;
- Aussagegegenstand, z. B. Problemdrama *(problem play)*;
- Ausgang des Dramas, Tragödie *(tragedy)*, Komödie *(comedy)*, Tragikomödie *(tragicomedy)*.

Tragödie und Komödie bilden die beiden Hauptgattungen des Dramas, ihre Definition geht zurück auf die *Poetik* des ARISTOTELES.

ARISTOTELES (384–322 v. Chr.) hat in seiner *Poetik* die bis heute einflussreichste Theorie des Dramas formuliert.

Die **Komödie *(comedy)*** ist ein unterhaltsames Schauspiel, das, oft ausgehend von einem scheinbaren Konflikt, menschliche Schwächen entlarvt und zu einem glücklichen Ausgang führt.

Die Komödie macht zur Steigerung der Unterhaltungswirkung Gebrauch von verschiedenen Formen der Komik: Situationskomik *(situational comedy, stock situations)*, Figurenkomik *(stock characters)* oder Sprachkomik *(verbal wit)*.

Die **Tragödie *(tragedy)*** ist ein ernstes Schauspiel, dessen Handlung durch einen tief greifenden Konflikt ausgelöst wird. Dieser Konflikt wird entweder von außen an die Hauptfigur *(tragic hero)* herangetragen, welche an der Bewältigung des Konfliktes scheitert, oder die Hauptfigur begeht unwissentlich einen schicksalhaften Irrtum *(tragic flaw)*, an dessen Folgen sie zerbricht.

Nach ARISTOTELES soll die Handlung der Tragödie den Zuschauer in „Jammer“ und „Schauder“ versetzen und ihn so von seinen Leidenschaften „reinigen“ (Katharsis). Sie erreicht dies durch die Darstellung eines ungelösten Konfliktes, der letztlich den Untergang des Protagonisten zur Folge hat *(catastrophe)*.

Protagonist = im griechischen Theater erster Schauspieler, zentrale Gestalt

Einakter *(short play, one-act play)* sind aufgrund ihrer Kürze gekennzeichnet durch gezielte Auswahl des Handlungsausschnittes, Konzentration des Aufbaus und inhaltliche Dichte. Da diese Kurzform wenig Raum lässt für die Entwicklung einer Handlung, wird häufig der Endpunkt einer Entwicklung als Gegenstand der Bühnendarstellung gewählt. Ein krisenhafter Moment oder ein Wendepunkt in der Entwicklung der Hauptfigur(en) dient der Veranschaulichung des darzustellenden Problems.

Merkmale des Dramas

Dramatische Kommunikation. Das Drama unterscheidet sich von Erzähltexten durch die Form seiner Vermittlung – die Aufführung vor einem Publikum *(performance)*.

Im **Kommunikationsmodell dramatischer Texte** fehlt die vermittelnde Ebene des Erzählens; es gibt nur die äußere Kommunikationsebene zwischen Autor und Zuschauer sowie die innere Kommunikationsebene zwischen den Dramenfiguren.

Die Zuschauer werden unmittelbar mit der dramatischen Handlung konfrontiert. Es gibt weder eine zeitliche noch eine räumliche Distanz zu dem Geschehen auf der Bühne:

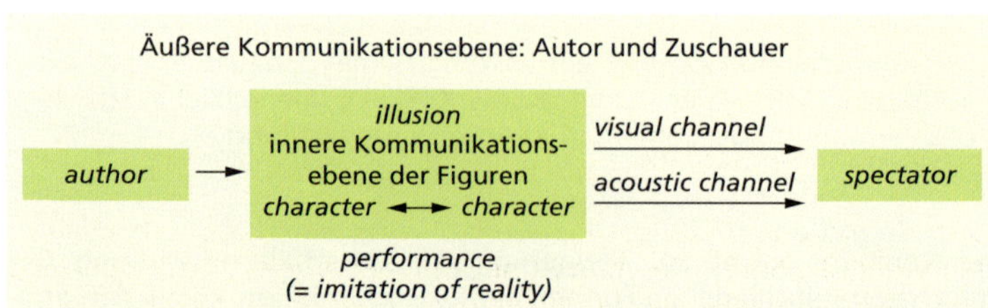

Mimesis = Begriff aus Aristoteles' *Poetik*, der den Prozess der Nachahmung beschreibt

Da das charakteristische Moment des Dramas in der Darstellung liegt, verfügt es zur Übermittlung statt des Textkanals über den gesprochenen Dialog sowie über außersprachliche Codes und Kanäle *(visual and acoustic channels)*. Die Vermittlung der fiktiven Situation wird durch die gestisch-mimische Darstellung und die Figurenrede erreicht.
Bei jeder Aufführung wird die fiktive Situation neu entworfen. Die Abwesenheit des vermittelnden Erzählers bildet eine Unbestimmtheitsstelle (↗ S. 192). Diese macht das Drama rezeptionsgeschichtlich offen für immer neue Deutungen, die sich im Wandel der Inszenierungen auf der Bühne äußern.

Einen Ausnahmefall stellt das **epische Drama** dar. Die Trennung zwischen erzählenden und dramatischen Texten durch die fehlende Erzählfunktion ist im epischen Drama aufgehoben. Es werden distanzschaffende Erzählinstanzen eingebaut (Prolog, Epilog, Figurenbericht), um den Zuschauer über Handlungshintergründe ins Bild zu setzen.

PETER SHAFFER setzt in *Equus* (1973) einen Chor ein; in THORNTON WILDERS *The Skin of Our Teeth* (1942) übernimmt ein *„stage manager"* die Rolle des Produzenten und Kommentators. Hier wird die Illusion durch die Bewusstmachung der Darstellung aufgehoben.
Nicht nur der gesprochene Dialog liefert wichtige Informationen über die Dramenhandlung; auch die Bühnenausstattung, die Kostüme sowie die gestisch-mimische Darstellung der Charaktere geben Aufschluss über Atmosphäre, Thema oder Konfliktlösung eines Stückes. Diese gleichzeitige Verfügbarkeit mehrerer Übermittlungskanäle wird auch als Plurimedialität bezeichnet.

Plurimedialität = Zeichenvielfalt

Zeichenvielfalt

akustische Zeichen		optische Zeichen	
Darsteller	Bühne	Darsteller	Bühne
Sprache Redeweise Akzent Stil Sprechtempo Stimmführung Tonhöhe Lautstärke u. a.	Geräusche Musik Stimme aus dem „Off"	Statur Physiognomie Mimik Gestik Bewegung Maske Kostüm u. a.	Bühnenbild Aufbauten Dekoration Requisiten Beleuchtung Projektion Vorhänge Spruchbänder u. a.

Aufgaben der Figurenrede. Da die beschreibende und kommentierende Rolle des Erzählers im dramatischen Text fehlt, werden die Figuren durch die Rede und den gestisch-mimischen Ausdruck der Schauspieler dargestellt. Die Sprechsituation ist nicht im Text gegeben, sondern wird durch die Schauspieler auf der Bühne hergestellt. In der fiktiven Sprechsituation (innere Kommunikationsebene, ↗ S. 228) treten die fiktiven Figuren miteinander in Interaktion, um den Verlauf der Dramenhandlung voranzutreiben. Gleichzeitig besteht eine Verbindung zwischen Dramenfiguren und Zuschauern. Die Figurenrede ist so beschaffen, dass sie es dem Zuschauer auf der äußeren Kommunikationsebene ermöglicht, selbst Bezüge herzustellen, Intentionen und Motive zu erkennen und das Drama als sprachliches Kunstwerk zu verstehen.

Szene aus *Romeo und Julia* in der Inszenierung von KATHARINA THALBACH am Berliner Maxim-Gorki-Theater

Geschichte – Plot – Handlung

Anhand des Dramas *Romeo and Juliet* von WILLIAM SHAKESPEARE sollen die Unterschiede zwischen Geschichte, Plot und Handlung veranschaulicht werden. Durch das Zusammenspiel von Plot und dramatischen Figuren entsteht die Wirkung eines Dramas. Ausgangspunkt für den Dramenautor ist jedoch die **Geschichte *(story)*,** die er einer Quelle (mündliche oder schriftliche Überlieferung) oder einer älteren Bearbeitung entnommen haben kann.

Die **Geschichte** entsteht aus den Dimensionen Person(en), Zeitraum und Ort. Sie ist die chronologische Abfolge der Ereignisse. Die Frage nach der Geschichte lautet: ***What will happen next?***

The Montagues and the Capulets are feuding families in Verona. Their children, Romeo and Juliet, fall in love with each other. They are married in secret, because Juliet's father wants to marry Juliet to Count Paris. In the end Romeo and Juliet commit suicide and it is only after that, that the feuding families reconcile.

Unter **Plot** versteht man die Anordnung der Ereignisse nach kausalen Zusammenhängen (Ursache – Wirkung) oder nach anderen logischen Verknüpfungen. Die Frage nach dem Plot lautet: ***Why does it happen?***

Romeo and Juliet, two young people, have never met, because they come from two feuding families in Verona. When they meet for the first time, they fall in love with each other, not knowing that they love an enemy. They have to marry in secret, because their families will never consent to their marriage. Friar Laurence is willing to help arrange the marriage, because he hopes to reconcile the families Montague and Capulet.

Der Begriff **Handlung** ***(action)*** bezeichnet das absichtsvolle Tun einer Person. Zur Handlung gehört immer eine Situation, das Erkennen einer Handlungsmöglichkeit und die Situationsveränderung als Ergebnis der Handlung. Eine Aneinanderreihung von Handlungen bezeichnet man als Handlungssequenz. Die Frage nach der Handlung lautet: ***What is the character's intention?***

In the beginning Juliet behaves submissively and obediently to her parents. Her love for Romeo changes her into an independent woman who has her own mind. She pretends to give in to her father's wish of marrying Count Paris. So she feigns to be lifeless and waits for Romeo to rescue her.

Elemente des klassischen Plot

- Der dramatische Plot entwickelt sich zwischen einem Protagonisten *(protagonist)* und einem oder mehreren Antagonisten *(opponent)*.
- Zwischen ihnen oder zwischen dem Protagonisten und den Schicksalsumständen besteht ein Konflikt.
- Der Konflikt liefert das handlungsauslösende Moment des Dramas *(point of attack)*.
- Der Plot besitzt Einheit der Handlung, d.h. alle Elemente der Handlung sind integriert in das Handlungsganze und führen zu einem überspannenden Handlungsziel.
- Die Einheit der Handlung kann ergänzt werden durch die Einheit des Ortes und der Zeit (insbesondere in der Tragödie des französischen Klassizismus). Die Tragödie findet dann an einem festgelegten Schauplatz in einem genau umrissenen Zeitrahmen statt – Wechsel und Sprünge werden vermieden.
- Der dramatische Dialog treibt die Handlung voran.

Elemente des innovativen Plot

- Der Gegensatz zwischen zwei Handlungsparteien kann dadurch aufgehoben sein, dass die Hauptfigur ein Antiheld ist oder dass der Antagonist eine anonyme Macht darstellt, die nicht als Person in Erscheinung tritt.
- Nicht ein Konflikt oder eine herausragende Krisensituation, sondern die Unentrinnbarkeit aus einem Zustand ist häufig Gegenstand des Dramas.
- Die Einheit der Handlung kann aufgehoben sein durch das Fehlen eines Handlungsziels, die Handlungslosigkeit der Figuren, die Errichtung mehrerer Handlungsebenen, die gleichzeitig oder in Form von Rückblenden auf der Bühne dargestellt werden, schließlich durch Unterbrechungen, die die Illusion aufheben (Auftreten eines Chors, eines Spielleiters u. Ä.).
- Die Einheit von Ort und Zeit kann aufgehoben sein durch Zeitsprünge zwischen den Szenen, durch die gleichzeitige Darstellung verschiedener Raum- und Zeitebenen auf der Bühne, dadurch, dass Ort und Zeit der Handlung nicht eindeutig festlegbar sind, und schließlich auch durch das Ausbleiben einer zeitlichen Veränderung *(timeless stagnation)*.
- Der dramatische Dialog leistet keinen Beitrag zum Handlungsfortschritt; er kann Probleme der zwischenmenschlichen Kommunikation oder die Handlungslosigkeit der Figuren thematisieren.

Struktur des Dramas

In seiner Dramentheorie weist GUSTAV FREYTAG dem klassischen 5-Akt-Drama die Struktur einer Pyramide zu. Exposition, Peripetie und Katastrophe als wesentliche Elemente in der Handlungsentwicklung des Dramas werden auch schon bei ARISTOTELES unterschieden.

GUSTAV FREYTAG: *Die Technik des Dramas* (1863)

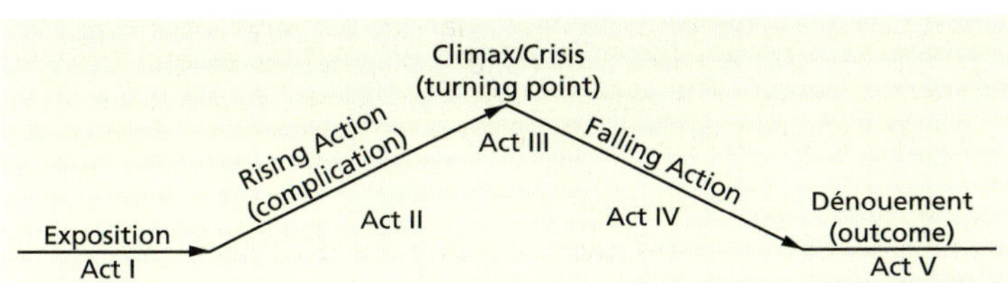

Die **Exposition** im ersten Akt liefert das Fundament für den Aufbau der dramatischen Handlung. Sie nennt das Handlungsziel der Hauptfigur und gibt alle für das Verständnis der Handlung notwendigen Informationen über:

- Zeit und Ort der Handlung,
- Atmosphäre,
- Hauptfiguren,
- den Konflikt oder das zentrale Thema.

Im zweiten Akt steigt die Handlung zum Höhepunkt an. Auf dem Weg zur Verwirklichung ihres Handlungsziels hat die Hauptfigur eine Reihe von Hindernissen zu bewältigen und kann Rückschläge erleben, deshalb

spricht man bei dieser Handlungsphase von der Komplikation der Handlung. Schwierigkeiten und Hindernisse werden auch als **retardierende Momente** ***(retardation)*** bezeichnet; sie verzögern den erwarteten Handlungsverlauf und bauen Spannung auf.
Im dritten Akt bündelt sich die Komplikation der Handlung zu einer **Krise** *(crisis)*, während der Spannungsverlauf seinen Höhepunkt *(climax)* erreicht. Die Krise bildet zugleich den **Wendepunkt** *(turning-point, peripety)* der Handlung: Das Kräfteverhältnis zwischen Protagonist und Antagonist verschiebt sich; in der Tragödie deutet sich der Untergang des Helden an.

Szene aus einer Macbeth-Aufführung unter der Regie von ANNA LANGHOFF (1997)

By murdering King Duncan, Macbeth and his wife have accomplished their plan of becoming King and Queen of Scotland. They have to carry out a second murder to secure their position: the murder of Banquo. The apparition of Banquo's ghost during the banquet-scene, Macduff's disobedience and the news that Malcolm and Macduff have gone to England to raise forces against Macbeth all indicate the reversal in Macbeth's fortune. He will not be able to hold his position against the opposing forces which are determined to restore rightful order. *Macbeth (III)*

Der Spannungsverlauf im vierten Akt fällt ab bis zum **Dénouement** ***(dénouement)*** – der Auflösung aller Komplikationen und Beantwortung offener Fragen. Eine unerwartete Entdeckung führt in manchen Dramen zu einem abschließenden Wendepunkt.

The third and last of the witches' prophecies, which Macbeth did not expect to come true, materializes: Birnam Wood is moving to Dunsinane, announcing Mabeth's final defeat. *Macbeth (V, v)*

Im Unterschied etwa zum Elisabethanischen Drama (↗ S. 240) bevorzugt das moderne Drama offenere, von diesem strengen Muster abweichende Formen:

- Die Exposition ist nicht auf den ersten Akt festgelegt.
- Dramenanfang und Dramenende können provokativ abrupt und offen sein.
- Das Drama besteht in der Regel aus zwei oder drei Akten.

Komposition der Bühnenhandlung

Die räumliche und zeitliche Begrenztheit der Bühnenaufführung und die fehlende vermittelnde Instanz des Erzählers zwingen den Dramenautor zur bewussten Auswahl, Anordnung und Gestaltung von Bühnenhandlungen. Er muss seine gestalterischen Möglichkeiten so einsetzen, dass das Interesse der Zuschauer geweckt und aufrechterhalten wird.

Prinzipien der Dramenkomposition		
Konzentration ↓ Auswahl eines Ausschnittes aus der Stoff-Fülle, der exemplarisch ist für die Darstellung auf der Bühne	Handlungsabfolge ↓ möglichst lineare Abfolge der Handlung; Einsatz von Techniken zur gleichzeitigen Darstellung (Simultaneität) verschiedener Zeit- und Handlungsebenen	Gliederung ↓ Einteilung der Handlung in abgeschlossene Segmente, Akte und Szenen, die exemplarisch für das Handlungsganze sind

Durch das Nebeneinander von zwei oder mehreren Haupthandlungen oder die Einfügung von Nebenhandlungen *(subplots)* in die Haupthandlung *(main plot)* erreicht der Autor bestimmte Effekte:

- Intensivierung
  - Spannungssteigerung, wenn ein Handlungsstrang kurz vor dem angedeuteten Höhepunkt unterbrochen wird,
  - Spiegelung und Kontrastierung zur wechselseitigen Verdeutlichung *(reflection, contrast),*
  - Intensivierung durch Wiederholung von Ähnlichem *(parallelism);*
- Abwechslung zur Entlastung des Publikums
  - z. B. durch Einschieben einer Szene des *comic relief.*

A humorous scene following a number of tragic and serious scenes provides the audience with comic relief and variety. The Porter Scene in *Macbeth* (II, iii) besides easing tension, plays an integral part in the play as it prepares for the turning point.

comic relief = „erleichtertes Aufatmen"

Informationsvergabe im Drama

Die dramatische Handlung kann mit einem voraussetzungslosen Anfang beginnen und mit einer abgeschlossenen Lösung enden.
Häufig verwenden Autoren jedoch den offenen Anfang *(abrupt opening)* mit einer für den Konflikt beispielhaften Szene, um das Interesse des Publikums zu wecken. Alle Informationen, die der Zuschauer zum Verständnis der Handlung benötigt, werden dann in den Dialog eingewoben.

Death of a Salesman ist das bekannteste Werk des amerikanischen Dramatikers ARTHUR MILLER (geb. 1915). Das Stück behandelt das Scheitern des *„American Dream"* und das Problem der „amerikanischen Identität".

Vorausgegangene Handlungen, die wichtig für das Gesamtverständnis sind (Schlüsselszenen = *scenes having a key function*), können in Form von Rückblenden *(flashback; retrospection)* eingebaut werden. Beispiele hierfür finden sich in ARTHUR MILLERS *Death of a Salesman:* Willy Loman erinnert sich an Szenen aus der Vergangenheit, die auch auf der Bühne dargestellt werden.

Rückblende *(flashback)* nennt man die Unterbrechung der chronologischen Ereignisdarstellung, um in der Vergangenheit liegende Ereignisse nachträglich ins Bild zu setzen.
Oft verbindet eine Überleitung die Handlung der Gegenwart mit der Rückblende; eine gedankliche Assoziation oder Erinnerung der gerade agierenden Figur sowie ein Dialog können als Überleitung dienen.

SOPHOKLES (ca. 496 – 406 v. Chr.) griechischer Tragiker. Zu seinen Werken zählen *Antigone, Aias, Elektra, König Oedipus, Oedipus auf Kolonos.*

Dramatische Ironie (auch: tragische Ironie) wird durch den Informationsvorsprung erzeugt, den das Publikum gegenüber der Dramenfigur hat. Während sich die Figur noch in völliger Sicherheit wähnt, erkennt der Zuschauer bereits das unabwendbare Verhängnis. Bekanntestes Beispiel für den Einsatz dramatischer Ironie ist SOPHOKLES' Tragödie *König Oedipus:* Oedipus, der als Findelkind und Zögling des Königs von Korinth aufgewachsen ist und König von Theben wird, veranlasst die Suche nach demjenigen, der die Pest über Theben gebracht hat – nicht ahnend, dass er selbst der Verursacher des Fluches ist. Nachdem er die schreckliche Wahrheit ans Licht gebracht hat, dass er unwissentlich seinen leiblichen Vater getötet und seine leibliche Mutter geheiratet hat, nimmt sich Oedipus das Augenlicht.

Macbeth is full of dramatic irony. In the exposition, King Duncan addresses Macbeth whom he has made Thane of Cawdor. The ambiguity of the gardening metaphor he uses underlines the error of judgement:
"I have begun to plant thee, and I will
labour to make thee full of growing."
King Duncan is unaware of the fact that what he fosters is not Macbeth's loyality and valiant service but Macbeth's burning ambition. Macbeth will murder King Duncan to become King of Scotland.

Die Figuren

Angewandt auf den Bereich der Literatur, besitzt das englische Wort *character* zwei Grundbedeutungen:

Character:
- all the qualities and features (= a person's characteristics) which make one person different from others;
- a person represented in a book, play or film.

Figurendarstellung

Um die fiktiven Figuren für den Leser oder Zuschauer vorstellbar und glaubwürdig agieren zu lassen, muss dieser eine Auswahl verschiedenartiger Informationen über die Figuren erhalten. Diese Auswahl schließt solche Informationen aus, die für das Anliegen des Textes unwichtig sind. Figurenbezogene Informationen vermitteln sich dem Leser/Zuschauer durch folgende Methoden:

Methoden der Figurendarstellung

auktorial *(method of telling)*		**dramatisch-figural** *(method of showing)*	
direkt	indirekt	direkt	indirekt
Beschreibung, sprechende Namen	Kontrastierung, Parallelisierung, indirekt charakterisierende Namen	Selbstdarstellung, Fremddarstellung	visuelle Details, Sprache, Stimme

Die **auktoriale Figurencharakterisierung *(method of telling/narrative presentation)*** wird bevorzugt in Erzähltexten verwendet; in Dramentexten bleibt sie auf die Bühnenanweisungen beschränkt. Aus einer übergeordneten Perspektive werden die Wesensmerkmale einer oder mehrerer Figuren beschrieben. Dies kann auf direktem oder indirektem Wege geschehen.

Die direkte Charakterisierung kann sich auf die äußere Erscheinung, die Persönlichkeitsentwicklung oder auf die Gedanken und Gefühle der Figur(en) beziehen.

ARTHUR MILLER characterizes Biff and Happy in the stage directions of *Death of a Salesman:*
"Biff is two years older than his brother Happy, well built, but in these days bears a worn air and seems less self-assured. He has succeeded less, and his dreams are stronger and less acceptable than Happy's. Happy is tall [...] he has never allowed himself to turn his face toward defeat and is thus more confused and hard-skinned, although seemingly more content." *(Act I)*

SAMUEL BECKETT (1906–1989) irisch-französischer Schriftsteller, der in seinen Werken die Absurdität des menschlichen Daseins thematisiert.

Die direkte Figurencharakteristik kann neben der Beschreibung auch durch die Benennung der Figuren erfolgen – sprechende Namen *(telling names)* sind hier ein häufig angewandtes erzählerisches Mittel.

"Godot" in SAMUEL BECKETTS *Waiting For Godot* is an anagram of the English word "god" and the German word "Tod", thus implying: "God is dead."

Eine Szene aus der Inszenierung von BECKETTS *Waiting for Godot* am Berliner Schillertheater

Die indirekte Charakteristik einer Figur kann ebenfalls an deren Benennung gekoppelt sein. Ebenso wie sprechende Namen bedürfen auch indirekt beschreibende Namen *(interpretive names)* der Auslegung durch den Leser oder Zuschauer.

TRUMAN CAPOTE (1924–1985) schildert in Kurzgeschichten und Romanen mit stilistischer Brillanz Leiden, Einsamkeit und Fantasien von Jugendlichen und Außenseitern.

In TRUMAN CAPOTES Short Story *The Diamond Guitar* the boy Tico Feo fascinates the prisoner Mr. Schaeffer and reminds him of the attractions of the world outside the prison camp:
"Tico Feo", he said as though it were the name of a bird or a song."
The Spanish meaning of "feo" is "ugly". By calling the boy "Tico Feo", Capote wanted to hint at his deceptiveness: In the end Tico Feo will let Mr. Schaeffer down.

Die indirekte Figurencharakteristik kann aber auch erfolgen:
- durch die Gegenüberstellung von Figuren, die mit gegensätzlichen Eigenschaften ausgestattet sind **(Kontrastierung),**
- durch die Gegenüberstellung von Figuren in Situationen, die Parallelen in den Reaktionsmustern zulassen **(Parallelisierung).**

Die **dramatische** oder **figurale Figurencharakterisierung** ***(dramatic presentation: method of showing)*** wird in dramatischen Texten, aber auch in szenischen Erzählpassagen verwendet. Durch das Miterleben der szenischen Darstellung erhält der Leser die Informationen direkt aus der Welt der Figuren. Man unterscheidet auch hier zwischen direkter *(explicit)* und indirekter *(implicit)* Figurencharakterisierung.

Die **direkte Figurencharakterisierung** geschieht unmittelbar aus der Sicht einer der Figuren: Die Figur macht eine Aussage über sich selbst (Selbstdarstellung), oder andere Figuren äußern sich zu Eigenschaften dieser Figur (Fremddarstellung).

Indirekt vermitteln sich Eigenschaften der Figuren durch die Wahrnehmung außersprachlicher Details beim Miterleben der szenischen Darstellung: äußere Erscheinung, Körperhaltung, Gestik, Mimik, Stimmqualität, Stärke und Form der Reaktion auf andere Figuren, Position innerhalb der Figurenkonstellation. Die verschiedenen Methoden der Figurendarstellung werden in der Regel in Kombination miteinander verwendet. Das Vorwiegen indirekter Charakterisierungsmethoden
- führt dazu, dass der Leser/Zuschauer Informationen aus unterschiedlicher Perspektive erhält;
- gibt dem Leser/Zuschauer einen größeren Spielraum zur eigenen Urteilsbildung.

Figurengestaltung *(forms of characters)*

In Anlehnung an die Figurentypologie des englischen Romanautors und -theoretikers E. M. FORSTER lassen sich folgende Varianten der Figurengestaltung unterscheiden:
- *A character presenting "a single idea or quality" (E. M. FORSTER) and lacking any individualized detail is called a **flat character** or **type.***
- *A character who is as complex and difficult to describe as a real-life individual is called a **round character.** A round character offers a broad range of psychological reactions.*
- *A character who remains unchanged in the course of events is a **static character.** This type often corresponds with the flat character.*
- *A **dynamic character** is influenced by the action through which he passes. A dynamic character may either develop gradually or undergo a radical change as a result of a crisis.*

E. M. FORSTER
(1879–1970) Autor von Kurzgeschichten, Romanen und Essays. Sein wichtigstes literaturkritisches Werk *Ansichten des Romans* (*Aspects of the novel*) erschien 1927.

In der Figurengestaltung können die beiden Gegensatzpaare *flat* und *round character* sowie *static* und *dynamic character* kombiniert werden, sodass eine Bandbreite von Zwischenformen entsteht. Sie reicht von der **allegorischen Figur,** die eine menschliche Tugend oder Schwäche verkörpert, und dem *stock character* der Komödie bis hin zu komplexen und sich wandelnden Figuren wie der Juliet in SHAKESPEARES *Romeo and Juliet.*

Der Begriff **Figurenkonstellation** beschreibt die Gestaltung der Figuren und ihrer Beziehungen zueinander.

Aus der Figurenkonstellation entwickelt sich die Dynamik der dramatischen Handlung. Die Figuren bilden Gruppen mit gegensätzlichen oder übereinstimmenden Interessen, die sich im Konflikt gegenüberstehen. Auch die Nebenfiguren übernehmen an bestimmten Stellen der Handlung entscheidende Funktion für das Fortschreiten der Handlung: als Überbringer einer Nachricht von einem anderen Schauplatz, als Kommentatoren, als *comic relief.* Im Verlauf des Dramas, besonders nach dem Höhepunkt der Handlung, können sich in der Figurenkonstellation Veränderungen vollziehen. Die zunehmende Isolation einer Hauptfigur zeichnet sich ab, eine Figur ergreift Partei, oder eine Gruppe von Figuren schließt sich zu einer Reaktion auf ein dramatisches Ereignis zusammen.

Entwicklung des englischsprachigen Dramas

Die ersten englischen Bühnenspiele waren geistliche Dramen. Die mittelalterlichen Mysterienspiele *(miracle or mystery plays)*, die sich seit dem 14. Jahrhundert aus Bestandteilen der kirchlichen Messfeier entwickelt hatten, zeigten Szenen aus dem Neuen Testament. Eine andere Gruppe von Schauspielen waren die Moralitäten *(morality plays)*. Hinzu kamen später die durch ihre Komik schon weltlicher gestalteten *„interludes"* (Zwischenspiele), in denen auch allegorische Figuren auftraten. Gegen Ende des 16. Jahrhunderts waren Historienspiele *(chronicle plays)* sehr beliebt. Sie basierten mehr oder weniger tatsachengetreu auf historischen Stoffen, die in Episoden zergliedert wurden, und begeisterten durch prachtvolle Bühnenaufzüge.

Morality plays sind belehrende religiöse Schauspiele, in denen abstrakte menschliche Eigenschaften personifiziert auftreten.

Frühe englische Dramen

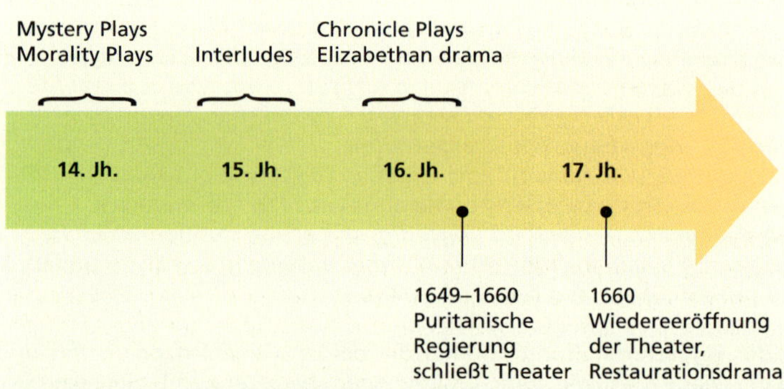

Das Elisabethanische Zeitalter. Die Regierungszeit ELISABETHS I. (1558 bis 1603) fällt in die kulturgeschichtliche Epoche der Renaissance. Die Renaissance war begleitet von einschneidenden Veränderungen in Wissenschaft, Technik, Handel, Gesellschaftsauffassung und Religion. Sie bildet den Übergang zwischen Mittelalter und Neuzeit.

The **Elizabethan Age** is a period of English history, usually associated with the reign of ELIZABETH I. of England (1558 bis 1603). It is often considered the height of the **Renaissance** in England.

Einflüsse auf das Elisabethanische Zeitalter

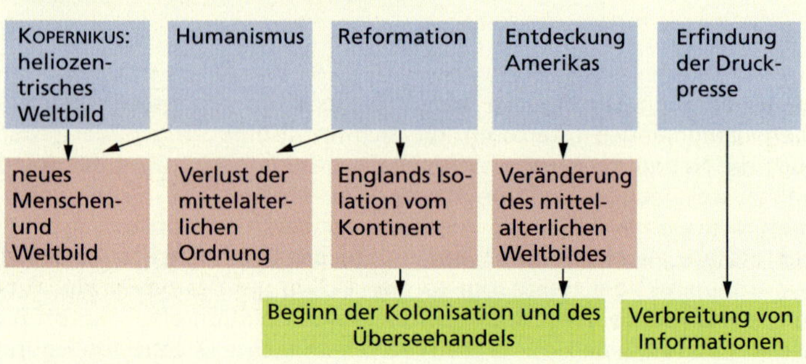

Die Veränderungen in der Literatur dieser Zeit sind hauptsächlich auf zwei Faktoren zurückzuführen: den **Humanismus** und – damit einhergehend – das gewandelte Bild des Menschen (von der mittelalterlichen Vorstellung des Menschen als fremdbestimmtem Wesen mit zugewiesener Stellung in einer fest gefügten weltlichen Ordnung zur neuzeitlichen Vorstellung des Menschen als selbstbestimmtem Individuum in einer veränderbaren Welt).

Die Entdeckung Amerikas 1492 und KOPERNIKUS' Beweisführung zum heliozentrischen Planetensystem revolutionierten die Vorstellungen der Menschen von der Welt und ihrer eigenen Stellung im Universum. Mit der Erfindung der Buchdruckerpresse kam es zugleich zu einer zunehmenden Verbreitung von Büchern und Schriften. Humanismus und Reformation öffneten Wege zur religiösen Emanzipation und erschütterten die Vorstellungen von Autorität und gesellschaftlicher Ordnung.

Durch die Reformation vom katholischen Teil des Kontinents isoliert, war England gezwungen, neue Handelsmöglichkeiten zu finden. Die fast gleichzeitige Entdeckung des neuen Kontinents und neuer Handelswege legte in dieser Übergangszeit den Schwerpunkt der englischen Wirtschafts- und Außenpolitik für die folgenden Jahrhunderte fest: Die Orientierung nach Übersee.

Humanismus = die Beschäftigung mit literarischen und philosophischen Vorbildern der griechischen und römischen Antike

Nachbau der „Santa Maria", mit der KOLUMBUS auf seinen Entdeckungsfahrten den Atlantik überquerte

Starkes Bevölkerungswachstum und Umverteilung der Landnutzung *(enclosures)* in agrarischen Gebieten führten zu Landflucht, Ausdehnung der Städte und zunehmender Verelendung der landlosen Bevölkerung.

Ungeachtet dieser Entwicklungen blieben die elisabethanischen Autoren geprägt von mittelalterlichen Vorstellungen, die sich allerdings stark vereinfacht hatten: Die Erde galt weiterhin als Zentrum des Universums; der Glaube an Dämonen, Geister und die Wirkung von Zauberkräften blieb erhalten.

Der Gedanke einer hierarchischen Ordnung aller Dinge, ***„Great Chain of Being"***, existierte weiter: In diesem fest gefügten und unverrückbaren System wurden alle wahrnehmbaren Dinge, z. B. Elemente, Planeten, Organe des Körpers, Mineralien, Pflanzen, Tiere und gesellschaftliche Schichten, in Klassen eingeteilt und sowohl waagerecht – in Entsprechungen – wie auch in einer senkrechten Abstufung angeordnet. Die Störung dieser Ordnung durch menschliche Eingriffe hatte in der Vorstellung der elisabethanischen Menschen zwangsläufig Folgen; sie galt als Verstoß und spiegelte sich in Naturkatastrophen wider. Als letzte Konsequenz fürchteten die Menschen dieser Zeit die Rückkehr in das kosmische Chaos vor der Schöpfung. Die politischen und religiösen Veränderungen des Elisabethanischen Zeital-

The **Great Chain of Being** is a visual metaphor for a divinely inspired universal hierarchy ranking all forms of life.

ters waren begleitet von einem Gefühl des Verlustes. Verloren gegangen war die Sicherheit, die die alte Ordnung garantiert hatte, indem sie jedem Wesen einen eigenen, unantastbaren Rang zugestand. Aus diesem Grund wurden der Bestand wie auch die Auflösung einer überzeitlichen Ordnung in der Elisabethanischen Literatur oft thematisiert. Beispiele geben CHRISTOPHER MARLOWES *Dr. Faustus,* WILLIAM SHAKESPEARES *Hamlet, Macbeth* und JOHN DONNES *An Anatomy of the World.* Dieses Versgedicht beklagt den Verlust der sozialen Hierachie und nimmt Stellung zum Streben der Menschen nach Individualität:

"Prince, subject, father, son, are things forgot,
For every man alone thinks he hath got
To be a phoenix, and that then can be
None of that kind, of which he is, but he."
An Anatomy of the World (v. 215–218)

SHAKESPEARES Bühnenmetaphorik *(stage imagery)* spiegelt die Elisabethanische Vorstellung vom Leben als einem Rollenspiel:

"All the world's a stage,
And all the men and women merely players:
They have their exits and their entrances,
And one man in his time plays many parts,
His acts being seven ages. At first the infant,
[...] "
As You Like It (II, vii)

"Life's but a walking shadow, a poor player
That struts and frets his hour upon the stage,
And then is heard no more."
Macbeth (V, v)

Elizabethan drama is a general term for the plays which were written during the reign of ELIZABETH I.

CHRISTOPHER MARLOWE was an English dramatist, poet and translator. His play *Tamburlaine* (1587) is considered the beginning of the Elizabethan Golden Age of literature.

Das Elisabethanische Drama. Unter der Herrschaft von ELISABETH I. erlebte das englische Theater eine enorme Weiterentwicklung und große Popularität. Religiöse Themen verloren an Bedeutung. Die Dramengattungen Tragödie und Komödie bildeten sich heraus; es vollzog sich die Entwicklung von der typisierenden zur individualisierenden Figurengestaltung.

CHRISTOPHER MARLOWE (1564–1593) und WILLIAM SHAKESPEARE (1564–1616) schufen Dramen auf der Grundlage historischen Tatsachenmaterials, in denen eine Handlungseinheit und individuelle Charaktere gestaltet sind. SHAKESPEARES Dramen zählen zu den bedeutendsten Werken der Weltliteratur und haben bis heute nichts an Aussagekraft eingebüßt. Die berühmtesten seiner tragischen Figuren verkörpern grundlegende menschliche Handlungsmotive und die sich aus ihnen ergebenden Konsequenzen: Othello, der blind ist vor Eifersucht; der von Ehrgeiz getriebene Macbeth; die selbst durch den Tod nicht zu trennenden Liebenden Romeo und Julia; der durch Schmeicheleien getäuschte King Lear; Hamlet, dessen Unentschlossenheit ihn hindert, den Tod seines Vaters zu rächen und die gesetzmäßige Ordnung wiederherzustellen. In Shakespeares Dramen begegnen wir Menschen, die hin und her gerissen sind zwischen Angst und Sicherheit *(Richard II, Troilus and Cressida)*, überwältigt von der Versuchung *(Macbeth)*, vom Wahnsinn gequält *(Macbeth, King Lear)*, unter Einsamkeit, Schuld und Angst leidend *(Macbeth, King Lear)*. Shakespeares Komödien stellen die Zuverlässigkeit menschlicher Beziehungen auf die Probe. Ihre Themen sind Liebe, das Gute und das Böse, Schein, Wirklichkeit und wahre Identität. Den Stoff für seine Dramen entnahm Shakespeare den zu seiner Zeit zugänglichen Geschichtsbüchern oder ins Englische übersetzten Erzählungen und wandelte ihn um in Bühnenrollen für die ihm bekannten Schauspieler; z. B. basiert *Romeo and Juliet* auf einer romantischen Geschichte von Bandello, *Macbeth* auf Raphael Holinsheds *Chronicles of England, Scotland and Ireland* in der Ausgabe von 1586. Die Shakespeare-Forschung konnte nachweisen, dass die Originalmanuskripte weder eine Einteilung in Akte und Szenen noch Ortsangaben am Szenenanfang vorsahen. Publikum und Schauspieler verständigten sich durch einen reimenden Zweizeiler am Ende einer Szene über einen Schauplatzwechsel. Angaben zum neuen Schauplatz musste der Zuschauer dem gesprochenen Dialog entnehmen. Da es kein Bühnenbild gab, verließ sich der Autor auf die Vorstellungskraft der Zuschauer.

Raphael Holinshed (†1580) was an English chronicler, whose work was one of the major sources for Shakespeare's history plays. His great work, *The chronicles of England, Scotland and Ireland,* was published in 1577.

Die Sprache, die Shakespeare benutzte, das *Early Modern English*, weist nicht so sehr in der Satzstruktur, wohl aber im Wortschatz Unterschiede zum heutigen Englisch auf:

> "This letter **doth make good** the Friar's words [...]." –
> "doth make good" = "proves the truth of"
>
> *Romeo and Juliet (V, iii)*

Die ersten gedruckten Ausgaben der Dramen Shakespeares tragen die Bezeichnung **Folio** oder **Quarto.**

Folio und Quarto = Bezeichnungen für das Format, zu dem das bedruckte Papier vor dem Binden gefaltet wurde. Folio ist das größere Format: Ein Blatt wurde einmal gefaltet, sodass es zwei Vorder- und zwei Rückseiten ergab. Für das Quartoformat wurde jedes Blatt Papier zweimal gefaltet, sodass es vier Vorder- und vier Rückseiten ergab.

Formate der ersten Shakespeare-Ausgaben

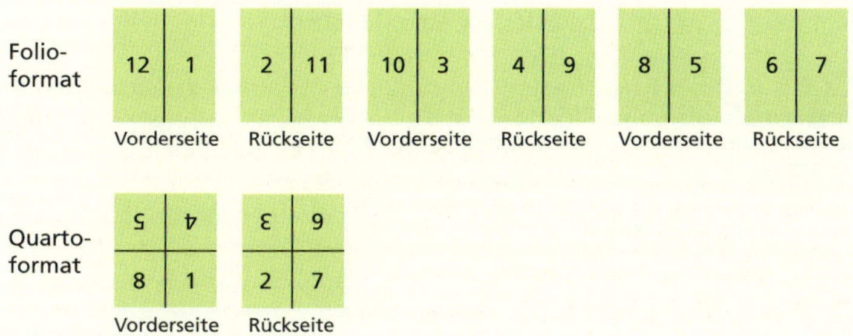

Die erste Folio-Ausgabe mit rund 1200 Exemplaren wurde 1622/1623 gedruckt. Seit dem 18. Jahrhundert passten die Herausgeber die Dramentexte den Konventionen ihrer Zeit an. So wurden nun Einteilungen in Akte und Szenen vorgenommen, Ortsangaben hinzugefügt, die

Zeichensetzung verändert oder schwierige Passagen entfernt. Der Buchhistoriker Alfred William Pollard (1859–1944) hat auf diese Veränderungen hingewiesen und der Shakespeareforschung damit wichtige Impulse gegeben. Einerseits ließ sich aufgrund des Vergleichs mit den Originalmanuskripten nachweisen, in welchen Dramen Szenen hinzugefügt worden waren, die nicht auf Shakespeare zurückgehen. Andererseits stellte sich heraus, dass Shakespeare gemeinsam mit anderen Autoren Dramen wie *Edward III* und *Sir Thomas More* geschrieben hatte.

Adaption = Bearbeitung, Lesart; unterschiedlich stark veränderte Fassung

Shakespeares Dramen dienten als Vorlage für zahlreiche Adaptionen in deutscher, französischer und englischer Sprache. Im Folgenden sollen nur einige Beispiele genannt werden:

- John Poole *Hamlet Travestie* (1810);
- Bertolt Brecht *Coriolan* (1952);
- Bernard Kops *The Hamlet of Stepney Green* (1958/59; eine ironisierende Adaption, die die Handlung in die kleinbürgerliche Welt der jüdischen Gemeinde des Londoner East End versetzt);
- Tom Stoppard *Rosencrantz and Guildenstern are Dead* (1966; eine *Hamlet*-Adaption) und *Dogg's Hamlet* (1979; eine fünfzehnminütige Kurzfassung in Form einer ironisierenden Collage);
- Edward Bond *Lear* (1971);
- Heiner Müller *Macbeth* (1971);
- Eugéne Ionesco *Macbett* (1972; französisch; ein absurdes Drama);
- Charles Marowitz *The Marowitz Hamlet* (1965/70); *A Macbeth* (1969/1971); *An Othello* (1972/74); *Measure for Measure* (1975); *Variations on The Merchant of Venice* (1977/78);
- The Reduced Shakespeare Company *The Complete Works of William Shakespeare* (abridged) – (1994; eine humorvolle amerikanische Bearbeitung, die Shakespeares bekannteste Dramen auf eine Kurzparodie reduziert).

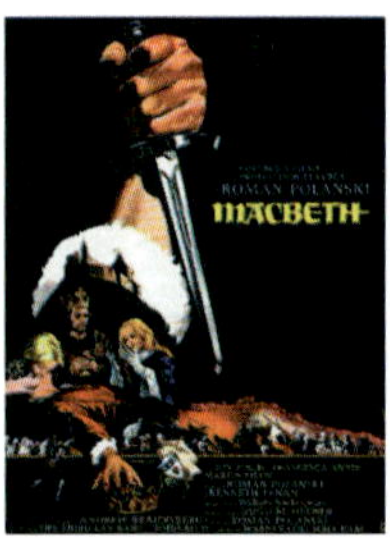

Filmplakat zu Roman Polanskis *Macbeth* mit John Finch in der Titelrolle

Mehr als fünfzehn Dramenverfilmungen wurden auf der Grundlage von Shakespeare-Stücken produziert, unter anderen *Macbeth* unter der Regie von Roman Polanski (1971); *Romeo und Julia* mit Leonardo DiCaprio in der Hauptrolle (1996) oder *Shakespeare in Love* (1998) – ein Kinoerfolg, der sich mit Shakespeares Leben beschäftigt.

In Shakespeare's time theatre performances were given in inn yards. In the 1570s the first institutionalized public playhouses were built in London. Shakespeare and some actors had a playhouse built on the south bank of the Thames, the **Globe Theatre.**

Das Elisabethanische Theater. Die religiösen Dramen des ausgehenden Mittelalters wurden in Kirchen oder auf fahrbaren Bühnenplattformen an öffentlichen Plätzen aufgeführt. Zu Shakespeares Zeit fanden Theateraufführungen in den Innenhöfen der Gasthäuser auf zusammenschiebbaren Bühnenwagen statt. Seit den siebziger Jahren des 15. Jahrhunderts etablierten sich eigens zu diesem Zweck erste öffentliche Theaterhäuser. Das **Globe Theatre,** an dessen Gründung Shakespeare beteiligt war, öffnete 1599. Das Globe Theatre war ein dreistöckiges, aus Galerien bestehendes Gebäude, das einen Innenhof umgab. Die Galerien hatten ein strohgedecktes Dach – vermutlich die Ursache dafür, dass das Theater bereits im Jahr 1613 abbrannte. Zwei Drittel der Zuschauer saßen auf rückenlosen Holzbänken *(groundlings)*, die im Parterre um die Bühne herum aufgestellt waren. Die Bühnenplattform *(platform stage)* war von allen Seiten einsehbar. Es gab weder Bühnenbeleuchtung noch Lautsprecher oder Bühnenbild. Um das Tageslicht zu nutzen, fanden die Aufführungen in der Regel am Nachmittag statt.

Das Globe Theatre (Nachbau) in der Außenansicht, daneben ein Blick auf den Bühnenraum

Die Schauspieler betraten die Bühne von ihrem Umkleideraum aus, der sich unterhalb der Bühne befand. Ihre Kostüme waren selten historisch authentisch. Wegen der offenen Bühne war der Kontakt zwischen Schauspielern und Publikum sehr eng. Monologe und „beiseite" *(aside)* gesprochene Passagen konnten direkt an die Zuschauer gerichtet werden. Die Nähe der Zuschauer zwang die Schauspieler, das Publikum einzunehmen und in den bewegendsten Szenen mitzureißen. Gelang es den Schauspielern nicht, den Kontakt zum Publikum herzustellen, konnte die Aufführung in einem Tumult enden.

Das Elisabethanische Theater war ein öffentlicher Treffpunkt, der Menschen aller sozialen Schichten zugänglich war, da sich jeder den Eintrittspreis für einen Stehplatz leisten konnte. Das bedeutete, dass ein Schauspiel den Erwartungen unterschiedlicher Zuschauergruppen gerecht werden musste.

Die puritanische Herrschaft OLIVER CROMWELLS legte zwischen 1649 und 1660 das Theaterleben in England still. In den folgenden Epochen hat es nie wieder die Beliebtheit erreicht, die es während der Elisabethanischen Zeit besaß.
Die 1660 mit der Wiederherstellung der Monarchie beginnende Phase bezeichnet man als **Restauration** *(restoration)*. Wichtigste Dramenautoren dieser Periode waren JOHN DRYDEN mit seinen *heroic plays* sowie ETHERIDGE, WYCHERLY und CONGREVE mit den so genannten Restaurationskomödien.
Im 18. Jahrhundert geben RICHARD B. SHERIDAN (1751–1816) und OLIVER GOLDSMITH (1728–1774) der Komödie ein neues Gesicht, indem sie Heuchelei und Verstellung bloßstellen und die Sucht nach Skandalen parodieren. JOHN GAYS musikalische Komödie *Beggar's Opera* (1728) lieferte die Vorlage für BERTOLT BRECHTS *Dreigroschenoper*. Die *Beggar's Opera* parodiert das traditionelle Drama und setzt sich mit Macht, Erfolg und Moralbegriffen auseinander. Im 19. Jahrhundert verlor das Drama zunehmend an Bedeutung und wurde durch den Roman verdrängt.

Under the monarchy of King CHARLES II. theatres reopened, Puritamism lost its influence and the **Restoration Drama** became a recognisable genre.

A **drama** or **play** is a literary work written for stage presentation. **Characters** are the persons in a drama or narrative text. **Actors** take the roles of the characters and **perform** the action on stage.

The dramatist bases his drama on a **story** (= a chronological sequence of events), which he shapes into a plot. The **plot** consists of a causal sequence of actions (cause → effect) or of a pattern of motives, consequences and relationships.

Elements of the plot

Elements of the conventional plot	Elements of the innovative plot
– **protagonist** (hero) and **antagonist** (opponent) – The relation between them or between the protagonist and the circumstances is one of **conflict.** – According to Aristotle, the plot has unity of action: all its individual parts lead to one intended effect. – The dialogue advances the action. – The plot is a continuous sequence. – The "point of attack" sets the action into motion. – The drama has a setting (place and time of action).	Modern drama has found dramatic forms which are apt to present the conditions of modern man: – anti-hero; anonymous antagonist; absence of social relations – absence of the units of time, place and action; time and place are not clearly specified; various levels of time, place and action – inaction rather than action; timeless stagnation of action; interruption of the action – disturbed communication – The dramatic dialogue does not further the action.

Dramatic Structure

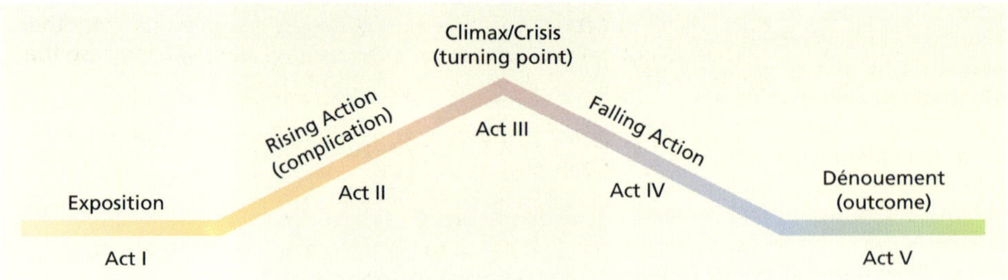

Only a limited number of plays are arranged along this pattern, for example the Elizabethan drama. A more open form deviating from this pattern is preferred by modern drama. The three-act play has become the standard of the 20th drama.

The **exposition** is presented in act I.The **action rises** and tension increases in act II, as a number of obstacles have to be overcome; the protagonist suffers several setbacks in pursuing his aim. The **climax** is followed by the **crisis** or **turning-point** which introduces a reversal in the protagonist's fortune, his decline **(falling action).** The final act presents the **catastrophe** in tragedies – or more generally speaking the **dénouement** or outcome of the play: success or failure of the protagonist, solution of mysteries or reconciliation.

Glossary

allegorical character
→ personification, parable, simile

Characters who serve to illustrate an idea or abstract human quality (virtues, vices, states of mind) by representing this idea or quality. Allegorical characters normally lack individuality and do not change: They are flat and static characters.

e. g.: "Death", "Everyman", "Fellowship", "Kindred", "Good Deeds", "Knowledge", "Beauty", "Strength" (characters in HUGO VON HOFMANNSTHALS morality *Everyman*)

alienation effect
→ realistic drama

Technique used by epic drama in order to imitate the objectivity of narration. Deviations from what is normally expected are used to make the audience aware of the act of performing: instead of getting involved with the reality presented the audience is provoked to assume a critical attitude towards it.

e. g.: "Great care must also be taken that the masks (i. e. of the horses) are put on before the audience with precise timing – the actors watching each other, so that the masking has an exact and ceremonial effect." (Intitial directions in PETER SCHAFFER's *Equus*)

blackout
→ tableau

A blackout is produced by suddenly putting out all the stage lights. A scene may end in a blackout in order to stress its point. This technique may also be used to interrupt a scene by causing a shock effect.

e. g.: Mick uses the sudden darkness in order to intimidate and terrorize Davies in their fight for positions. (HAROLD PINTER, *The Caretaker*, Act II)

comedy
→ tragedy, tragicomedy

A light and amusing stage play with a happy ending. Its humour is often intended both to amuse and to reveal human weaknesses. It produces comic effects by combining elements we do not expect together or that do not match. Exaggerating the inconsistency will increase the comic effect.

e. g.: *Love's Labour's Lost* and *A Midsummer Night's Dream* are comedies by SHAKESPEARE.

comic relief
→ comedy, catharsis

A humorous or farcial interlude in a serious literary work or drama especially a tragedy, intended to relieve the dramatic tension or heighten the emotional impact by means of contrast.

e. g.: The Porter Scene in SHAKESPEARE's *Macbeth* (Act II, iii)

climax, crisis
→ exposition, dénouement

The stage of the plot in which the conflict, due to the rising tension and the complication of the action, reaches its highest point. It is also the point of the performance in which the audience's interest reaches its pitch.

e. g.: At the end of act II in SHAKESPEARE's *Romeo and Juliet* the action rises to a climax.

dénouement

→ climax, exposition

Disentangling of the plot, solution; the concluding stage of the plot, which may have a happy ending (solution of the conflict), an open ending, a surprise ending or which may end in the protagonist's catastrophe (the conflict is not solved). The dénouement causes the audience's strongest involvement with the protagonist.

e. g.: Act V, iii of SHAKESPEARE's *Romeo and Juliet* presents the tragic catastrophe: Romeo and Juliet are reunited in death.

dramatic irony

→ irony, humorous elements

A form of irony which anticipates future events. It is produced by the contrast between the character's intentions at the moment and the consequences of his actions, decisions and utterances. Dramatic irony is understood by the audience, whereas the speaker is ignorant of its future implications.

e. g.: In the exposition Macbeth appears for the first time, saying "So foul and fair a day I have not seen." (Macbeth I, iii) anticipating the witches' motto. However, Macbeth is unaware of the influence the witches are already having on him.

exposition

→ rising action, dénouement

Part of a story or a drama which provides the audience with all the information needed to understand the action – information about the setting, the atmosphere, the main characters and the situation underlying the conflict. The audience may be introduced into the action by the first act (conventional drama), by a prologue, by flashbacks, or gradually, by the dialogue. Analytical drama by definition aims at uncovering past events which have a bearing upon the situation presented.

falling action

→ rising action

Stage of the plot following the turning point; tension is reduced.

e. g.: In *Romeo and Juliet*, act III, the tragic reaction of the opposing forces sets in after the turning point in act III, i.

flashback

→ anticipation of events

A flashback is originally a break in the chronological order of a film presenting events that occurred in the past. A flashback may also be used in a narrative text or a drama. Often a transition (= Übergang) links the present action and the flashback; an association, a recollection or a dialogue may serve as a transition.

e. g.: *"Willy stares into space, exhausted. Now the music is heard* – Ben's music – *first distantly, then closer, closer. As Willy speaks,* Ben enters from *the right. He carries valise and umbrella.*
Willy: Oh, Ben, how did you do it? What is the answer?"
(ARTHUR MILLER, *Death of a Salesman*, Act II)

parody

→ adaptions, caricature

A humorous imitation of a serious piece of literature, often exposing weaknesses and shortcomings of the original by exaggerating or distorting its typical features.

e. g.: *The Complete Works of William Shakespeare (abridged)* is a parody condensing a number of SHAKESPEARE's best known works into one single play.

rising action

→ falling action

The stage of the plot in which the conflict between two forces is developed; tension increases, because the action is complicated by the setbacks and obstacles the protagonist has to overcome.

e. g.: The rising action in *Romeo and Juliet* comprises the development of the young couple's love up to their secret marriage.

suspense
= Finalspannung

→ tension

The audience's state of uncertainty about the outcome of the plot; the audience's expectations are raised by apprehension of, prophecies of, hints at future events and by withholding information. Interrupting the narration or presentation at a crucial moment (cliffhanger – at the end of a chapter or scene) arrests the audience's interest.

e. g.: "Mick: What's the game?"
Curtain.
(HAROLD PINTER, *The Caretaker*, End of Act I)

stock characters

→ flat/round character, static/dynamic character

Recurrent character types that are mainly used in comedies; they represent a conventionally known set of unchanging features. Stock characters, stock situations, mistaken identities and disguises are humorous elements frequently used in comedies.

e. g.: The Rake (der Wüstling), the Fop (der Modegeck), the Wealthy Miser (der Geizhals), the Clever Servant are stock characters.

stock situations or situational comedy

→ dramatic irony

Frequently used situations or sequences of actions in a drama using coincidence or a character's ignorance of the exact circumstances to produce hilarious effects. These scenes are funny only to the audience, not to the character who has been tricked.

e. g.: The Eavesdropper who is hiding in a cupboard or behind a door, and the Rake who is lured into marriage by a clever young lady are stock situations of comedies.

tableau

→ blackout

Technique used at the end of a scene: all the characters on stage stop moving, they freeze into immobility. In films or movies this is called a freeze. The tableau focuses attention on the constellation of characters.

e. g.: "George:
Who's afraid of Virginia Woolf …
Martha:
I … am … George. … I … am …
(George nods, sowly)
(Silence; tableau)
Curtain."
(EDWARD ALBEE, *Who's Afraid of Virginia Woolf?*, End of Act III)

tension
= Beziehungsspannung zwischen Personen

The strained relationship between two conflicting ideas or groups; the relationship between two parts in the composition of a literary text (e. g. by contrast or juxtaposition).

oder Strukturelementen

e. g.: The struggle for territory in HAROLD PINTER's plays creates tension among the characters.

→ suspense

tragedy

→ comedy

A serious play with a fatal or disastrous conclusion for the protagonist. Often the protagonist, the tragic hero, is presented as a victim of circumstances he is unable to cope with; or he involuntarily makes a wrong decision or mistake (= tragic flaw) which leads him from happiness to suffering and defeat.

e. g.: *King Lear, Macbeth, Othello, Hamlet, Julius Caesar* and *Romeo and Juliet* are tragedies by SHAKESPEARE.

turning point

→ exposition, dénouement

Point of the plot at which the conflict changes direction. In the conventional drama the crisis forms the turning point.

e. g.: Act III forms the turning point of *Macbeth*: While Macbeth is falling deeper and deeper into guilt, forces rise against him to restore order.

verbal wit

→ parody

Repartee (a contest of wit, one person trying to top the other person's remark), pun and talking at cross purposes are humorous elements of the language. The pun makes use of ambiguity or of homonyms (words of similar sound but of different meaning).

e. g.: „Mercutio (fatally injured):
Ask for me tomorrow and you
will find me a grave man" < = "a serious man" / = "a man in the grave"
SHAKESPEARE, *Romeo and Juliet*, Act III, i)

Vocabulary

general vocabulary
drama (n.)
play (n.)
dramatic (adj.)
dramatist (n.)
playwright (n.)
to dramatize (to turn a story into a play or a film/movie)

types of drama
short play (n.)
one-act play (n.)
a drama of the absurd
an experimental drama
tragedy (n.)
comedy (n.)
tragicomedy (n.)

the tragic hero
a tragic hero (m.)/heroine (f.)
an heroic character
to act heroically

humorous elements
to use tragic irony
to use/to employ/to make use of humorous elements
to use a pun
to play on the meaning of words
to make fun of s. th.
to ridicule s. th.
to expose s. th./ s. o. to laughter
to make s. o. laugh
to entertain
to amuse
to use (passages of repartee)

dramatic structure
exposition (n.)
rising action (n.)
climax (n.)
crisis (n.)
turning point (n.)
falling action (n.)
dénouement (n.)

the exposition
to use retrospection
to reenact a scene from the past
to introduce the main characters
to introduce the conflict that sets the action into motion

rising action (complication)
the action rises to a climax
tension increases/rises because …
the protagonist has to overcome many obstacles
the protagonist is moving towards an aim/wants to carry out a plan

climax
the action reaches a climax/ a crisis/a turning point
the conflict culminates in …
the conflict is brought to a head/comes to a head/tension reaches a pitch

falling action
tension decreases
act … has a falling action

dénouement
the outcome of a play
the untying of the plot
the dénouement presents a solution to all the problems or conflicts that occur in a play

the ending of a play
a play has a happy/tragic/ open ending

the protagonist is heading towards a catastrophe
to reconcile
reconciliation (n.)
to put an end to a conflict
a conflict comes to an end

composition
a play is a three-act/five-act drama
a play falls into/is divided into/is composed of three/ five acts
an act is subdivided into … scenes
a new scene is set at a different time/place
the setting of the scenes changes
a play has a main plot, subplot, double plot
a climactic scene
a revealing scene (a scene which uncovers important truths)
a key scene
there is a transition between two scenes/between the present action and a flashback
s. th. serves as a transition between …
a scene ends in a blackout
a scene ends in a tableau

the characters
in an aside (saying s. th. to the audience, which is not meant to be heard by the other characters on stage)

in a monologue (a long speech spoken by one character
in a soliloquy (being alone on stage a character speaks his thoughts aloud)

stage directions

a play has short/circumstantial stage directions
the stage directions provide information about characteristics, movements, gestures, reactions, state of mind of the persons presented on stage
the stage directions give hints as to the atmosphere and setting of a play
elements of the setting may be of symbolic value to the play

the stage

to perform a play on stage
to go off stage (= to leave the stage)
to enter the stage
onstage (adj.)
offstage (adj.) (= not visible to the audience: offstage sound effects)
backstage (adj., adv.) (to go backstage)
scenery (n.)
to design a scenery
a painted canvas
stage properties (= stage props)
to move/remove/change the stage props
the curtain rises/falls
the prompter
to wait for a prompt/clue
to produce/use/employ sound/lighting effects
to light the stage
to focus the light on
actor (m.), actress (f.)
to act on stage
to play a part
to wear a costume
to wear contemporary dress
to wear authentic costuming
to change costume

characters

general expressions:
a person's characteristics/dominating traits are shown in ...
the most striking feature of a person is revealed by ...
a person's shortcoming is illustrated by...
the contrast between what he says and what he does is meant to show us ...
a person's character shows in the way he behaves towards/treats/deals with others
to be inclined to/to tend to do s. th.

general impression

to be of a strong personality
a vigorous character
an outstanding/average character
a slender/slim/skinny/sturdy/tall/short person
an attractive/striking/provocative/unobtrusive appearance

facial expression

to be pale-faced
to turn red
to blush for shame/with embarrassment
to turn pale with fear/anger
to look weary/worn out/exhausted/alarmed/worried/blank/bored/desperate/stern/(un)troubled/stricken/peaceful/cheerful/relieved

movements

to move wearily/slowly/nervously/hastily/cautiously/elegantly/gracefully/with dignity

ways of speaking

to moan
to murmur
to whisper
to mutter
to snap
to snarl
to speak hoarsely
to speak in a ... way/tone formal/intimate/matter-of-fact/serious/encouraging/playful/affectionate/humorous/witty/solemn/stilted/ironic/sarcastic/arrogant/angry/hateful aggressive/spiteful/threatening/provocative/rebellious/disturbing

behaviour towards others

to show unruly behaviour
to behave rudely/disrespectfully/(im)politely/insultingly/patronizingly/dismissively/submissively towards others
to insult s. o.
to offend s. o.
to bully/intimidate/terrify s. o.

to boast of s. th./to show off
to let s. o. down/to leave s. o. in the lurch
to be reliant
to be s. o. to rely on/to be trustworthy/a person you can trust/a person you can confide in

intentions/motives/needs
to be committed to an aim
to be determined to do s. th.
to be tenacious
to show/lack endurance
to have/lack will-power
to have one's own mind
to be driven by ambition/jealousy/love/hate
to be keen on doing s. th.
to strive for power/success
the striving for power/success
to lose ambition
to struggle for a position
to feel jealous/jealousy (n.)
envy (n.)
to be envious of/to envy s. o. s. th.
to delude o. s.
to hunger for love and recognition
to ache for/long for s. th.
s. o.'s longing for s. th.

reactions
to react to s. th./ s. o.
to overreact to an event
to betray one's feelings/to give one's feelings away
to be too pent-up to react/to speak
to be spellbound
to be dumbfounded by
to be absent-minded/lost in thought
to be tense with fear/hate/anger
to fly into a fury/to be furious
to be moved by
to be overpowered by a feeling/by grief
to be on the verge of tears
to be on the verge of a nervous breakdown
to hold back one's tears
to feel annoyed/upset/to be outraged/embarrassed by s. th.
to fill s. o. with embarrassment
to be filled with apprehension
to face a problem
to cope with a problem/difficulty/situation
to be in an inner conflict
to face a dilemma
to feel pangs of conscience
to ease one's conscience
to restrain o. s. from crying/shouting out/hitting s. o.
to restrain/control one's anger
to lose control of s. th./of one's feelings
one's feelings run out of control
to give vent to one's feelings

3.4 Andere Medien

3.4.1 Bild- und Fotobetrachtung

Fotografie als Massenmedium

Fotos zählen zu den bedeutendsten massenmedialen Informationsträgern unserer Zeit. In ihrer Unmittelbarkeit und Anschaulichkeit ziehen sie die Aufmerksamkeit des Betrachters schnell auf sich und tragen so zur Ausbildung von Einstellungen, Meinungen und Wertvorstellungen bei. Umso wichtiger ist deshalb der kompetente Umgang mit ihnen. Er verlangt vom Betrachter grundlegendes Wissen über die Besonderheiten des Mediums Fotografie und die Methoden der Bilderschließung.

Begriffs- und Merkmalsbestimmung

Der Begriff **Fotografie** wurde in der ersten Hälfte des 19. Jahrhunderts geprägt. Im Griechischen bedeutet „phos" „Licht" und „graphein" „schreiben" oder „aufzeichnen". „Fotografie" bedeutet also „mit Licht schreiben" und verweist auf ein Verfahren, das es ermöglicht, Gegenstände dauerhaft abzubilden.

Die Fotografie unterscheidet sich von anderen bildenden Künsten, insbesondere der Malerei, in der Art, wie das Kunstwerk entsteht: Beginnt der Maler sein Werk mit einer leeren Leinwand, auf die er Formen und Linien aufträgt, so wählt der Fotograf einen bestimmten Ausschnitt aus einer sich ihm darbietenden Szene aus und verewigt den flüchtigen Moment einer dreidimensionalen Szene auf einer zweidimensionalen Fläche.

Wesensmerkmale der Fotografie sind ihre Ausschnitthaftigkeit und Zweidimensionalität.

Fotos sind keine objektiven Abbilder der Realität, sondern „transformierte Wirklichkeit" in dem Sinne, dass sie dem Gestaltungswillen des Fotografen unterliegen. Die Transformation der Wirklichkeit beginnt schon mit der Wahl des Aufnahmestandortes oder des Bildausschnitts und kann bis zu umfangreichen Bildmanipulationen reichen.

Fotografische Stilrichtungen

Seit den Anfängen der Fotografie ist ihre Entwicklung geprägt durch die Entstehung verschiedener Aufnahme-, Bildentwicklungs- und Bildbearbeitungstechniken von der Daguerreotypie über den Rollfilm in Schwarzweiß und Farbe bis hin zur digitalen Fotografie.

In der Geschichte der Fotografie spielt der Brite WILLIAM TALBOT eine wichtige Rolle. Er entwickelte das erste fotografische Negativ-Positiv-Verfahren – die nach ihm benannte Talbotypie.

Eng verknüpft mit der technischen Entwicklung und den damit verbundenen Ausdrucksmöglichkeiten war auch die Herausbildung einer Vielzahl fotografischer Genres wie
- Landschafts- und Naturfotografie *(landscape/nature photography)*,
- Porträtfotografie *(portraiture)*,
- Architekturfotografie *(architecture photography)*,
- Werbe- und Modefotografie *(commercial/fashion photography)*,
- Fotojournalismus *(photojournalism)*,
- naturwissenschaftlich-technische Fotografie *(scientific and technical photography)*.

Die diversen fotografischen Stilrichtungen lassen sich nach verschiedenen Gesichtspunkten systematisieren. Eine gebräuchliche, aber nicht unumstrittene Einteilung ist die in **angewandte** und **künstlerische Fotografie.**

Angewandte Fotografie	Künstlerische Fotografie
Das Foto ist „Mittel zum Zweck", d. h., es ist bei allem Streben nach exemplarischer Gestaltung „Dokument" bzw. „unterstützendes Element" in einem außerfotografischen Sachverhalt, z. B. technisch-naturwissenschaftliche Fotografie, Werbe- und Modefotografie, Fotojournalismus.	Das Foto ist Selbstzweck, d. h., es wird um seiner selbst willen erzeugt, z. B. Porträtfotografie, Landschaftsfotografie, abstrakte/experimentelle Fotografie.

Die technische Entwicklung der Fotografie ist eng mit der Herausbildung unterschiedlicher fotografischer Stilrichtungen verknüpft. Zentral ist dabei die Unterscheidung von „angewandter" und „künstlerischer" Fotografie.

Natürlich sind solche Kategorisierungen nur Konstrukte und die Grenzen zwischen beiden Bereichen fließend. Letztendlich liegt es im Ermessen des Betrachters, wie viel „dokumentarischen" oder „künstlerischen" Wert er einem Foto zuerkennen mag.

Bilderschließung

Die Erschließung eines Bildes ist ein vielschichtiger Prozess, der die Wahrnehmung des Betrachters genauso anspricht wie seinen Geschmack, sein Denken und sein Gefühl. Um von diversen Beobachtungen und Eindrücken zu einer fundierten Aussage über ein Bild zu gelangen, bedarf es einer systematischen Herangehensweise, die in der Regel drei aufeinander aufbauende Schritte umfasst:

Beschreibung → Analyse → Interpretation

Bei der **Beschreibung** werden alle Bildelemente benannt, beschrieben und in ihrer Position bestimmt. Inhaltliche Deutungen werden vorerst noch zurückgestellt.

Folgendes Vorgehen bietet sich an:
1. Betrachten Sie das Bild zunächst still und lassen Sie die Augen über das Bild wandern.
2. Beschreiben Sie die zentralen Bildelemente und bestimmen Sie deren Position. Wenn es sich um Personen handelt, beschreiben Sie auch deren Mimik, Gestik und äußeres Erscheinungsbild.
3. Beschreiben Sie die weniger auffälligen Elemente und bestimmen Sie deren Position.
4. Benennen Sie das Bildthema, sofern es erkennbar ist. Bei abstrakten Bildern sollten Sie versuchen, die zentrale Problematik des Bildes zu erfassen, z. B.: Stehen Aspekte der Räumlichkeit, der Dynamik, des Materials oder der Farbe im Vordergrund? Spricht das Bild die Sinne oder die Ratio an?

i

To describe a picture use the simple present or the present progressive.

Describing a picture:

What can you see in the picture and where is it situated?
- In the foreground/background …
- On the left hand/right hand side …
- In the left hand/right hand corner …
- In the upper/lower part …

What part do you look at first? How does your eye move around in the picture?
- The object that catches the viewer's attention first is … Then the view is directed towards …
- At first you look at …, then your eye moves on to …

What is (are) the central/most obvious/most striking element(s) in the picture?
- The central/most obvious/most striking element in the picture is …
- The first thing in the picture that catches the eye is …

What else – besides what is immediately evident – does the picture reveal?
Apart from the central subject one can see/the picture reveals …

What is the subject/theme of the picture?
- The theme of the picture is …
- The picture is about/ deals with ...

Bei der **Analyse** wird das Bild in seinen Einzelkomponenten betrachtet. Diese werden in ihrer spezifischen Gestaltung charakterisiert und in ihrer Wirkung beschrieben.

Im Vergleich zur Beschreibung nimmt die Analyse einen weitaus größeren Umfang ein.

Folgendes Vorgehen bietet sich an:

1. Analysieren Sie zuerst den Bildausschnitt:
   - Welchen Bildausschnitt und welches Bildformat hat der Fotograf gewählt? Welche Wirkung wird durch die Wahl des Bildausschnitts erzielt?
2. Diskutieren Sie danach grafische und strukturelle Bildaspekte:
   - Welche grafischen Bildelemente (Punkte, Linien, Flächen) weist das Bild auf? Wie wirken die einzelnen Elemente zusammen? Wie strukturieren sie das Bild? Welche Gesamtwirkung ergibt sich aus der Anordnung der Bildelemente?
3. Gehen Sie nun auf medienspezifische Gestaltungsmittel wie Bildschärfe, Blickwinkel und Perspektive ein:
   - Welche Elemente im Bild sind fokussiert (scharf), welche nicht? Welchen Effekt hat das? Welchen Blickwinkel und welche Perspektive hat der Fotograf gewählt? Welche Wirkung verbindet sich damit?
4. Analysieren Sie zuletzt Farb-, Kontrast- und Lichtgestaltung:
   - Gibt es Hell-Dunkel- bzw. Farbkontraste im Bild? Welchen Effekt haben sie? Wie ist das Bild beleuchtet? Welche Wirkung resultiert aus der speziellen Lichtführung?

In der folgenden Übersicht werden die wichtigsten Bildkomponenten in ihrer Funktion erläutert:

Wichtige Bildkomponenten sind		
– Bildausschnitt (*frame*) – Bilddesign (*design*) – Bildaufbau (*composition*)	– Bildschärfe (*sharpness*) – Blickwinkel (*point of view*) – Perspektive (*perspective*)	– Farbe (*colour*) – Kontrast (*contrast*) – Lichtgestaltung (*lighting*)

Colour
A very important tool to draw the viewer's attention and to create contrasts. Additionally, colours may help to convey a particular atmosphere, as we associate certain qualities with particular colours: blue (cold, rational), red (warm, sensual), green (fresh) etc.

Composition
The arrangement of the elements (main subject, foreground, background, supporting subjects) within a scene. A symmetrical or even distribution of objects within the picture may convey the idea of balance or harmony. An asymmetrical or uneven arrangement of objects within the picture may express some sort of imbalance or dynamics.

Contrast
Difference in brightness between light and dark areas. It sets off one part of a scene from another and draws the viewer's attention. Contrast between two objects may be more apparent in colour than in black and white.
- *high contrast:* very dark and very light areas, with few middle tones
- *low contrast:* mostly middle tones
- *full range:* many tones of black, grey and white

Design
→ shape
Any defined area. It is always two-dimensional in a photograph, but tonal changes across an object can give the illusion of depth.
→ spot
A small shape, not necessarily a round one. It may draw attention to itself and away from the surrounding area. This can be good if it adds interest to the subject. But a single spot can also be a distraction.
→ line
A shape that is longer than it is wide. Lines give direction by moving the eye across the picture. According to some theories, lines have psychological overtones: *horizontal* (calmness, stability), *vertical* (stature, strenght), *diagonal* (activity, motion), *zigzag* (rapid motion), *curved* (gracefulness, slowness).
→ pattern
The repetition of shapes, spots, or lines. They can add interest to the picture and unite the elements in a scene.

Frame
The image boundaries isolate parts of a larger scene. A *close up* shows an object from a very tight distance; the object is displayed in detail and fills the whole frame. Often the frame cuts into the object. A *wide shot*

presents a large scene and shows objects from a far distance. A *medium shot* is not wide enough to show the overall setting and not tight enough to reveal intimate details.

Light
An important tool to draw/ turn attention to/from a particular element. Light is necessary to model a picture, because light casts shadows that can emphasize texture and volume or can diminish them. Depending on the direction of light and its degree of diffusion, different atmospheres are created:
- *front lighting:* light comes from camera position; only thin shadows
- *side lighting:* light comes from the side, shadows cast to the side
- *direct light:* bright light like on a clear and sunny day, creates hard-edged and dark shadows
- *diffused light*: provides an even, soft illumination, like on an overcast day or in a shaded area; shadows – if there are any - are relatively light

Perspective
The relative distance of objects from the lens and from each other. Perspective creates an illusion of space in a picture.
- *normal perspective*: objects appear in their normal size relations
- *exaggerated:* foreground objects appear much larger than background objects
- *compressed:* little difference in size between foreground and background

Point of view
The position/angle from which the picture is taken. An *eye level* point of view is unobtrusive in a picture; a higher or lower point of view than eye level is more noticable. Photographing an object by looking up at it (*low level*) can give it an imposing air as it looms above the viewer. Photographing an object by looking straight down on it (*overhead*) produces the opposite effect: objects are flattened out and may appear reduced to a graphic pattern.

Sharpness

Clarity of the photographic image. People tend to look at the sharpest part of a photograph before they look at parts that are less sharp. Thus, a photographer may draw the viewer's attention to one particular part of the picture by making it sharper than the rest of the picture.

Analysing a picture

What frame and format did the photographer choose? What effect does it have?
- The photographer used a close up/medium shot/wide shot …
- The viewer gets a very close look/a distanced look at the object.
- The frame cuts into the main subject/encloses the subject.
- The image is presented in landscape format/vertical format.

What graphic elements (spots, lines, shapes, patterns) can you see in the picture? How do they structure the picture? Does the picture feel in balance or does it feel heavier in one part or another?
- There is a horizontal line which separates the upper and lower part of the picture.
- The line that runs diagonally through the picture emphasizes the idea of motion.
- The picture is very symmetrical. The vertical shape in the lower middle part of the picture divides the scene into halves.
- The picture looks very balanced because of the even distribution of objects.
- The objects in the picture are all clustered in the lower left hand corner. Thus, the picture appears heavier in that part.

Which elements in the picture are in focus (sharp), and which are not? What is the effect of this particular distribution of sharp and unsharp areas?
- The object/figure in the foreground appears sharp and, thus, draws the viewers attention.
- The objects/figures in the background are unsharp and, thus, appear less important.

What point of view has been used and what effect does it create?
- The subject ist presented from an eye level point of view.

- The picture has been taken from a low level/overhead point of view. It feels like the viewer is looking up at/looking down on the main subject.

What kind of perspective did the photographer use?
- The photographer used normal perspective.
- The photographer used exaggerated perspective. It increases the apparent size of the central object.
- The photographer used compressed perspective. It supports the idea of depth and density in the picture.

How is the concept of contrast realized in the picture? What effect does this use of contrast have?
- The picture shows a light object/figure against a dark background. This constellation draws attention to the light figure in the foreground.
- The dark tones on the left are in contrast to the light tones on the right hand side of the picture. Thus, one part of the picture is set off against the other.

What colours can you see in the picture? Are they in contrast or in harmony with each other? What atmosphere is derived from the particular use of colour?
- The picture displays a variety of colours which contrast with each other …
- In the picture there are a lot of blue tones. They have a calming effect on the viewer.

What lighting did the photographer use? What particular effect does it create?
- The photographer used side lighting which casts a sharp shadow to the left side of the central object and creates a dramatic effect.
- The photographer used diffused light which evenly illuminates the central object.

Die **Interpretation** ist die Deutung des Bildgehalts aus der bisher rekonstruierten Bildgestalt. Sie ist die Zusammenschau aller sinntragenden Elemente im Bild. Zur Bilddeutung können neben werkinternen auch werkexterne Informationen herangezogen werden.

Folgendes Vorgehen bietet sich an:
1. Beginnen Sie mit der werkinternen Interpretation: Hier soll unter Berücksichtigung der Informationen, die dem Bild selbst zu entnehmen sind, eine Gesamtdeutung vorgenommen werden:
   - Welche Aussage ergibt sich aus dem Zusammenwirken der einzelnen Bildkomponenten? Welche Symbolik weist das Bild auf und wie ordnet sich diese in die Gesamtaussage ein? Welchen Beitrag leistet der Titel zur Bilddeutung? Welche emotionale Wirkung hat das Bild auf Sie?

Die **Bildinterpretation** verknüpft die Informationen, die aus dem Bild selbst zu entnehmen sind, mit Angaben über das zugehörige Genre, den Künstler und dessen mögliche Motivationen.

2. Schließen Sie nun die werkexterne Interpretation an, d. h., verschaffen Sie sich werkexterne Informationen und nutzen Sie diese, um zu einer Deutung des Bildes zu gelangen:
   - Welcher fotografischen Stilrichtung gehört das Bild an und welche Hinweise zu seiner Deutung lassen sich aus dieser Genrezuordnung gewinnen? Gibt es Hinweise in der Biografie oder im Gesamtwerk des Fotografen, die zur Erhellung der Bildbedeutung beitragen? Was lässt sich über die Intention des Künstlers vermuten? In welcher Zeit entstand das Bild? Welche Hinweise zur Bilddeutung liefert der soziohistorische Kontext? Gibt es Theorien (z. B. sozialwissenschaftliche oder psychologische), mit deren Hilfe das Bild plausibel gedeutet werden kann?

Interpreting a picture

When viewing all components of the picture as a whole, what overall meaning can be derived from that?
- Most of the picture's components, such as composition, point of view, and perspective, serve to emphasize/support the idea of …
- All the elements in the picture have the same function: to illustrate the idea of …

What symbolism can you find in the picture and how does it contribute to the overall meaning of the picture?
- In the picture two major symbols/many religious symbols can be found. They emphasize the idea of …/support the central message of the picture ...

What effect does the picture have on you and why?
- The picture touches me/leaves me unmoved/repells me because of …
- The picture conveys an atmosphere of … which forces me to …

What photographic genre does the picture represent? In how far does the knowledge of the represented genre help to reveal the meaning of the picture?
- The picture represents the genre of/is an example of …
- The picture follows the conventions/goes beyond the conventions of the genre.

Do you know the title of the picture? What does it tell you? Does it reflect the photographer's intention?

What can you find out about the photographer's biography? Does it provide information that can help to reconstruct the meaning of the picture? What can you tell (or guess) about the photographer's intention?
- The photographer lived most of his live in Mexico which explains his frequent portraiture of Mexican people. This portrait of an old Mexican woman seems to acknowledge respect to this people.

What do you know about the context of the picture: time of origin, genesis or social/historical background?
- The picture was taken in …
- At the time the picture was taken …

How does the picture relate to others? Was it made by the same photographer, in the same period, or of the same subject matter?
- The photographer took many pictures in this vein …
- … was the only photographer of his time who did not romanticize and idealize war scenes in his pictures.

3.4.2 Film

Der Film als Kunstform

Der **Film** ist eine multimediale Kunstform, die sich über die schnelle Abfolge bewegter Bilder realisiert. Er wird in erster Linie für ein öffentliches Publikum geschaffen und kann beliebig oft gezeigt werden.

Filme realisieren sich durch die Verbreitung vielschichtiger Informationsgefüge, die aus den Elementen Bewegung und Zeit, Gestik und Mimik, Sprache, Laute und Musik bestehen. Diese Elemente werden zu einem Gesamtwerk mit inhaltlicher Bedeutung kombiniert, das dem Filmrezipienten eine Vielzahl gleichzeitig präsenter Sinnaussagen anbietet.

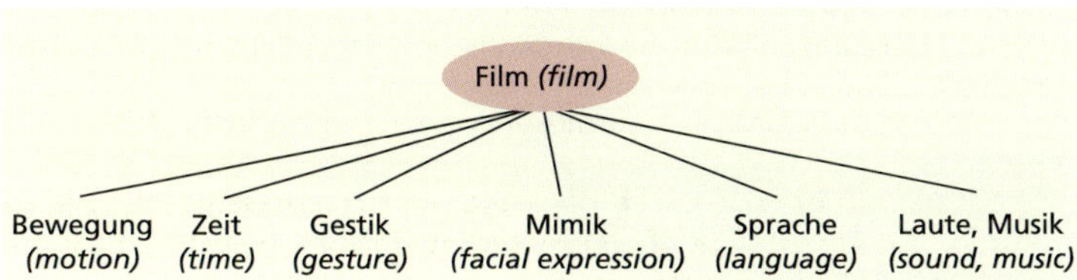

Bilder, Laute bzw. Musik und Sprache werden im **Film** zu einem Gesamtwerk kombiniert.

Der Rezipient nimmt die gebotenen Signale auf, entschlüsselt und ordnet sie entsprechend seines Verständnisses, seiner Kompetenzen und Kenntnisse. Aus der wiederholten Abfolge und Aneinanderreihung dieses aktiven Prozesses entsteht für ihn ein Gesamteindruck.

Entsprechend ihrer technischen Realisation und ihrer Inhalte lassen sich Filme in verschiedene **Gattungen** und **Genres** einteilen:

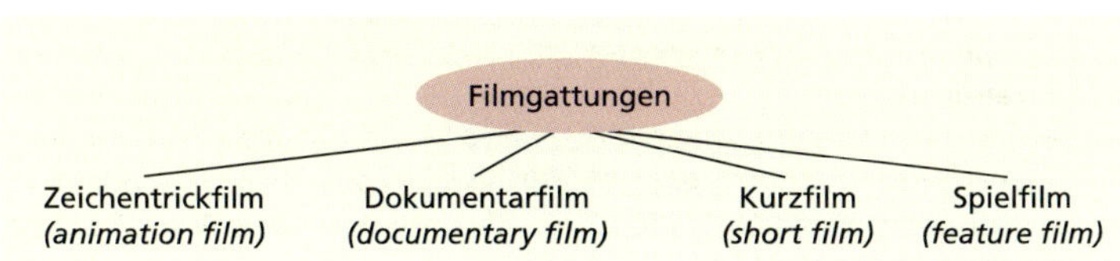

Die Zahl der **Genres,** die gemeinhin unter dem Begriff „Spielfilm" zusammengefasst werden, ist sehr groß. So unterscheidet man zwischen Action- und Abenteuerfilmen, Komödien, Kriminalfilmen, Dramen, Fantasie- und Horrorfilmen, Liebesgeschichten und Romanzen, Science-Fiction-Filmen und Western.

Feature films belong to the narrative genre, as they tell stories.

feature film
action film, adventure film, comedy, drama, fantasy film, horror film, love story, mystery, romance, science-fiction film, thriller, western

Jedes Genre verfügt über charakteristische Elemente und Stilmittel, durch die es sich von anderen unterscheidet. Das können beispielsweise bestimmte Typen *(stock characters)* in den Haupt- und Nebenrollen, Handlungsstränge, Themen oder Situationen *(stock plot/theme or issue/situation),* typische Handlungsorte *(stock location/setting)* oder Filmausstattung bzw. Requisiten *(stock props)* sein. Allerdings gibt es kaum zeitgenössische Filme, die genau einem Genre zuzuordnen sind. In der Regel werden verschiedene Kategorien miteinander kombiniert, sodass ein umfassendes Kunstwerk entsteht. Neben den technischen und inhaltlichen Aspekten ist das Herkunftsland häufig entscheidend für den Charakter eines Films. „Herkunftsland" steht hier für die Heimat der Filmemacher, d. h. des Regisseurs und Drehbuchautors; Drehorte finden sich heute auf der ganzen Welt. Sie werden neben der Leinwandwirksamkeit auch nach kommerziellen Kriterien ausgewählt.

Die USA sind auch das Land mit den international wichtigsten Filmpreisen, den *Academy Awards* (bekannt als *Oscars*) und dem *Golden Globe.*

Das bekannteste **Filmland** ist die **USA** mit Hollywood als Zentrum einer hoch kommerzialisierten und international einflussreichen Filmindustrie. Der Begriff „Hollywood" bzw. „Hollywoodkino" steht heute vielfach als Synonym für marktgängige Filmproduktionen, die mit großem finanziellen Aufwand produziert und weltweit als Kassenschlager *(blockbuster)* vermarktet werden. Ursprünglich waren es jedoch das milde Klima und der lang anhaltende Sonnenschein, die Filmemacher und Drehbuchautoren nach Kalifornien lockten. Schon vor den Zeiten aufwändiger Studiotechnik und großer Beleuchtungsapparate ließen sich hier das ganze Jahr hindurch Filme drehen – mit der abwechslungsreichen kalifornischen Szenerie im Hintergrund. Für das heutige amerikanische Kino ist neben den Produktionen Hollywoods auch der *independent film* von Bedeutung, der, wie die Filme Woody Allens zeigen, auch international eine wichtige Position behauptet.

Bekannte amerikanische Regisseure *(directors)* sind Steven Spielberg, James Cameron, Francis Ford Coppola und Martin Scorsese.

Der **britische Film** wird weniger durch spektakuläre ökonomische als durch inhaltliche, thematische und gestalterische Aspekte charakterisiert. Als wesentliches Merkmal des britischen Films wären traditionell die Charakterzeichnungen zu nennen, die sich häufig an festen Typen orientieren und durch wiederkehrende klischeehafte Elemente eine eigene Komik gewinnen. Der neuere britische Film ist bekannt durch die Darstellung sozialer Kontexte und Problematiken – wie sie zum Beispiel für die Einwanderer aus Commonwealth-Staaten typisch sind – wobei das britische Klassendenken nicht selten scharfe Kritik erfährt. Zu den bekannten britischen Regisseuren zählen Richard Attenborough, Kenneth Branagh, Peter Greenaway und David Lean.

Der Name „Bollywood" ist eine Wortschöpfung aus „Hollywood" und dem Anfangsbuchstaben der indischen Metropole Bombay, dem wichtigsten Standort des **indischen Films.** Hier werden jährlich rund 900 Spielfilme produziert. Während Bollywood-Produktionen Indern, die in Asien und Amerika leben, ein Stück kulturelle Heimat vermitteln, sind sie dem westlichen Kinopublikum weniger bekannt. Zu den Kennzeichen des indischen Films gehört eine reduzierte äußere Handlung mit simplen und zugleich standardisierten Konflikten und Konstellationen. Sein seit über hundert Jahren nahezu unveränderter Inhalt wird in einer farbenfrohen Welt voller Romantik und Dramatik – untermalt von Liedern und Tanzeinlagen – erzählt. Dieses „Kino der Emotionen", zusammen mit den jeweiligen Film-Soundtracks, befindet sich inzwischen auch in europäischen Metropolen durchaus im Aufwind.

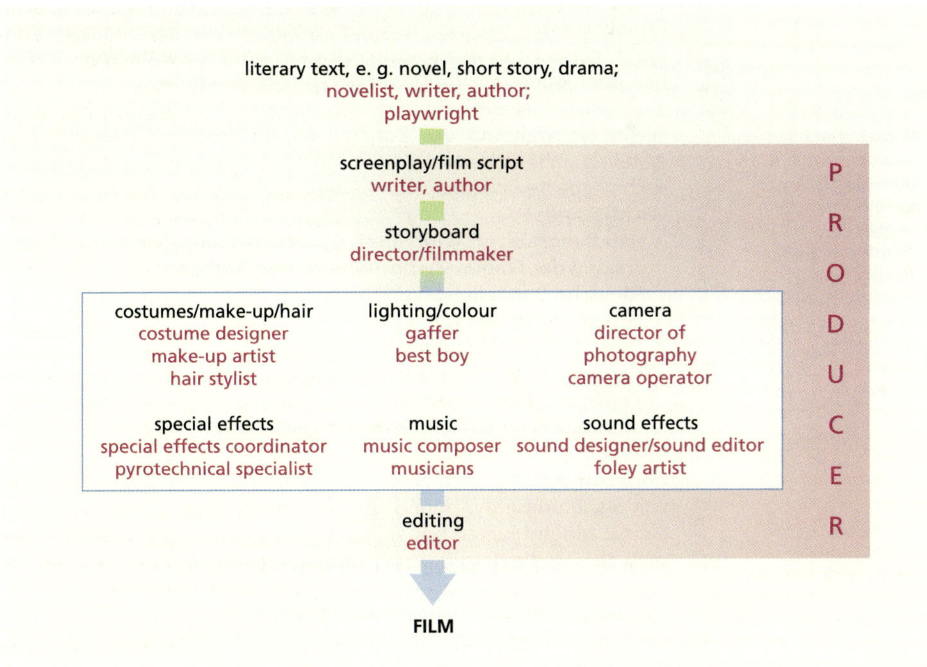

Filmanalyse

Filme beeinflussen unser Leben und unser Verständnis für die Umwelt. Deshalb ist es interessant herauszufinden, mit welchen Mitteln sie ihre Wirkung erzielen. Jeder Film entsteht vor einem bestimmten **historischen** und **sprachlich-kulturellen Hintergrund.** Diesen kann man sich mithilfe folgender Fragen vergegenwärtigen:

Wann wurde der Film gedreht?
Welche Besonderheiten lagen für die Filmproduktion vor?
Welche historischen Ereignisse, Personen oder Schauplätze präsentiert der Film?
Welche gesellschaftlichen, ethnischen etc. Besonderheiten werden gezeigt?

Für die **Analyse der inhaltlichen, künstlerischen und technischen Gestaltungselemente** bietet sich folgendes Vorgehen an:

Pre-viewing activities
Überlegen Sie, welches **Vorwissen** Sie bereits über den Film haben und mit welchen Erwartungen Sie ihn anschauen. Welches Thema behandelt der Film, und wie ist er zeitlich einzuordnen? Überlegen Sie auch, auf welches Vokabular sie eventuell zurückgreifen müssen, um der Handlung folgen zu können.

While viewing
Konzentrieren Sie sich auf die wesentlichen **Handlungsabläufe *(gist)*,** dabei ist es nicht nötig, dass Sie jedes einzelne Wort verstehen oder jede Szene im Detail rekapitulieren können.

Wenn Sie während des Zuschauens ein **Protokoll *(viewing log)*** erstellen, fällt es Ihnen leichter, inhaltliche und technisch-darstellerische Aspekte im Auge zu behalten.
Wichtig sind:
- **Handlungsablauf *(storyline)*** – Verfolgen Sie Szene für Szene anhand der Fragen – *who? when? what? where?*
- **Filmische Darstellungsverfahren:**
  Einstellungsgröße *(field sizes),*
  Darstellungsperspektive *(perspective),*
  Kameraperspektive *(camera angles),*
  Kameraführung *(camera work),*
  Montage/Schnitt-Technik *(montage/editing).*

Konzentrieren Sie sich beim Zuschauen auf den Zusammenhang von Handlungsentwicklung und filmtechnischen Verfahren. Wenn Sie die Möglichkeiten haben, sehen Sie sich einzelne Szenen mehrmals an, um die Details genau erfassen zu können.

Ebenso können Sie versuchen, einen Aufnahmeplan (*story board*) für den Film zu erstellen. Er sollte sich an der Haupthandlung orientieren und Informationen dazu enthalten, was wie gefilmt werden soll.

Die wichtigsten filmischen Darstellungsverfahren, auf die Sie bei der Analyse achten sollten, sind **Einstellungsgröße, Darstellungsperspektive, Kameraführung** und **Montage** (bzw. **Schnitt-Technik).**

Die folgende Grafik zeigt verschiedene **Einstellungsgrößen *(field sizes):***

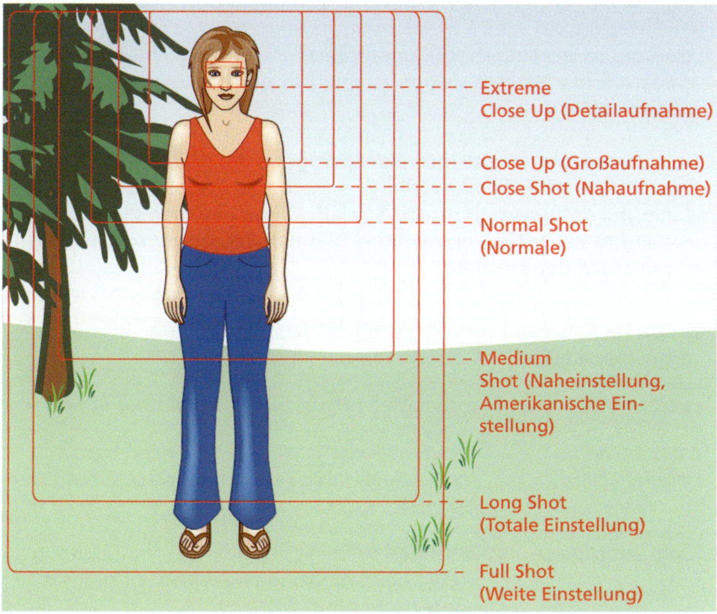

Wichtig ist, dass Sie die verschiedenen Einstellungsgrößen nicht nur registrieren, sondern in ihrer Funktion wahrnehmen: Warum beispielsweise wird ein Objekt in Großaufnahme gezeigt, welche Wirkung hat das auf den Betrachter?

Point of view, viewpoint (Darstellungsperspektiven, Einstellungen):

- Establishing shot (Establishing Shot)
- a long shot filming the entire setting
- often used at the very beginning of a scene or sequence to present the setting
- to create a neutral view

- Point-of-view shot (Subjektive Einstellung)
- a shot/scene filmed from the perspective of one character
- to make the viewer share a character´s point of view

- Over-the-shoulder shot (Über-die-Schulter-Einstellung)
- a shot taken from a position behind one character who may be partly in shot, too
- often used in a dialogue situation to allow the viewer to take the position of the characters in turns

- Reverse-angle shot
- a shot taken from the opposite perspective
- often used after an over-the-shoulder shot to present the other side

Zu den Kameraperspektiven *(camera angles)* vgl. das Kapitel Bild- und Fotobetrachtung, *„perspective"* und *„point of view"* (↗ S. 257).

Camera work (Kameraführung)

- pan(ning) shot (horizontale Bewegung oder Schwenk)
- camera moves horizontally, i. e. from left to right or vice versa around the object, without changing its distance to the filmed object
- to allow smooth changes from one image/character to another one

- tilt shot (vertikale Bewegung oder Schwenk)
  - camera moves vertically, i. e. upwards (tilt up) or downwards (tilt down)

- tracking or trucking shot (Kamerafahrt)
  - camera is placed on a wagon running in front of/behind/next to the filmed object

Editing/montage (Schnitt-Technik/Montage) is the deliberate placement of single shots after filming. Editing is used to structure the shots in a meaningful order, also to establish relationships between the individual shots and to shape time/place. It includes ***parallel action/cross-cutting*** and ***punctuation/transition:***

parallel action/cross-cutting (parallele Handlung, Umschnitt) – how (parallel) actions can be combined:	
cut (Schnitt)	a change from one scene to another one
cross-cutting, parallel action	repeated switches directly between two or more scenes which are taking place simultaneously
jump-cut (Jump Cut)	a sudden or unexpected switch from one shot to the next, omitting an element of time or space
flashback (Rückblende)	placing a shot or scene dealing with past events into the sequence of present-time scenes
flash-forward (Vorausschau)	placing a scene dealing with future events into the sequence of present-time scenes
master shot (Master-Einstellung)	the main shot of a scene filmed by one (static) camera, which is interrupted by other shots
split screen (Bildteilung)	the simultaneous presentation of two or more pictures/scenes on a divided screen

punctuation/transition (Verbindung der Filmausschnitte, Übergänge) – the way the shots are linked:	
fade-in (Aufblenden)	gradually the scene appears more and more brightly until it reaches full strength
fade-out (Abblenden)	the scene is presented in full strength before the colours gradually disappear
cross-fade, dissolve, dissolving shot (Überblenden)	one scene disappears while the following one gradually fades in

Musik, Sprache und **Geräusche** scheinen in Filmen den visuellen Eindrücken untergeordnet, beeinflussen die Rezeption durch ihre emotionale Ausdrucksstärke jedoch wesentlich.
Folgende Komponenten verdienen besondere Beachtung:

1. Dialoge *(dialogue):* Die Filmfiguren bedienen sich einer besonderen Sprache und Sprechweise, beides ist wesentlich für die Rollendarstellung. In Deutschland werden ausländische Filme zumeist synchronisiert *(to dub),* sodass die Originalstimmen nur in besonderen Szenen, z. B. Gesangsausschnitten, zu hören sind.
2. Wichtige **Gestaltungselemente:**

voice-over	the narrator´s voice is speaking while he is not in-shot, and other voices or sounds can be heard
voice on	the character who is speaking is shown in the scene
voice off	the character who is speaking is not shown in the scene

3. Musik *(music):* Die Musik wird wesentlich zur Schaffung von Stimmungen, aber auch zur Charakterisierung von Situationen oder Figuren eingesetzt.
4. Geräuscheffekte *(sound effects):* Geräusche in Filmproduktionen werden in der Regel nach dem Drehen produziert, wobei man selbst natürliche Laute, wie z. B. Donner, künstlich erzeugt.

Weitere **Termini** für die Filmanalyse:

term	***definition***
cast (Besetzung)	the group of actors/actresses in a film; the process of choosing the actors/actresses for the parts in a film is called ***casting***
closing shot	final frame of a film
credits (Vor- bzw. Abspann)	a list enumerating all people involved in the film by name and job
contre-jour shot (Gegenlichtaufnahme)	the object is filmed against the light source, for example the sun, for effect
cut rate (Anzahl der Cuts)	the number of cuts (in a certain time)
film adaptation (Filmversion)	a film based on a novel, short story etc.
film review *(Filmrezension)*	an essay in a newspaper or magazine containing the plot summary and assessing the main qualities of a film

In einem Filmteam sind zahlreiche Personen für Ton und Musik zuständig. Neben dem *sound man* und dem *sound effects editor* gibt es häufig einen *music supervisor* und einen *music editor.*

film transcript (Filmscript)	script of the final film containing detailed notes on the camera work, field size, action, dialogue etc.
fish-eye-lens	the viewer is given a distorted perspective as if looking through a glass bubble
freeze-frame (gestopptes oder „eingefrorenes" Bild)	the movement of pictures is stopped in order to present only one single shot
high school pic or teen pic (typischer High-School-Film	a film that is set in a high school dealing with problems of teenagers in quite a superficial and often humorous way
mise-en-scene/the making of a film	the preparation of the setting and props, costume, hair and make-up, facial expressions and moving arrangements, lighting and colour, positioning within frame
opening scene	very first scene of a film with special importance; often used to introduce setting and main characters
reduction (Verkürzung, Reduzierung)	reducing a complexly narrated scene, e. g. in a novel, in the film adaptation
screenplay (Drehbuch)	the script with a rough description of the setting, dialogues, stage directions, camera work
scene (Szene)	several shots that form a sense unit
segment (Segment)	larger piece of a film consisting of a number of scenes
sequence (Filmausschnitt)	several scenes which are edited together
shot a) Filmeinstellung; b) Einzelbild	a) a single piece of film without cuts b) a single frame or photo from a film
still (Standbild)	a single shot/photo
subtitle; to subtitle (mit Untertiteln versehen)	written words, e. g. the dialogues in a language other than that of the film, presented on the bottom of the screen
time compression (Zeitverkürzung)	the leaving-out of a certain time span as it is not of importance for the plot or for effect
visualization (Sichtbarmachen)	making developments, feelings or thoughts visual

A combination of scenes presented for advertising the film is called a **trailer**.

3.4.3 Cartoons

Begriffsbestimmung

Cartoons sind Zeichnungen oder Zeichnungsfolgen, in denen gesellschaftliche oder politische Ereignisse bzw. Zustände oder menschliche Verhaltensweisen auf humorvolle oder satirische Weise dargestellt werden.

Der Begriff „Cartoon" geht zurück auf das italienische Wort *cartone*, ein großes Blatt Papier, und bezeichnete ursprünglich ausgearbeitete Entwurfszeichnungen für Fresken.

Mitte des 19. Jahrhunderts wurde er dann durch die englische Wochenzeitschrift *PUNCH* mit der satirischen Zeichnung in Verbindung gebracht. Die Zeitschrift machte sich über einen Wettbewerb zur Ausmalung des Londoner Parlaments mit monumentalen Fresken lustig und kommentierte die Entwürfe, die voller nationalem Kitsch steckten, durch eigene Entwürfe – eben die *„PUNCH-Cartoons"*. Der parodistische „Cartoon Nr. 1" erschien im Jahr 1843.

Gegen Mitte des 19. Jahrhunderts wurde der Begriff „Cartoon" erstmals im Sinne von „politischer Karikatur" gebraucht, und noch bis heute ist dieser ursprüngliche Begriffsgebrauch aktuell. Im 20. Jahrhundert hat der Begriff jedoch eine enorme Bedeutungserweiterung erfahren: So wird heute im angloamerikanischen Sprachraum *cartoon* nicht mehr nur im oben genannten Sinne verwendet, sondern auch als Sammelbegriff für alle Zeichnungen, die durch pointierten Inhalt oder überspitzte Form belustigen, kritisieren oder kommentieren.

Er umfasst also gleichermaßen:
- die sozialkritisch-politische Karikatur *(political/editorial cartoon)* und
- die Witzzeichnung *(gag-cartoon)*.

Einer der bekanntesten Cartoons dieser Art stammt von LEONARDO DA VINCI. Der so genannte *Burlington House Cartoon,* der in der Londoner National Gallery zu sehen ist, zeigt Maria, Anna, Johannes den Täufer und das Jesuskind.

Der Begriff „Karikatur" leitet sich vom italienischen Verb caricare ab, das so viel bedeutet wie „überladen", „übertreiben".

Vergleiche dazu auch den im englischen Sprachgebrauch üblichen Begriff *(animated) cartoon,* der ein völlig anderes Genre, den Zeichentrickfilm, bezeichnet.

Absicht und Methode

Cartoons verfolgen zum Teil sehr unterschiedliche Absichten und unterscheiden sich dementsprechend stark, was Themen, Methode und Darstellungsmittel betrifft.

Die Verbindung von Bild und Text ist dabei nicht zwingend; viele Cartoons sind jedoch mit einem Text versehen. Der Text hat die Funktion, die Bildaussage zu konkretisieren. Er kann z. B. als Aufschrift *(inscription/label)* oder als Sprechblase *(balloon)* direkt im Bild erscheinen oder auch als Bildunterschrift *(caption)* angebracht sein. Oft stellt sich der zündende Gedanke für das Verständnis eines Cartoons erst in der Zusammenschau von Bild und Text ein.

Political Cartoons *(Karikaturen)*

- widmen sich primär politischen Themen und üben Kritik an gesellschaftlichen und politischen Verhältnissen und Werten,
- sind absichtlich parteiisch: die subjektive Meinung bzw. wertende Haltung des Karikaturisten *(cartoonist)* wird zugespitzt präsentiert,
- richten sich immer an zeitgenössische Betrachter und können ihre volle Wirkung nur in einem engen zeitlichen Rahmen entfalten: Wenn die Ereignisse, auf die der Zeichner anspielt, vergessen bzw. unbekannt sind, wird der Sinn des Cartoons für die Leser unverständlich,
- bedienen sich der Methode der Zerstörung des äußeren Scheins und der Aufdeckung des eigentlichen, verborgenen Wesens, indem das Objekt (z. B. ein Politiker, ein Repräsentant einer bestimmten Partei oder Interessengruppe) verzerrt dargestellt und so der Lächerlichkeit preisgegeben und „entlarvt" wird,
- greifen auf das Mittel der Verfremdung zurück, bei der das ins Auge gefasste aktuelle politische Handlungsfeld in ein anderes, allgemein vertrautes und oftmals „zeitloses" Handlungsfeld übertragen wird wie z. B.:
  - Alltagswelt (Sport, Berufswelt, Liebe),
  - den Bereich der Religion (Paradies, Sündenfall, Sintflut) oder
  - die Literatur (Robinson, Faust, Wilhelm Tell).

Aufgrund ihrer Aktualität repräsentieren Karikaturen immer einen Teil der öffentlichen Meinung und spiegeln den vorherrschenden Zeitgeist wider.

Das aktuelle Handlungsfeld bleibt jedoch erkennbar durch Porträtähnlichkeit, Bildsymbolik oder Text, wird durch die Verfremdung aber aus einer ungewöhnlichen Perspektive gezeigt.
Beispiele sind die Darstellung eines Fußballspiels als Analogie für das Gerangel zweier Parteien um die Wählergunst oder die Abbildung des Junior-Chefs als Zauberlehrling, der aus Unerfahrenheit und Übereifer Fehler macht und dafür vom „Senior" gerügt wird.

Gag-Cartoons (Witzzeichnungen)

- zielen im Gegensatz zu den politischen Cartoons nicht primär darauf ab, Kritik an gesellschaftlichen oder politischen Zuständen zu üben, sondern wollen menschliche Schwächen, Verhaltensweisen und Ansichten mit leiser Ironie kommentieren bzw. auf humorvolle oder pointierte Weise präsentieren,
- knüpfen thematisch an die Erfahrungswelt der Betrachter an, indem sie auf allgemein bekannte Kontexte (z. B. Arbeitswelt, Schule, Ehe und Familie etc.) zurückgreifen,

- wollen den Betrachter nicht so sehr zum Nachdenken als zum Schmunzeln anregen und ihn unterhalten,
- oft geht es bei ihnen auch um das Spiel mit Begriffen, z. B. indem diese auf humorvolle Weise visualisiert werden,
- bekannte Gag-Cartoonisten sind JAMES THURBER, CHARLES ADAMS und PETER ARNO.

"Mr. Crusoe, I'm concerned about this twenty-year gap between positions."

Stilmittel

Cartoons bedienen sich einer Reihe verschiedener Stilmittel *(stylistic devices),* von denen die wichtigsten nachfolgend beschrieben sind:

Übertreibung (Hyperbel)	Inhaltlich Bedeutendes (wie z. B. individuelle Merkmale und typische Attribute einer Person oder Sache) wird – abweichend von der naturalistischen Darstellung – übergroß wiedergegeben und so hervorgehoben. Die Übertreibung hat die Funktion, auf das angesprochene Problem aufmerksam zu machen und den Betrachter dafür zu sensibilisieren: – die Darstellung einer im Schmutz erstickenden Welt, in der Menschen nur noch mit Sauerstoffmasken existieren können, soll vor den Gefahren mangelnden Umweltschutzes warnen, – bei einem Politiker wird ein charakteristisches (oft körperliches) Merkmal besonders hervorgehoben. Neben Vergrößerung/Verstärkung kann eine Hyperbel aber auch eine Verkleinerung/ Abschwächung sein: Merkmale, die für die Aussage kein besonderes Gewicht haben, werden verkleinert und oft bis zur schemenhaften Andeutung vereinfacht.
Verallgemeinerung und Typisierung (Synekdoche)	Ersetzung und Darstellung des eigentlichen Begriffs durch einen zu seinem Bedeutungsfeld gehörenden engeren oder weiteren Begriff: – der Geldbeutel steht für Reichtum (d. h., ein Teil steht für das Ganze → pars pro toto). Auf der Synekdoche beruhen die vielen „Typen" der Karikatur: – einzelne Attribute werden herausgestellt und verallgemeinert, – ein mit Waffen behängter Uniformierter mit bissigem Gesichtsausdruck steht für den Militaristen. Das Problem dieser Verallgemeinerungen besteht darin, dass sie zur Bildung und Verfestigung von Klischees und Vorurteilen beitragen, wenn sie unreflektiert auf die Wirklichkeit übertragen werden.
Symbol	bildhaftes Zeichen, das über sich hinaus auf höhere geistige Zusammenhänge und Ideen (Glaube, Wahrheit, Weltanschauung) verweist; im Unterschied zur rational auflösbaren Allegorie hat das Symbol eine mehrdimensionale Bedeutung: – das Kreuz als Symbol des Christentums, – die weiße Taube als Friedenssymbol.

Metapher	Der wörtlich genommene, gezeichnete Vergleich, d. h., der Karikaturist versucht, einen treffenden Vergleich für seine Kritik an einem Sachverhalt oder einer Person zu finden und diesen zeichnerisch umzusetzen. So kann er z. B. Redensarten wörtlich nehmen und ins Bild übertragen: – einer Figur, die bestimmte Zusammenhänge nicht erkennt, malt der Karikaturist sprichwörtlich „ein Brett vor den Kopf", – die herannahende Gewitterfront (dunkle Wolken, Sturm etc.) dient als Metapher für ein drohendes politisches Unwetter. Eine traditionelle Metapher ist der Mensch-Tier-Vergleich. Mit bestimmten Tieren verbinden sich spezifische Assoziationen; Personen des öffentlichen Lebens werden immer wieder mit Tieren verglichen und so charakterisiert: – der Strauß, der den Kopf in den Sand steckt → nichts wahrnehmen will, – der Elefant, der eine dicke Haut hat → keine Sensibilität gegenüber äußeren Einflüssen zeigt.
Allegorie	Ein abstrakter Begriff bzw. ein Begriffsfeld wird durch ein rational fassbares Bild ersetzt: – der Staat als Schiff. Oft handelt es sich bei der Allegorie um eine **Personifikation,** bei der ein abstrakter Begriff durch eine menschliche Gestalt dargestellt wird: – der Sensenmann steht für den Tod, – Amor mit dem Pfeil steht für die Liebe.
Zitat	Eine Aussage oder ein „geflügeltes Wort" aus einem anderen Kontext (Literatur, Film, Oper, bildende Kunst, Musik) wird als Anspielung in den Cartoon eingebracht. Die Aussage der Vorlage wird dabei parodiert bzw. in ihrer kritischen Intention übernommen und durch entsprechende Veränderungen aktualisiert. Die Voraussetzungen für das Funktionieren der Zitat-Methode sind die Plausibilität des Bezuges und die Bekanntheit des Quellen-Textes: – eine Figur, die unter dem Druck steht, für ein Problem eine Lösung zu ersinnen, wird in der Pose des „Denkers" (Skulptur von Rodin) dargestellt.

Cartoon-Analyse

Verwenden Sie für die Szenenbeschreibung das Simple Present bzw. das Present Progressive.

Die Analyse eines Cartoons umfasst drei Schritte:

Orientierende Betrachtung/Beschreibung → Interpretation → Beurteilung

Die orientierende **Betrachtung/Beschreibung** dient dazu, die im Cartoon dargestellte Situation zu erfassen. Die einzelnen Bildelemente werden benannt und kurz charakterisiert. Dabei wird noch nicht über die mögliche Bedeutung des Cartoons spekuliert. Wenn möglich, werden Erscheinungsdatum und -ort des Cartoons benannt.

Welche Situation ist im Cartoon dargestellt? **What situation is depicted in the cartoon?**
- The picture shows …
- The situation depicted in the cartoon is that of …

Welches sind die zentralen Figuren und Gegenstände im Cartoon und was fällt an ihrer Gestaltung auf? **Which are the central characters and objects in the cartoon and what strikes you with regard to their representation?**
- The central characters are an employer and his employee. The employer is a big man who covers most of the space, the employee is very thin and you almost fail to notice him.
- The landscape in the background looks like …/reminds me of …

Enthält der Cartoon Text? Wenn ja, welche Informationen liefert dieser? **Is there any text included in the cartoon? If so, what information does it give?**
- The caption of the cartoon reads …
- There is a label on one of the buildings saying …

Wann und wo wurde der Cartoon erstmals veröffentlicht? **When and where was the cartoon first published?**
- The cartoon was first published in the *Guardian* in March 1998.
- The cartoon appeared for the first time in …

Bei der **Interpretation** des Cartoons geht es darum, die verwendeten Stilmittel zu identifizieren und in ihrer Wirkung zu beschreiben, um auf dieser Grundlage die Aussage des Cartoons herauszuarbeiten. Die gesellschaftlich-politischen Kontexte, auf die sich der Cartoon bezieht, sind unbedingt zu klären und in die Deutung einzubeziehen.

Der Arbeitsschritt „Interpretation" nimmt bei der Cartoon-Analyse den größten Teil ein.

Welche Stilmittel hat der Karikaturist verwendet und welche Bedeutung haben sie? **What stylistic devices did the cartoonist use and what is their meaning?**
- The cartoonist used the technique of exaggeration …
- In order to visualize the conflict between … and …, the cartoonist used the metaphor of the battlefield.
- In the background you can see a blindfolded woman with a pair of scales in her hand. She is the personification of justice.

Wie sind die Figuren gestaltet? Mit welcher Bildsymbolik sind sie verknüpft, und wie werden sie dadurch charakterisiert? **How are the characters depicted? To what kind of imagery are they linked and how does that characterize them?**
- The central character puts his hands over his eyes. On a metaphorical level this can be interpreted as an act of deliberately ignoring uncomfortable or difficult situations (e. g. conflicts). The very representation of the character marks him as an ignorant person and a coward.

In welchem Verhältnis stehen Bild und Text? **How do picture and text relate to each other?**
- The caption reinforces/emphasizes/complements the message of the picture.
- The words of the character (i. e. he thinks he can manage the situation) form an ironic contrast to the situation depicted (i. e. he is not able to control the situation at all).

Auf welche sozialen, politischen, wirtschaftlichen oder kulturellen Kontexte bezieht sich der Cartoon? **What social, political, economic or cultural contexts does the cartoon refer to?**
- The situation depicted in the cartoon refers to the elections in .../ the economic crisis in .../the role of the media in ...
- In order to understand the cartoon one has to take a closer look at ...

Welches ist die Gesamtaussage des Cartoons? **What is the overall message of the cartoon?**
- The cartoon criticizes the arrogant attitude .../inhuman/irresponsible policy of ...
- The cartoon comes out against/ in favour of ...

Bei der **Bewertung** wird eingeschätzt, ob und wie es dem Karikaturisten gelungen ist, sein Anliegen bzw. seine Kritik an den Leser zu vermitteln.

Wie wirkt der Cartoon? **What effect does the cartoon have?**
- The cartoon is very funny. It makes the viewer laugh about the absurd situation.
- The cartoon makes the reader laugh and reflect on the problem of ... at the same time.
- The cartoon is very insulting because it depicts X in a very grotesque and humiliating way.

Hat der Karikaturist zur Vermittlung der Aussage adäquate Darstellungsmittel gewählt? **Did the cartoonist use adequate means in order to bring his message across?**
- The techniques of representation/stylistic devices the cartoonist choose are adequate means to illustrate his point.
- The meaning/function of some of the objects does not become clear. Maybe the cartoonist should have labelled them.
- The cartoonist used an analogy which is not very popular. This makes it difficult to understand the cartoon.

Ist der Cartoon überzeugend? **Is the cartoon convincing? Why (not)?**
- I think the cartoon is convincing because the cartoonist employed meaningful metaphors.
- To me the cartoon is not convincing because it does not succeed in depicting the complex nature of the problem.

CULTURAL STUDIES
4

4.1 Cultural Studies als Teil des Englischunterrichts

Von der Landeskunde zur Kulturwissenschaft

Die Landeskunde war über lange Zeit der Bestandteil des Englischunterrichts, in dem Kontextwissen für Sprache und literarische Texte vermittelt wurde. Dahinter stand keine spezielle Methodik, die Landeskunde hatte in erster Linie eine Zulieferfunktion für die anderen Teile des Englischunterrichts. Landeskundliche Informationen über die englischsprachigen Länder wurden verglichen und in Beziehung gesetzt zu den Gegebenheiten im eigenen Land.
Traditionelle landeskundliche Inhalte waren beispielsweise Sprache und Literatur, Geschichte, Kunst, Wissenschaft, gesellschaftliche und politische Institutionen, aber auch so genannte *codes of behaviour,* also Faktenwissen über Eigenheiten eines Landes im Hinblick auf Verhaltensnormen.
Diese Themen orientierten sich an einer ganz bestimmten Sichtweise von Kultur, nämlich hochkulturellen Vorstellungen.

4.1.1 Entwicklung des Kulturbegriffs und Verwendungskontexte

Der Begriff **Kultur** leitet sich vom lateinischen Verb *colere – colui – cultus* ab, was so viel heißt wie „anbauen" oder „pflegen", aber auch „bewohnen" oder „verehren". Kultur wurde in Abgrenzung zu Natur betrachtet, wobei damit vor allem die Entwicklung des menschlichen Geistes und dessen Perfektionierung gemeint war.

Der Begriff der **Kultivierung** bezeichnet die Weiterentwicklung von Bildung und Erfahrung. Kultivierte Menschen setzen sich damit bewusst von der Allgemeinheit ab, weshalb der Begriff „Kultur" lange Zeit mit einer Elitenbildung verbunden war.

Die Teezeremonie ist ein traditionelles Element der japanischen Kultur.

Kulturtheoretiker des 19. Jahrhunderts sahen die Kultur des Menschen als Endpunkt der Evolution an. Der Begriff wurde häufig gleichgesetzt mit „Hochkultur", auch genannt *culture with a capital C*. Dieser Kulturbegriff beruht auf normativen Vorstellungen davon, was in der bildenden Kunst, Literatur, Lebensart und in gesellschaftlichen Institutionen als hervorragend gilt.

normativ = normsetzend, maßgebend

Der Begriff **Hochkultur** umfasst normative Vorstellungen von hervorragenden Errungenschaften einer Kultur oder eines Landes.

In der jüngsten Zeit ist die Landeskunde weiterentwickelt worden zur Disziplin der **Kulturwissenschaft.** Deren Ziel ist es, die überlieferten Kultur- und Textbegriffe (↗ S. 156) auszuweiten. Neben die Hochkultur oder *culture with a capital C* treten die *small-c cultures,* die auch Alltägliches, Randständiges, Heterogenes und Populäres einschließen.
Die *small-c cultures* vermitteln ein realistischeres (und vielleicht interessanteres) Bild einer Gruppe, machen aber deren Beschreibung auch komplizierter, weil sich „die Kultur" nicht mehr eindeutig beschreiben lässt.

Der **Kulturbegriff,** auf dem der heutige Englischunterricht beruht, konzentriert sich nicht nur auf die verschiedenen Aspekte von „Hochkultur". Er schließt populäre Phänomene selbstverständlich ein – z. B. die so genannte „Popkultur".

Der Kulturbegriff

Es ist unmöglich, Kultur genau zu definieren. In einer Publikation aus dem Jahr 1952 führen Alfred Kroeber und Clyde Kluckhohn über 200 Definitionen des Begriffes an. Warum lässt er sich so schwer eingrenzen? Der Begriff Kultur ist ein komplexer und vielschichtiger Begriff, das zeigen schon seine verschiedenen Verwendungsweisen, z. B. in „Esskultur", „Zellkultur" oder „Kulturveranstaltung". Schon im 19. Jahrhundert hat Herder bestätigt, wie schwierig es ist, den Begriff Kultur eindeutig festzulegen: „Nichts ist unbestimmter als dieses Wort und nichts trüglicher als die Anwendung desselben auf ganze Völker und Zeiten."

Kulturen beschreiben einen Kontext oder Rahmen, innerhalb dessen Menschen ihre Erfahrungen interpretieren und nach dem sie ihr Handeln ausrichten. Es handelt sich um ein geordnetes System von Bedeutungen, die durch Kommunikation mit anderen, also Interaktion, entstehen. Diese Bestimmung führt zu einem semiotischen Kulturbegriff, auf dessen Grundlage auch der heutige Englischunterricht beruht. Kultur wird aus dieser Perspektive nicht mehr als normative Größe aufgefasst, sondern – in eher beschreibender Hinsicht – als integrierendes System.

Semiotik = Wissenschaft von den Zeichen, Bedeutungslehre

Kultur ist ein Orientierungssystem für eine Gesellschaft, Organisation oder Gruppe. Es betrifft Werte und Normen und beeinflusst das Verhalten der Mitglieder dieser Gemeinschaft.

homogen = gleichartig, aus Gleichartigem zusammengesetzt

Kultur hat einen sehr dynamischen Charakter, und zwar aus verschiedenen Gründen. Nicht alle Mitglieder einer Gemeinschaft sind gleich und teilen feste kulturelle Gewohnheiten. Innerhalb der Gemeinschaften gibt es Subkulturen, also soziale Gruppen, die einige Aspekte der Kultur zwar teilen, sich aber in anderen deutlich unterscheiden. Kulturen sind also nicht homogen.

Punks sind ein Beispiel für eine Subkultur.

Migration = Wanderung

Gemeinschaften verändern sich darüber hinaus ständig – dies aus vielfältigen Gründen. Zum einen können wirtschaftliche Faktoren wie der europäische Binnenmarkt bewirken, dass beispielsweise Sandwiches von Marks and Spencer auch in Berlin erhältlich sind. Auch politische Gegebenheiten wie die Migration vieler Menschen mit ihren kulturellen Orientierungssystemen spielen eine große Rolle, gerade in Zeiten der so genannten Globalisierung. Schließlich sind es auch gesellschaftliche Faktoren wie die Schichten- oder Religionszugehörigkeit, die Menschen in ihrem Denken und Handeln prägen. In diesem Zusammenhang ist es wichtig zu betonen, dass Kulturen nicht nur auf nationalen und ethnischen Konzepten beruhen, sondern sehr viel umfassender sind und Aspekte wie Geschlecht, Beruf, Bildung oder Religion einschließen.

Kollektiv = Gruppierung, Gemeinschaft *(community)*

Kultur ist bezogen auf jede Art von Kollektiven.

Kultur als System, wie wir es weiter oben kennen gelernt haben, wird in der Interaktion von Individuen hergestellt und verändert, und zwar bewusst oder unbewusst. Für die meisten dürfte das Händeschütteln ein Vorgang sein, der bei der Vorstellung eines Unbekannten oder bei der Begrüßung einfach dazugehört. Für einen Asiaten gestaltet sich dieses Ritual anders, eben weil es kulturell geprägt ist.

Die folgende Abbildung illustriert die verschiedenen Elemente von Kultur (adaptiert von TOMALIN & STEMPLESKI 1993):

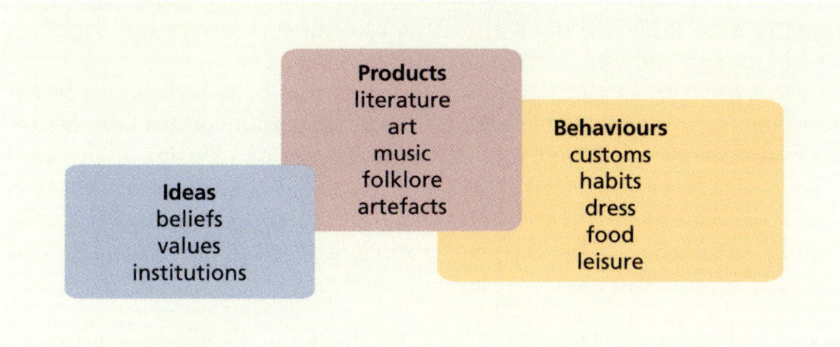

4.1.2 Kultur und Sprache

Wenn ein Tourist aus dem deutschsprachigen Raum in Wales in einem Restaurant sitzt und seinen Tischnachbarn einen *Good appetite!* wünscht, wird er wahrscheinlich eine erstaunte Reaktion ernten. Zwar hat sich der Tourist sprachlich korrekt verhalten, aber im englischsprachigen Raum ist es nicht üblich, anderen einen guten Appetit zu wünschen – das kulturelle System sieht eine solche Äußerung in der Situation vor dem Essen nicht vor. Hieran zeigt sich, dass sich Sprache und Kultur wechselseitig beeinflussen. Zum einen ist Sprache, in unserem Falle Englisch, Kommunikationsmittel, also das Instrument, mit dem die Welt gedeutet wird. Zum anderen ist die Sprache auch das Instrument, mit dem die Lebenswirklichkeit einer Gemeinschaft erfasst und überliefert wird. Die Inuit beispielsweise kennen kein allgemeines Wort für Schnee, sondern viele unterschiedliche Wörter, die die Beschaffenheit des Schnees beschreiben, weil dieser eine große Bedeutung für die Lebensbedingungen der Inuit hat.

Wie stark neben den sprachlichen auch nichtsprachliche Äußerungsformen von der jeweiligen Kultur geprägt sind, zeigt z. B. das uns fremd anmutende Begrüßungsritual der Maori – der Nasengruß.

Nicht nur die kulturellen Kontexte selbst, sondern auch die Sprache muss im Zusammenhang mit dem Kontext der jeweiligen Kultur(en) betrachtet werden. So muss man über das kulturelle Hintergrundwissen bezüglich der Mahlzeiten in Großbritannien oder Irland verfügen, um zu verstehen, dass es sich um eine warme Mahlzeit am frühen Abend handelt, wenn ein kleiner Junge erzählt, dass er seinen *tea* hatte. Auch der Unterschied zwischen *lunch* und *dinner* mit *dinner* als der Hauptmahlzeit des Tages, die mittags oder abends eingenommen werden kann, unterscheidet sich vom deutschen Konzept des Mittagessens. Kulturelle Werte und Orientierungen werden mittels Sprache weitergegeben, und zwar in mündlicher Form („Du sollst einem Besucher die Hand schütteln.") oder in schriftlicher Form, z. B. als Erzählung oder Darstel-

Da das *lunch* häufig nur als kleine Mahlzeit zwischendurch eingenommen wird, lässt sich alles Wesentliche dafür gut in einer Tüte – engl. *lunchbag* – unterbringen.

lung historischer Ereignisse. Auf diesem Wege erfolgt die Überlieferung an nachfolgende Generationen, was manche Orientierungen zeitlich überdauernd erscheinen lässt. Auch in den Massenmedien spielt die Sprache eine Rolle bei der Vermittlung kultureller Werte und Normen, beispielsweise in der britischen Fernsehserie *Coronation Street,* die hauptsächlich in einem traditionellen Pub spielt. Natürlich werden in den Medien Inhalte auch verzerrt dargestellt, man denke nur an US-amerikanische High-School-Komödien wie *American Pie.*

Sprache ermöglicht Menschen, ihre Erfahrungen in Kategorien einzuordnen, beispielsweise: Was ist ein freudiges Ereignis? Neben universellen Beispielen wie Hochzeit oder Geburt eines Kindes kann eine Katze, die einem über den Weg läuft, in einem kulturellen Kontext in die Kategorie freudiges Ereignis (im Sinne von Glücksbote) eingeordnet werden, während sie in einem anderen als Unheilsbringer angesehen wird.

Erfahrungen werden in Kategorien eingeordnet, die kulturell beeinflusst sind.

Auf der Strukturierung von Erfahrungen fußen Bereiche menschlichen Wissens wie Moral, Religion, Technologie oder Philosophie. So wird beispielweise im britischen Kontext das Konzept Familie als Kernfamilie mit Vater, Mutter und Kind(ern) bzw. allein erziehenden Elternteilen und Kind(ern) aufgefasst, während in Kenia die Familie als *extended family* zu betrachten ist, was sich auch in einem Sprichwort der Massai widerspiegelt: *„The child has no owner."* Das bedeutet, dass die Gemeinschaft für die Erziehung des Kindes verantwortlich ist. Sprachenlernen ist also auch das Kennenlernen von und die Teilhabe an einer Kultur bzw. an anderen Kulturen, die sich von dem kulturellen Kontext unterscheidet, in dem man selbst aufgewachsen ist.

Der Begriff **„kultureller Kontext"** steht damit für das Hintergrundwissen, das Teilnehmer an einer Kommunikation gemeinsam haben und auf dessen Grundlage sie kommunizieren. Für Muttersprachler bzw. die Mitglieder einer Sprachgemeinschaft ist dies selbstverständlich, weit weniger für Nicht-Muttersprachler, also auch Sprachlerner. Sie teilen das Hintergrundwissen nicht vollständig, oder ihres weicht von dem der anderen ab. Wenn eine US-amerikanische Schülerin beispielsweise über ihren Schultag spricht, weiß sie selbstverständlich, dass dieser bis in den Nachmittag hinein andauert und weitere Aktivitäten über den Unterricht hinaus einschließt. Wenn Ihr Gesprächspartner ein deutscher Schüler ist, muss er nicht zwangsläufig auf der Grundlage derselben Informationen kommunizieren, denn sein Schultag ist in den meisten Fällen mittags beendet und schließt außerunterrichtliche Aktivitäten nicht immer ein.

Basketball zählt in den USA zu den beliebtesten High-School-Sportarten. Nahezu jede Schule hat eine eigene Mannschaft, und die regelmäßig stattfinden Meisterschaften sind ein Höhepunkt im Schulalltag.

Für Englischlernende ist es daher wichtig, die Hintergründe von Verhaltensweisen anderer zu verstehen, denn diese beruhen oftmals auf kulturellen Kontexten. Lernende müssen versuchen, die speziellen Orientierungssysteme zu durchschauen, auf deren Basis muttersprachliche oder andere Sprecher des Englischen handeln.
Besonders in Kontaktsituationen mit Menschen, die auf der Grundlage eines anderen kulturellen Kontextes handeln, müssen sich Englischlernende bewusst sein, dass die Gesprächspartner auch abweichende Vorstellungen und Erwartungen davon haben können, wie man kompetent kommuniziert. In einigen kulturellen Kontexten würde man es beispielsweise als effizient ansehen, bei einem Gespräch direkt zum Punkt zu kommen und keine Zeit mit persönlichen Bemerkungen zu vertun, weil man das Ergebnis der Kommunikation für wichtig erachtet. In anderen Kontexten ist es zunächst einmal wesentlich, eine Beziehung zum Gesprächspartner herzustellen oder wieder zu beleben, um erst im nächsten Schritt das eigentliche Thema anzuschneiden. Die Person, der an der persönlichen Beziehung gelegen ist, könnte ihren Gesprächspartner als sehr rüde und direkt empfinden, weil dieser – für ihre Begriffe – nicht kompetent kommuniziert und kein Interesse an der persönlichen Beziehung zeigt.

Teilnehmer an einer Kommunikation können unterschiedliche Vorstellungen von einer gelungenen Kommunikation haben.

Kommunikation in Englisch, aber auch jede andere Art von Kommunikation, ist ein komplexer und symbolischer Vorgang. In der Kommunikationssituation handeln die Teilnehmer aus, was für sie ein bestimmter Aspekt, ein Thema, eine Sache bedeutet, und das trifft noch mehr zu auf interkulturelle Kommunikation, also Kommunikation zwischen Menschen mit unterschiedlichen kulturellen Kontexten. Beispiele für interkulturelle Kommunikation sind die Unterhaltung eines Deutschen mit seinem australischen Gast, aber auch das Gespräch zwischen einem britischen Rentner und seinem britisch-indischen Arzt oder zwischen einem muslimischen Studenten und der Sekretärin im Studentensekretariat.

Interkulturelle Kommunikation ist die Kommunikation zwischen Menschen mit unterschiedlichen kulturellen Kontexten.

4.1.3 Erstarrte Bilder: Stereotype

Stereotype sind Verallgemeinerungen, die durch einfache Kategorien die komplexe Welt reduzieren und ordnen helfen.

Für den Lerner sind nicht nur sprachliche Kenntnisse wichtig, sondern auch Informationen über den kulturellen Kontext der Situation, der Sprecher etc. Wenn wir uns nicht immer vor Augen halten, dass kulturelle Kontexte komplex sind und sich stetig ändern, besteht die Gefahr, in Stereotype zu verfallen.

Was sind **Stereotype?** Stereotype sind Verallgemeinerungen, die unsere Wahrnehmung, unser Denken, Sprechen und Handeln prägen. Ein Beispiel für eine solche Verallgemeinerung ist eine Aussage wie: „Die Deutschen essen Eisbein und Sauerkraut." Stereotype erleichtern die Orientierung in einer sehr komplexen Welt, weil sie vereinfachte Kategorien ermöglichen und die Komplexität mit diesen Kategorien reduzieren. Stereotype sind so genannte **soziale Konzepte,** das heißt, dass sie in einer Gemeinschaft überwiegend bekannt sind, weil die Mitglieder der Gemeinschaft sie als Alltagswissen erworben haben. Sie müssen aber nicht automatisch von allen Mitgliedern akzeptiert sein. Ein Stereotyp wie „Alle Spanier sind Machos" wird vermutlich nur von wenigen Mitgliedern der deutschen Sprachgemeinschaft als richtig benannt werden. Auch müssen Stereotype nicht von allen Mitgliedern einer Sprachgruppe geteilt werden. Stereotype können vorgefunden werden in Form von Wörtern („Krauts" für Deutsche aus britischer Sicht), Sätzen („Die Deutschen reservieren im Urlaub morgens ihre Liegestühle mit dem Handtuch."), Sprichwörtern, Rätseln *(„What is a busload of lawyers going down a cliff? – A good start.")* oder Witzen („Q: *What do you call a genius in Alabama?* A: *A visitor.")*. Sie können verwendet werden für Regionen, Kulturen, Religionen, Altersgruppen, Berufsgruppen oder soziale Schichten.

Das Englische kennt viele Redewendungen *(idioms)* und Sprichwörter *(proverbs)*, die auf andere Nationen, deren Sprache oder kulturelle Gewohnheiten Bezug nehmen, z. B. *When in Rome, do as the Romans do; That's all Greek to me./That's all double Dutch to me* (dt. Das kommt mir Spanisch vor.); auch *to go Dutch* für „getrennt bezahlen".

Es gibt zwei Arten von Stereotypen, die allerdings eng zusammenhängen:

Autostereotype	Heterostereotype
– die eigene Gruppe betreffend – differenziert – eher positiv konnotiert	– eine andere Gruppe betreffend – weniger differenziert – eher negativ konnotiert

kognitiv = die Erkenntnis betreffend

Stereotype haben kognitive, soziale und politische Funktion. Die **kognitive Funktion** hilft, die Komplexität der Welt zu reduzieren, indem Eindrücke einfach in Form von Kategorien geordnet werden, die eine grundsätzliche Orientierung ermöglichen. Die **soziale Funktion** hängt eng mit Auto- und Heterostereotypen zusammen, denn es geht hier darum, mithilfe von Stereotypen eine Gruppenzugehörigkeit nach außen zu tragen. So werden beispielsweise „die vom XY-Gymnasium" als arrogant klassifiziert, damit die eigene Gruppe (und damit auch die eigene Person) besser dasteht. Die Abwertung der einen Gruppe mittels Stereotypen dient also der Aufwertung der eigenen Gruppe und damit der eigenen Person. In ihrer **politischen Funktion** dienen Stereotypen der Legitimation der Mehrheit. So wurde zum Beispiel die mehrheitlich schwarze Bevölkerung in Südafrika per stereotyper Beschreibung abklassifiziert, damit die weiße Minderheit das diskriminierende Apartheid-Regime, also die Rassentrennung, aufrechterhalten konnte.

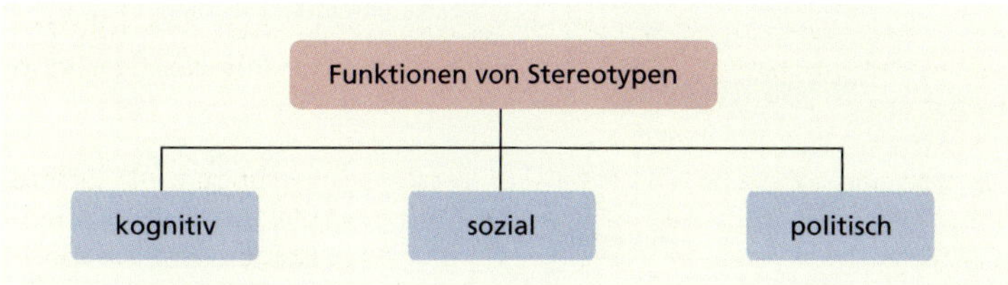

Wie kann man nun Stereotypen begegnen? Stereotype wirken oft unbewusst und werden in vielen Fällen pauschal angewandt. Sie haben vielfach zur Folge, dass die Kommunikation zwischen Sprechern unterschiedlicher Herkunft erschwert wird; etwa wenn Erwartungen nicht eingelöst werden oder ein fest gefügtes Bild die nötige Offenheit für neue Erfahrungen verhindert. Deshalb sollten bisherige Erfahrungen oder Kenntnisse nur als mögliche Interpretationen eines kulturellen Kontextes herangezogen und nicht zu unumstößlichen Kategorien geformt werden.

4.2 Researching a Cultural Studies Topic

4.2.1 Themenfindung

In der Oberstufe, aber auch danach im Studium oder Berufsleben werden Sie sich des Öfteren der Notwendigkeit gegenübersehen, ein Referat zu halten, eine Präsentation vorzubereiten oder eine längere schriftliche Arbeit in Form einer Facharbeit oder eines Berichts zu verfassen.
In den meisten Fällen wird Ihnen ein Thema vorgegeben, oder es lässt sich aus der Situation ableiten, sodass die Wahlmöglichkeiten in dieser Hinsicht begrenzt sind. Sie müssen dann allerdings einen Schwerpunkt innerhalb dieses Themas bestimmen oder eine Auswahl an Unterthemen treffen, die Sie bearbeiten möchten.
Die unten stehende Übersicht zeigt die wesentlichen Einzelschritte bei der Durchführung eines themenorientierten Projekts (schriftliche Arbeit, Präsentation usw.) auf. Es ist sinnvoll, schon bei den Grundüberlegungen zu einem Projekt die einzelnen Schritte sorgfältig zu planen, nicht zuletzt unter zeitlichen Gesichtspunkten. So ist bei der Materialfindung zu bestimmen, ob schwerpunktmäßig Bücher und Zeitschriften, elektronische Medien oder eine Mischung aus beiden als Quellen genutzt werden sollen. In der Phase der Erarbeitung der Materialien ist z. B. zu entscheiden, in welchem Umfang Bilder, Schaubilder und multimediale Elemente wie Audio- und Videodateien eingesetzt werden sollen. Schon frühzeitig sollten Sie überlegen, wie Sie das Material präsentieren möchten, da die Form der Präsentation (schriftliche Facharbeit, multimediale Präsentation, mediengestützter Vortrag) die Auswahl und Aufarbeitung der Materialien zum großen Teil bestimmt.

Die **Themenfindung** steht am Anfang Ihres Referats oder Ihrer Facharbeit. Eine erste Grobgliederung oder eine Mindmap können dabei Hilfestellung geben.

Eine Mindmap dient dazu, das denkbare Spektrum eines Themas in übersichtlicher Form darzustellen. So systematisiert das neben stehende Beispiel verschiedene Aspekte des Themas Globalisierung und zeigt einige Kategorien, verstanden als mögliche Unterthemen, auf.

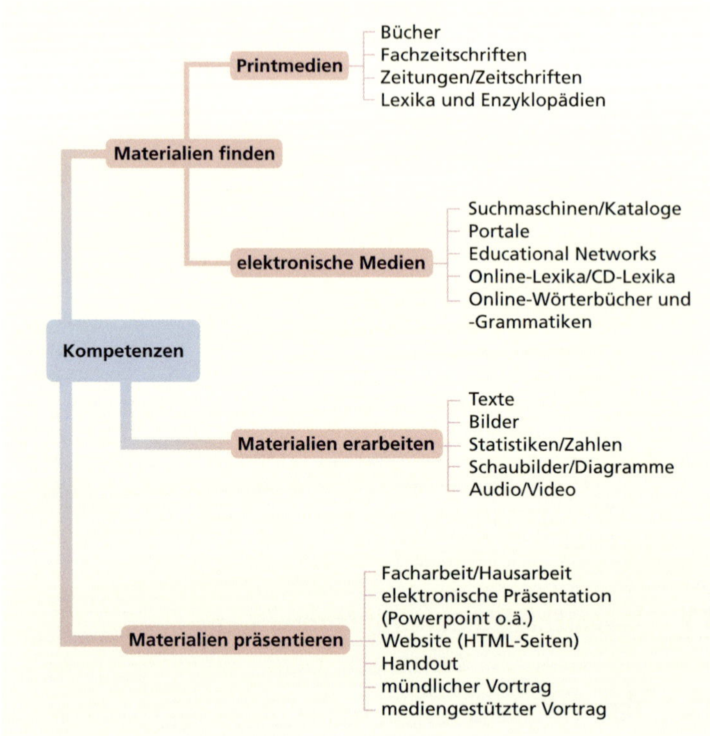

Um sich einen Überblick über mögliche Themen und auch Ihre Präferenzen zu verschaffen, ist eine **Mindmap** hilfreich. Wenn Sie Schwerpunktthemen gefunden haben, sollten Sie nochmals Ihre Lehrerin kontaktieren, um die Form der Arbeit und die Art der Materialrecherche abzustimmen:

- Sollen Sie die Ergebnisse Ihrer Arbeit in mündlicher oder schriftlicher Form darstellen?
- Welchen Umfang (Seitenzahl, Dauer der Präsentation) soll die Arbeit haben?
- Welche formalen Vorgaben sind einzuhalten?
- Welche Medien können Sie einsetzen?
- Welche Aspekte des Themas sind vorgegeben und welche sind frei wählbar?
- Welche Informationsquellen kann Ihnen Ihre Lehrerin empfehlen?

Nehmen Sie im Anschluss an das Gespräch eine **Grobgliederung** vor, in die Sie die Aspekte einschließen, die ggf. enthalten sein müssen, ebenso diejenigen, die Sie als relevant erachten. Die Grobgliederung wird sich abhängig vom Material, das Sie zum Thema finden werden, noch ändern, teilweise mehrfach. Wenn Sie die Arbeit zusammen mit MitschülerInnen anfertigen, sollten Sie zu diesem Zeitpunkt eine Aufgabenteilung grob besprechen. Auf die Materialsuche sollten Sie sich aber gemeinsam begeben.

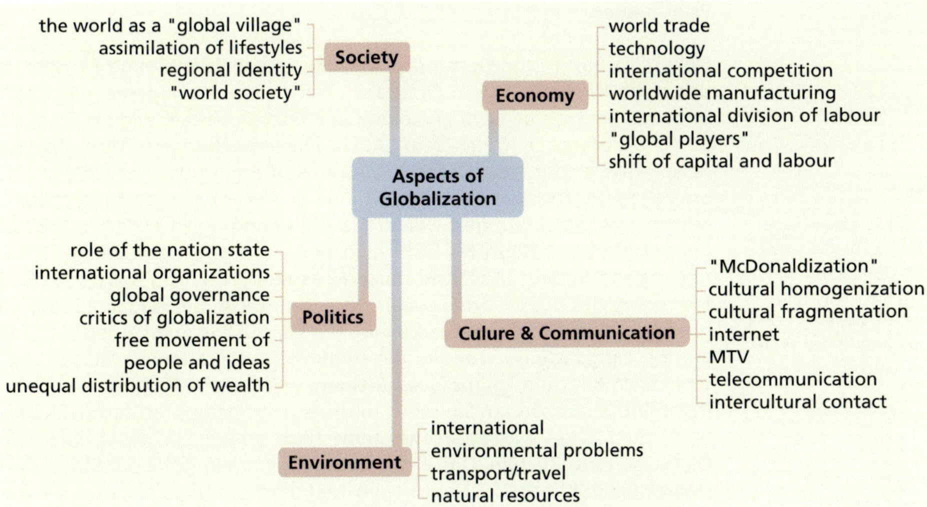

Als nächster Schritt ist eine thematische Auswahl zu treffen. Es ist klar, dass die Berücksichtigung aller thematischen Aspekte den Rahmen einer Schülerarbeit in der Oberstufe sprengen würde. Denkbar ist die Konzentration auf einen Aspekt – z. B. die kulturellen Auswirkungen und Probleme der Globalisierung – oder die Verknüpfung von mehreren, nicht allen Aspekten – z. B. die Frage, welche Prozesse die Kritiker der Globalisierung am meisten anprangern.

Ist diese Entscheidung einmal getroffen, geht es darum, den gewählten Aspekt (oder die gewählten Aspekte) thematisch weiter aufzufächern und zu überlegen, worauf der Schwerpunkt der Arbeit liegen soll. Konzentration auf ein bestimmtes Thema und bestimmte Aspekte bedeutet immer auch Reduktion im Sinne einer Beschränkung auf das Wesentliche. Meist ist es besser, sich auf ausgewählte Aspekte zu konzentrieren, statt zu versuchen, das Thema in seiner ganzen Breite darzustellen.

4.2.2 Materialsuche

Für den nächsten Schritt der Informationsbeschaffung begeben Sie sich auf die Suche nach Materialien, die Sie zur Darlegung und Illustration Ihres Themas verwenden können. Hier ist grundsätzlich zwischen Printmedien und elektronischen Ressourcen zu unterscheiden.

Printmedien und **elektronische Ressourcen** sind als Informationsquellen inzwischen gleichermaßen anerkannt. Wichtig ist in jedem Fall, dass Sie die ausgewählte Quelle genau prüfen und, wenn nötig, kritisch bewerten.

Printmedien	**elektronische Ressourcen**
Lexika, Enzyklopädien, Überblickswerke, Wörterbücher, Thesauri, Zeitungen, Zeitschriften, Magazine	Datenbanken, (Meta-) Suchmaschinen, Kataloge, Webportale, Netzwerke, Onlineausgaben von Zeitungen, Zeitschriften, Fernsehsendern, sowie Archive, Onlinewörterbücher, Enyklopädien

Printmedien

Gehen Sie Ihre Bücherbestände zu Hause, in der Schulbibliothek oder in der Leihbücherei in Ihrem Ort durch. Um sich einen allgemeinen Überblick zu verschaffen, können **Lexika** und **Enzyklopädien** wie die *Encyclopedia Britannica* hilfreich sein. Auch **Wörterbücher** und **Thesauri** wie beispielsweise der *New Oxford Thesaurus of English Words and Phrases* oder *Roget's Thesaurus of English Words and Phrases* enthalten überblicksartige Darstellungen. Wenn Sie die etymologische Herkunft oder Bedeutung eines Begriffes in Ihrer Arbeit berücksichtigen wollen, können Sie ein Bedeutungswörterbuch konsultieren, z. B. *das New Oxford Dictionary of English*. Um detailliertere Kenntnisse des Gegenstandes zu erlangen, sind **Überblickswerke** wie *The Cambridge Encyclopedia of the English Language* notwendig, des Weiteren Publikationen, die sich ausschließlich mit dem Thema beschäftigen.

Etymologie = Lehre vom Ursprung und der Geschichte von Wörtern; etymologisch = Herkunft und Geschichte des Wortes betreffend

In Bibliotheken können Sie meist mithilfe einer computerisierten Datenbank oder eines Karteikartensystems nach einem Stichwort, wie z. B. Globalisierung, suchen. Dafür geben Sie (hier am Beispiel der Stadt- und Universitätsbibliothek Frankfurt am Main) im digitalen Katalog die gesuchten Stichworte ein.

Zum Thema Globalization erhalten Sie folgende Treffer:

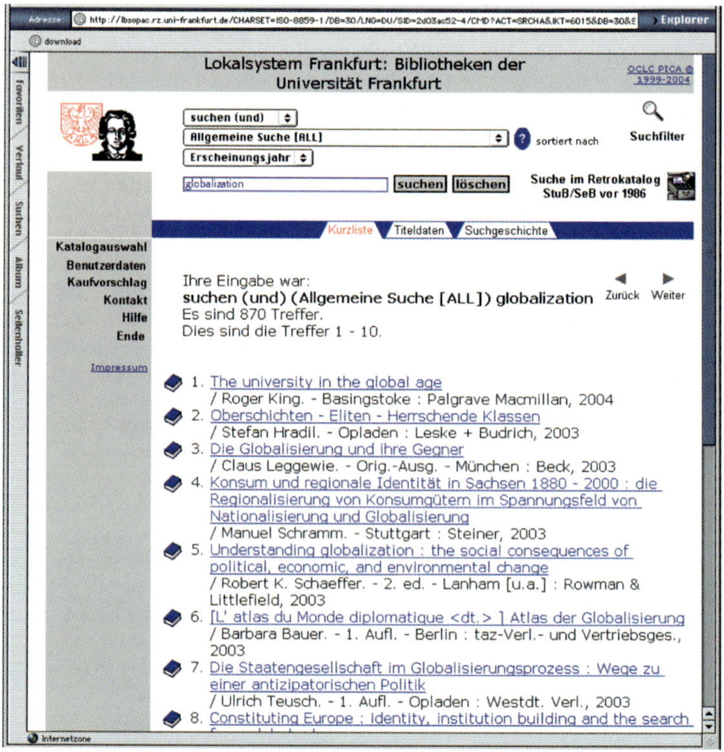

Die Verfügbarkeit können Sie ebenfalls sofort überprüfen:

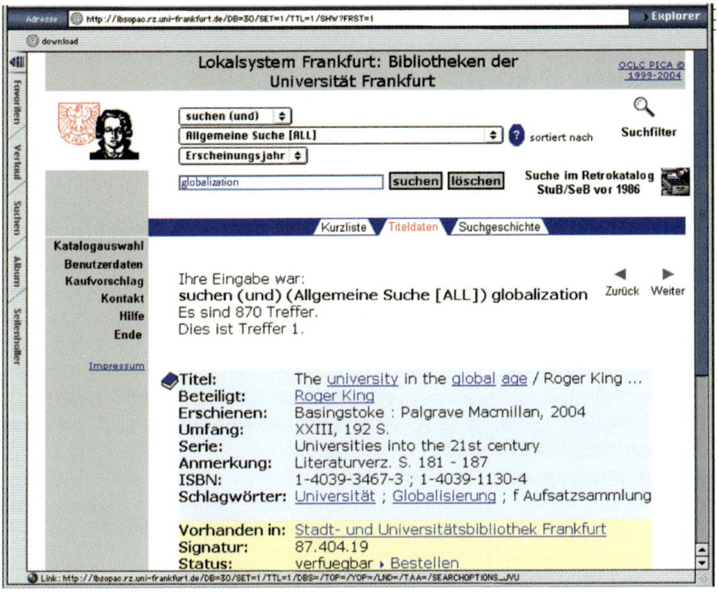

Es existieren auch zahlreiche spezialisierte **Zeitschriften,** die Sie in englischer Sprache an größeren Bahnhofskiosken erhalten. Insbesondere, wenn Sie an aktuellen Informationen zu einen Thema interessiert sind, erweisen sich Zeitschriften, Zeitungen und Magazine als gute Quellen. Oftmals ist allerdings ein gewisses Hintergrundwissen erforderlich – schon um den Sprachgebrauch der britischen oder US-amerikanischen Presse nachvollziehen zu können (↗ S. 176). Zeitschriften, die sich beispielsweise mit dem Themenbereich Globalisierung beschäftigen, sind *Time Magazine* und *Newsweek* für die politische Sichtweise sowie *The Economist* für eine wirtschaftliche Sichtweise des Themas. Aktuelle fremdsprachige **Zeitungen** sind in Deutschland zwar mittlerweile einfach zu erhalten, aber **Onlineausgaben** gestalten sich als kostengünstigere Alternative, zumal oft die Archive der Zeitung zugänglich sind. Empfehlenswert sind auch einige Sonntagsausgaben von Tageszeitungen, wie beispielsweise *The Independent on Sunday, The Sunday Times* oder *The Observer.*

Wenn Sie analoge Materialien wie Filme oder Dias einbinden möchten, sei Ihnen die örtliche Kreisbildstelle empfohlen.

Elektronische Ressourcen

Im Internet gibt es eine schier unübersehbare Zahl von Webseiten, Diskussionsforen etc., die Informationen über Ihr zu bearbeitendes Thema liefern können. Beim Arbeiten mit elektronischen Ressourcen gibt es jedoch einige Besonderheiten, deren Sie sich bewusst sein sollten:
Zum einen handelt es sich beim World Wide Web um ein gigantisches Netzwerk, das von keiner Person oder Institution strukturiert wird. Das Internet ist deshalb sehr unübersichtlich, und es besteht das Problem, dass Sie das, was Sie suchen, zuerst finden müssen, ohne viel Zeit zu ver-

Das Internet als weltweites dezentrales Datennetz ist hervorgegangen aus dem 1969 vom US-Verteidigungsministerium eingerichteten ARPA net.
Als Erfinder und Entwickler des Internets gilt TIM BERNERS-LEE.

lieren. Zum anderen wird das World Wide Web von keiner Person oder Institution kontrolliert. Jeder kann im Internet veröffentlichen, was er will, und es gibt nur ein Minimum an Zensur. Dieser Umstand kann dazu führen, dass Sie Informationen aus dem Internet übernehmen, die verzerrt, einseitig subjektiv oder schlichtweg falsch sind.

> Anhaltspunkte, die über die Vertrauenswürdigkeit einer Quelle Auskunft geben, sind die Adresse, der oder die Autoren und das letzte Datum der Aktualisierung.

Für Schüler bzw. Lehrer aus den USA sind Seiten mit dem Adresszusatz K12 erstellt worden. Diese enthalten viele unterrichtsrelevante Informationen.

Die **Adresse einer Webseite** zeigt oftmals an, welche Art von Informationen auf der Seite abgelegt sind:

- Adressen mit den Domains *.ac* oder *.edu* stehen für *academic* oder *educational*. Hierbei handelt es sich um Universitäten. Diese Informationen können als relativ zuverlässig betrachtet werden; Vorsicht ist allerdings bei privaten Seiten von Studierenden geboten, denn diese müssen keine zuverlässigen Daten liefern.
- Seiten mit dem Zusatz *.org* wurden für Organisationen erstellt. In der Aufbereitung der Informationen sind diese Seiten von sehr unterschiedlicher Qualität – sachlich-neutrale Darstellungen finden sich ebenso wie stark interessenbezogene Stellungnahmen.
- Kritisches Lesen gilt im Besonderen für kommerzielle Seiten *.com* und Webseiten, deren Herkunft unklar ist.

Eine frei zugängliche Internet-Enzyklopädie ist Wikipedia – zu finden unter www.wikipedia.org.

Auch mit elektronischen Medien kann man sich mittels **Datenbanken** (meist kostenpflichtig) und **Enzyklopädien** einen Überblick über ein Thema verschaffen. Hier gibt es zudem die Auswahl zwischen CD-ROMs und Online-Ressourcen. Im Gegensatz zu einer reinen Suchmaschine wie „Google", die lediglich eine einfache Suchmaske anbietet, gliedert ein Katalog „seine" Angebote nach inhaltlichen Kriterien und erleichtert den Suchenden so die Orientierung.

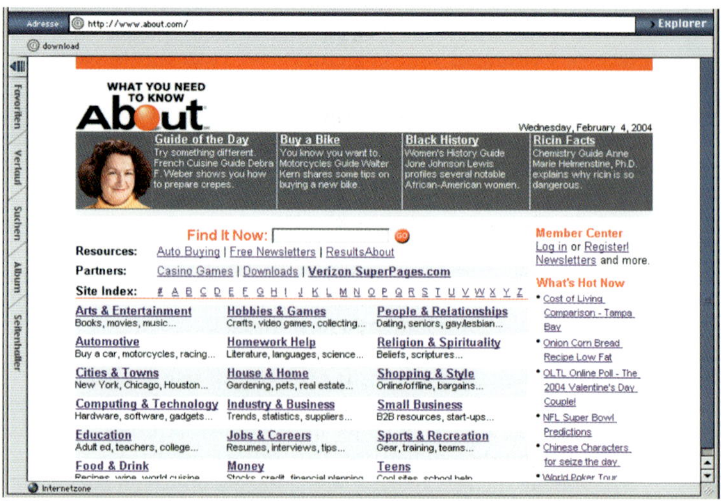

The Internet Public Library www.ipl.org bietet im Bereich *Reading Room* eine vollständige Liste der Onlineausgaben aller Zeitungen und Zeitschriften weltweit. Nützlich ist auch der Bereich *Ready Reference* mit Links zu Nachschlagewerken und Wörterbüchern.

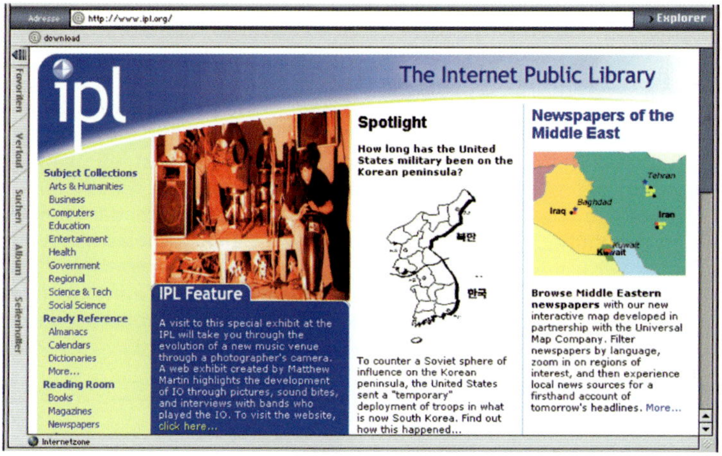

Die Languagebox *(www.languagebox.com/Home.htm)* listet ebenfalls eine ganze Reihe von Zeitungen und Zeitschriften mit Onlineausgaben auf. Darüber hinaus werden hier auch wichtige Radio- und Fernsehsender genannt. Überblickswissen schließt speziellere Informationen nicht ein, deshalb müssen Sie sich auf die Suche nach Details zu Ihren Schwerpunktthemen begeben. Bei der Detailsuche kann Ihnen eine **Suchmaschine** behilflich sein, unter der Voraussetzung, dass Sie die richtigen Suchstrategien anwenden. Suchmaschinen sind Datenbanken, die die bei ihnen gemeldeten Webseiten durchsuchen und alle diejenigen auflisten, die ein bestimmtes Wort oder eine Kombination von Wörtern enthalten. Manche Suchmaschinen, wie z. B. *www.google.com,* listen die Ergebnisse nach der Anzahl der Verlinkungen einer Seite auf, also nach dem Beliebtheitsgrad, was kein Garant für Qualität ist. Wenn Sie Ergebnisse aus dem englischsprachigen Raum wünschen, müssen Sie auf das Feld *„Google.com in English"* klicken.

Beispiele für Suchmaschinen sind *www.lycos.com, www.yahoo.co.uk* und *www.yahoo.com.*

Metasuchmaschinen wiederum sind übergeordnete Suchmaschinen, die unterschiedliche Suchmaschinen auf ein Stichwort oder eine Gruppe von Wörtern durchsuchen und damit die Einzelsuche überflüssig machen. Auch Metasuchmaschinen listen die Ergebnisse nach der Relevanz der gefundenen Seiten auf. Das erspart Ihnen jedoch nicht die kritische Beurteilung der Informationen auf der Seite. Außerdem ist es bei der Arbeit mit Suchmaschinen wichtig, die Begriffe präzise zu wählen, damit Sie das effizient finden, was Sie suchen.

Eine Metasuchmaschine ist z. B. *www.metacrawler.com.*

Die Nadel im Heuhaufen. Suchmaschinen durchsuchen die Inhalte des World Wide Web und filtern sie so, dass eine Suche unter Berücksichtigung verschiedener Kriterien (Stichwörter, Volltext usw.) möglich wird. Ohne Suchmaschinen wäre der größte Teil der Informationen aus dem

Wichtige Informationen über den Umgang mit Suchmaschinen bietet die Suchfibel: *http://www.suchfibel.de.*

Internet nicht zugänglich; allerdings erfassen auch die größten Suchmaschinen bei weitem nicht alle Inhalte des WWW. Viele, die im Internet nach Informationen suchen, benutzen nur die so genannte „einfache Suche". Bei einer Recherche nach Aspekten der Globalisierung würde man dann z. B. lediglich das Stichwort *globalization* in die Suchmaske eintragen. Als Ergebnis erhalten Sie eine Anzahl an Treffern.

Wird auf dem Startbildschirm von Google „erweiterte Suche" angeklickt, öffnet sich eine komplexe Suchmaske mit zahlreichen Optionen.

Die große Zahl der Suchergebnisse zeigt vor allem eines: Das WWW bietet in der Tat eine riesige Fülle von Informationen zum Thema Globalisierung. Besonders hilfreich ist ein Ergebnis von mehreren hundert oder gar tausend Treffern allerdings nicht, da es unmöglich ist, alle einzeln daraufhin zu prüfen, ob sie die gewünschte Information enthalten.
Es ist deshalb sinnvoll, die Suche einzugrenzen – das Mittel der Wahl ist die so genannte „erweiterte Suche", die von vielen Suchmaschinen angeboten wird.
Nehmen wir an, es soll nach aktuellen kritischen Stimmen zur Globalisierung aus den USA gesucht werden. Folgende Eingaben in der erweiterten Suchmaske von Google sind in diesem Fall nützlich:

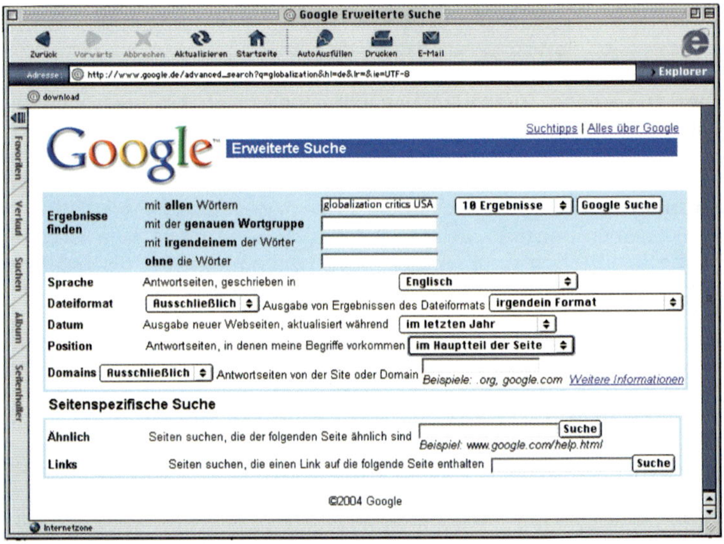

Dazu ist in der erweiterten Suchmaske von Google unter „Position" „in der URL der Seite" auszuwählen.

Folgende Felder der Eingabemaske wurden im obigen Beispiel genutzt:
- Es soll nach Dokumenten gesucht werden, die die Begriffe *globalization, critics* und *USA* enthalten.
- Es soll nur nach englischsprachigen Seiten gesucht werden.
- Die Seiten sollen nicht älter sein als ein Jahr.
- Die Informationen sollen sich im Hauptteil der Seite befinden.

Die Eingrenzung der Suche hat dafür gesorgt, dass es zum einen sehr viel weniger Treffer gibt, und dass zum anderen nur Seiten angezeigt werden, die einen engen Bezug zum Thema haben. Trotzdem kann es sinnvoll sein, die Suchkriterien weiter zu verfeinern – zum Beispiel, indem speziell nach den Positionen der amerikanischen Kirchen zur Globalisierung gesucht wird – oder nur die Seiten aufgerufen werden, die den Begriff *globalization* in ihrer Internetadresse führen. Einige Suchmaschinen bieten gesonderte Optionen für die **Bildersuche,** ebenso für das Auffinden von **Audio- und Videodateien.**

Zahlreiche Audio- und Videofiles finden sich z. B. auf *www.bbc.co.uk*.

Webportale und schulbezogene Netzwerke. Für Schüler und Lehrer gibt es inzwischen zahlreiche **Portale** und schulbezogene **Netzwerke,** in denen Themenbereiche abgestimmt auf die Lehrpläne des Faches Englisch strukturiert dargeboten werden bzw. mit Linklisten versehen sind.

porta (lat.) = Tür

Webportale sind „Einstiegsseiten" zu bestimmten Themen und Bereichen. Sie versuchen, den Benutzern eine Fülle von gut strukturierten Informationen und Links zu einem Thema zu geben.

Webportale bieten einen einfachen und transparenten Zugang zu einem großen Informationsangebot und können eine entscheidende Erleichterung bei der Navigation des Internets darstellen. Bildlich gesprochen sind Portale Türen in die Welt des WWW. Sie setzen nicht vornehmlich darauf, eigene Inhalte anzubieten, sondern führen bereits vorhandene Inhalte zusammen, um den Zugang zu Informationen zu erleichtern.

Ein Beispiel ist das Deutschlandportal der Bundesregierung http://www.deutschland.de:

Der Aufbau der Seite macht ihre Absicht deutlich: Es werden Zugänge zu Informationen „gebündelt", die irgendwo im Netz bereits vorhanden, aber einzeln relativ schwer zugänglich sind.

Vergleichbare Portale gibt es auch für den Bildungsbereich und speziell für den Englischunterricht. Eines der bekannteren Webportale für den Englischunterricht ist das Portal von Kurt Sester *http://www.sester-online.de/englisch:*

Der Aufbau dieser Seite folgt einer einfachen, leicht nachvollziehbaren Systematik. Hinter den einzelnen Oberbegriffen finden sich weiterführende Links zum Thema. Oft ist der Besuch eines Portals deshalb sinnvoller als die simple Eingabe eines Suchbegriffs in eine Suchmaschine. Der Webmaster eines Portals sorgt in aller Regel dafür, dass nur sinnvolle und von ihm geprüfte Links auf seinen Seiten auftauchen.

Auch die Bundes- und Landesbildungsserver, z. B. *www.learn-line.de, http://lernen.bildung.hessen.de/global* bieten entsprechende Links als Service an.

Suche nach Artikeln im Angebot von Zeitungen und Zeitschriften. Einige Suchmaschinen erlauben die Recherche von Zeitungs- und Zeitschriftenartikeln zu einem bestimmten Thema. Sehr nützliche Quellen sind auch die *special reports* von Zeitungen, wie z. B. die des *Guardian.* Zum Thema *„globalization"* bietet der Guardian einen *special report* mit laufend aktualisierten Meldungen und Artikeln.

Bei Google unter *http://news.google.com*

Die größeren Tageszeitungen und Zeitschriften verfügen mittlerweile über **Onlineversionen,** die Sie für Ihre Recherchen nutzen können. Neben den aktuellen Nachrichten der unterschiedlichsten Bereiche (Wirtschaft, Politik, Wissenschaft, Kultur) bieten viele ein **Archiv** ihrer Nachrichten in Form einer Datenbank an, in dem Sie mittels Stichwortsuche Informationen zu Ihrem Thema recherchieren können. Teilweise sind Nachrichten kostenpflichtig, aber das wird Ihnen auf der Seite bekannt gegeben. In den Onlineversionen des *Independent,* der *Washington Post,* der *New York Times* und des *Economist* finden Sie **Dossiers,** die mehrere Beiträge zu einem Thema enthalten. Die britische Zeitung *The Guardian* offeriert sogar interaktive Berichte, die u. a. durch Bilder und Kartenmaterial ergänzt sind. Eine weitere potenzielle Quelle für gut recherchierte Informationen stellen die Onlineversionen von Fernsehsendern dar. Neben Nachrichten mit Archivfunktion bieten auch sie Dossiers zu Themen sowie Archivmaterial in Form von Audio- und Videodateien an, die Sie in Ihre Präsentation oder Multimediaarbeit einbinden können. Auf den Seiten des *New York Times Educational Network* finden sich z. B. eine ganze Reihe von Stundenentwürfen. Solche *lesson plans* enthalten oft ausgewählte und gut vorstrukturierte Materialien.

Sehr bekannt sind *www.cnn.com* und *www.bbc.co.uk*.

Internetbasierte Wörterbücher und Enzyklopädien. Beim Verstehen von Texten aus dem Internet sowie beim Verfassen eigener Texte können verschiedene internetbasierte Tools hilfreich sein. Das zweisprachige Wörterbuch der Technischen Universität München beispielsweise hilft Ihnen nicht nur bei der Übersetzung von Begriffen, sondern gibt auch Informationen über den Kontext sowie Aussprachehilfen per Audioausgabe mit dem Link zum einsprachigen *Merriam-Webster-Wörterbuch.*
Online-Wörterbücher können sie geöffnet in einem zusätzlichen Fenster beim Verstehen schwieriger Vokabeln hinzuziehen, sie helfen aber auch beim Schreiben von Textpassagen. Was die Strukturen angeht, können Sie spezielle **Online-Grammatiken** befragen. Kapitelweise werden hier grammatische Themen erklärt und teilweise Übungen zur Anwendung und Vertiefung angeboten.

Das zweisprachige Wörterbuch der Universität München finden Sie unter *http://dict.leo.org*.

Enzyklopädien. Enzyklopädien sind umfassende Nachschlagewerke. Sie bestehen in der Printausgabe nicht selten aus mehr als einem Dutzend dicken Bänden und kosten hunderte von Euros. Ein bekanntes Beispiel aus der englischsprachigen Welt ist die *Encyclopedia Britannica.*
Die wichtigsten Enzyklopädien liegen inzwischen auch auf CD oder DVD vor. Die jeweiligen „Vollausgaben" bieten den gesamten, aktualisierten Text der gedruckten Ausgaben, ergänzt durch zusätzliche Angebote aus dem Multimediabereich, wie z. B. interaktive Elemente, Ton- und Videodokumente sowie spezielle Recherchewerkzeuge. Außerdem bieten alle wichtigen Enzyklopädien auch ausgesuchte themenorientierte Linklisten.

Beispiele sind neben dem *Brockhaus multimedial* die *Encarta* von Microsoft *http://encarta.msn.com* sowie die *Encyclopedia Britannica* unter *http://www.britannica.com*.

4.2.3 Materialaufbereitung

Plagiat. Aus einem Schülerreferat zum Thema *„Cultural Globalization"*:

> "Many things might come to one's mind when we think of the cultural effects of globalization. Everywhere is McDonald's, young people all over the world hear the same music and wear the same clothes from Gap or Benneton. A general definition of cultural globalization could go like this.
>
> In a general sense, "globalization" has been referred to as emergence of a "global cultural system". It suggests that "global culture" is brought about by a variety of social and cultural developments

such as: the existence of a world satellite information system, the emergence of global patterns of consumption and consumerism, the cultivation of cosmopolitan life-styles, the emergence of global sports such as football and cricket world cups, the spread of world tourism, the decline of the sovereignty of nation-states, worldwide health problems such as AIDS, the establishment of systems like the League of Nations, the United Nations and more importantly, the global consciousness of a single space: the "global village".

There is no doubt that modern information and telecommunication systems play a very important part in a globalized world. The internet is perhaps the best example for that. It already makes the international youth culture possible [...]"

Sofort fällt auf, dass der mittlere Absatz sprachlich und vom Anspruchsniveau nicht zu den beiden anderen passt. Indem die entsprechende Passage kopiert und in eine der gängigen Suchmaschinen eingegeben wird, lässt sich prüfen, ob der Schüler Material aus einer anderen Quelle übernommen hat. Sollte dies der Fall sein – ohne dass die Quelle angegeben und das Zitat als solches markiert wurde – handelt es sich um ein Plagiat.

Plagiat – abgeleitet von lat. plagium = Menschenraub

Ein **Plagiat** ist eine Arbeit, die aus gestohlenem Gedankengut besteht. Mit anderen Worten: Jemand anders hat die geistige Arbeit geleistet, die man als die eigene ausgibt.

Alle Gedanken, Ideen und Fakten, die man einem Werk entnimmt, müssen als das Werk dieses Autors oder dieser Autorin gekennzeichnet werden. Dies gilt besonders, wenn Sie Passagen wörtlich übernehmen, denn dann handelt es sich um Zitate, die mit Anführungszeichen zu versehen sind und deren Wortlaut nicht geändert werden darf. Dies gilt aber auch für Ideen und Argumentationen, die man nicht wörtlich, sondern nur sinngemäß übernimmt. Auch hier muss die Quelle angegeben werden.

Fakten, Gedanken und Ideen, die einer anderen Quelle entstammen, müssen als solche gekennzeichnet werden.

Erstellen einer Textgrundlage. Wenn Sie die Materialsuche abgeschlossen und auf Ihr Thema passende Texte gefunden haben, sollten Sie diese lesen und auf relevante Informationen hin absuchen. Wichtig ist hierbei, auf die Sichtweise des Autors zu achten und diese gegebenenfalls kritisch zu hinterfragen. Bedenken Sie auch, dass die Quelle, die Sie benutzen, einem anderen kulturellen Hintergrund entstammen kann (↗ S. 280).
Im Anschluss fügen Sie die Informationen in Form von Notizen zusammen. Um ein reines Abschreiben zu verhindern, legen Sie die verwende-

ten Texte am besten zur Seite und fassen die für Sie relevanten Punkte in Ihren eigenen Worten zusammen. Vergessen Sie aber nicht, auf die verwendeten Quellen zu verweisen. Bei Webseiten brauchen Sie die WWW-Adresse und zusätzlich das Datum, an dem Sie die Seite zuletzt aufgerufen haben. Dies ist eine Konvention geworden, weil Webseiten aktualisiert oder aus dem Netz genommen werden. Aus demselben Grund empfiehlt es sich, die Seiten, mit denen Sie arbeiten wollen, auszudrucken.

Eine elektronische Quelle sollten Sie folgendermaßen angeben: Autor, Initial des Vornamens. „Titel des Materials, Artikels, der Seite etc.". *Name der Zeitung/Publikation.* Datum des Zugriffs. <URL-Adresse>.

LÜDERS, J. „Handouts für Schüler/innen. Stylistic Devices I". 03.02.2004. <http://www.jochen-lueders.de/abitur/stylistic_devices.doc>

Wenn Sie hinreichend Material gesammelt haben, fügen Sie die Notizen zusammen und gleichen sie mit der vorher angefertigten Grobgliederung ab. Falls Sie im Vorfeld keine Gliederung angefertigt haben, sollten Sie nun eine erstellen.

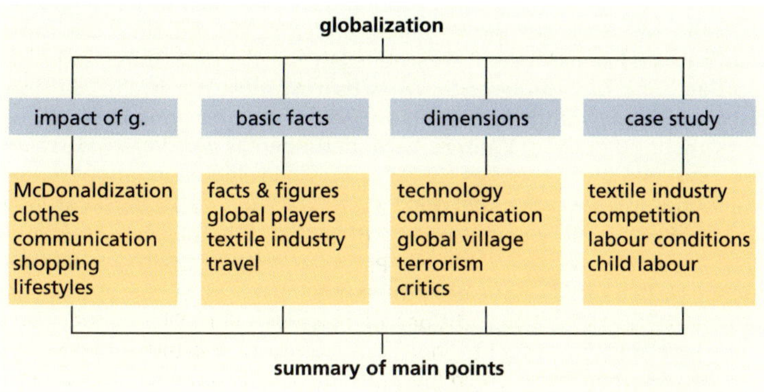

Ein **Flowchart** (Flussdiagramm) eignet sich zur grafischen Veranschaulichung von Entwicklungen oder Prozessen. Er zeigt die einzelnen Elemente und Ebenen eines Prozesses auf und setzt sie durch Pfeile und Linien miteinander in Beziehung.

Anschließend formulieren Sie – wieder in eigenen Worten und unter Angabe Ihrer Quellen – einen Text oder notieren sich Stichworte oder *key sentences* für Ihre Präsentation.

Visuelles Material

Visuelles Material kann Ihren Fließtext oder Ihre Präsentation bereichern, Ihre Aussagen unterstützen und das Verständnis des Lesers bzw. Publikums erleichtern. Bei visuellen Materialien kann grob unterschieden werden zwischen Diagrammen, Graphen, Karten, Fotos, Illustrationen und Cartoons. **Diagramme und Graphen** sind visuell aufgearbeitete Informationen, die Entwicklungen oder Proportionen aufzeigen und Zahlen zueinander in Beziehung setzen.

Zu den wichtigsten zählen: Graphen *(graphs)*, Balkendiagramme *(bar charts)*, Tortendiagramme *(pie charts)* und Tabellen *(tables)*.

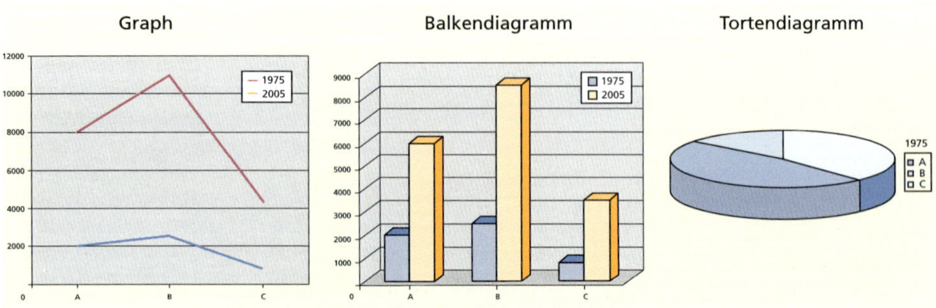

Um die Beziehungen zwischen den abgebildeten Zahlen bzw. Zahlenreihen aufzuzeigen, bedürfen Diagramme und Graphen der Erläuterung. Vokabular dazu finden Sie im Anschluss an das Kapitel.

Kartenmaterial kann dazu dienen, die geographische Lage eines Landes oder einer Region sowie deren Besonderheiten zu veranschaulichen. Darüber hinaus lassen sich mithilfe von entsprechend aufbereiteten Karten auch geopolitische Zusammenhänge aufzeigen – wie im unten aufgeführten Beispiel, das die Arbeitsmigration der islamischen Regionen darstellt. Mit Blick auf die Arbeiterwanderungen, das zeigt die Karte deutlich, sind die Grenzen zwischen den Kontinenten durchlässig geworden. Eine funktionierende Wirtschaft ist nicht nur in Europa, sondern auch in den Ölförderstaaten am Persischen Golf ohne Gastarbeiter nicht mehr zu denken. Weitere Veränderungen in der Wirtschaftsstruktur und ein zunehmendes Gefälle zwischen Industrienationen und Entwicklungsländern werden auch im 21. Jahrhundert zu Bevölkerungswanderungen und Flüchtlingsströmen großen Stils führen. Die Folgen einer solcherart globalisierten Wirtschaft werden wir auch in Deutschland in stärkerem Maße zu spüren bekommen.

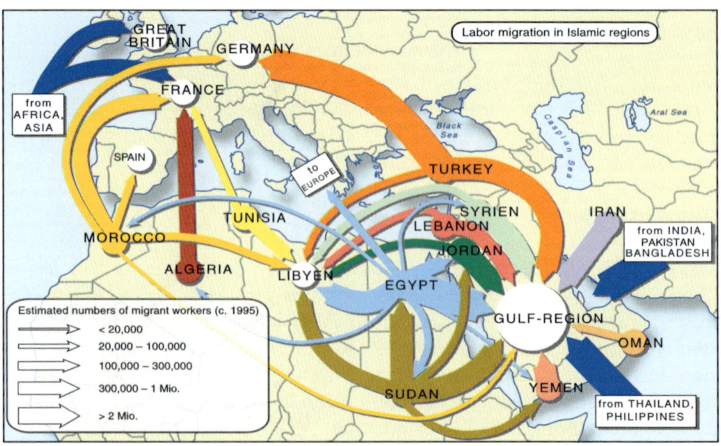

Fotos und **Illustrationen** dienen ebenfalls der Veranschaulichung des Inhalts. Wenn Sie beispielsweise unter der Themenstellung *„USA – The Salad Bowl"* die unterschiedlichen kulturellen Kontexte innerhalb der USA darstellen wollen, wäre an das Foto einer McDonald's Filiale in New Yorks Chinatown zu denken, auf dem der charakteristische McDonald's Schriftzug auch in chinesischen Schriftzeichen erscheint. Grundsätzlich sollten Sie Fotos und Illustrationen immer in Ihre Argumentation einbinden und nicht allein zu dekorativen Zwecken verwenden.

This photo is courtesy of www.theinsider.com. © 2004

Eine eigene illustrative Kategorie sind **Cartoons** (↗ S. 269) oder **Karikaturen**. Sie stellen gesellschaftliche oder politische Ereignisse auf humorvoll-überspitzte Weise dar und sind deshalb sehr geeignet, auf kontroverse Sachverhalte hinzudeuten. Auch am Anfang eines Vortrags oder einer Präsentation kann eine Karikatur oder ein Cartoon gut platziert sein – insbesondere, wenn es darum geht, die Zuhörer bzw. Zuschauer für ein bestimmtes Thema zu sensibilisieren.
Der abgebildete Cartoon zeigt eine sarkastische Sichtweise auf das Thema Globalisierung. Die Waage als zentrales Symbol dient hier nicht dem Abwägen lebloser Objekte, statt dessen werden Menschen verschiedener Hautfarbe gegeneinander gewichtet. Wie das Verhältnis der Waagschalen zeigt, ist es die wohlgenährte 4-Personen-Familie, die eine größere Gruppe Schwarzer mühelos „aufwiegt".

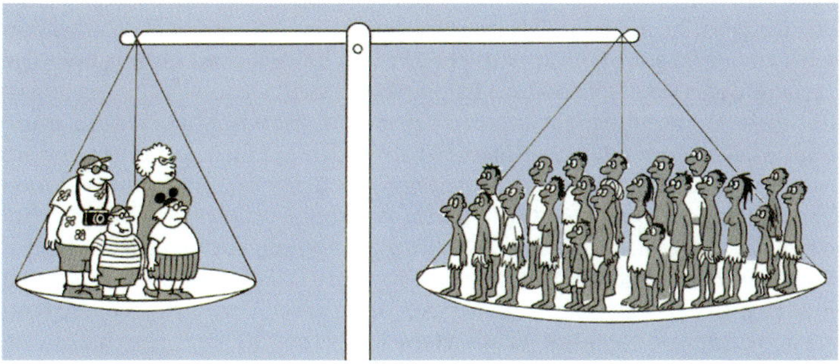

By kind permission of the artist, STAN EALES, cartoonstock.com. © 2004

Auditives und audiovisuelles Material

Tonmaterialien und Audiodateien können ebenfalls zur inhaltlichen Ergänzung und Vertiefung einer Themenstellung dienen. Auch sie sollten eine Funktion besitzen und nicht einfach zur Auflockerung eingebracht werden. Wenn Sie beispielsweise an einer Arbeit zum Thema *„Black Civil Rights in the USA"* arbeiten, bietet sich bei einem Vergleich der führenden Figuren MARTIN LUTHER KING und MALCOLM X ein Vergleich ihrer Rhetorik in Form von Redeausschnitten an.

MALCOLM X (1925–1965) war ein bedeutender US-amerikanischer Führer der Schwarzenbewegung.

Eines der besten Archive mit audiovisuellem Material bietet die BBC *(www.bbc.co.uk).* Andere Radio- und Fernsehstationen sind über *http://www.languagebox.com/Home.html* leicht zugänglich.

Eine Vielzahl an Audiodateien und Videos zur Geschichte der USA finden Sie in den Freedom Archives (http://www.freedomarchives.org).

Zu den Gestaltungsaspekten digitaler Präsentationen können Sie sich informieren unter: *http:/www.lehrerfortbildung-bw.de/werkstatt/produktion/gestaltung/gestalten.htm.*

So könnten Sie Ausschnitte aus KINGS *„I have a Dream"* und MALCOLM X' *„Message to the grassroots"* in einer Präsentation vorspielen und vergleichen (lassen).

Gleiches gilt für analoges oder digitales **Filmmaterial.** Für eine Arbeit zum Nordirlandkonflikt in Derry/Nordirland eignen sich zum Beispiel Sequenzen aus dem Archivmaterial der BBC, mit dessen Hilfe Sie die Ereignisse nachvollziehen und diskutieren können. Wichtig ist allerdings, dass Sie die technischen Gegebenheiten beachten und im Falle einer Präsentation genug Zeit für die Vorführung einplanen. Das **Internet Archive** *(http://www.archive.org)* baut seit einiger Zeit eine umfangreiche Datenbank mit frei verfügbaren Audio- und Videodateien auf. Die dort vorhandenen Dateien dürfen heruntergeladen und für nichtkommerzielle Zwecke genutzt werden.

4.2.4 Präsentation der Materialien

Für die Darbietung der Materialien stehen Ihnen grundsätzlich zwei Formen zur Verfügung: die schriftliche und die mündliche Präsentation. Die verbreitetste schriftliche Form ist die **Facharbeit** – also eine längere textbasierte Abhandlung zu einem Thema. Die Facharbeit besteht aus einem Fließtext mit Illustrationen, Fotos oder grafisch aufgearbeitetem Material wie Diagrammen, Tabellen oder Graphen. Alternativ können Sie auch eine **Arbeit in Multimediaform** erstellen, das heißt eine schriftliche Arbeit mit eingebundenen digitalen visuellen, auditiven oder audiovisuellen Materialien. Denkbar sind weiterhin Präsentationen, die mit **Präsentationsprogrammen** wie Powerpoint oder Openoffice Impress erstellt wurden, aber auch **Webseiten.** Diese ermöglichen es, Texte und Bilder mit multimedialen Formaten wie Ton- und Filmdokumenten zu kombinieren. Ein wesentliches Merkmal digitaler Präsentationen ist die Reduktion der angebotenen Textmenge: Übersichten, Systematisierungen, Listen usw. sind hier besser geeignet als lange Textpassagen. In der mündlichen Präsentation kann Ihre Arbeit die Form eines mediengestützten Vortrags einnehmen.
Die Bewertungskriterien sind für alle Formen der Präsentation in der Regel die folgenden:

- formale Aspekte, z. B. Gliederung, Zitierweise, Quellenangaben,
- sinnvolle Gliederung des Inhalts und eigene Aufarbeitung des Themas (z. B. in Form einer Problembearbeitung mit Lösungsvorschlägen und eigener Stellungnahme),
- angemessene und verständliche Darbietung des Inhalts, sinnvolle Wahl der Unterthemen,
- sprachlich angemessene Form, z. B. formaler Stil (↗ S. 168), Sorgfalt im Manuskript (keine Flüchtigkeitsfehler), angemessene Wortwahl, eigene Sprache.

Schriftliche Präsentation

Wie bereits erwähnt, ist bei schriftlichen Präsentationen zwischen textorientierten Formaten und Multimediaformaten zu unterscheiden.
Eine ausgedruckte schriftliche Arbeit hat idealerweise ein Deckblatt, auf dem das Thema der Arbeit, der Schülername, die Klasse bzw. der Kurs und das Datum vermerkt sind. Danach sollte in jedem Fall eine Gliederung folgen, in der die Kapitel und Unterkapitel mit Titel und Seitenzahl verzeichnet sind. Nummerieren Sie die Seitenzahlen Ihrer Arbeit, um dem Leser die Orientierung zu erleichtern. Die Gliederungsseite verschafft dem Leser einen Überblick über Ihre Schwerpunktthemen und gibt Aufschluss darüber, ob die einzelnen Punkte sinnvoll angeordnet sind.
Konkret könnte eine Gliederung zum Thema *„Globalization"* wie folgt aussehen:

Das Thema Ihrer **Facharbeit** sollten Sie in einem Gespräch mit Ihrem Lehrer/Ihrer Lehrerin erörtern. Abhängig von dem Schwerpunkt, den Sie gewählt haben, kann eine Problemskizze ebenso geeignet sein wie die Auswertung von Interviews oder das Verfassen eines Berichts.

Globalization

1. The impact of globalization on our lives
- 1.1 McDonald's is everywhere (Starbucks, Burger King etc.)
- 1.2 What we wear and where it comes from
- 1.3 What we wear and where we buy it from
- 1.4 Similar lifestyles nearly everywhere (international youth culture)

2. Facts & Figures about globalization
- 2.1 What makes a "global player" (examples from the textile industry)
- 2.2 Movement of capital and labour (one world)
- 2.3 Trade figures, transport and travel

Texterstellung und korrektes Zitieren. Für das Erstellen der Kapitel und Unterkapitel nehmen Sie Ihre Notizen zur Hand, modifizieren wenn nötig leicht die Reihenfolge und formulieren sie in Ihren eigenen Worten zu einem Text, den Sie an den passenden Stellen durch Fotos, Illustrationen, Diagramme etc. ergänzen (↗ S. 295). Denken Sie unbedingt daran, nach Passagen, die Sie aus einem Buch oder von einer Webseite übernommen haben, die Quelle anzugeben. Dazu führen Sie im Normalfall den Nachnamen des Autors oder Herausgebers und die Jahreszahl an:

Die Regeln für das **korrekte Zitieren** sind im Englischen ähnlich wie im Deutschen. Anders jedoch als in deutschsprachigen Texten werden englische Zitate durch hochgestellte Anführungszeichen markiert.

> The possession of handguns does not automatically mean that the house is safer. (MOORE 2001)

Wenn Sie Wörter oder Passagen wörtlich übernehmen möchten, müssen Sie diese als Zitat in den Text einbinden:

> MOORE states that the "idea that having a gun is the only way to ensure 'home protection' is a myth." (MOORE 2001)

Wenn Sie auf eine Website zurückgreifen, bei der weder Autor noch Herausgeber bekannt sind, verwenden Sie den Titel der Seite und das Datum der letzten Aktualisierung:

> Globalization has a lot of consequences, but it does not mean anarchy. The article about globalization in the online version of the newspaper *The Globe and Mail* (2001) observes that "[...] it's wrong to think greater freedom will mean fewer rules [...]".

Bildbeiträge wie Fotos, Illustrationen, Graphen etc. versehen Sie mit einer Bildunterschrift, die nummeriert wird und das Foto etc. knapp betitelt (siehe nebenstehende Abbildung).

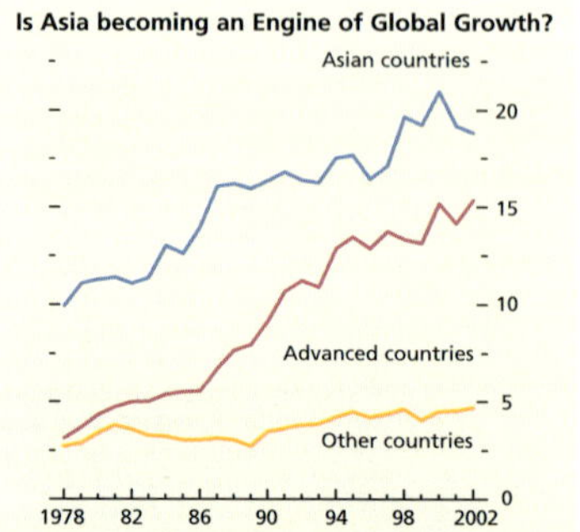

Figure 1: Emerging Asia: Exports (Percent of emerging Asia GDP) Source: IMF, Direction of Trade Statistics

Am Ende der Arbeit weisen Sie alle Quellen, die Sie verwendet haben, in der Literaturliste in alphabetischer Reihenfolge aus.
Auch Webseiten werden im „normalen" Literaturverzeichnis aufgeführt. Dies ist eine Möglichkeit, Quellen anzuführen:

a) "Decade of the Spy." *Newsweek* 7 Mar 1994:26–27.
b) Moore, M. (2001). *Stupid White Men.* London: Penguin.
c) UN Millennium Development Goals. 13 Mar 2004 <http://www.un.org/millenniumgoals/>

Nachdem Sie alle Ihre Gliederungspunkte ausformuliert haben, legen Sie die Arbeit für einen Tag beiseite und lesen Sie sie anschließend noch einmal. Prüfen Sie, ob Ihre Ideen klar genug zum Ausdruck kommen und ob die Argumentation schlüssig ist. Achten Sie auch auf Rechtschreibung, Grammatik – hier insbesondere auf Konjunktionen und Partizipialkonstruktionen – und Interpunktion. Überarbeiten Sie die Entwurfsfassung Ihrer Arbeit mindestens einmal.

Präsentationen im Multimediaformat

Die **elektronische Präsentation** ist eine „moderne" Variante der „traditionellen" Facharbeit. In ihrer allgemeinen Absicht unterscheiden sich beide Formen nicht wesentlich, jedoch stellt die elektronische Präsentation einige spezifische Anforderungen. Während es im Rahmen einer Facharbeit z. B. durchaus geboten ist, Zusammenhänge in längeren Textpassagen ausführlich darzustellen, lässt die elektronische Präsentation dies nicht zu. Sie benutzt als Ausgabegerät entweder den Bildschirm oder den Beamer – beides Medien, die für die Wiedergabe längerer Texte nur bedingt geeignet sind. Obwohl Sie auf Seiten füllende Textpassagen also besser verzichten sollten, bietet die digitale Präsentation eine Reihe von Möglichkeiten, die sich im Rahmen einer traditionellen Facharbeit nicht realisieren lassen. Dazu gehören in erster Linie die Integration von multimedialen Elementen, wie z. B. Audio- und Videodateien oder Links, ins Internet. Im Folgenden sollen zwei Formen der elektronischen Präsentation erläutert werden: Präsentationen, die mit spezieller **Präsentationssoftware** erstellt werden, und Präsentationen, die sich der „Sprache" **HTML** bedienen, also Seiten zur Veröffentlichung im Internet oder einem Intranet erstellen.

Werkzeuge zum Erstellen elektronischer Präsentationen sind z. B. Microsoft Powerpoint oder das kostenlose OpenOffice Impress. Sie erzeugen einzelne, miteinander verbundene „Folien", die eine große Vielfalt von einzelnen Elementen enthalten können. Die wichtigsten dieser Elemente sind strukturierter Text, Bilder, Tondokumente, Videodokumente und Internetlinks.

OpenOffice Impress finden Sie unter *http://www.openoffice.org/doc/howto/impress/index.html.*

Die Vorgehensweise ist bei den meisten Programmen gleich: Nachdem grundlegende Voraussetzungen wie Layout, Hintergrundfarben und Schriftarten, -größen und -farben für die Präsentation bestimmt wurden, werden die einzelnen „Folien" (Seiten) gestaltet. Dabei erhält jedes Element seinen eigenen Rahmen und kann beliebig auf der Folie platziert werden. Grundsätzlich können alle Elemente „außerhalb" des Präsentationsprogramms erstellt und dann auf die Folien gebracht werden (z. B. durch „drag & drop"). Oft werden im Präsentationsprogramm lediglich vorhandene Materialien in geeigneter Weise zusammengeführt.

Inhaltsangabe

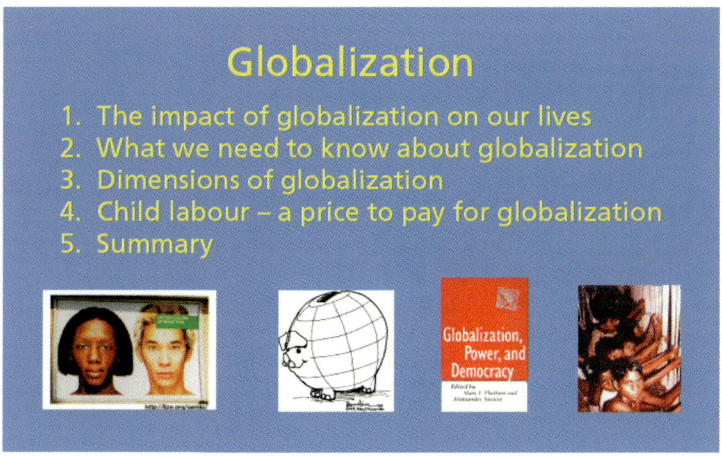

Inhaltsübersicht einer Schülerpräsentation zum Thema *„Globalization"*

HTML-Seiten *(Websites)*

Werkzeuge zum Erstellen von HTML-Seiten sind z. B. der kostenlose „Composer" als Teil von Netscape bzw. Mozilla *(http://www.mozilla.org)*, Microsoft Frontpage oder Macromedia Dreamweaver.

HTML ist eine einfache Programmiersprache. In gewissem Sinne ist HTML die „Sprache" des World Wide Web, da die weitaus meisten Seiten im WWW sich ihrer bedienen. Um ansprechende HTML-Seiten zu erstellen, sind allerdings keine großen Programmierkenntnisse nötig. Es gibt eine ganze Reihe von grafischen HTML-Editoren, die sich nicht wesentlich anders bedienen lassen als die gängigen Textverarbeitungsprogramme. Auch in HTML-Seiten können die verschiedensten Elemente eingebunden werden. Neben Text, Bildern, Audio- und Videodateien sind es vor allem die (internen und externen) Links (Hypertextprinzip), die HTML-Seiten auszeichnen. Das Vorgehen bei der Erstellung des Textes ist das gleiche wie bei der ausgedruckten schriftlichen Arbeit. Hinzu kommt bei den anderen Formaten wie Audio- und Videodateien die Frage, welche Funktion diese erfüllen sollen. Bedenken Sie, dass ein unreflektiertes Medienspektakel die Qualität einer Arbeit nicht unbedingt positiv beeinflusst. Die Quellen von Audio- und Videodateien können Sie folgendermaßen angeben:

Auch für die **elektronische Präsentation** gilt: „Weniger ist mehr." Achten Sie darauf, dass die Bilder, Audio- und Videodateien, die Sie einbinden, tatsächlich geeignet sind, Ihre Aussage zu unterstützen.

> LANE FOX, MARTHA. Interview. *BBC News* 25 July 2002. <http://news.bbc.co.uk/media/audio/381500000/rm/_38150274_martha-women-edited.ram>

Auch eine **Multimediaarbeit** muss inhaltlich und sprachlich überarbeitet werden. Hinzu kommt die technische Überprüfung der korrekten Verlinkung aller Dateien im Dokument. Stellen Sie sicher, dass alle gewünschten Dateien im Dokument vorhanden sind und dass man auf sie zugreifen kann (z. B. in einem Ordner ablegen). Bevor Sie die Arbeit abgeben, machen Sie einen Probedurchlauf, und versetzen Sie sich in die Rolle des Lesers, der auf die Dateien zugreifen will. Vergewissern Sie sich, dass die Folien bzw. Seiten auch dann gut leserlich sind, wenn sie mithilfe eines Beamers projiziert werden. Unter Umständen müssen Sie für die Projektion andere Farben und Schriftgrößen verwenden.
In die Präsentation eingebettete Dokumente – z. B. Audio- und Videodateien – müssen auch tatsächlich lokal vorhanden sein. Es nützt nichts, wenn ihr Speicherpfad auf die heimische Festplatte verweist. Sonderzeichen in Dateinamen sollten vermieden werden.

Der mediengestützte Vortrag

Der mediengestützte Vortrag ist eine Form der mündlichen Präsentation. Nicht nur im Englischunterricht, sondern auch in der beruflichen Praxis kommt ihm große Bedeutung zu.
Zu einem mediengestützten Vortrag gehören ein Handout für das Publikum, auf dem Sie die wichtigsten Aspekte Ihres Vortrags niederlegen, die Folienpräsentation in Form von OHP-Folien oder Powerpoint-Folien sowie der mündliche Vortrag selbst, der über die reine Argumentation hinaus Beispiele, Erläuterungen und detaillierte Informationen enthält.
Auf dem **Handout,** das Sie für Ihr Publikum in ausreichender Anzahl bereithalten sollten, halten Sie die wichtigsten Punkte Ihrer Präsentation stichwortartig fest. Beschränken Sie sich möglichst auf eine Seite, im Höchstfall auf zwei. Das Handout sollte übersichtlich sein und mit dem Thema der Präsentation, Ihrem Namen und Ihrer Klasse / Ihrem Kurs sowie dem Datum versehen sein. Es sollte die Gliederungspunkte Ihrer Arbeit enthalten, um den Zuhörern die Orientierung innerhalb ihres Vortrages zu erleichtern. Die wichtigsten Punkte ihrer Argumentation führen Sie in Stichworten an.

Das Handout hilft Ihnen, die Redezeit, die bei einem **mündlichen Vortrag** 10 bis 20 Minuten nicht überschreiten sollte, tatsächlich einzuhalten.

Wenn Ihnen ein Zitat zentral erscheint, können Sie es unter Angabe der Quelle ebenfalls anführen. Unten auf der Seite geben Sie Ihre Quellen an, auch sind Vokabelannotationen meist angebracht. Für das Thema „Globalisierung" könnte ein Thesenpapier folgendermaßen aussehen:

Handout/Thesenpapier für eine mündliche Präsentation

Case study: the garment industry
- British consumers spend £23 billion a year on clothes – £400 per person
- the clothes market is dominated by a small number of large retail chains
- the number of jobs in British clothes factories has fallen rapidly in recent years, as companies relocate to cheaper countries
- clothes are getting cheaper
- the downward pressure on prices lies at the heart of globalization
- in the late 90s daily wages in the garment industry in Indonesia were 35p and in Bangladesh 63p for a 12-hour working day
- at the same time a worker in the British textile industry got nearly £ 50 for an eight-hour working day

(cf. http://www.cafod.org.uk/archive/policy/garment_industry.shtml)

Ein weiterer Teil Ihres Vortrages ist die **Folienpräsentation,** die sich von Ihrem Handout im Normalfall durch ihren Umfang unterscheidet. Wenn Sie nur einen Overhead-Projektor zur Verfügung haben, bereiten Sie Ihre Folie als Word-Dokument vor, das Sie anschließend als Folie ausdrucken bzw. kopieren. Achten Sie hierbei auf eine ausreichend große Schrift (14 pt oder größer, abhängig von der Schriftart und dem zur Verfügung stehenden Raum). Nummerieren Sie Ihre Folien, damit Sie schnell die richtige finden, falls sie durcheinander geraten. Beschränken Sie sich auf Stichworte bzw. kurze Sätze für Ihre Folien, die das Wichtigste zusammenfassen, aber auch inhaltliche Bezüge erkennen lassen. Dazu können Sie Symbole verwenden, wie z. B. Pfeile oder Anstriche.

Eine **Powerpoint-Präsentation** beginnen Sie mit einem Deckblatt, auf dem der Titel der Präsentation, Ihr Name, Ihre Klasse bzw. Ihr Kurs und das Datum vermerkt sind. Was das Layout der Präsentation betrifft, so können Sie entweder eine Vorlage wählen oder selbst eine Farbgebung und andere Gestaltungselemente bestimmen. Achten Sie jedoch darauf, dass Ihre Folien gut lesbar sind. Zu viele Informationen auf einer unübersichtlichen Folie verwirren die Zuhörer. Wählen Sie lieber kurze, prägnante Punkte und erklären Sie sie mündlich. Wenn Sie Audio- und Videodateien in Ihr Powerpoint-Dokument einbinden möchten, müssen Sie die Dateien in einem gemeinsamen Verzeichnis speichern. Probieren Sie vorher unbedingt aus, ob die Verlinkung funktioniert. Grundsätzlich gilt wie bei der schriftlichen Präsentation, dass Illustrationen, Audio- und Filmmaterial eine Funktion erfüllen müssen.
Die wichtigste Komponente Ihrer mündlichen Präsentation ist Ihr **Vortrag** selbst, denn er hält die Hilfen in Form von Folien und Handout zusammen und macht sie verständlich. Folgende grundsätzliche Punkte sollten Sie bei der Vorbereitung beachten:

- Notieren Sie sich in Stichworten oder kurzen Sätzen die wichtigsten Gedanken (z. B. auf einer Karteikarte).
- Fügen Sie die Hauptpunkte Ihrer Argumentation sowie Beispiele, Erläuterungen oder Fallbeschreibungen ein.
- Auch die Beziehungen zwischen den Argumenten sollten Sie in ihre Notizen aufnehmen.

Noch ein Hinweis: Machen Sie nach der Fertigstellung Ihrer Notizen einen Probedurchlauf, damit Sie Ihren Zeitbedarf einschätzen können.

Eine Karteikarte für das Thema *„Globalization"* könnte so aussehen:

Introduction: The impact of globalization on our lives
- show photograph "McDonald's"
- ask students to comment on what they see
- facts on what some people call "McDonaldization"
- more examples (same shops in all big cities, internet, MTV etc.)

Der mündliche Vortrag

advance organizer = Vorstrukturierung, die dem Inhalt vorangestellt wird, um dem Leser/Zuhörer die Orientierung zu erleichtern

Bei der Präsentation Ihrer Materialien beginnen Sie mit der Nennung des Themas und geben einen Überblick über die Gliederung. Haben Sie keine Bedenken, dass Ihre Zuhörer durch eine Wiederholung gelangweilt werden; Sie helfen Ihnen damit, indem Sie ihnen Kategorien vorgeben, in die sie das neue Wissen leichter einordnen können.

Denken Sie daran, für die Zuhörer unbekannte Wörter im Vorfeld oder bei ihrem Auftreten im Vortrag zu erklären. Sprechen Sie klar, deutlich und vor allem frei, das macht Ihren Vortrag lebendiger und erleichtert den Zuhörern, Ihnen zu folgen. Machen Sie Pausen, um den Zuhörern eine Chance zu geben, über das Gehörte nachzudenken. Pausen dienen auch dazu, ein Unterthema oder einen Gedanken als abgeschlossen zu kennzeichnen. Halten Sie Blickkontakt, denn so können Sie die Reaktionen Ihrer Zuhörer erkennen und sich angemessen verhalten, z. B. bei Unverständnis den letzten Punkt wiederholen. Versuchen Sie nicht, witzig zu sein, denn das kann eine gegenteilige Reaktion hervorrufen.
Zum Schluss Ihrer Präsentation sollten Sie zu einer Schlussfolgerung oder kurzen Zusammenfassung der Hauptpunkte kommen. Danken Sie dem Publikum für die Aufmerksamkeit. Im Anschluss daran ermutigen Sie Ihre Zuhörer, Fragen zu stellen oder Ihre Ausführungen zu kommentieren. Wenn Sie auf eine Frage keine Antwort wissen, bluffen Sie nicht, sondern sagen Sie, dass Sie im Moment die Frage nicht beantworten können. Bieten Sie an, in Ihren Unterlagen nachzusehen oder Nachforschungen anzustellen und die Antwort nachzuliefern. Dies müssen Sie dann allerdings auch tun.

Vocabulary

general vocabulary
to research the internet
to do library research
to retrieve information (on the internet)
to compile information
to make a presentation
to give a talk (about)
to distribute a handout

media
tape recorder, video recorder
to stop the tape, to rewind, to forward, to pause
screen, monitor, computer
PowerPoint presentation, slide show, slide
to open/play an audio/a video file
photo, illustration
handout

written presentation
cover sheet
table of contents
chapter/subchapter
caption
bibliography

statistics
table, grid
figure
percentage
bar chart, pie chart, flow chart
line graph
organigram (mit Illustrationen)

developments
to decline/to fall by 40 %
to plummet/to plunge
to rise/grow/increase by 67 %
to rocket/to soar

pie chart
The chart deals with/is about …
The chart shows/represents/reveals …
The whole circle stands for …
It is divided into x segments that represent …
The segment(s) stand(s) for …

maps
road map
city map
physical map
thematic map

legend/key
symbols
scale: to be scaled down on a map

In	January, 1998	sales expenditure on advertising India's GDP	grew rose increased ——— fell decreased	slightly. slowly. steadily. quickly. dramatically. significantly. (…).

Sales World growth (…)	remained ——— steadied levelled off fluctuated dipped	steady unchanged the same	in February. in 1999. in the second quarter.

From 1987 to 1997,	expenditure sales profits	declined increased rose fell	by	10 %. 23 billion dollars.

From 1987 to 1997,	profits losses	in Europe	doubled. tripled. multiplied by 5. halved.

4.3 Anglophone Kulturräume

4.3.1 Der britisch-irische Kulturraum

British History

The first settlers to the island of Britain arrived during the **Old Stone Age** (Palaeothic period) and were hunter-gatherers. By the time the end of the last Ice Age had separated the country from Europe around 5 000 BC these settlers had been joined by others from mainland Europe, but it was not until the **New Stone Age** (Neolithic), that settlement by members of Indo-European tribes brought the introduction of organized agriculture and more complex social structures to the island. Evidence of their culture is mainly gained from burial sites, known as barrows.
Around 1850 BC Britain was settled by the **Celto-Ligurians,** a people who originally came from the area of what is now France and Germany. They brought with them the knowledge of bronze-working and are referred to as the Bell-Beaker culture. Perhaps the best example of their complex religious beliefs is provided by the site at **Stonehenge** on Salisbury Plain, where great stones were set up in the form of a double circle. Mystery surrounds both the purpose of Stonehenge, which appears to have been at least partly astrological, as well as the construction, as these enormous stones appear to have been transported from Wales to Salisbury.

Further Celtic invasions followed in 1500 BC and between 1000 and 500 BC. This last settlement brought the **Belgae** – a tribe based in Gaul – to Britain. Only in Scotland did the older Celtic culture survive under the **Picts** and the Scots. JULIUS CAESAR's two expeditions against Britain in 55 and 54 BC were both made to punish the British Belgae for helping their fellow Celts in Gaul in their battles against the Romans. However, although victorious against the Celtic King CASSIVELLAUNUS, CAESAR showed no interest in conquering the island and left after receiving the promise of a tribute to Rome.

The Roman Invasion

It was not until AD 43 that the Emperor CLAUDIUS undertook the complete invasion of the country. By the time of the reign of the Emperor HADRIAN (117–38), despite one major rebellion under the Queen of the Iceni, BOUDICCA (61 AD), the Romans had advanced up to what is now the border between England and Scotland.

Hadrian's wall: To protect the south from attacks from the Picts and Scots a 117 km long fortified wall was built from what is now Wallsend-on-Tyne to Bowness-on-Solway.

Hadrian made the decision not to invade Scotland as there were few natural resources, the climate was too cold and the Picts and Scots too warlike to become part of the Roman Empire. Despite the cold climate, Roman culture spread easily in Britain. Excellent examples of Roman culture can be found today in the Roman baths in Bath, Avon (Aquae Sulis), where both Celtic and Roman Gods were worshipped in the temple and the Multiangular Tower in the military capital York (Deva). However, with the increasing strength of the attacks by Germanic tribes on the Roman Empire, Britain was thought to be too difficult to hold and in 410 AD the Roman legions left the province. During the Fifth Century the island was under constant attack by the Germanic tribes of the **Angles, Saxons** and **Jutes** and the inhabitants were slowly pushed back into the North and West, where in some areas, particularly in Wales, their language survives to this day. The Anglo-Saxons were converted to Christianity by SAINT AUGUSTINE in the 7th century and it was only then that ordered cultural life and contact with the continent was re-established. A new cultural order, based around the monasteries, sprung up as is shown by the work of the historian and theologian BEDE, (672–735).

The Norman Conquest

After this, Anglo-Saxons and Vikings lived in relative peace up until the death of the Saxon King, EDWARD THE CONFESSOR (1042–66). EDWARD died childless and the crown was contested by both the Norman Duke WILLIAM and HAROLD OF WESSEX. William invaded England in 1066 and beat and killed Harold at the **Battle of Hastings.** Although the Normans brought French culture to England, for a long time their major influence was only felt in the ruling class and the integration between the invaders and the Anglo-Saxon was slow. Even the local administration, the division of the counties and the law remained basically untouched. The high point for the English Kings was reached under HENRY II. (1154–59), who held most of western and central France and also conquered Ireland and Wales. His two sons RICHARD THE LIONHEART (1189–99) and JOHN LACKLAND (1199–1216) succeeded HENRY, but neither of them could build on the success of their father; RICHARD was only interested in the Crusades in the Holy Land and JOHN managed not only to lose most of his territory in France, but was also forced to give up certain rights to the barons in England when he signed the **Magna Charta,** which some see as

The events surrounding WILLIAM's invasion are shown in the **Bayeux Tapestry,** which could be described as one of the world's first comic-strips.

the beginning of the institution of a parliament in England. Under Edward I. (1272–1307) and Edward II. (1307–27), the organization and power of the parliament became even more established. A division between an upper house of parliament – **House of Lords** – and a lower house – **House of Commons** – was made, their most important function being the right to give the monarch money through taxes. This meant that when a war was on, the king had to call parliament to raise money. Therefore in the 100 years war between England and France parliament grew particularly powerful.

The War of the Roses (1455–1485)

The life of the peasantry was also worsened by the long **War of the Roses,** which began in the reign of Henry VI. and lasted nearly thirty years. This was a conflict between the rival houses of York and Lancaster over which family should provide the ruler. The war was hotly fought and was only brought to an end by the victory of Henry Tudor, who was supported by the House of Lancaster, over Richard III. of York, at Bosworth Field in 1485.

The Tudors and the Reformation

Henry VIII. initiated the Reformation of the church in England.

Henry VII. (1485–1509) strengthened English rule in Ireland and gained influence in Scotland by arranging the marriage of his daughter Margaret to the Scottish King James IV. Through a frugal economic policy he stabilized the Engl-ish finances. This good work was to a large extent undone by his successor, Henry VIII. (1509–47) At the centre of Henry's interest was, however, the succession. After a long marriage to Catherine of Aragon had pro-duced only one daughter, Mary, Henry pressed the Pope for an annulment of the marriage. When the Pope refused, Henry declared himself head of the Church of England (Supreme Head Act 1534) and the English Reformation began. Also involved in this conflict was the great philosopher and author of **Utopia,** Sir Thomas More, who attempted to advise Henry in the matter. In contrast to the Reformation elsewhere, many Catholic elements were retained, although Henry closed the monasteries and confiscated their land. This brought him money in the short term but also strengthened the landed gentry who bought the land off him. After his second marriage to Anne Boleyn had also only produced a daughter, Elizabeth, Henry ordered his wife's execution on the grounds of unfaithfulness. Four other marriages followed, but only one son, Edward, was born and he was a sickly child who ruled only six years until 1553, yet it was under Edward that the English Protestant (Anglican) church was first set up. He was succeeded by Mary (1553–58), who attempted to reintroduce Catholicism and make an alliance with Spain, both measures of which made her unpopular.

The "Golden Age" of Elizabeth I.

During the reign of Elizabeth I. the break from the Catholic church was made again and England's conflict with Spain was heightened by the fight over access to the North and South American colonies where both

countries had begun settlements and were looking for natural resources. The continuing arguments eventually led to an open war which culminated in the Spanish attempt to break the English naval power by sending a huge fleet, called the **Armada** (1588). This fleet was beaten by the smaller and quicker English ships under the command of Sir FRANCIS DRAKE and the domination of the world's seas, which was to last until well into the 20th century, began. Under ELIZABETH (1558–1603) English art, Literature and Architecture flourished, its most famous cultural figure being WILLIAM SHAKESPEARE (↗ S. 240).
ELIZABETH's claim to the throne was threatened at various times during her reign, most famously by the Scottish Queen MARY II. of the **House of Stuart,** who was more directly related to HENRY VII. than ELIZABETH. Fortunately for ELIZABETH, MARY lost her throne after a rebellion of Scottish Lords and was forced to flee to England in 1568. ELIZABETH imprisoned and eventually executed her in 1587. However, as she herself remained childless, when she died, the throne passed to MARY's son, JAMES who had held the throne in Scotland since 1566.

MARY I. OF SCOTLAND (1542–1587) is perhaps the best known of the Scottish monarchs, partly because of the tragedy of her life.

The Stuarts

The personal union between Scotland and England meant that JAMES was JAMES I. of England from 1603 to 1625 and JAMES VI. OF SCOTLAND from 1566 to 1625. Under JAMES the Catholics had hoped for a more tolerant government but their hopes were soon disappointed as James decided to continue the pro-protestant policies of ELIZABETH. Catholic dissatisfaction resulted in an attempt to blow up the Houses of Parliament while the King was there. The **Gunpowder Plot** (1605) was, however, discovered just in time. Since this time the British celebrate the plot's failure every year on November 5th by burning an effigy of one of the main plotters, GUY FAWKES, and letting off fireworks. JAMES was interested in all elements of the afterlife and it was under his command that the official English translation of the Bible was undertaken.

It was also during his reign that disaffected protestants, travelling on the **Mayflower** in 1620, founded the first lasting colonies in North America at Cape Cod. Dependent on Parliament, which by this time had the right to agree or refuse the monarch taxes, James increasingly came to believe in the right of monarchs to rule absolutely **(the Divine Right of Kings)** and his relations with both the Lower House (House of Commons) and the Upper House (House of Lords) deteriorated and after some time he refused to call Parliament at all. His son, CHARLES I. (1625–1649), therefore faced a suspicious Parliament when he took over. They tried to make the King agree to regular parliamentary sittings in exchange for the approval of new funds (**Petition of Right** 1628).

The English Civil War and the Protectorate (1642–1660)

The **English Civil War** (also sometimes described as the English Revolution) split families and loyalties throughout the kingdom. After initial setbacks the reorganized parliamentary forces under Sir THOMAS FAIRFAX and OLIVER CROMWELL eventually gained the upper hand and although royalist resistance continued up until 1649 they had effectively won the conflict by 1645 and CROMWELL emerged as the political leader on the parliamentary side.

The period that followed is characterized by a militarily strong country in which extreme Protestantism, known as **Puritanism** gained the upper hand. As a result, churches were stripped of their wealth, plays and public entertainments were forbidden (↗ S. 243) and any sign of Catholic rebellion, such as the uprisings in Ireland, brutally repressed. In the Americas the English expanded their colonial interests, gaining Jamaica in 1655. Ruling increasingly without Parliament, CROMWELL made himself Lord Protector and the country became a **Commonwealth.**

The **Puritans** wanted to purify their national church by elimirating every shred of Catholic influence.

The Restoration

CHARLES II. (1660–85) sympathized fairly openly with the Catholic minority and passed a number of acts against Puritan groups, notably the **Act of Uniformity** of 1662. Parliament responded by introducing the Test Acts in 1673, which restricted the rights of Catholics to inherit and hold office. They also introduced the **Act of Habeas Corpus** in 1679 which ensured rights for accused prisoners.

Two major disasters occurred during his reign namely the **Great Plague** of 1665, in which large numbers died and the **Great Fire of London** in 1666 which, although it destroyed large parts of the old city, at least put an end to the unsanitary housing which had helped to cause the plague. A long-running war against Holland, beginning in 1665 and lasting, with interruptions, until 1674, was eventually decided in England's favour with the result that the English colonies on the east coast of North Am-erica expanded considerably, New Amsterdam becoming New York.

As a result of the **Great Fire** large parts of London had to be rebuilt. Much of the planning was undertaken by the architect of the new St. Paul's Cathedral, Sir CHRISTOPHER WREN.

Great Britain Becomes a World Power

Under ANNE (1702–1714), the Kingdoms of Scotland and England were at last united in the **Act of Union** in 1707 and it is from this point onwards that one refers to the country as **Great Britain.** A successful war against France, that which culminated in the Peace of Utrecht in 1713, both established Britain as a major power in Europe and the Mediterranean, where Gibraltar was gained, and ensured British dominance in the North American sphere.

The Georgians

ANNE was succeeded by the Hanoverian King, GEORGE I. in 1714, but increasingly the power within the state began to devolve towards the prime minister. ROBERT WALPOLE's policy (Prime Minister from 1721–42) under GEORGE I. and his successor, GEORGE II. (1727–1760) was one of peace, so that Britain could digest the gains of the Treaty of Utrecht and restore the overstretched finances. This meant disengagement from the European continent and, consequently, a chance for France to recover. The French were subsequently faced three times within the space of 19 years, the final confrontation being in the **Seven Years War** (1756–1763), where Britain fought on the side of Prussia and FREDERICK THE GREAT. The resulting **Treaty of Paris** in 1763 confirmed Britain's role as the leading colonial and naval power and gained them the whole of Canada.

The American War of Independence

Britain's colonial status was shaken by the loss of the North American colonies with the exception of Canada, after a war which lasted from 1775–1783. Basically, the conflict developed due to the reluctance of the colonists to pay taxes used to finance British troops on the continent. As a result of the violence of the war, a call for a complete break from Britain was soon made. With French aid the colonists were victorious and the **Treaty of Paris** in 1783 resulted in the shifting of British colonial interests to India and to the African continent.

The Industrial Revolution

The **Enclosures Act** caused an increased urbanization of the workforce and this was accompanied by an astonishingly rapid technological development.
Vast social problems, which the government seemed ill-equipped to deal with, were the result of the speedy revolution in industry.

The invention of the steam engine in 1769 and the „spinning Jenny" caused the development of a flourishing manufacturing industry.

European Policy in the 19th Century

Great Britain's attitude towards the continent in this period is characterized by the policy of **Splendid Isolation.** However an interest in keeping the balance of power in Europe meant that Britain could not always stay on the sidelines.
Although with the accession of QUEEN VICTORIA (1837–1901), ties were cut with the Kingdom of Hanover, as a female could not be ruler there and thus British interest in German affairs was reduced, continued British presence in the Mediterranean meant that Britain was continually concerned about possible expansion by other powers into these areas. The increasing feebleness of the Turkish Ottoman Empire meant that the Russians, in particular, began to see the possibility for such an expansion.
The **Crimean War** (1854–56) resulted in the **Paris Treaty** of 1856 in which Russia was made to accept the Black Sea as a neutral area. The late 18th and the 19th Century also brought the largest expansion of the British Empire.

The First World War

Relations between Britain and Germany did not grow better under the government of GEORGE V.'s (1910–1936) Prime Minister ASQUITH. However, with the outbreak of the **First World War** in 1914 some circles in Britain originally favoured neutrality. But with the invasion of Belgium by German troops and the consequent British reaction, promising to protect Belgian neutrality, the country entered the war.

The French fortifications at Douaumont played an important role in the **Battle of Verdun,** which began in February 1916, and resulted in more than 250,000 deaths.

The **British Expeditionary Force (BEF)** was sent to fight on the Western Front, though their numbers were not as high as the French contingent on the front. The horrors of trench warfare and the static front were expressed by poets such as **RUPERT BROOKE.** By the end of the war a strong feeling that Britain should not involve itself in Europ-ean wars was felt in many sections of British society.

The Inter-War Years

The Liberal Prime Minister, LLOYD GEORGE, who was Britains representative at the preparatory negotiations prior to the **Treaty of Versailles** (1919). Like the French, the British population was very much under the impression that the Germans must somehow pay for the war and thus raised little objection to French reparation claims, though LLOYD GEORGE later regretted his agreement on this point and Britain then supported both the Dawes and Young Plans designed to lighten the burden of reparations. Britain gained the major part of Germany's southern African colonies as a result of the treaty and in following treaties gained mandates over Egypt (until 1922), Palestine (until 1948), Jordan (until 1929) and Iraq (until 1932). The reduction of the German navy and merchant shipping also ensured Britain's sea power. In **Ireland** there were repeated attacks on British authority, instigated by Irish nationalists under SINN FEIN. This problem was provisionally resolved by the creation of The Republic of Ireland.

The **Great Depression** of the 20s hit Great Britain hard. Mass unemployment and strikes were the result. This social unrest weakened both Liberal and Tory parties and saw the rise of the Labour Party. The last Liberal government left office in 1922 and the British political landscape since then has been dominated by Labour and the Conservatives. Under Labour's RAMSAY MACDONALD (1929–31, Labour government, 1931–35 Government of National Coalition), the govern-

ment attempted to halt the depression by raising taxes, devaluing the Pound and raising customs tariffs on imports. The British Empire was also reformed: the Dominions (Canada, Australia, New Zealand, South Africa) gaining equal legal foot-ing with Great Britain and a Common-wealth of Nations replacing the old Empire in 1931. The British monarchy was shaken by the decision of King EDWARD VIII. (1936) to abdicate the throne in order to marry the divorcee WALLACE SIMPSON. He was succeeded by his brother, GEORGE VI. (1936–52). The reaction to the rise of National Socialism in Germany was one of caution. Both the Conservative Prime Ministers BALDWIN (1935–1937) and CHAMBERLAIN (1937–1940) advocated a policy of **appeasement** towards HITLER's territorial claims. There was a general recognition in Britain that the injustice of the Treaty of Versailles was obvious and that German claims should be taken seriously. Only in the **Naval Agreement** of 1935 had Britain seriously attempted to limit Germany's military might.
CHAMBERLAIN's appeasement policy culminated in the **Munich Conference** (1938), in which he agreed to the Sudetenland being given to Germany. The ineffectiveness of this policy was made clear the following year with the occupation of the rest of Czechoslovakia by HITLER's troops and the British finally responded by guaranteeing Polish independence (31.05.1939).

The Second World War

After HITLER launched his attack on Poland, Chamberlain and the French reacted on the 3rd of September 1939 by declaring war on Germany. However, no direct military intervention followed, and a period known as the **phoney war** ensued, in which no real military action on land between the Allies and the Germans took place. This period was broken by the German invasion of Denmark and Norway in spring 1940. Britain's military failure in Norway caused CHAMBERLAIN's resignation and his replacement by WINSTON CHURCHILL who led a National Coalition government.
After the defeat of France and Britain's withdrawal at **Dunkirk,** CHURCHILL's main aim was to ensure that the US and the USSR entered the war. A German attempt to prepare for an invasion in 1940 was beaten off in the air **Battle of Britain,** but Britain still remained incapable of facing Germany on its own. With the entry of the US and the USSR into the war the outcome appeared assured and British victories in North Africa in 1943 and the invasion of France with Americ-an Forces in 1944 confirmed this. However, the economic cost of war in the form of debt was huge for Great Britain and meant the abdication of great power status.

WINSTON CHURCHILL (1874–1965) is best known as prime minister of the United Kingdom during World War II.

The Post-War Period

The concentration of the economic status of the mother country, as well as the democratic ideals that came out of the Second World War led to the final dissolution of the British Empire; beginning with India in 1947 the British gradually granted independence to virtually all of their colonies, retaining only a number of islands such as the **Falklands** in the

South Atlantic and **Hong Kong,** although the Commonwealth remained in existence. This process was already well under way when ELIZABETH II. became Queen in 1952. Economically, Britain began to recover from the war by the end of the 50s and MACMILLAN's phrase "You've never had it so good", appeared to confirm the Conservative policy. The Conservative supremacy was, however, broken in 1963 when they were hit by a number of scandals, the most famous being the **Profumo Affair** in which a high-ranking minister visited call-girls who had also had relations with the Russian Ambassador.

Up to present day

MARGARET THATCHER was the country's first woman Prime Minister, and became the longest serving British Prime Minister of the 20th century (1979–90).

The Conservative victory of 1979 brought MARGARET THATCHER to power. THATCHER believed that the major problems of the British economy were based on the lack of freedom for the individual businessman and instituted a policy of privatisation of all national industries, a cutting of union power and the lowering of taxes. This was described as **monetarist** economic policy. The social results of this policy were fairly disastrous, with the closing of many industries and widespread strikes. THATCHER was able to weather the situation and win the election in 1983 due to the successful outcome of the **Falklands War** in which British troops defeated an Argentine invasion in 1982, and due to divisions within the Labour Party, part of which split off to form the **Social Democratic Party.**
An economic recovery began to make itself felt and this enabled THATCHER to win a further election in 1987. However, her proposed **Poll Tax** in which every household was supposed to pay a flat rate for public services, and her opposition to the European Union caused a rebellion by Conservative MPs and she was forced to stand down in 1990. Her successor, the Conservative JOHN MAJOR (1990–1997) continued her economic policies to a large degree, dispensing, however, with the Poll Tax in 1991. Like THATCHER, he sought close contact to the US and British troops took part in the first **Gulf War** of 1991. Divisions over Europe, sex scandals and increasing dissonance amongst the ranks contributed to the Tory defeat in 1997. The new Labour Prime Minister, TONY BLAIR promised a return to a more socially aware, centre government, but Thatcherist economic policy continued. Although the problem of unemployment is at present largely solved, wages remain low and prices comparatively high. BLAIR has also continued the policy of closeness to the US, though this has recently (2004) caused him considerable political difficulty.

4.3.2 Der nordamerikanische Kulturraum

American History

The first successful English colonists of the United States founded their first colonial town at **Jamestown,** Virginia in 1607. The main economic basis was agriculture and many plantations, producing tobacco and rice sprung up. The other main source of trade was slavery. The following **English colonies** were, technically speaking, also directly under the King

of England's control, but practically they operated independently from the King and from one another. The famous **Pilgrim Fathers,** for instance, who founded their colony at Plymouth in 1620, left for America because of religious differences between them and the King's Anglican Church which they believed to be too Catholic. The Puritans believed they could find the religious freedom they had not received in England. The new colonists did not prepare themselves very well for life in the new colony and many had no idea what awaited them when they arrived. Within three months over half of them were dead.
These rather naive people were only able to survive through the help of the people who had always lived in America – the American Indians. The Americans commemorate the help given by the Indians on Thanksgiving holiday.
Particularly in the Boston area from 1630 onwards they introduced a strict protestant church which feared above all the influence of witches. Thus at the Salem witch trials many so-called witches were tried and executed. A further impetus for colonists, besides the religious motive, was provided by the bad economic situation in England at the time. The English government also found the American colonies useful as places to send convicted criminals. Businesses and companies hoping to make a profit from the new countries founded many further colonies. The crown was interested in the colonies be-cause of the taxes they received from the companies and because they wanted to counter French and Spanish expansion in the area. In return for the taxes, the English government promised to protect the colonists from attacks by the Indians and the French and Spanish.

i

The centrepiece of the contemporary American **Thanksgiving** is a dinner, starring a large roasted turkey.

The Colonies Grow

By 1680 the population on the East coast had risen to 160,000. The English were not here alone, however, and an increasing amount of Irish, German and above all Dutch colonists mixed with them. In fact the Dutch founded the city of New Amsterdam in 1625 and this town only became an English settlement and changed its name to New York in 1664.

i

This engraving shows a view of New Amsterdam in 1614.

Canada in the north and Louisiana were originally colonized by the French in 1608 and it was not until 1763 as a result of the Seven Years War that Britain gained complete control over Canada and all of Louisiana east of the Mississippi.

Increased Taxation Leads to Unrest

Although the prestige won as a result of the war had been great, the cost had been extremely high for Britain and so an attempt was made to increase the taxation of the colonists to pay for their further protection. Although the colonies practically governed themselves at this time, the one area in which the British always attempted to interfere was in the sphere of taxation. The colonists began to get increasingly angry with the British for, on the one hand demanding higher taxes, and on the other not giving them any representatives in the British parliament. The first two important taxes which the colonists objected to were the taxes on sugar introduced by the **Sugar Act** of 1765 and the tax on the stamping of all official documents in the Stamp Act, also from 1765. Great protests were made, in particular by a group known as the *Sons of Liberty* and, as a result, the British government withdrew these taxes. However, this did not solve the problem from the British point-of-view as they were still in the situation of having to finance an ever-growing Empire.

The replica of the Boston tea party houses a museum which illustrates the most significant event leading to the American Revolution.

In 1767 a further attempt was made to ease Britain's tax burden by raising new taxes in the American colonies with the **Townsend Acts,** which introduced duties on tea, paper, glass and lead exported from Britain to the colonies. This was again followed by unrest in the colonies. The British military presence was increased as a result, particularly in Boston, where the situation culminated in the Boston Massacre of 1770 in which three demonstrators were shot by British troops. Subsequently the Townsend Act was repealed, but the duty on tea remained. The hatred of this duty led to the famous **Boston Tea Party** in 1773, in which colonists disguised as Indians (to avoid detection) boarded ships and dumped their cargo of tea in to the harbour.
The British responded with two acts, the first, the **Coercive Acts,** closed the Boston harbour until the tea was paid for and the second ensured that representatives of the King gained important positions on the town councils and in the courts.

In 1774 colonial representatives met in Philadelphia in the first Continental Congress to discuss the "unhappy state of the colonies". At this point in time almost none of the colonies were seeking independence from Britain. They just wanted their complaints against British policy heard. They therefore put together a petition, which they sent to the British government calling for the withdrawal of the Coercive Acts. However, as a result of this Congress, the Association was formed; a body that should ensure that a boycott of British goods was upheld. This provided a breeding ground for opposition to the crown. The British were not prepared to compromise. On the 18th of April the British General Gage sent troops to Concord near Boston to arrest two well-known opponents of the Coercive Acts, SAMUEL ADAMS and JOHN HANCOCK. At Lexington, outside of Concord they were met by 50 colonists with guns. There was an exchange of fire and the British were forced to retreat back to Boston. The American War of Independence had begun.

The American War of Independence

The Second Continental Congress in 1775 gave General GEORGE WASHINGTON the command over the colonial troops, but it was not until the 2nd of July 1776, as a result of the pressure that came from the publication of TOM PAINE'S pamphlet *Common Sense,* under the chairmanship of THOMAS JEFFERSON, that a declaration of independence from Britain was delivered by Congress.

GEORGE WASHINGTON was Commander-in-Chief of the colonial armies in the American Revolution and subsequently first President of the United States (1789–97).

WASHINGTON's military task was made easier by the incompetence of the British Generals BURGOYNE and CORNWALLIS. Their defeats at Saratoga (1777) and Yorktown (1781) forced the British to sign the Paris Peace on the 3rd of September 1783 in which they recognized the independence of the United States.

The US Constitution Is Drawn Up

Originally a loose union of confederate states (a result of the **Acts of Confederation** of 1781) known as the United States of America was formed that stretched from Florida in the south to Canada in the north, the latter remaining a British colony. A constitution drawing from the ideas of the British philosopher JOHN LOCKE, was formulated in 1787. This provided the first President, GEORGE WASHINGTON (1789–97) with far-reaching powers whilst keeping a large degree of federal independence.

Further Expansion Westwards

The two main political parties of the time were the Federalists (originally under WASHINGTON) and the Democratic Republicans, who in the following years attempted to follow the examples of the French Revolution. However, once they gained power in 1801 under THOMAS JEFFERSON, this party followed similar policies to the Federalists, namely an isolationist foreign policy and an expansion of the nation westwards, the **Louisiana Purchase** increasing the territory of the United States up to the Rocky Mountains. Further settlement of the West led to increasing conflicts with the native Indian population. The latter being gradually restricted to smaller and smaller areas of the continent in reservations, which were basically barren in which no white person wanted to live.
In the South the growing cotton industry called for a labour force. This was found in the form of slaves thus creating a large black population.

The Industrial Revolution

This emblem depicts the contemporary protest against slavery.

The industrial revolution in the US also led to an expanding America: Florida was taken from the Spanish in 1819, Texas in 1845, and in the Mexican War (1846–48) the US gained Oregon. A further impetus for settlers was caused by the discovery of gold on the west coast, leading to the famous Gold Rush of 1848, which brought about the acquisition of California in 1850. By the 1850s an increasing split in political and social attitudes between North and South was beginning to make itself felt. In 1808 Congress had abolished the slave trade with Africa and the journalist WILLIAM GARRISON in the *Liberator* had swung public opinion in the North against slavery during the 1830s, which had resulted in the outlawing of slavery in many of them. In the South the economic dependency of the plantation owners on the use of free labour through the slaves led to their rejection of the abolition of slavery. The newly created states of Kansas and Nebraska were both declared slave-free areas in the Missouri Compromise. The South was against this legislation as they felt it pressurized them into outlawing slavery themselves.

The American Civil War

Mount Rushmore National Memorial, located in Keystone, South Dakota, shows the busts of GEORGE WASHINGTON, THOMAS JEFFERSON, THEODORE ROOSEVELT and ABRAHAM LINCOLN.

With the rise of the Republican Party under President ABRAHAM LINCOLN (elected 1860) a man who attacked slavery throughout America, the tensions between North and South increased.
Adding to Southern dissatisfaction was the increasing centralization of government in the US and this led to the cessation of eleven states from the Union and the formation of the Confederate States of America – who attacked the Union forces for the first time at Charleston in 1861. A bitter **Civil War** was

fought between Confederates and Unionists between 1861–1865 during the course of which the abolition of slavery was declared (1863) and the South eventually crushingly defeated. However, after the assassination of LINCOLN in 1865, his successor ANDREW JOHNSON did little to pacify the ill will of the South and the economic recession that followed the war was ineptly dealt with. The consequence of this was an increasing hatred of the freed slaves by southern Whites and the formation of racist lynching groups such as the KU KLUX KLAN and a continuing discrimination against the Blacks.

The Gilded Age

In other parts of America the rapid westward expansion brought about a so-called "Gilded Age" in which economy and the population grew at an astonishing rate. The speedy development of the railway was a symbol for this boom. The limit of western expansion was reached with the acquisition of Alaska from Russia in 1867. With this boom came an increasing social unrest which found its expression in the organization of various interest and worker's associations such as the Knights of Labour, and strikes for better working conditions in the 1870s and 1890s.

The Monroe Doctrine

Internal affairs dominated during this period and it was not until the end of the century that the US began to expand its sphere of influence further south, with the building of a fleet from 1883 onwards.
The **Monroe Doctrine,** confirmed in 1904 by the **Roosevelt Corollary** (formulated by President THEODORE ROOSEVELT) stated the right of the US to intervention throughout the continent of America. This led to the US becoming involved in conflicts from Venezuela in 1895 to Mexico in 1917.

THEODORE ROOSEVELT (1858–1919) was the 26th President of the United States.

The US in the First World War

This expansionist foreign policy on the American continent contrasted with its isolationist policy towards Europe. Despite a strengthening of the British-American friendship during the 19th Century, at the outbreak of the First World War, America pursued a policy of neutrality, until t he declaration of unrestricted warfare on the seas and the submarine attacks by the Germans on the American merchant and passenger ships forced President WOODROW WILSON to declare war on Germany on the 6th of April 1917. It was the American participation that proved decisive in the defeat of Germany on the Western Front.
When the Germans surrendered it was WILSON's peace proposal that they cited as a basis for peace negotiations. WILSON's idealism, best represented by his suggestion for a League of Nations (a forerunner of the UNO) was shattered when the other Allies forced through a peace treaty at Versailles that humiliated the Germans. As a result the American Congress refused to ratify either the treaty or US entry into the League of Nations. This decision once again marked a withdrawal of America from European affairs.

The United Nations building in New York

The Inter-War Years

During the inter-war years American interest in these affairs confined itself to offering financial solutions to the problems created by the reparations demands laid down in the Treaty of Versailles (Dawes and Young Plans) and an increasingly idealistic policy of disarmament (Kellog-Briand Pact). Within the US itself the introduction of **prohibition,** an attempt to make alcohol illegal, failed spectacularly as drinkers merely turned to illegal bars (speakeasies) to get their drinks. The speakeasies were supplied by the mafia and many so-called godfathers, amongst them the famous Al Capone, made a fortune from prohibition. Although many mafia members were arrested – the most common charge being tax evasion – even after the end of prohibition the organization continued.

Economically speaking, the early twenties were marked by massive economic growth, of which the mass production of Henry Ford's Model T is, perhaps, the best example.

The farmers, however, found themselves in a time of crisis. The rest of America joined the farmers in a time of extreme economic uncertainty when between the 23rd and the 29th of October 1929 the stock market in New York suffered an historic collapse, as a result of overenthusiastic speculation. Unemployment rose to 15 million. It was not until the Democrat Franklin D. Roosevelt (1933–45) was elected that a solution to the depression was found in the form of the **New Deal.** Its measures provided both new workplaces and a renewed confidence in the economy by the stock market. During the thirties the American isolationist foreign policy was only disturbed by the Japanese occupation of China and the German occupation of Austria (1938). In the former case the Americans attempted to force the Japanese out of China with increasingly draconic sanctions, in the latter the decision was made that in the case of a conflict with Germany, America would place its full economic weight behind the British.

The **New Deal** introduced the concept of government intervention in industry to provide jobs and a form of social security.

The US and the Second World War

When war in Europe broke out in September 1939 the US introduced a system of economic aid (Lend-Lease) for Britain to ensure that she remained in the war even after the defeat of France in 1940. When the USSR was attacked in 1941 this system was extended to her as well. It was not until December 1941 that American public opinion could accept the idea of direct involvement in the war. This was the direct result of the Japanese attack on **Pearl Harbor.** Hitler also did Roosevelt the enormous favour of obligingly declaring war on the United States himself.
Roosevelt showed himself to be an able diplomat during the war forming good relationships with both Stalin and Churchill that were reflected in the agreements and conferences held during the wartime years (e.g. Teheran 1943 and Yalta 1945). Roosevelt also mapped out the

North American troops landing in Italy, 1943

creation of the United Nations Organization. The military decision was made to deal with Germany first and then move on to Japan, but in effect, after the invasion of Italy and the Battle of Midway in the Pacific in 1943, America found itself able to advance effectively on both fronts.

The Cold War

ROOSEVELT's successor, the Democrat HARRY TRUMAN, became increasingly suspicious of Stalin. Although agreement was reached on the future of Europe at the Potsdam Conference in July and August of 1945 both the detonation of the Atom Bomb at Hiroshima and Nagasaki and the surrender of Japan in August and September of 1945 seemed to make the necessity for cooperation with the Soviets less vital. With the Soviet failure to comply on US policy in Eastern Europe, came the fear that STALIN was bent on world revolution. The TRUMAN Doctrine, designed to provide economic and indirectly military aid for the anti-communist governments in Greece and Turkey, marked the beginning of the Cold War, a period that lasted up until 1989. The Marshall Plan, a further financial aid packet for the whole of Western Europe, further soured US and Soviet relations and the final break between the two superpowers occurred after the introduction of the unification of the British and US zones in the Bizone in Germany (1947) and the Soviet block-ade of Berlin (1948).

Berlin at the end of World war II

American foreign policy was now guided by the idea that it was necessary to both contain Communism and ensure that Communist countries did not "infect" other countries with Communism (domino effect) and it was in this spirit that the **North Atlantic Treaty Organization (NATO)** was formed in 1949. This ideology is reflected in the American involvement in the **Korean War** (1950–53) in which the UN helped the South Korean government against an attack from the Communist north. This conflict was also the last time in which the suggestion was made (by the US Commander in Chief MacArthur) that the use of nuclear weapons could lead to military victory – TRUMAN rejected MACARTHUR's suggestion and subsequently fired him.

The effects of Soviet and American enmity made themselves quickly felt on the home front too, the fifties being marked by the creation of the Committee for Un-American activities under the rabidly anticommunist Senator JOSEPH MCCARTHY in which Communists, Communist sympathisers and sometimes innocent people were blacklisted, prevented from working and arrested by the Committee. Despite this atmosphere a new confidence in the Amer-ican Way of Life made itself felt during the presidency of the Republican EISENHOWER (1953–61) with the concept of the American Dream growing in strength. This new confidence brought with it a more liberal attitude towards the rights of the non-white minorities in the USA and provided the impetus for desegregation laws in schools (1954) and increased civil rights (1957).

JOHN F. KENNEDY

The election of the Democrat JOHN F. KENNEDY accelerated this process and both this and his successful fight against unemployment and inflation made him a symbol of hope for many young Americans. Despite KENNEDY's open views his foreign policy was characterized by increasing tensions with the Communist world. First the building of the Berlin Wall in 1961 led to a marked cooling in relations. This was followed by continuing problems with the revolutionary government in Cuba, which led to the unsuccessful attack at the Bay of Pigs in 1961 and ultimately nearly to a nuclear war with Soviet Union in the Cuba Crisis when KENNEDY insisted that the USSR withdraw its nuclear missiles from Cuba (1962–63). It was also under KENNEDY that the US involvement in the conflict between the Communist North and the "democratic" South Vietnam advanced from beyond economic aid to military aid in the form of troops. However, relations with the Soviet Union had improved, somewhat with agreement reached with Soviet Premier KHRUSHCHEV on the withdrawal of Soviet missiles in Cuba and the introduction of a hotline between Moscow and Washington. This positive development was brought to a sudden halt with the assassination of KENNEDY, in November 1963 in Dallas, Texas.

Increasing US Involvement in Vietnam

KENNEDY's successor, a southern democrat, LYNDON B. JOHNSON continued his policy regarding desegregation with the Civil Rights Laws of 1964 and began a "War on Poverty" in 1965 which brought about the construction of many new low-cost houses. On the foreign front, however, he made the mistake of escalating the US involvement in Vietnam. This was a war that the US, despite superior numbers and equipment, could nev-er win. The North Vietnamese guerrilla communist groups – the Vietcong – led by HO-CHI MINH were able to retreat into the jungle,

whenever an American offensive was underway and they enjoyed wide support in South Vietnam as the American involvement was seen as the continuation of French colonialism. In addition, a large protest movement within the US made many Americans think not only about the war but also about the role of government itself. Despite reforms, the rights of Afro-Americans in America were still restricted. In consequence a peaceful protest movement under the leadership of the Reverend MARTIN LUTHER KING and a radical movement under ELIJAH MOHAMMED and MALCOLM X made their feelings felt. The assassinations of KING, MALCOLM X and the KENNEDY's younger brother ROBERT KENNEDY only served to increase the radicalism of the protest movement. The Republican RICHARD M. NIXON came to power in 1968 with the promise to end the war in Vietnam successfully, but the withdrawal of American troops did not occur until NIXON's second term in 1973. NIXON sought greater contact with the Soviet Union and China and together with his foreign minister HENRY KISSINGER a new era of relations with Communist nations began in which an attempt was made to reduce the proliferation of arms in what was known as détente.

MARTIN LUTHER KING (1929–1968) is regarded as one of the greatest leaders in America's history, and in the modern history of non-violence.

The Watergate Scandal

NIXON's second term (1972–74) was largely overshadowed by the **Watergate Scandal.** During the 1971 election the Republican Party had organized a break-in in the Democratic Party offices in the Watergate Hotel. NIXON's attempts to hide the connection between his party and the break-in were what led to his downfall. His habit of recording all conservations in the oval office and the resulting tapes provided the evidence that eventually forced him to stand down before risking impeachment. The final conquest of South Vietnam by the Vietcong troops in 1975 dealt a blow to NIXON's successor, his former Vice-President GERALD FORD, and US foreign policy was subsequently non-confrontational. Although FORD showed some success in battling the recession of the mid-70s, the population was angered by his decision to provide an unconditional pardon for NIXON and in 1976 he was voted out and replaced by the Democrat JIMMY CARTER.

CARTER and Liberalism

The Democrat JIMMY CARTER promised an even less aggressive foreign policy and a liberal social and economic policy. At first he seemed to gain success on all these fronts. There was economic improvement, but the growth rate stagnated and unemployment remained a problem. Although CARTER's anti-inflationary measures at first seemed to show effect they proved extremely costly. CARTER's problems in foreign policy multiplied too, as his presidency progressed. Although he managed to

Towards the end of CARTER's presidency relations with the Soviet Union cooled with the invasion of Afghanistan by Soviet troops and the subsequent US boycott of the Olympic Games in Moscow.

bring Egypt and Israel together, his record was ruined by the capture of the staff of the Iranian embassy by revolutionary students and a disastrous attempt to free them by force. It was this that many claim lost him the presidency in 1980.

The REAGAN Years

CARTER's successor was the Republican, RONALD REAGAN. Although an ex-film actor and a self-proclaimed "simple guy", American politics, both at home and abroad, were radically altered during his presidency. The neo-liberal economic concept of **Trickledown** that states that wealthy businessmen should only pay low taxes, so that they are encouraged to invest the money they have saved in industry and business, is still seen by some as a viable economic theory today. Nevertheless under REAGAN, poverty and homelessness increased as never before. REAGAN operated on a far more confrontational footing with the USSR, referring to that country as an "evil empire" and making his mistrust of the Communists very clear. This resulted in the open vocal support of counter-revolutionary forces operating in Central and South America and the illegal financing of those forces by selling arms to Iraq. When this financing was discovered in the **Irangate** scandal REAGAN denied all participation or knowledge. Soviet-US relations reached a low-point after the shooting down of a civil Korean jet over Soviet territory in 1983. REAGAN's proposal of an anti-missile system known as SDI or "Star Wars" heightened tensions with the Soviet Union.

With the coming to power of MICHAEL GORBACHEV, a new détente was introduced with arms reductions negotiations being conducted in an atmosphere of general cooperation.

The US and Iraq

This cooperation continued under REAGAN's successor GEORGE BUSH SR. (1988–1992) and was made clear by the untroubled East-West negotiations over the question of German Unification in 1989–90. In the Middle East the Iraqi invasion of Kuwait in 1990 led to a US-led counter strike, which, although it reinstated the Kuwaiti government, stopped short of invading Iraq. Although successful in foreign policy, BUSH's presidency was hampered by economic problems, and after his promise to raise no taxes was revoked, much trust in him was lost.

The CLINTON Years

The Democrat, BILL CLINTON, who took over in 1992, promised a more liberal foreign and home policy, but after his initial attempts at social reform (e. g. the permission for gays to serve in the military) were met with intense opposition he reverted to a fairly conservative domestic policy. From an economic point of view, Clinton's presidency was a success. He reduced unemployment and inflation and the stock market boomed during his presidency. His foreign policy was generally characterized by a reluctance to intervene militarily, although sanctions and bombing attacks continued on Iraq after SADDAM HUSSEIN refused to allow the UN weapon inspectors to continue looking for weapons of mass destruction. The US Air Force also intervened in the Kosovo conflict to protect Muslims against Serb atrocities.

On the diplomatic front CLINTON also scored some important successes, bringing movement into Palestinian-Israeli peace negotiations and even involving himself in the Good Friday Peace Agreement between the Roman Catholic and Protestant factions in Northern Ireland. His second term (1996–2000) was overshadowed by a sex scandal in which he was accused of an affair with an intern, MONICA LEWINSKY, a charge that he at first denied, only to admit it later on.

Up to the Present Day

On September 11th, 2001 the Twin Towers of the World Trade Center were hit by two hijacked passenger jets.

CLINTON'S Republican successor, GEORGE W. BUSH JR., won the election of 2000 by a margin that to this day is hotly disputed. He actually polled fewer votes than his Democratic opponent, AL GORE, but won more states. His election hung on the narrow margin in the State of Florida and after a number of recounts of votes, GORE withdrew. BUSH'S presidency has been mainly concerned with the ramifications of the terrorist attacks of September 11th, 2001. There followed an attack on Afghanistan, justified by the fact that the Taliban government had provided support for the terrorist group, Al Qaida, who had been involved in the planning of the attack on the 11th of September. Although the war on Afghanistan was widely supported by the international community, BUSH ran into problems when he ordered an attack on the Iraqi regime of SADDAM HUSSEIN, ostensibly for refusing to give up weapons of mass destruction, supporting terrorists and violating human rights. French refusal to participate in an attack on Iraq led to the US and allies attacking Iraq without a UN mandate.
Although the actual conquest of the country in 2003 went without too many hitches, there is still widespread underground resistance to the occupation in the international community, and amongst the Iraqis themselves. BUSH has been unable to prove either the existence of weapons of mass destruction in Iraq or any connection with terrorist groups by the SADDAM HUSSEIN regime. The ramifications of September the 11th have also adversely affected the US economy and although BUSH has attempted to stabilize the stock market with a number of measures, including large-scale tax reductions, it remains to be seen if these measures are enough to ensure his re-election.

4.3.3 Der pazifische Kulturraum – Australien und Neuseeland

Australia

Brief History. When the British Captain JAMES COOK first sighted the east coast of Australia on 19 April 1770 at Point Hicks and claimed it for King GEORGE III, he was not to know that the land behind stretched over an area of 7,600,000,000 square kilometres and contained such natural wonders as the stunning and mysterious Ayers Rock, the rainforests of Queensland or the deserts of West Australia. Nor was he to know that the country's original inhabitants, the Aborigines, had already been there for around 60,000 years and that their culture differed greatly from the arriving Europeans. Central to the Aborigine culture is and was the idea of "Dreamtime", a parallel world into which the Aborigines disappeared in their thoughts and minds. Originally there were over 250 Aborigine language groups and 700 dialects. After his first contact with the Aborigines COOK commented: "They may appear to some to be the most wretched people on earth, but in reality they are far happier than we Europeans ... All they seemed to want for us was to be gone." To the detriment of the Aborigines the British interest in Australia was only whetted by COOK's exploration. Full-scale colonization began in 1788 when Captain PHILLIP founded the penal colony of Sydney Cove. The British colonization led to a systematic destruction of the Aborigines and their culture. Well into the 19th century they were hunted and lynched by the colonists, who considered them to be sub-humans. It is only very recently that some compensation for the loss of their land has been offered to the Aborigines by the Australian government.

Ayers Rock is a major focal point in the religion of the Aborigines.

Australia Today. Australia today is still part of the Commonwealth and it is a parliamentary monarchy, with the Queen as head of state. Political power is held by the Prime Minister, who can call and dissolve the Parliament consisting of the Lower House and the Senate. The Australian Labour and the Liberal Party dominate the party system. The individual states of Australia all have their own constitutions and each has its own Governor. The official language is English, although during the latter part of the 20th century, there was large-scale immigration to Australia by Asians and Europeans, the Greek minority being especially large. Despite its great size Australia still only has a population of around 17 million. The economy is based to a large extent on agriculture; approximately 65 % of the land is used for farming; many of the drier areas are used for sheep or cows. Australia's natural resources also provide a good income; coal, oil, nickel, silver, gold, zinc and uranium have all been discovered in large quantities.

The seat of the Australian government is Canberra.

New Zealand

New Zealand Today. New Zealand is a member of the Commonwealth and it is a parliamentary monarchy with the Queen as the head of state. It is also a British dominion. The crown is represented by the Governor-General, who is also a member of the government. Legislation is undertaken by the Parliament that is elected for a period of three years. The left-wing Labour and the right-wing National parties generally share the government and opposition.
The official language is English, although the native inhabitants make up 9 % of the population. In contrast to the Aborigines the Maoris managed to secure political rights much earlier and therefore their social situation can be described as fairly stable. New Zealand's 268122 km^2 is inhabited by a total population of around 3.5 million, with over 70 % of the people living on the warmer North Island. The economy is based on the highly developed agricultural system, the main produce being cattle and, above all, sheep. On the North Island there are also many dairies. Recently the Kiwi fruit has been taking the world's grocers by storm.
The main industries are coal, aluminium and steel.

Wellington is the capital city of New Zealand and the second largest metropolitan area. The city is known for its picturesque natural harbour and green hillsides.

Relations between Australia and New Zealand. Due to their situation and their membership in the Commonwealth, Australia and New Zealand have always enjoyed close diplomatic ties. There has also always been a large degree of migration between the two countries.
In the last twenty-one years, a closer economic relationship has developed between Australia and New Zealand. With the signing of the CER (**C**loser **E**conomic **R**elations) Trade Agreement in 1983 a new era in economic cooperation between the two states commenced.
The two governments also cooperate internationally in bodies like the Pacific Islands Forum, APEC and the ASEAN Regional (Security) Forum.

The Influence of the English Language in East Asia and the Pacific Islands. Britain's Empire was pervasive in the late 19th and the first part of the twentieth century. It therefore comes as no surprise that many Pacific islands and East Asian territories show a strong British influence.
Of particular note is Singapore, which became a colony in 1819 and gained independence in 1965. Today, Singapore is a centre of commerce and banking and although the population is mainly of Asiatic origin, the use of English is widespread. Hong Kong, leased by Britain from the Chinese until 1999, is also one of the most important centres of commerce in the Far East in which English is the most important lingua franca. American English influence may be noted in Hawaii and also, to a lesser degree, on the Philippines where English plays an important role besides Spanish.

Singapur – view of Arab Street and Sultan mosque.

4.3.4 Vom *British Empire* geprägte Kulturen – Indien und Pakistan

India

India's history stretches back over 5000 years. Contact with Europe was established under ALEXANDER THE GREAT and was renewed with the voyages of VASCO DE GAMA, who visited Goa in 1498. England's involvement in the country began in 1600 with the establishment of the East Indian Trading Company, which created trading posts on the sub-continent in 1600. British influence increased in the following two centuries. Although the British military presence was comparatively small, the English tactic for achieving domination was fairly simple; they played off the various rulers of individual Indian states by promising them territorial and economic gains at the expense of their neighbours. When the proxy war was over, the British stepped in to pick up the pieces. By the mid 18th century. It was not until 1947, as a result of the passive resistance offered by the supporters of MAHATMA GHANDI, that the British finally withdrew.

MAHATMA GANDHI (1869–1948) was one of the founding fathers of the modern Indian state. He advocated the idea of non-violent protest as a means of revolution.

Modern India is a country of many religions and languages, of which Sikhs, Hindus and Moslems comprise the main religious groups. The population is over 1 billion, making India the largest population in the world. India is a parliamentary democracy along British lines, divided into 25 States and seven Union Territories. The President, who is simultaneously head of state, governs the Union territories. Parliament is divided between the Upper House – the Rajya Sabha – and the Lower House – the Lok Sabha. The two major political parties are the BJP and the Congress Party.

Pakistan

The creation of the state of Pakistan is a result of the inter-religious conflict between Hindus and Moslems that followed the granting of Indian Independence in 1947. East Pakistan (Bangladesh) and West Pakistan as one state, divided by India, came into being after the British left India. But in 1971 East Pakistan, with Indian assistance, declared its independence from India. Conflict between India and Pakistan continues up to the present day, mostly as a result of border disputes over the area of Kashmir.

The parliament of Pakistan is largely controlled by the military under General MUSHAREFF, whose pro-military party, the Pakistan Muslim League, ensures his position in the national assembly. The Pakistan People's Party has been stricken by the enforced exile of their leader, BENAZIR BHUTTO. The official language of Pakistan is Urdu, which in terms of vocabulary, has been influenced by English, although only 9 % of the population speak it. Over 65 % speak Punjabi. English itself is also widely spoken in Pakistan.

4.4 Themenorientierte Projekte

Introduction

The following suggestions for projects will give you an idea of how to organize a project about a cultural studies topic. The outcome of such a project could be a talk or a short lecture, a presentation or a seminar paper.

It is important to organize such a project in an effective way.
The mindmap shows you how to proceed from start to finish:

The projects presented on the following pages give you a range of "typical" topics, i.e topics that are often dealt with in English lessons and are presented in more or less detail in most textbooks. These are the topics we will focus on:
- Northern Ireland – the long road to peace,
- Britain and Europe,
- The American Dream – myth and reality,
- South Africa – country of change.

All materials used in these projects have been taken from the internet. For those who like to work with the internet, doing all or most of their research there is fine. For others who prefer more "traditional" media for their research – there is nothing wrong with that.

4.4.1 Northern Ireland – the long road to peace

"It is now four and a half years since the Belfast Agreement. Let us re-cap for a moment on the scale of what we agreed to do in April 1998. After 30 years of troubles, thousands of deaths, Northern Ireland part of the UK but governed unlike any other part of the UK, its communities divided, its daily life scarred in innumerable ways by sectarian bitterness; after all this, we agreed to shape a new future. Enemies would become not just partners in progress but sit together in Government. People who used to advocate the murder of British Ministers and security services, would be working with them."
(Tony Blair: Speech in Belfast. October 17, 2002)

The **Belfast Agreement** (also known as the **Good Friday Agreement)** was signed on April 10, 1998 by the British and the Irish governments. Its main provision is the establishment of a Northern Irish Legislative Assembly.

Background information

The conflict in Northern Ireland – often referred to simply as **"The Troubles"** – is an old one. For 30 years, from its beginnings in 1968 to the **Belfast Agreement** in 1998, it has dominated the lives of the people of Northern Ireland as well as British and Irish politics and has cost thousands of lives.
There are many misconceptions about this conflict, mainly it being a religious conflict. Although religion certainly plays an important part in the conflict, it is not a conflict about religion. The roots of the conflict go back far in Ireland's troubled history and have a lot to do with the fact that Ireland was Britain's first colony. The conflict is also about migration, settlement and "ethnic cleansing". And last, but not least, it's a social conflict about discrimination, inequality and civil rights.
Since the Belfast Agreement all parties involved in the conflict – i. e. the British and Irish governments as well as nationalist and loyalist organisations – have tried hard to stop all violence and find a workable compromise that is acceptable to the "two communities" in Northern Ireland. There have been attempts at political power sharing and regional autonomy, so far without lasting success. Despite of this the situation in Northern Ireland proves that it is possible to stop sectarian violence even after 30 years of bloodshed and that political solutions are possible.

Suggestions for study

- What is the conflict about?
  http://cain.ulst.ac.uk/events/peace/darby03.htm#what
- Who are the parties in the conflict?
  http://www.guardian.co.uk/Northern_Ireland/Story/0,2763,209101,00.html
- Why is the peace process so difficult?
  http://news.bbc.co.uk/1/hi/in_depth/northern_ireland/2001/ni_deadlock/default.stm
- Text of the Belfast Agreement
  http://www.ofmdfmni.gov.uk/publications/ba.htm

How to proceed

You could:
- draw a timeline to show the most important developments in the conflict over the past 35 years,
- draw a mindmap or flow chart to show who the parties in the conflict are,
- make a list of the most important reasons for the conflict,
- write a short essay about the impact of U2's song *Sunday Bloody Sunday,*
- write a newspaper article about the Omagh bombing in August 15, 1998.

The *Guardian* offers a special report on Northern Ireland including archived articles, timelines, interactive material, photo galleries and various links.

4.4.2 Britain and Europe

"It is asked by British Eurosceptics, what good has come out of Europe in the last 50 years? The question is bizarre and the answer is overwhelming – peace and prosperity. After centuries of wars in which millions died, Europe is at peace; and within the European Union there is now the largest economic single market in the world, with the living standards of people in Europe dramatically transformed for the better."
(TONY BLAIR: Speech in Warsaw. May 30, 2003)

You can read the speech in full length on the following website: http://politics. guardian.co.uk/en/story/ 0,9061,9671158.00. html.

Suggestions for study

The debate about the European Constitution
On April 19, 2004 the British Prime Minister TONY BLAIR declared that his government plans to hold a referendum on the proposed EU constitution, probably in the autumn of 2005. This will be the first referendum held in Britain since the referendum of 1975 when a majority of voters supported Britain's membership of the EU.

- Compare the main issues about the proposed European constitution as seen in Britain and in Germany:
  http://www.eurosceptic.com/
  http://www.guardian.co.uk/eu/0,7368,396838,00.html

How to proceed

You could:
- conduct a quick survey among fellow students about their knowledge of and their attitudes towards the proposed European constitution,
- find out how "European" your friends feel,
- follow the developments in Britain related to the referendum on the European constitution by checking the websites of British newspapers on a regular basis,
- make a comprehensive list of arguments for and against the Euro in Britain.

4.4.3 The American Dream – myth and reality

Two sides of the American Dream. An old man sleeping on a park bench somewhere in the United States. He stands for poverty in this wealthy nation. Arnold Schwarzenegger, megastar and newly elected governor of California, stands for the other side of the American Dream: an immigrant from Austria with an impressive career in the United States. When he came to America in the late 1960s he came with little else but his will to succeed.

The American Dream is both myth and reality. For many it's something they can only dream about, for others it's a dream come true. This project looks at both sides of the American Dream.

For more information on poverty in the USA look at the following website: http://www.census.gov/hhes/www/poverty.html

Background information

About 33 million people were considered to be poor in the United States in 2001 – almost 12 % of the total population. These were the poverty rates among some of the ethnic minorities: Blacks (22.7 %), Hispanics (21.4 %), Asian and Pacific Islanders (10.2 %).
As far as America's regions are concerned the South had the highest poverty rate (13.5 %). Among people living inside central cities the poverty rate was 16.5 % while it was 14.5 % among people living outside metropolitan areas. Worst hit by poverty were families with a female householder and no husband present with a poverty rate of 26.4 %.

Suggestions for study

The *Pledge of Allegiance* was published anonymously in 1892. It is not known who actually wrote the text. There are two possible authors, FRANCIS BELLAMY and JAMES UPHAM.

- **What is the American Dream?**
  Political symbols and patriotic rituals play an important part in American life. The following texts will help you to find out more about the American Dream: The ***Pledge of Allegiance*** to the Flag of the United States of America was originally published to commemorate the 400th anniversary of COLUMBUS' discovery of America. To this day it is recited daily by children in schools across the USA.
  The hymn ***America the Beautiful*** was written by KATHARINE LEE BATES in 1893.
  The ***Declaration of Independence*** was adopted in Congress on July 4, 1776. It declares freedom and independence of the 13 American colonies from England.

Pledge of Allegiance
"I Pledge Allegiance to the flag of the United States of America and to the Republic for which it stands, one Nation under God, indivisible, with liberty and justice for all."

America the Beautiful
"[...] O beautiful for pilgrim feet/Whose stern impassioned stress/A thoroughfare of freedom beat Across the wilderness! America! America! God mend thine every flaw/Confirm thy soul in self-control/Thy liberty in law! [...]"

The Declaration of Independence
"We hold these truths to be self-evident, that all men are created equal, that they are endowed by their Creator with certain unalienable Rights, that among these are Life, Liberty and the pursuit of Happiness. [...]"

Ethnic minorities: Blacks

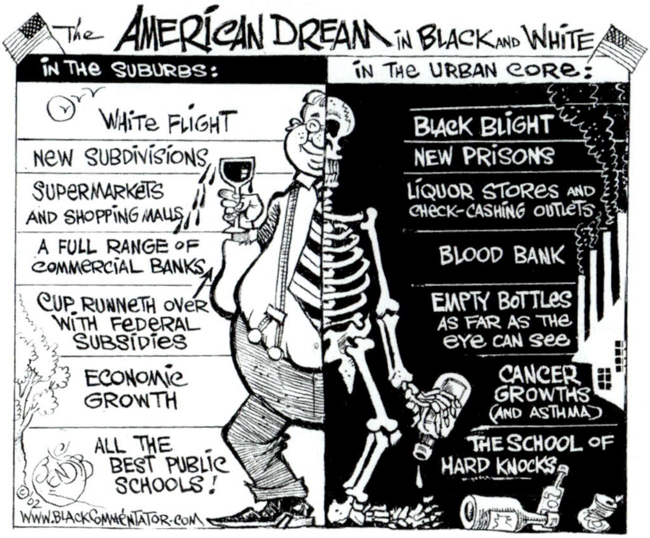

With kind permission by the artist Khalil Bendib. http://www.blackcommentator.com © 2004

- Take the cartoon as a starting point to find out more about the situation of the Blacks in the United States: http://www.civilrights.org/research_center/index.html

How to proceed

You could:
- write a short essay about Arnold Schwarzenegger, taking his career as an example of how he realized his American dream,
- describe a day in the life of the old man on the bench,
- describe the pattern of poverty in the United States,
- fill in facts and figures relating to some of the issues that are mentioned in the cartoon *The American Dream in Black and White.*

To illustrate the patterns of poverty consider ethnic minorities, gender, age and educational standards.

4.4.4 South Africa – country of change

When NELSON MANDELA became South Africa's first black president in 1994 he held the following speech during his inauguration (excerpts):

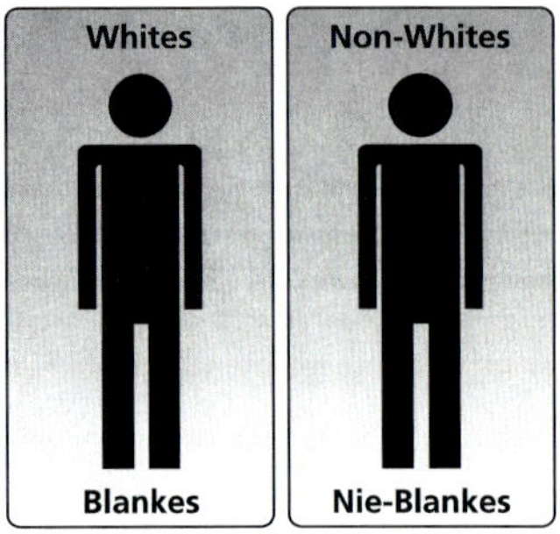

"[...] Out of the experience of an extraordinary human disaster that lasted too long must be born a society of which all humanity will be proud. That spiritual and physical oneness we all share with this common homeland explains the depth of the pain we all carried in our hearts as we saw our country tear itself apart in terrible conflict, and as we saw it spurned, outlawed, and isolated by the peoples of the world, precisely because it has become the universal base of the pernicious ideology and practice of racism and racial oppression.
[...] We succeeded to take our last steps to freedom in conditions of relative peace.
We commit ourselves to the construction of a complete, just, and lasting peace. We have triumphed in the effort to implant hope in the breasts of the millions of our people. We enter into a covenant that we shall build the society in which all South Africans, both black and white, will be able to walk tall, without any fear in their hearts, assured of their inalienable right to human dignity – a rainbow nation at peace with itself and the world. [...]"
(From NELSON MANDELA's Inaugural Address 1994)

Suggestions for study

- Find out how political, social and economic conditions are in South Africa 10 years after Mandela became president. Then compare your findings with the hopes and expectations expressed by MANDELA in 1994.
  The following websites will be helpful:
  http://afrika.no/index/Countries/South_Africa/index.html
  http://www.southafrica-travel.net/history/eh_apart1.htm
  http://www.africanaencyclopedia.com/apartheid/apartheid.html

How to proceed

You could:
- write an essay about why NELSON MANDELA has been a symbol of freedom and of the struggle against apartheid all over the world,
- make a comparative list of the situation of blacks and coloured people in South Africa at the time of apartheid and today. You could look into the areas of political rights, living standards and education,
- produce a leaflet where the African National Congress (ANC) puts down political and economic perspectives for South Africa for the coming years.

ANHANG A

Grammatische Termini

term	German translation	example
adjective	Adjektiv	tall, clever, expensive
adverb adverb of degree adverb of frequency adverb of indefinite time adverb of manner adverb of place adverbial phrase	Adverb Gradadverb Häufigkeitsadverb Adverb der unbestimmten Zeit Adverb der Art und Weise Adverb des Ortes (der Richtung) zusammengesetzte Adverbialbestimmung	well, firstly, clearly quite, too, extremely sometimes, usually, often always, never, before slowly, terribly, happily somewhere, here, there in the evening, without knowing
article definite article indifinite article	Artikel bestimmter Artikel unbestimmter Artikel	 the a, an
auxiliary	Hilfsverb	can, do, have
comparative comparison	Komparativ, erste Steigerungsform Steigerung, Vergleich	more expensive, smaller, better She is smarter than him.
conditional sentence	Bedingungssatz	You can go if you want.
conjunction	Konjunktion, Bindewort	and, but, after, although
contact clause	Relativsatz ohne Relativpronomen	This is the restaurant *I wanted to show you.*
future perfect	Futur II, vollendete Zukunft	In June *I will have passed* my English exam.
future progressive	Verlaufsform der Zukunft	Tomorrow *I'll be working* from 9 to 5.
gerund	Gerundium	I love *skiing.* Tom is fond of *gardening.*
going-to-future	Futur mit *going to*	We *are going to* have a party tonight.
if-clause	Nebensatz mit *if*, *if*-Satz	Call me*, if you need help.*
imperative	Imperativ, Befehlsform, Aufforderung	Close your books. Listen to me.
infinitive	Infinitiv	to talk, to run, to develop
-ing-form	*-ing*-Form des Verbs	leaving, moving, showing

main clause	Hauptsatz	*He can't come on Monday,* because he has to see the doctor.
modal auxiliary	modales Hilfsverb	can, could, will, would, may, might
modal substitute	modales Ersatzverb (anstelle eines modalen Hilfsverbs)	be allowed to, have to, be able to
noun countable noun uncountable noun	Substantiv zählbares Substantiv nicht zählbares Substantiv	book, glass, friend, space, time flower/flowers, book/books money, water, information
object direct object indirect object	Objekt, Satzergänzung direktes Objekt, Sachobjekt indirektes Objekt (meist Personenobjekt)	She is opening *a tin.* She gave him *the dictionary.* I like *dancing.* She bought *her father* a present.
participle construction	Partizipialfügung, Partizipialkonstruktion	*Opening the door,* I saw that the room was empty.
passive impersonal passive personal passive	Passiv „unpersönliches Passiv" „persönliches Passiv"	The book *was written by* an American author. She *is said* to quit the job. My friend *had been offered* a job in London.
participle past participle present participle	Partizip Partizip Perfekt Partizip Präsens, Partizip I	 gone, helped, bought, stopped Tom is writing an article.
past perfect	Plusquamperfekt, Vorvergangenheit	Jill couldn't go to the concert, because she *had forgotten* her ticket.
past perfect progressive	Verlaufsform des past perfect	The passengers *had been waiting* for two hours when the train arrived.
past progressive	Verlaufsform der Vergangenheit	While he *was talking* on the phone the doorbell rang.
plural	Plural, Mehrzahl	glass/*glasses,* mouse/*mice,* foot/*feet,* woman/*women*
positive statement	bejahter Aussagesatz	I can do that for you. He's got a sister.
possessive determiner	Possessivbegleiter (besitzanzeigender Begleiter)	my, your, his, her, its, our, their
prefix	Präfix, Vorsilbe	in-, un-, re-, dis-

preposition	Präposition	about, under, above, because
present participle	Partizip Präsens, Partizip I	Tom is *writing* an article.
present perfect	present perfect (Perfekt, vollendete Gegenwart)	He *has opened* the window.
present perfect pro- gressive	Verlaufsform des present perfect	The group *has been travelling* for two days.
present progressive	Verlaufsform des present (der Gegenwart)	Joe *is reading* the newspaper.
progressive form	Verlaufsform des Verbs	*He's watching* television. *They* *have been waiting* for hours.
pronoun personal pronoun possessive pronoun reflexive pronoun relative pronoun	Pronomen, Fürwort Personalpronomen (persönliches Fürwort) Possessivpronomen Reflexivpronomen Relativpronomen, bezügliches Fürwort	 I, you, he, she, it, me, him, them mine, yours, his, hers, ours yourself, himself, herself that, who, which, whose
prop-word	Stützwort	the first *one* and the second *one*
quantifier	Mengenbezeichnung	some, any, much, a little, few
question	Frage(satz)	Do you know where it is?
question tag	Frageanhängsel	Paul is at home, *isn't he?* Your aren't driving, *are you?*
question word	Fragewort	who? what? when? how?
reflexive pronoun	Reflexivpronomen	yourself, himself, herself
regular verb	regelmäßiges Verb	(to) work/worked/worked
reported speech	indirekte Rede, nicht wörtliche Rede	Jill told me *(that) she was ill.*
relative clause defining relative clause non-defining rela- tive clause	Relativsatz, Bezugssatz bestimmender/notwendiger Relativsatz nicht bestimmender Relativsatz, nicht notwendiger Relativsatz	That's the man *who lives next* *door.* The teacher *who told you that* was right. Yesterday I talked to the man *who is living next door.*
reported speech	indirekte Rede, nicht wörtliche Rede	Michael said *(that) he didn't* *know.*
s-genitive	*s*-Genitiv	*my father's* car, *Anne's* address

simple past	einfache Form der Vergangenheit	*He went* to the pub.
simple present	einfache Form der Gegenwart	*They listen* to the news.
statement negative statement positive statement	 verneinter Aussagesatz bejahter Aussagesatz	 *I don't have enough time. There aren't any more questions.* I can do that for you.
sub-clause, subordinate clause	Nebensatz	We couldn't go to the cinema *because we didn't have enough money.*
subject	Subjekt	*Anne* lives in Manchester. *His car* is red.
subject question	Subjektfrage, Frage nach dem Subjekt	Who gave you the book? What happened?
superlative	Superlativ, höchste Steigerungsform	highest, most interesting, most carefully
tense	(grammatische) Zeitform, Tempus	
verb full verb irregular verb regular verb	Verb Vollverb unregelmäßiges Verb regelmäßiges Verb	help, consider, develop wait, ask, laugh be/was/been; lay/laid/laid work/worked/worked
verb of motion	Verb der Bewegung	come, go
verb of perception	Verb der Wahrnehmung	see, watch, listen, notice
verb of rest	Verb der Ruhe	stay, sit, lie, stand
will-future	Futur mit *will*	He*'ll go* to France in February.
yes/no question	Entscheidungsfrage	Can you help me? Are you from Canada?

Unregelmäßige Verben

Das Sternchen (*) weist darauf hin, dass die korrekte Form von der jeweiligen Bedeutung abhängt.

Infinitive	Past Tense	Past Participle
abide	abided, abode	abided, abode
arise	arose	arisen
awake	awoke	awoken
be	was sing., were pl.	been
bear	bore	borne
beat	beat	beaten
become	became	become
begin	began	begun
behold	beheld	beheld
bend	bent	bent
beseech	besought, beseeched	besought, beseeched
bet	bet, betted	bet, betted
bid	bade*, bid	bidden*, bid
bind	bound	bound
bite	bit	bitten
bleed	bled	bled
bless	blessed, blest	blessed, blest
blow	blew*, blowed	blown*, blowed
break	broke	broken
breed	bred	bred
bring	brought	brought
broadcast	broadcast, broadcasted	broadcast, broadcasted
build	built	built
burn	burnt, burned	burnt, burned
burst	burst	burst

bust	bust, busted	bust, busted
buy	bought	bought
cast	cast	cast
catch	caught	caught
chide	chided, chid	chided, chid, chidden
choose	chose	chosen
cling	clung	clung
come	came	come
cost	cost*, costed	cost*, costed
countersink	countersunk	countersunk
creep	crept	crept
cut	cut	cut
deal	dealt	dealt
dig	dug	dug
dive	dived, (A. E.) dove	dived
do	did	done
draw	drew	drawn
dream	dreamt, dreamed	dreamt, dreamed
drink	drank	drunk
drive	drove	driven
dwell	dwelt	dwelt
eat	ate	eaten
fall	fell	fallen
feed	fed	fed
feel	felt	felt
fight	fought	fought
find	found	found
flee	fled	fled
fling	flung	flung

floodlight	floodlit	floodlit
fly	flew	flown
forbear	forbore	forborne
forbid	forbade, forbad	forbidden
forecast	forecast, forecasted	forecast, forecasted
foretell	foretold	foretold
forget	forgot	forgotten
forgive	forgave	forgiven
forsake	forsook	forsaken
freeze	froze	frozen
gainsay	gainsaid	gainsaid
get	got	got*, (A. E.) gotten
gird	girded, girt	girded, girt
give	gave	given
go	went	gone
grind	ground	ground
grow	grew	grown
hamstring	hamstrung, hamstringed	hamstrung, hamstringed
hang	hung*, hanged	hung*, hanged
have	had	had
hear	heard	heard
heave	heaved*, hove	heaved*, hove
hew	hewed	hewn, hewed
hide	hid	hidden
hit	hit	hit
hold	held	held
hurt	hurt	hurt
inlay	inlaid	inlaid

input	input, inputted	input, inputted
inset	inset, insetted	inset, insetted
interweave	interwove	interwoven
keep	kept	kept
ken	kenned, kent	kenned, kent
kneel	knelt, (A. E.) kneeled	knelt, (A. E.) kneeled
knit	knitted*, knit	knitted*, knit
know	knew	known
lay	laid	laid
lead	led	led
lean	leaned, (B. E.) leant	leaned, (B. E.) leant
leap	leapt, leaped	leapt, leaped
learn	learnt, learned	learnt, learned
leave	left	left
lend	lent	lent
let	let	let
lie	lay	lain
light	lit, lighted	lit, lighted
lose	lost	lost
make	made	made
mean	meant	meant
meet	met	met
mow	mowed	mown, mowed
output	output, outputted	output, outputted
outshine	outshone	outshone
overhang	overhung	overhung
pay	paid	paid
prove	proved	proved*, (esp. A. E., Scot., dial.)

put	put	put
quit	quitted, (A. E.) quit	quitted, (A. E.) quit
read	read	read
reeve	rove, reeved	rove, reeved
rend	rent	rent
rid	rid	rid
ride	rode	ridden
ring	rang	rung
rise	rose	risen
run	ran	run
saw	sawed	sawn, sawed
say	said	said
see	saw	seen
seek	sought	sought
sell	sold	sold
send	sent	sent
set	set	set
sew	sewed	sewn, sewed
shake	shook	shaken, (arch./coll.) shook
shear	sheared	shorn, sheared
shed	shed	shed
shine	shone*, shined	shone*, shined
shit	shitted, shit, shat	shitted, shit, shat
shoe	shod	shod
shoot	shot	shot
show	showed	shown, showed
shrink	shrank	shrunk
shrive	shrove	shriven

shut	shut	shut
sing	sang	sung
sink	sank, sunk	sunk
sit	sat	sat
slay	slew*, slayed	slain*, slayed
sleep	slept	slept
slide	slid	slid
sling	slung	slung
slink	slunk	slunk
slit	slit	slit
smell	smelt, smelled	smelt, smelled
smite	smote	smitten
sow	sowed	sown, sowed
speak	spoke	spoken
speed	sped*, speeded	sped*, speeded
spell	spelled, (B. E.) spelt	spelled, (B. E.) spelt
spend	spent	spent
spill	spilt, spilled	spilt, spilled
spin	spun	spun
spit	spat, spit	spat, spit
split	split	split
spoil	spoilt, spoiled	spoilt, spoiled
spread	spread	spread
spring	sprang, (A. E.) sprung	sprung
stand	stood	stood
stave	staved*, stove	staved*, stove
steal	stole	stolen
stick	stuck	stuck
sting	stung	stung

stink	stank, stunk	stunk
strew	strewed	strewed, strewn
stride	strode	stridden
strike	struck	struck, (arch.) stricken
string	strung	strung
strive	strove	striven
sublet	sublet	sublet
swear	swore	sworn
sweep	swept	swept
swell	swelled	swollen, swelled
swim	swam	swum
swing	swung	swung
take	took	taken
teach	taught	taught
tear	tore	torn
tell	told	told
think	thought	thought
thrive	thrived, throve	thrived, thriven
throw	throw	thrown
thrust	thrust	thrust
tread	trod	trodden, trod
unbend	unbent	unbent
understand	understood	understood
undertake	undertook	undertaken
undo	undid	undone
wake	woke, (arch.) waked	woken, (arch.) waked
wear	wore	worn
weave	wove	woven
weep	wept	wept

wet	wet, wetted	wet, wetted
win	won	won
wind	wound	wound
withdraw	withdrew	withdrawn
wring	wrung	wrung
write	wrote	written

Zeichen der Lautschrift

Das englische Alphabet

a	[ai]	j	[dʒeɪ]	s	[es]
b	[biː]	k	[keɪ]	t	[tiː]
c	[siː]	l	[el]	u	[juː]
d	[diː]	m	[em]	v	[viː]
e	[iː]	n	[en]	w	[ˈdʌbljuː]
f	[ef]	o	[əʊ]	x	[eks]
g	[dʒiː]	p	[piː]	y	[waɪ]
h	[eɪtʃ]	q	[kjuː]	z	[zed] B. E.
i	[aɪ]	r	[ɑːr]		[ziː] A. E.

Lautzeichen *(phonetic symbols)*

Vokale

[ɪ] wie in *pit*
[i] wie in *happy*
[e] wie in *pet*
[æ] wie in *pat*
[ʌ] wie in *cut*
[ɒ] wie in *pot*
[u] wie in *actual*
[ʊ] wie in *put*
[ə] *potato; upper*
[iː] wie in *key*
[ɑː] wie in *car*
[ɔː] wie in *core*
[uː] wie in *coo*
[ɜː] wie in *cur*

Doppelvokale/ Diphthonge *(diphthongs)*

[eɪ] wie in *bay*
[aɪ] wie in *buy*
[ɔɪ] wie in *boy*
[əʊ] wie in *low*
[aʊ] wie in *how*
[ɪə] wie in *here*
[eə] wie in *there*
[ʊə] wie in *moor*

Stimmlose Konsonanten (*voiceless consonants*)

[p]	wie in *pea*
[t]	wie in *tea*
[k]	wie in *key*
[f]	wie in *fat*
[s]	wie in *sip*
[θ]	wie in *thin*
[ʃ]	wie in *ship*
[tʃ]	wie in *chin*
[h]	wie in *hat*

Stimmhafte Konsonanten (*voiced consonants*)

[b]	wie in *bee*
[d]	wie in *do*
[g]	wie in *go*
[v]	wie in *vat*
[z]	wie in *zip*
[ð]	wie in *that*
[ʒ]	wie in *measure*
[dʒ]	wie in *gin*
[m]	wie in *map*
[n]	wie in *nap*
[ŋ]	wie in *hang*
[l]	wie in *led*
[r]	wie in *red*
[j]	wie in *yet*
[w]	wie in *wet*

Intonationszeichen (*intonation marks*)

[↗] steigende Intonation *(rising intonation)*
[↘] fallende Intonation *(falling intonation)*
[ˈ] Hauptbetonung (*primary stress*)
[ˌ] Nebenbetonung (*secondary stress*)
[‿] Bindebogen: zeigt an, dass zwei Wörter in der Aussprache verbunden werden sollen

Formulierungshilfen für verschiedene Situationen

1. sich bedanken

- Für einen Brief:
- persönlicher Brief:
  Many thanks.
  Thanks for your letter.
  Thank you for your letter.
- Geschäftsbrief:
  We thank you for your letter of 6 September 2004.
- formeller Geschäftsbrief:
  We acknowledge with thanks your letter of the 6.9. 2004.
- Für eine Einladung:
  Many thanks for the invitation (to dinner/to your party).
  I'd love to come and I'm really looking forward to it.
  Unfortunately I can't come because ... (coll.)
- Für ein Geschenk:
  Thank you very much. (coll.)
  Many thanks.
  Thank you (ever (coll.)) so much for the delightful present/for the ...
  You really shouldn't have (bothered (coll.)).
  It was really sweet/kind of you.
  It's just what I wanted.

2. jemanden grüßen

- Auf einer Postkarte:
  Greetings/Best wishes from ...
  Wish you were here!
  All best wishes (from) Helen and Norman.
- Zum Geburtstag:
  Many happy returns (of the day).
  Happy Birthday.
  All good/best wishes for your birthday
- Zu Weihnachten (und zum neuen Jahr):
  (Best wishes for) a Merry/Happy Christmas and a Prosperous New Year.
  Christmas Greetings
- Zu Ostern:
  (Best wishes for a) Happy Easter
- Zu einer Prüfung:
  Every success in your (forthcoming) exams.
  All good wishes for your A-levels/GCSEs
- Bei einem Krankheitsfall:
  Get well soon!
  All best wishes for a speedy recovery

3. jemandem gratulieren

Congratulations.
Many congratulations.
I/We congratulate you (most sincerely) on passing the exam/on the new job.
I was delighted to hear of your success in the exam. Well done!

4. sich entschuldigen

I am really/genuinely sorry.
I greatly/very much regret that I have caused you so much trouble.
I owe you an apology.
Please accept my apology for …
I take back all that I said and apologize unreservedly.
Sorry not to have written earlier.
I'm sorry you've had to wait such a long time for any sign of life.
Sorry! It was all a stupid misunderstanding.

5. jemanden einladen

I wonder if you and Chris could make it.
Would you and Chris be free for dinner on the 14th?
We would be very pleased if you could come to dinner/join us for dinner on the evening of the 14th.
Please come to Barbara's 18th birthday party from 7 o'clock on 3rd September at 12 Parkhurst Gardens, SW4.
Buffet and disco RSVP 0181-323 1279
It would be wonderful if you could come with us/join us on our trip to Scotland in September.
We are going to Scotland in September and wonder if you would be interested in coming along.
Is there any chance that you could come and stay with us at Easter?

6. um etwas bitten

Please could you give me a ring on Wednesday?
Would you be so good/kind as to telephone me on Wednesday?
I would be grateful if you could send me …
I would be grateful for/would appreciate your help in this matter.
Would you please confirm this in writing?
Would you mind confirming this in writing?
Could you possibly/Would it be possible for you to organize the reception for us?

- Um Auskunft bitten
  Please could you tell me/let me know the prices/send me details of your range of …
  I would be very grateful for any information you can give me on …
  Do not forget to inform us of (formal)/let us know your new address.

7. etwas vorschlagen

I think you should/ought to …
(If I may make a suggestion –) why don't you …?
I suggest we …
Might I suggest we …?
My advice would be/I would advise you …
My idea would be to …
If you ask me/ask my opinion/want my advice …
If I were you I would …
(If I were) given the chance, I wouldn't hesitate.
It might be/would be a good idea/wise/advisable/to …
You should consider (the possibility of) …

8. etwas billigen/missbilligen

I like/don't like/object to the way …
I love/hate/(coll.) can't stand …
This is just what I want/what I don't want.
I am keen on …
She supports/backs this plan.
She opposes this plan.
I admire/have a high regard for/a high opinion of …
I have little regard for/a low opinion of …

9. etwas erlauben/verbieten

You may tell him (if you wish)/may not/must not tell him.
We are allowed/permitted/not allowed/permitted to …
I have no objection to/nothing against …
I cannot agree to …

10. etwas wünschen/planen

I would like to …
I want to …
I would like to …
You can … if you wish/want.
I mean/intend/propose to …
What I have in mind is to …
I am planning to …
His aim/object is …
I have no intention of …

11. seine Meinung äußern

I think she is …
In my opinion she is …
I believe her to be …

To my mind/In my opinion/As I see it, ...
(Personally) I find/reckon/have the impression that ...
My view (of the matter) ...
My opinion is that ...
I feel ...
My feelings/thoughts on the matter are ...
His reaction to ... was quite unexpected.
What is your opinion on this/your view of the matter?
I share your opinion/point of view.
I agree entirely with what you say.
We are in complete/partial/broad agreement/thinking on the same lines.
I completely disagree/cannot agree at all with your view/with what you say.
I cannot accept your view/what you say.

12. etwas für richtig/falsch halten

I see now you were right and I was wrong.
You were quite right to ...
They were wrong.
It was wrong of them to ...
They should not have ...
It was the wrong thing to do, even though it seemed the right thing at the time.
You are correct/wrong in your assumption that ...
Your assumption that ... is correct/wrong.
To say this is flying in the face of the facts/contrary to the facts as we know them.

13. etwas bezweifeln

I'm not sure/certain/I don't know (for sure) ...
I cannot say with any certainty whether ...
He is still uncertain/undecided as to ...
He is still wondering what to do.
There is still considerable doubt about ...
It is a matter for debate/debatable/doubtful whether we will gain anything by this.
I have my doubts (about ...).
I'm (quite/absolutely) certain/sure/positive/convinced that she did it.
We are confident that ...
There can be no doubt/question ...
It is beyond doubt/question/dispute ...
It is indisputable/undeniable that ...
Nobody can deny that ...

Index

*Eigennamen stehen im deutschen Register.

Register

Bildquellenverzeichnis

AISA, Barcelona: 307/1, 317/1, 327/1; APA: 327/2; Archiv für Kunst und Geschichte, Berlin: 315/2; Australian Tourist Commission, Frankfurt/M.: 326/3; Bibliographisches Institut & F. A. Brockhaus, Mannheim: 13, 14/2, 20/1, 20/2, 21/1, 161, 196, 198, 203, 229, 231, 234, 238, 239, 242, 243/1, 243/3, 296/2, 308, 309/1, 312/1, 313, 317/2, 318/1; Bildlexikon antiker Personen: 227; CartoonStock Ltd., Bath: 270, 271; City of Nottingham: 159, 165; Clipart: 10, 33, 48, 51, 163, 178, 253/1, 253/2, 278, 279/2, 281, 328/1, 332/1; Corbis, London und Düsseldorf: Umschlagfoto, 306, 318/2, 326/1; Corel Photos Inc., Waukesha: 14/1, 21/2, 29/1, 29/2, 30, 158, 161, 195/1, 195/2, 262/2, 315/1, 316, 320/2, 324, 328/2; Corpus Christi College, Cambridge: 240; Fotoarchiv Panorama: 321; Fritz, Wolfgang, Köln: 54, 276; Hemera Photo Objects: 35, 46; KHB Design, Karl-Heinz Bergmann, Berlin: 52, 170; König, R., Kiel: 27; Lange, Harald, Bad Lausick: 326/2; Lebrecht Music Collection, London: 8; Library of Congress, Washington: 312/2; Liesenberg, Günter, Berlin: 331/2; National Portrait Gallery, London: 155; Niemeyer, Jens Christoph, Berlin: 176; Nobelstiftelsen, Stockholm: 323/2; Paetec Bildarchiv: 5, 304; PhotoDisc, Inc.: 16, 23, 53, 162, 188, 335; Picture Alliance, akg-images, Frankfurt/M.: 192, 309/2, 320/1; Picture Alliance, dpa: 232, 235, 236/1, 236/2, 237, 243/2, 262/1, 275, 277, 297/2, 298, 314, 319/1, 319/2, 322, 323/1, 325, 332/2; Picture Alliance/ZB: 161; Pinselfisch, Jule Pfeiffer-Spiekermann, Berlin; Punch Ltd., London: 269; Raake, Susanne, Berlin: 156; Rheinisches Bildarchiv, Köln: 11; Rossberg, R., Murnau: 331/1; Steinert, Ilka, Berlin: 256/1, 256/2, 256/3, 258; Stiftung Weimarer Klassik, Weimar: 311; Süddeutscher Verlag Bilderdienst, München: 200; Tapisserie de Bayeux: 307/2; Techniker Krankenkasse, Hamburg: 280; TheInsider, New York: 297/1; Tobis Filmkunst, Berlin: 185; Tourism New Zealand, Frankfurt/M.: 279/1; Visum, Fotoagentur, Hamburg: 183; Werkstatt Klangholz, Berlin: 215

Trotz größter Sorgfalt konnten die Urheber bzw. die Rechtsinhaber des Bildmaterials nicht in allen Fällen ermittelt werden. Wir bitten gegebenenfalls höflichst um Mitteilung an den Verlag.